1492

FELIPE FERNÁNDEZ-ARMESTO

1492

O ano em que o mundo começou

Tradução
Luiz A. de Araújo

COMPANHIA DAS LETRAS

Grafia atualizada segundo o Acordo Ortográfico da Língua Portuguesa de 1990, que entrou em vigor no Brasil em 2009.

Título original
1492: The Year Our World Began

Capa
Atol Estúdio

Mapa de capa
Martin Waldseemüller, *Orbis Typus Universalis luxta Hydrographorum Traditionem*, 1513

Preparação
Cláudia Cantarin

Índice remissivo
Luciano Marchiori

Revisão
Carmen T. S. Costa
Clara Diament

Dados Internacionais de Catalogação na Publicação (CIP)
(Câmara Brasileira do Livro, SP, Brasil)

Fernández-Armesto, Felipe
1492 : o ano em que o mundo começou / Felipe Fernández-Armesto ; tradução Luiz A. de Araújo. — 1ª ed. — São Paulo : Companhia das Letras, 2017.

Título original: 1492: The Year Our World Began.
Bibliografia
ISBN 978-85-359-2860-0

1. Civilização moderna - História 2. Igreja e Estado - História 3. História moderna I. Título.

16-00139 CDD-909

Índices para catálogo sistemático:
1. Civilização : História 909
2. História do mundo 909

EDITORA SCHWARCZ S.A.
Rua Bandeira Paulista, 702, cj. 32
04532-002 — São Paulo — SP
Telefone: (11) 3707-3500
www.companhiadasletras.com.br
www.blogdacompanhia.com.br
facebook.com/companhiadasletras
instagram.com/companhiadasletras
twitter.com/cialetras

Sumário

1. "Este mundo é pequeno"

Profecia e realidade em 1492

17 de junho: Martin Behaim trabalha na construção de um globo terrestre em Nuremberg

Em 1491, apareceu em Roma um profeta maltrapilho esgrimindo uma cruz de madeira como sua possessão mais valiosa. A multidão abarrotava as praças para ouvi-lo anunciar que o ano seguinte seria de lágrimas e atribulações e que depois surgiria um "Papa Angelical" para salvar a Igreja, afastando-a do poder terreno e obrigando-a a abraçar a força da oração.[1]

A previsão não podia ter sido mais equivocada. Em 1492, houve um conclave, mas o papa eleito foi um dos mais corruptos dentre os que conspurcaram a Santa Sé. O poder terreno continuou desprezando as prioridades espirituais, embora houvesse se iniciado um confronto feroz entre os dois âmbitos naquele mesmo ano. Longe de ingressar em uma nova era, a Igreja seguiu alimentando e frustrando as esperanças de uma reforma. Em todo caso, os acontecimentos que o profeta não soube prever foram muito mais transcendentais do que aqueles que chegou a anunciar. O

Os humanistas do fim do século XV achavam Nuremberg "tão importante quanto Atenas ou Roma". Com isso concordavam os ilustradores do "panorama mundial", lá publicado em 1493 "a expensas dos cidadãos ricos".

ano de 1492 não só transformou a cristandade, como reordenou o mundo no seu conjunto.

Até então, o mundo se dividia em culturas isoladas e ecossistemas divergentes. A divergência se iniciara cerca de 150 milhões de anos antes com a fratura da Pangeia, uma grande massa continental única que se alçava sobre a superfície dos oceanos. Depois se formaram os continentes e começou a deriva continental. Ilhas e continentes separaram-se mais e mais. Em cada lugar, a evolução tomou um rumo diferenciado. Cada continente desenvolveu uma fauna e uma flora peculiares. As formas de vida se distinguiram de um modo ainda mais espetacular que os povos, cuja diversidade cultural se multiplicou e cuja aparência e conduta divergiam tanto que, quando eles voltaram a entrar em contato, de início enfrentaram dificuldades para se reconhecer como membros da mesma espécie ou integrantes de uma cultura moral comum.

Em 1492, essa pauta milenar se inverteu com extraordinária brusquidão. A longuíssima história de divergência chegou praticamente ao fim, e a história do planeta conheceu uma nova era de convergência. O mundo começou a ver os limites de uma revolução ecológica cujos intercâmbios, desde então, apagaram os efeitos mais visíveis de 150 milhões de anos de divergência evolutiva. Hoje, em todos os cantos do planeta que apresentam zonas climáticas semelhantes ocorrem formas de vida idênticas, colhem-se os mesmos cultivos, prosperam as mesmas espécies, competem e colaboram as mesmas criaturas e à custa delas vivem os mesmos microrganismos.

Enquanto isso, entre povos outrora separados, a retomada do contato entrelaçou o mundo de tal modo que quase todos os habitantes da terra passaram a formar uma rede única de contato, comunicação, contágio e intercâmbio cultural. As migrações transoceânicas misturaram e espalharam as populações humanas pelo planeta, ao passo que os intercâmbios ecológicos transplantavam formas de vidas diferentes. A divergência interna da nossa espécie havia se prolongado pela maior parte dos 100 mil anos anteriores, desde que os nossos antepassados abandonaram seu lugar de origem na África Oriental. À medida que se adaptavam a novos ambientes nos territórios recém-colonizados do planeta, os grupos foram se desvinculando e chegaram até a perder a capacidade de se reconhecer como congêneres da mesma espécie unidos pelo sentido de pertencimento à humanidade. As culturas que criaram foram se diferenciando cada vez mais. Proliferaram línguas, religiões, costumes e modos de vida diversos, e, embora tenha havido um longo período anterior a 1492 em que as divergências se solaparam e em que contatos foram realizados, só então foi possível reunificar os vínculos em escala mundial.

Como as rotas marítimas dependiam dos ventos e das correntes marinhas, antes que Colombo descobrisse o funcionamento do sistema no Atlântico, os ventos do planeta eram um código que ninguém conseguia decifrar. Os alísios procedentes do nordeste, utilizados por Colombo para atravessar o Atlântico, sopram quase até onde a corrente do Brasil arrasta as embarcações para o sul, de encontro aos ventos do oeste do Atlântico Sul, e algo semelhante acontece em toda a Terra. Uma vez descoberto esse padrão pelos navegantes, a exploração dos oceanos tornou-se um processo irreversível, ainda que naturalmente lento, prolongado e interrompido por muitas frustrações. Atualmente, isso está quase concluído. De vez em quando, aparecem nas zonas mais recônditas do Amazonas pessoas "que nunca tiveram contato com os outros", refugiadas, talvez, da convergência cultural; mas o processo de confluência parece quase terminado. Vivemos em "um só mundo". Reconhecemos todos os povos como integrantes de uma comunidade moral única de escala planetária. O frade dominicano Bartolomeu de Las Casas (1484-1566) — que, aliás, foi executor testamentário de Colombo — percebeu a unidade da humanidade graças à sua experiência com os povos indígenas de uma ilha do Caribe conquistada por Colombo. Las Casas é o autor de uma frase que acabou se tornando uma das tautologias mais célebres do mundo: "Todas as nações do mundo são humanas" e compartilham os mesmos direitos e liberdades.[2]

Já que boa parte do mundo que habitamos teve início então, 1492 parece uma opção evidente (e, por assombroso que seja, muito negligenciada) para que um historiador reconstrua a história mundial de um só ano. O que mais se costuma associar a essa data é o descobrimento da rota da América por Colombo, evento transcendental e inigualável que transformou o planeta. Pôs o Velho Mundo em contato com o Novo e reuniu civilizações antes cindidas ao fazer do Atlântico uma via em vez de uma barreira. Possibilitou que a história fosse verdadeiramente universal — um autêntico "sistema mundial" —, em que os fatos ocorridos num lugar ecoam na totalidade de um planeta interconectado e em que as consequências dos pensamentos e das operações atravessam os oceanos como a atividade suscitada pelo bater de asas de uma borboleta. Iniciou o imperialismo europeu em grande escala, que se estendeu com o objetivo de remodelar o mundo. Incorporou o continente americano ao Ocidente para multiplicar os recursos da civilização ocidental e eclipsar economias e impérios asiáticos hegemônicos havia milhares de anos.

Ao abrir o continente americano para a evangelização e as migrações europeias, os acontecimentos de 1492 redesenharam um mapa mundial de religiões radicalmente diferente e alteraram a distribuição e o equilíbrio entre as civilizações. A cristandade, que antes parecia minúscula em comparação à envergadura do islã, começou a escalar posições até quase alcançar a paridade; houve inclusive períodos de superioridade numérica e territorial. Antes de 1492, parecia inconcebível que o Ocidente (um punhado de territórios situados no extremo mais pobre da Eurásia) chegasse a competir com a China ou a Índia. O afã de Colombo de encontrar rotas que levassem àqueles confins era um sinal da atração que exerciam e de como os europeus se sentiam inferiores quando os imaginavam ou liam sobre eles. Mas, quando os ocidentais acharam uma via de acesso privilegiada ao Novo Mundo, as perspectivas mudaram. Até então, a iniciativa — a capacidade de alguns grupos humanos de influenciar outros — se concentrava na Ásia. Dali por diante, usurpadores de outros confins puderam se apropriar dela. Naquele mesmo ano, acontecimentos independentes no extremo mais oriental da cristandade, no qual a profecia da iminência do fim do mundo causava ainda mais furor, alçaram a Rússia à categoria de grande império e potência hegemônica.

Colombo monopolizou de tal modo os livros dedicados a 1492 (os quais ou tratavam dele, ou nele se concentravam) que o mundo ao seu redor, que tornava inteligíveis as consequências da sua viagem, acabou ficando invisível para os leitores. Os mundos que Colombo pôs em contato; as civilizações que procurou e não conseguiu encontrar; os lugares em que nunca pensou, como as plagas remotas da África ou da Rússia; as culturas do continente americano que nem chegou a imaginar — todos eles eram regiões sujeitas a mudanças e dinamismo em 1492. Algumas delas foram efetivas, ou seja, provocaram transformações que tiveram continuidade e nos ajudaram a dar forma ao mundo que habitamos no presente. Outras foram mudanças de longo prazo das quais nosso mundo resultou.

Este livro é uma tentativa de reunir todas essas mudanças e explorá-las a partir de uma visão geral, como teria feito um viajante que na época percorresse o mundo de 1492, se isso fosse possível: ziguezagueando pela faixa densamente povoada de civilizações produtivas que se estendiam por todo o planeta desde os confins orientais da Ásia, atravessando o oceano Índico até chegar ao leste da África e ao que hoje conhecemos como Oriente Próximo e, de lá, transpondo a massa continental eurasiática até a Rússia e o mundo mediterrâneo. Uma vez ali, cruzando o Atlântico, faltaria muito pouco para que ele tivesse acesso às civilizações da Mesoamérica e da região andina. Só um viajante imaginário poderia circundar o mundo naquele tempo. Mas os navegantes de carne e osso completaram rotas até abarcar o globo, e, na medida do possível, os leitores os acompanharão a partir do próximo capítulo, saindo da Granada de janeiro de 1492. De lá, seguindo um aventureiro muçulmano, atravessaremos o deserto do Saara até Gao, situada na África Ocidental, e com os exploradores portugueses visitaremos o reino dos congos; para depois retornar e explorar o Mediterrâneo com os refugiados judeus expulsos da Espanha; faremos uma parada em Roma e em Florença a fim de presenciar o Renascimento e conhecer seus peregrinos, pregadores e sábios ambulantes. Vararemos o Atlântico na companhia de Colombo e o oceano Índico na de outro mercador italiano. As escalas posteriores da nossa viagem seletiva pelo mundo abrangerão a fronteira oriental da cristandade e os mundos que Colombo tentou alcançar na China e quase abraçou na América.

O que me impele a empreender essa viagem imaginária é o anseio de contemplar o mundo pouco antes do seu fim. Em 1492 e nos anos imediatamente anteriores, as expectativas de destruição e renovação tinham se apoderado dos profetas e sábios da Europa. O vidente de Roma de que falamos no começo, cujo nome não se tem registro, foi um dos muitos em atividade na Europa daquele tempo e pregava para uma congregação ávida por sensacionalismo. No mundo, nunca faltam pessimistas atormentados por um ânimo de decadência nem otimistas empolgados com um futuro esplendoroso. Ambos sobejavam no fim do século XV. No entanto, em 1492, predominavam os otimistas, pelo menos na Europa Ocidental. Difundiam-se dois tipos de otimismo: um, em termos muito genéricos, de inspiração religiosa, e outro de orientação secular.

Desde o século XII, no Ocidente, o otimismo religioso proliferava nos segmentos sujeitos à influência das profecias do abade místico siciliano Joaquim de Fiore, que concebeu um novo método de adivinhação baseado numa interpretação muito imaginativa da Bíblia. Ele usava passagens de todos os livros da Escritura, mas havia dois textos particularmente poderosos e atraentes: a parábola que os autores do Evangelho puseram na boca de Cristo como um dos seus últimos ensinamentos aos discípulos e a visão do fim do mundo com a qual se encerra a Bíblia. Um material contundente e espantoso. Cristo pressagiava guerras e rumores de guerra, terremotos, fome, "o princípio das dores [...]. O irmão en-

As gravuras de Dürer sobre o Apocalipse são exemplos espetaculares de um tema recorrente na década de 1490: o fim do mundo.

tregará o irmão à morte, e o pai entregará o filho; os filhos se levantarão contra os pais e os farão morrer [...]. Quando virdes a abominação da desolação [...]. Pois naqueles dias haverá uma tribulação tal, como não houve desde o princípio do mundo que Deus criou até agora, e não haverá jamais". Restava o consolo de que, quando o Sol escurecesse, a Lua negasse sua claridade, as estrelas caíssem do céu, então "verão o Filho do Homem vindo entre nuvens com grande poder e glória".[3] O iluminado do Apocalipse acrescentava outras atrocidades: granizo e fogo misturados com sangue, mares coalhados de sangue ou amargura, pragas de gafanhotos gigantes, escorpiões do tamanho de um cavalo e a terra co-

O entusiasmo com que os ilustradores da Crônica de Nuremberg *adaptaram os desenhos de Dürer da* Dança da morte *evoca as expectativas apocalípticas.*

berta de chamas e escuridão, tudo isso derramado pelas sete "taças de ouro cheias do furor de Deus".[4] Os profetas que vislumbravam semelhante catástrofe conseguiam manter, em todo caso, um olhar de alegria macabra ao qual se incorporava certo gozo diante do sofrimento alheio, pois as tribulações só seriam eternas para os malvados. E também certo alívio, pois as catástrofes eram "sinais" e presságios da purificação do mundo.

Quem já discutiu com um fundamentalista nos dias de hoje sabe que nos textos religiosos qualquer um pode ler a mensagem que quiser, mas as pessoas se mostram tão ávidas por conselhos das Sagradas Escrituras que o seu espírito crítico parece ser deixado de lado quando as leem ou quando escutam a interpretação delas feita por outros. Nos excertos escolhidos por Joaquim de Fiore, detectava-se um plano da providência para o passado e o futuro do cosmo, que se dividia em três idades. Após uma Idade do Pai, em que Deus se revelava apenas de forma parcial, a sua encarnação inaugurava a Idade do Filho. Na sequência, uma batalha cósmica entre Cristo e o Anticristo, o bem e o mal, daria início à Idade do Espírito, que precederia o fim do mundo, a fusão do céu com a terra e a nova imersão dos tempos na eternidade. Os leitores de Joaquim perscrutavam o mundo em busca dos sinais que ele agourava. O "Pastor Angelical" purificaria a Igreja e restabeleceria as virtudes da época dos apóstolos. Um "Último Imperador" conquistaria Jerusalém, unificaria o mundo e defenderia Cristo contra as forças do mal. Uma erupção de evangelização propagaria o cristianismo em partes do mundo às quais a afoiteza de outrora não tinha logrado chegar.

A mensagem de Joaquim apaixonou leitores e ouvintes de todas as esferas da vida, mas ninguém mais que os membros da nova ordem monástica fundada por Francisco de Assis no século XIII. Francisco de Assis parecia encarnar algumas profecias de Joaquim. Tanto ele como seus discípulos imitavam a vida supostamente levada por Cristo e os apóstolos. Não tinham bens, repartiam tudo e viviam de esmola. Propagandistas iluminados, evangelizavam os pobres, enfrentavam os pagãos e, como no caso do próprio Francisco de Assis, pregavam até para os corvos quando ninguém lhes queria dar ouvidos. Os franciscanos irradiavam o espírito de renovação do mundo. Quando Francisco de Assis sucumbiu ao que entendeu como o chamado de Deus, arrancou as vestes na praça da sua cidade natal para mostrar que renunciava à riqueza e se entregava inteiramente a Deus — mas esse também foi o sinal de alguém que renascia. Suas regras de pobreza e piedade eram difíceis de ser observadas, porém, depois de sua morte, manteve-se entre os frades uma corrente que insistia na fidelidade ao seu espírito. Esses franciscanos "espirituais", que nos séculos XIV e XV se afastaram cada vez mais do corpo principal da ordem, tinham consciência dos paralelismos existentes entre a vida de Francisco de Assis e as profecias de Joaquim e se empenharam cada vez mais em iniciar a Idade do Espírito.

Enquanto isso, os joaquinistas procuravam no mundo todo um candidato a "Último Imperador". No século XIII, a Sicília natal de Joaquim foi incorporada aos domínios dos governantes da Catalunha e aos territórios adjacentes do leste da Espanha conhecidos como Coroa de Aragão. Talvez por esse motivo, os candidatos ao papel de Último Imperador geralmente provinham de Aragão. Na opinião de alguns dos seus cortesãos, Fernando de Aragão, coroado em 1479, era uma alternativa promissora, sobretudo porque, pelo casamento, já era rei de Castela, o reino vizinho a oeste, além de ostentar o título tradicional de "Rei de Jerusalém". O seu programa de conquista da década de 1480 contra os infiéis do reino de Granada e os pagãos das ilhas Canárias parecia invocar implicitamente a imagem de um monarca inteiramente dedicado à evangelização e à unificação.

Em parte, o fervor milenarista da cristandade era uma reação à recente e vigente expansão do islã e às vitórias dos turcos. De Constantinopla e Granada, as pontas do crescente assomavam ominosamente para penetrar a Europa Central e a Espanha, respectivamente. Os conselheiros reais aragoneses, criados no temor aos turcos, esperavam que a união das coroas de Castela e Aragão lhes proporcionasse a força necessária para a batalha. Os castelhanos concordaram. "E assim, com a união destes dois cetros", declarou um cronista castelhano, "Nosso Senhor Jesus Cristo se vingou dos seus inimigos e destruiu o vingador e matador."[5] Colombo prometeu ao rei que os lucros da empresa transatlântica por ele proposta cobririam a despesa de arrebatar Jerusalém aos governantes muçulmanos da Terra Santa, assim cumprindo as profecias e acelerando o fim do mundo.

Fernando não era o único soberano a apelar para uma linguagem messiânica e a se propor antecipar-se ao clímax iminente da história. Manuel I, o Venturoso, rei de Portugal, também acreditava nos aduladores que garantiam ser ele o escolhido para reconquistar Jerusalém e inaugurar a derradeira fase do mundo. Como veremos adiante, Carlos VIII da França tinha o mesmo conceito de si e o utilizou para justificar a invasão da Itália empreendida em 1494. Atualmente, acredita-se que Henrique VII, que se apoderou do trono da Inglaterra em 1485, depois de um levante que foi a culminância de uma longa série de disputas dinásticas, era um rei prático e quase enfadonhamente sério. Mas também era filho das profecias, pois se vangloriava de que, tendo ancestrais "britânicos", estava predestinado a devolver o reino à linhagem dos seus antigos fundadores, cumprindo os presságios atribuídos a Merlim ou a uma "voz angelical" ditada ao ouvido de um antigo profeta galês. Na Rússia, o consenso estabelecido pela ortodoxia garantia que 1492 seria o último ano do mundo.

Mesmo os pensadores seculares, imunes ao fervor religioso, eram suscetíveis à profecia. A admiração pela Roma antiga e a Grécia clássica constituía uma das tendências mais poderosas da cultura comum da elite ocidental, e os antigos viviam fascinados pelos oráculos, os agouros, as conjeturas e os presságios. Assim como os joaquinistas sondavam profecias nas Escrituras, os humanistas as procuravam nos textos clássicos. O vaticínio virgiliano da chegada de uma Idade de Ouro fornecia uma espécie de alternativa secular à Idade do Espírito. Para Virgílio, não se tratava propriamente de uma profecia, e sim de mera adulação para agradar o seu mecenas, Augusto, o primeiro imperador romano, concebida para exaltar sua fama, associando-a aos deuses. Mas os leitores de Virgílio acreditavam que a Idade de Ouro era iminente. Segundo Marsílio Ficino, o gênio mais destacado entre os platônicos de Florença, ela começaria em 1492. Como bom clássico que era, tinha em mente uma profecia da Roma antiga: que, no devido tempo, a "Idade de Ouro" se renovaria — tratava-se da era em que Saturno governava os céus com harmonia e a paz prevalecia na Terra, que precedia a supremacia de Júpiter entre os deuses. Ajudava-os a astrologia, na qual Ficino e muitos membros do seu círculo eram especialistas. Em 1484, uma conjunção de planetas sob o signo de Saturno e Júpiter inflamou a expectativa numa grande mutação no mundo. Os astrólogos da Alemanha previram vinte anos de distúrbios seguidos de uma profunda reforma da Igreja e do Estado.

Naturalmente, a rivalidade entre as técnicas proféticas gerava profecias rivais. Na década de 1480, algumas expectativas giravam em torno do Último Imperador do Mundo, da alvorada da Idade de Ouro ou do cataclismo e da reforma. No mundo cristão, quase ninguém que formulasse um presságio esperava que o mundo continuasse a ser como se apresentara até então.

Embora se equivocassem na maioria dos pormenores, os profetas que vaticinaram mudanças acertaram. Os acontecimentos de 1492 dariam uma contribuição decisiva para a transformação do planeta (não só na esfera do humano, como também no conjunto do ambiente em que se inscreve a vida humana), mais profunda e duradoura que a de qualquer ano anterior. Por ser global, o relato de como ocorreu apresenta muitos pontos de partida. Mas, se começarmos na cidade de Nuremberg, no sul da Alemanha, obteremos um ângulo de visão privilegiado, do qual se pode contemplar o mundo num relance.

No transcorrer de 1492, tomou forma em Nuremberg o objeto mais assombroso que nos restou daquele ano: o globo terrestre mais antigo do mundo. A esfera de madeira laqueada e montada numa armação de latão, livre para girar à vontade, refletia continentes e ilhas pintados em tons pardacentos e avermelhados. Os mares transluziam o que, na época, há de ter sido um pigmento azul-escuro muito caro, com exceção do mar Vermelho, que apresentava uma vistosa cor magenta também valiosíssima. Boxes pequenos e apergaminhados salpicavam a superfície abarrotada de textos minúsculos, nos quais o cartógrafo explicava seus métodos e fingia ter um conhecimento esotérico. Não era o primeiro globo terrestre da história. Tampouco chegava a ser, nem mesmo na época, uma tentativa particularmente bem-sucedida de plasmar uma cartografia realista. A extensão da África estava distorcida; o cartógrafo situou desordenadamente no seu litoral alguns cabos que os exploradores haviam medido com certa precisão, inventou o nome de muitos lugares, aliás, inexplorados até então, e incluiu afirmações evidentemente falsas de que tinha vislumbrado com os próprios olhos grande parte do litoral africano.

Apesar dos erros e falsificações, o globo era um registro precioso da imagem do mundo na época e um elemento essencial daquilo que tornava o ano em curso tão especial — a razão por que 1492 é o melhor ano a partir do qual podemos datar a origem do mundo atual e da era que chamamos de "modernidade". O globo terrestre fazia o mundo parecer pequeno: em 1566, em carta de agradecimento pelo globo terrestre que o tio lhe dera de presente, um sobrinho de são Francisco Borja escreveu que só depois de tê-lo em mãos foi que percebeu como o mundo era pequeno. Tal como Colombo, que baseou a sua teoria de que o Atlântico era estreito e navegável na convicção de que, como ele mesmo disse, "Este mundo é pequeno",[6] Martin Behaim subestimou a envergadura do planeta. Mas vaticinou uma das consequências dos processos desencadeados em 1492: o mundo tinha diminuído em sentido metafórico, pois a partir de então seria acessível e imaginável em sua totalidade.

O globo terrestre de Behaim foi pelo menos uma tentativa de inovar — ambição curiosamente ausente na obra dos cartógrafos muçulmanos da época. Talvez por serem herdeiros de um rico legado medieval, os sábios do mundo islamita se davam por satisfeitos com a cartografia existente e só se interessaram em voltar a mapear o mundo quando os avanços ocidentais os obrigaram a se atualizar. Os muçulmanos conheciam bem havia alguns séculos um dos textos clássicos consagrados pelos europeus como uma novidade no século XV: a *Geographia*, de Cláudio Ptolomeu, o sábio alexandrino do século II. Apesar disso, parece que nenhum dos seus cartógrafos cogitou a possibilidade de usá-lo para melhorar a representação do mundo antes de 1469, quando chegou a Constantinopla um mapa italiano baseado na informação proporcionada por Ptolomeu. Em 1513, um cartógrafo otomano elaborou um mapa-múndi em estilo ocidental copiado de protótipos do Ocidente e baseado em dados das viagens de Colombo, aparentemente colhidos no mar por navios de guerra turcos. Depois de um longo período de supremacia em todas as ciências, o mundo islâmico ficou subitamente atrasado na da cartografia.

Os geógrafos muçulmanos se contentavam em reciclar imagens antigas do mundo elaboradas pelos grandes pioneiros da cartografia dos séculos X e XI. A única inovação apresentada nesse intervalo de cinco centúrias foi a tentativa de sobrepor uma quadrícula de linhas de longitude e latitude (técnica já proposta por Ptolomeu) sobre informação obsoleta. Em termos gerais, os muçulmanos da década de 1490 dispunham de dois tipos de mapa: um mais formal, sem a menor pretensão de realismo, e outro de estilo mais livre e pelo menos concebido para ser realista. A primeira modalidade era conhecida por muitos leitores graças aos trabalhos de Ibn al-Wardi, morto em 1457, cujo compêndio de curiosidades geográficas, *The Unbored Pearl of Wonders and the Precious Gem of Marvels* [A pérola imaculada dos prodígios e a preciosa joia das curiosidades], foi copiado em inúmeras ocasiões. Segundo a sua versão do mundo, a Arábia é minúscula, mas aparece perfeitamente centrada, bem encaixada entre o oceano Índico e o mar Vermelho, como um parafuso na braçadeira de uma bancada. A África se estende para o leste, quase até os limites do ecúmeno. Afundadas no leste africano, as lendárias montanhas da Lua, dois triângulos dourados idênticos, parecem derramar o Nilo através de todo o continente. Em frente à foz desse rio imenso, o Bósforo se prolonga até o extremo setentrional do mundo para separar a Europa da Ásia. Os mapas informais que costumavam aparecer nas obras do século XV derivavam dos trabalhos de um dos cartógrafos mais refinados da Idade Média — o mestre siciliano do século XII al-Idrisi. Via de regra, também situavam a Arábia no centro da composição, porém lhe davam uma forma mais verossímil e mostravam que o Nilo nascia nas montanhas da Lua, situadas do outro lado do equador.

Se a cartografia muçulmana dificultava muito a representação do mundo de 1492, as fontes chinesas de que dispomos ajudam menos ainda. Na China, houve tentativas de cartografar o mundo já nos séculos XIII e XIV. Entretanto, não se preservou nenhuma que ultrapasse a mera representação esquemática do cosmo — um círculo representando o céu, um retângulo representando a terra —, concebida para evocar o antigo provérbio chinês segundo o qual o céu é arredondado e a terra tem bordas cortantes. Para ter uma ideia do aspecto do mundo conforme a cartografia chinesa, o melhor mapa a que se pode recorrer é coreano. Elaborado em 1402, o *Kangnido* foi muito copiado não só na Coreia, como no Japão e no arquipélago das Ryukyu. Resta um exemplar datado de 1470. Num dos fragmentos do elogio que o acompanha, o principal mecenas, o sábio confucionista Kwon Kun, conta que viu "com satisfação" o mapa tomar forma e indica a sua finalidade (informar e engrandecer o governo), assim como o processo adotado pelo cartógrafo Yi Hoe, também célebre pela confecção de mapas da Coreia e celestiais. "O mundo é muito vasto", observa o texto. "Ignoramos as dezenas de milhões de *li* [unidade de distância chinesa inferior a meio quilômetro] que separam o centro da China do limite externo dos quatro mares." O autor despreza a maioria dos mapas por serem "demasiado imprecisos ou excessivamente abreviados", mas indica que Yi Hoe realizou a sua obra baseado em vários predecessores chineses do século XIV muito fidedignos, a cujas propostas incorporou correções e acréscimos "para confeccionar um mapa inteiramente novo, agradavelmente ordenado e muito digno de admiração. De fato, pode-se conhecer o mundo sem transpor a porta de casa!".[7]

No mapa aparecem a Eurásia e a África com pinceladas muito grossas de uma imensa e detalhada Coreia até uma Europa vagamente delineada com o mero esboço dos contornos, mas estampada com o nome de aproximadamente cem localidades. A China é copiosamente pormenorizada; a Índia, um pouco menos, embora reconhecível na forma, e o Sri Lanka, uma bola bem redonda aos seus pés. A Indochina e a península Malásia são um toco minúsculo e insignificante. O Japão está muito deslocado para o sul da sua posição real e não se reconhece nenhuma das ilhas da Indonésia, nem mesmo as dos mares da China, salvo o arquipélago das Ryukyu. A África e a Arábia aparecem desbotadas e embutidas no extremo ocidental do mundo. Um mar interior descomunal ocupa a maior parte do interior da África. O mapa destila orgulho e ambição, o esforço de oferecer uma visão global e a crença, pelo menos, de que aquela imagem global fosse possível. A emoção que o globo terrestre de 1492 despertou em Nuremberg parece encontrar um paralelismo muito próximo na Coreia.

Martin Behaim confeccionou o globo terrestre de Nuremberg na sua cidade natal. Tinha vocação para comerciante, percorrera toda a Europa Ocidental, estabelecendo acordos, e conhecia bem algumas regiões dos Países Baixos e de Portugal. É possível que uma de suas viagens ao estrangeiro, empreendida em 1483, tenha tido um motivo inconfesso: adiar ou evitar uma condenação de três semanas de reclusão por haver dançado durante a Quaresma, no casamento de um amigo judeu. Em 1484, ele esteve em Lisboa e deve ter contraído o vírus da geografia nessa cidade atlântica de navegantes da qual partiam as viagens de exploração do litoral oeste da África a fim de cartografar as regiões que Martin reproduziria tão canhestramente na sua esfera. A afirmação de que acompanhou as expedições não é corroborada por nenhuma outra evidência e parece incompatível com os erros que cometeu. Nele, a ambição superava os conhecimentos.

Quando regressou a Nuremberg, em 1490, suas narrativas suscitavam expectativas que ele não podia satisfazer honrada nem cabalmente. Em todo caso, embora tivesse muito pouca ou nenhuma experiência prática de navegação ou exploração, foi um típico geógrafo de salão da época, que recompilava meticulosamente informações de diferentes graus de confiabilidade de mapas alheios e das indicações de navegação anotadas por exploradores autênticos. Os dados de Portugal anunciados por ele na Alemanha despertariam muito entusiasmo, pois continham vislumbres de intuição procedentes da vanguarda da exploração da Terra.

A peculiaridade mais notória que Martin Behaim absorveu das então recentes descobertas portuguesas foi a representação do oceano Índico como um espaço ao qual se podia chegar pelo oeste contornando o extremo meridional da África. Ele mostra que a costa africana segue um longo trecho para o leste, vestígio de uma antiga tradição cartográfica que encerrava e entrincheirava o oceano Índico ao sul por um grande arco de terra que se estendia do sul da África Meridional até os confins orientais da Ásia. Só na década de 1490, ou, se antes disso, nos últimos anos da de 1480, foi que os geógrafos portugueses começaram a ter certeza de que o mar aberto se estendia para além do que então estavam chamando de cabo da Boa Esperança. Fazia quase um século e meio que as especulações cartográficas mencionavam essa possibilidade, mas o primeiro mapa a refletir expressamente os comentários dos navegantes portugueses foi elaborado em Florença em 1489. Mesmo assim, duvidava-se do perfil seguido pelo litoral africano além do cabo da Boa Esperança, e, como veremos, antes de encomendar a realização de novas expedições marítimas, a Coroa portuguesa preferiu aguardar as informações de agentes enviados por terra ao oceano Índico para avaliar a acessibilidade daquelas águas pelo sul.

O empenho de Behaim era amador. No seu globo terrestre, as informações mais antigas já eram conhecidas, e a maior parte das novas, falsa. Mas essa representação do mundo sobressai mais pelo modo como errava do que pelo pouco que refletia corretamente, pois muitos dos seus erros e suposições condiziam com os planos de trabalho de um grupo de geógrafos cada vez mais influentes em Nuremberg, Florença, Portugal e Espanha, que trocavam correspondência e difundiam uma forma peculiar e revolucionária de conceber a geografia.

Em Nuremberg, quem mais se dedicou a fomentar e organizar o processo de fabricação do globo terrestre foi o comerciante e vereador da cidade Georg Holzschuher, cujo grande interesse pela geografia do mundo situado além do seu alcance foi despertado por uma peregrinação a Jerusalém. Fazia muito tempo que as peregrinações a Jerusalém eram o tema focal dos cartógrafos do sul da Alemanha, e Holzschuher (que, sem dispor de provas, eu imagino fosse temente às maravilhas da criação) valorizava as possibilidades abertas pela integração de todos os dados existentes num único mapa. Parte do assombro desse observador piedoso ante a diversidade do mundo inspirava-se no gosto pelos mitos e maravilhas da literatura de viagens e os romances de cavalaria tradicionais. O globo terrestre de Behaim continha muitas das ilhas e prodígios imaginários presentes em outros mapas medievais. Mostrava a ilha em que, segundo a hagiografia, são Brandão, o Navegador, descobriu o paraíso, assim como as ilhas de Antilia, o mítico território atlântico no qual se dizia que fugitivos dos mouros tinham fundado sete cidades. Também aparecia a ilha habitada pelas amazonas, junto a outra povoada exclusivamente por homens, com os quais elas supostamente se reuniam de vez em quando para procriar.

Além da inspiração religiosa, do sensacionalismo tradicional e da curiosidade científica, o que impelia os mercadores patrícios de Nuremberg era o interesse comercial prático. Johannes Müller Regiomontano, que até a morte, em 1476, foi o mais destacado cosmógrafo da animada comunidade acadêmica local, não duvidava das vantagens para a cidade da sua "grande facilidade para manter todo tipo de contatos com os sábios de toda parte", a qual derivava do fato de "este lugar ser considerado o centro da Europa porque por ele passam as rotas dos mercadores".[8] O conselho municipal aprovou o financiamento do trabalho de Behaim, que abarrotou o globo terrestre de informações do interesse dos seus patrocinadores. Prestou atenção especial aos lugares de procedência das especiarias, os produtos mais valiosos da Ásia. Na prática, a pimenta dominava o comércio de especiarias. A maior parte provinha do sudoeste da Índia. Correspondia a mais de 70% do volume global do mercado. Em todo caso, os produtos de alto valor e peso baixo eram desproporcionalmente relevantes: a canela do Sri Lanka, o cravo, o macis e a noz-moscada das ilhas Banda e das Molucas. Os europeus fantasiavam, extasiados, a origem das especiarias. O biógrafo de são Luís imaginava que os pescadores do Nilo enchiam as redes do gengibre, do ruibarbo e da canela que caíam das árvores do paraíso terreno e de lá eram arrastados pelo rio.

A ideia de que a demanda de especiarias resultava da necessidade de disfarçar o gosto da carne e do peixe putrefatos é um dos grandes mitos da história da alimentação. Na Europa medieval, os alimentos frescos eram mais frescos que os atuais, pois provinham da produção local. Os alimentos em conserva mantinham-se em salga, curtição, dessecação ou gordura, assim como hoje em dia são enlatados, refrigerados, liofilizados ou embalados a vácuo. Em todo caso, como veremos adiante, os aspectos determinantes do papel desempenhado pelas especiarias na gastronomia eram o gosto e a cultura. A cozinha muito temperada com especiarias era objeto de desejo por ser cara e por condimentar a posição social dos ricos e as aspirações de quem ambicionava sê-lo. Além disso, a moda gastronômica predominante na Baixa Idade Média europeia imitava as receitas árabes, que exigiam sabores doces e ingredientes fragrantes: leite de amêndoa, extratos de flores aromáticas, açúcar e outras iguarias orientais.

Um cardápio da Inglaterra de Ricardo II anunciava passarinhos cozidos em purê de amêndoa com cravo e canela, servidos com arroz cozido em leite de amêndoa, acompanhados de frango desossado, aromatizado com sândalo e temperado com mais canela, cravo e macis. Os livros de culinária europeus recomendavam acrescentar as especiarias aos pratos no último momento para que não perdessem o delicioso aroma com o calor. O guia de um mercador do século XIV enumera 288 especiarias diferentes. Um receituário do século XV, elaborado para o rei de Nápoles, contém cerca de duzentas receitas, das quais 154 requerem açúcar, 125, canela, e 76, gengibre. As especiarias para o banquete nupcial de Edviges da Polônia e Jorge, o Rico, duque da Baviera, celebrado em 1475, chegaram a 175 quilos de pimenta, 130 de gengibre, 117 de açafrão, 93 de canela, 48 de cravo e 39 de noz-moscada. Assim como a gastronomia, a medicina também exigia especiarias, pois quase todas participavam da farmacopeia eurasiática e eram tão necessárias na despensa do boticário como na cozinha. As receitas da Idade Média envolviam uma combinação de tradição médica e culinária com a finalidade de restabelecer o equilíbrio dos humores corporais frio, úmido, quente e seco, cuja alteração ocasionava doenças. As especiarias geralmente eram quentes e secas. Nos molhos, corrigiam a propriedade úmida ou molhada que os médicos atribuíam à carne e ao peixe. Nas prescrições dos livros dos boticários, recorria-se à pimenta, à canela e ao gengibre para quase todas as doenças, desde as brotoejas até a peste.[9]

O abastecimento dos mercados europeus estava sempre em desvantagem. A China absorvia a maior parte da produção. O restante à disposição dos europeus precisava percorrer longas distâncias e passar pelas mãos de uma infinidade de intermediários. A Europa, que ainda era um cantinho pobre e atrasado da Eurásia, em comparação com as economias e civilizações ricas do litoral asiático, nada produzia que os mercados de lá quisessem em troca. Só importava o dinheiro vivo. No século I a. C., o historiador da natureza mais importante de Roma queixou-se de que o gosto pela alimentação muito condimentada estava enriquecendo a Índia e arruinando a Europa. Como escreveu um poeta tâmil, "os europeus chegam com ouro e partem com especiarias".[10] Um guia do século XIV, endereçado aos comerciantes italianos que viajavam ao Oriente, avisava que a única coisa que valia a pena levar à China era prata e garantia que os leitores podiam confiar nos pedaços de papel entregues pelos funcionários da alfândega chinesa na fronteira: uma espécie de papel-moeda ainda inusitado na Europa.[11]

O lucro atraía todos os que fossem suficientemente engenhosos ou decididos para comprar especiarias no lugar de origem ou nas suas imediações. Os comerciantes medievais faziam um esforço heroico para penetrar o oceano Índico. Todas as rotas implicavam encontros perigosos com intermediários muçulmanos potencialmente hostis. Era possível atravessar a Turquia ou a Síria para chegar ao golfo Pérsico ou, com mais frequência, tentar obter um salvo-conduto das autoridades do Egito para remontar o Nilo e depois fazer baldeação, em caravanas do deserto, até o mar Vermelho e zarpar de um porto controlado pelos etíopes. Como era de esperar, muitas tentativas fracassavam. Quando eram bem-sucedidas, dependiam de fretes nativos que transportassem os produtos pelo oceano Índico, bem como de intermediários locais que os carregassem até as praias do Mediterrâneo. Os mercadores europeus que superavam todos esses obstáculos passavam a integrar as redes comerciais existentes no litoral asiático. Antes da década de 1490, não se abriram rotas de acesso direto do mercado europeu às fontes de abastecimento orientais.

Behaim concebeu o seu globo terrestre justamente para resolver esse problema. Estava "muito capacitado para revelar o Oriente para o Ocidente".[12] Tal era a opinião do seu amigo e camarada, o comerciante de Nuremberg Hieronymus Münzer, que também viajou grande parte da península Ibérica e participava da rede de correspondência que ligava os geógrafos portugueses e de Nuremberg aos seus homólogos florentinos. As cartas de recomendação escritas por Münzer para Behaim mostram os valores que todos eles compartilhavam. Defendiam a fé "na experiência e nas narrações fidedignas" em oposição à erudição dos livros e à dependência dos geógrafos antigos.[13] Nesse aspecto, participavam da visão de mundo da ciência moderna; mas seria temerário considerá-los precursores da revolução científica, pois o que os levava a rejeitar a sabedoria clássica era o pensamento volitivo, não a razão ou a evidência.

Eles rejeitavam particularmente a tradição clássica referente às dimensões do mundo, embora os antigos provavelmente as conhecessem de forma bastante aproximada. Eratóstenes, o bibliotecário de Alexandria, havia calculado a circunferência do planeta na virada do III para o II século a. C. Mediu a elevação do sol em dois pontos do mesmo meridiano e a distância entre eles na superfície terrestre. A diferença angular era um pouco superior a sete graus ou a um cinquenta avos do círculo. A distância, expressa numa medida de comprimento grosseiramente correspondente à utilizada pela maioria dos intérpretes de Eratóstenes naquela época, elevava-se a uns oitocentos quilômetros, de modo que a circunferência terrestre teria, corretamente, cerca de 40 mil quilômetros.

Behaim e os seus colaboradores achavam esse valor exagerado. Acreditavam que os cálculos ou estavam errados, ou deviam ser expressos em quilômetros de menor comprimento. As provas que apresentavam condiziam com os preconceitos favoráveis à observação e contrários à tradição. Münzer reiterava que, a despeito do que diziam os livros antigos, o fato de existirem elefantes na África e na Ásia provava que os dois continentes deviam ser mais próximos do que se supunha. E concluía que "o Oriente habitável fica muito perto do Ocidente habitável". "Pode-se chegar à China em poucos dias" partindo dos Açores rumo ao oeste.[14] Outras provas apontavam para a mesma direção: a madeira flutuante arrastada até as margens do oceano, na Europa, e os relatos da chegada de náufragos de aparência supostamente oriental a essas mesmas praias. Um mapa descrito em Florença em 1474 ilustrava a teoria: situava o Japão apenas 4 mil quilômetros a oeste da mítica ilha de Antilia, que provavelmente aparecia nas proximidades dos Açores, e punha a China pouco mais de 8 mil quilômetros a oeste de Lisboa. Por mais que se discutissem os pormenores do que havia no oceano inexplorado entre a Europa e a Ásia, destacava-se uma conclusão comum. Como disse Cristóvão Colombo ao estudar as teorias oriundas de Nuremberg, Florença e Lisboa: "Este mundo é pequeno". O observador do globo Martin Behaim tinha uma ideia da sua pequenez ao segurar com as mãos em concha aquela imagem do mundo e vê-lo de ponta a ponta com um simples giro. Os vazios da cartografia de Behaim simbolizam a ignorância mútua de povos de regiões incomunicantes.

Os acontecimentos que se desencadearam a partir de 1492 dissipariam a ignorância, reuniriam as civilizações apartadas no mundo, redistribuiriam o poder e a riqueza, inverteriam a evolução até então divergente e forjariam um mundo novo. Naturalmente, um único ano não poderia lograr tantas realizações por si só. Rigorosamente, só em 1493 Colombo pôde explorar rotas oceânicas de ida e volta exploráveis. Como veremos adiante, a rota que ele utilizou para chegar ao Caribe em 1492 não era viável a longo prazo e precisou ser abandonada. Sem dúvida, a conexão entre os dois hemisférios foi um passo gigantesco na construção do que hoje consideramos a "modernidade" — o mundo globalizado e ocidentalizado que habitamos —, mas que não estava concluída nem mesmo em 1493. Na verdade, o que Colombo fez de fato foi abrir algumas opções que seus sucessores tardariam séculos a desenvolver. Nem mesmo as potencialidades que essa conexão oferecia foram fruto de poucos anos. Aliás, apenas nos anos posteriores foi possível realmente vislumbrar as possibilidades de remodelar o mundo com um equilíbrio de riqueza e poder antes inimaginável. Outros exploradores traçaram novas rotas de ida e volta entre o norte e o sul do Atlântico, a fim de estabelecer conexões entre diferentes regiões do continente americano, e criaram um novo vínculo marítimo ou fizeram o reconhecimento do território para traçar novas rotas terrestres entre a Europa e o sul e o centro da Ásia.

De todo modo, para a maior parte das pessoas, aquele não era o ano de 1492. Mesmo para os povos da cristandade, o ano iniciado no dia 1º de janeiro, segundo o nosso calendário atual, ainda não era o de 1492. Muitas comunidades consideravam que o ano começava em 25 de março, o suposto aniversário da concepção de Cristo. Começar com a primavera tinha certa lógica e contava com o apoio dos dados observáveis. No Japão, a televisão ainda transmite todo ano o desabrochar da primeira flor de cerejeira. Cada cultura tem um modo próprio de contar o tempo.

O mundo muçulmano, que na época fazia a cristandade parecer pequenina, contava os anos — e ainda os conta — a partir da fuga de Maomé de Meca, dividindo-os em meses lunares. Nas regiões não muçulmanas da Índia, a numeração dos anos era irrelevante em comparação com a longevidade dos deuses, cujo mundo se renovava a intervalos de 4,32 milhões de anos num ciclo eterno. A sua época então corrente se iniciara no que para nós seria 3012 a. C. Para fins práticos, no norte da Índia, geralmente se contavam os anos a partir de uma data correspondente a 57 a. C. no nosso calendário. Já no sul do subcontinente indiano, o ponto de partida preferido era o ano 78 da nossa era. Durante grande parte do passado, os maias da Mesoamérica registraram as datas importantes de três modos distintos: primeiro, numa longa série de dias iniciados numa data arbitrária situada mais de 5 mil anos antes; segundo, conforme o número de anos de 365 dias do reinado do monarca que estivesse ocupando o trono, e, enfim, de acordo com um calendário divinatório de 260 dias estruturados em vinte unidades de treze dias cada. No fim do século XV, só o último desses três sistemas era usado regularmente. Os incas tinham datas apenas para 328 dias do ano solar. Os 37 restantes ficavam excluídos porque então se interrompia o trabalho agrícola; depois disso, iniciava-se um novo ano.

Na China e no Japão, não havia data fixa que marcasse a passagem de um ano para o outro; cada imperador estabelecia a sua. Naquela época, as pessoas comemoravam o Ano-Novo em datas diferentes, segundo costumes locais ou tradições familiares. Os anos recebiam o nome de um animal escolhido entre doze, como continua acontecendo: rato, boi, tigre, coelho, dragão, serpente, cavalo, carneiro, macaco, galo, cachorro e porco. Esse ciclo de doze se entrelaçava com outro de dez, de modo que nenhum nome de ano se repetisse antes de decorridas seis décadas. Conforme outro sistema paralelo, os anos também eram numerados consecutivamente a partir do começo do reinado de um imperador. O 1º de janeiro de 1492 foi o dia chamado Jia Chen, o segundo do décimo segundo mês do ano Xinhai, o quarto do reinado de Hongxi. Xinhai se iniciara em 9 de fevereiro de 1491 e terminaria em 28 de janeiro de 1492. Vinha na sequência o ano Ren Zi, que duraria até 17 de janeiro de 1492. O dia 31 de dezembro de 1492, chamado Ji You, foi o décimo terceiro do décimo segundo mês do ano Ren Zi, o quinto do reinado de Hongxi.

Portanto, um livro dedicado a um ano há de ser fundamentalmente anistórico se se propuser abordar como um todo coerente os fatos ocorridos entre 1º de janeiro e 31 de dezembro de determinado ano contado ao estilo ocidental. A maioria da população daquele tempo decerto não tinha a menor ideia de que esses dias constituíam um ano, tampouco a teriam se levassem em conta qualquer outra combinação de dias que chegasse a 365, 260, 330 ou algum outro número que porventura fosse convencional em sua cultura. Seja como for, nenhuma sequência de dias encerra acontecimentos distintos a ponto de se deixarem interpretar fora de um contexto mais amplo. Por conseguinte, neste livro, seremos flexíveis com as datas, avançando e retrocedendo naquele que hoje pensamos ter sido 1492 para penetrar anos, décadas e eras adjacentes.

Além disso, um livro como este trata necessariamente de algo mais que o passado. Ao impor a noção moderna de um ano a pessoas que não tinham consciência dessa marcação na época, ele se condena a ser retrospectivo, tal como outras histórias de anos específicos. Trata de nós, de como entendemos o mundo e o tempo, tanto quanto dos povos do passado. A tarefa dos historiadores não consiste em explicar o presente, mas em compreender o passado, captar a sensação de como há de ter sido viver nele. Mas, para o que me proponho fazer, quero me afastar das minhas rotinas habituais de historiador. O que espero que os leitores deste livro queiram saber de 1492 não é apenas nem principalmente qual foi a experiência de viver aquele ano em específico, pois a maioria das pessoas não tinha a sensação de estar vivendo algo parecido com um ano concreto, e sim o que os fatos nele ocorridos propiciaram para o mundo em que hoje vivemos.

Mesmo assim, um ano real deve ter tido um significado que já não é facilmente acessível a partir do nosso habitat urbano industrial ou pós-industrial. Mal se pode notar a sucessão das estações, a não ser de maneira superficial, quando a altura das saias ou vestidos sobe ou desce com o mercúrio do termômetro, ou quando a espessura da roupa acompanha a da camada de nuvens. A calefação e o isolamento térmico nos protegem do verão e do inverno. Hoje em dia, as residências norte-americanas costumam ser mais quentes no inverno que no verão graças à fúria das caldeiras de calefação e da refrigeração dos condicionadores de ar. O comércio global leva alimentos fora da época até mesmo a pessoas relativamente pobres de países relativamente ricos. A maioria dos ocidentais perdeu a noção de quando comer o quê.

Em 1492, quase a totalidade do mundo vivia da agricultura ou da pecuária, e o resto subsistia com a caça. Portanto, o ciclo das estações determinava realmente quase tudo que importava na vida: o ritmo do crescimento das plantações ou a migração dos animais estabelecia o que comer, onde morar, que roupa usar, quanto tempo passar trabalhando e que tipo de trabalho fazer. Nos lembretes da passagem do tempo talhados no pórtico das igrejas para que os fiéis os vissem ao entrar, era comum representar cenas, dispostas com critério mensal, das atividades reguladas pelos ciclos climáticos — via de regra, semeadura em fevereiro, poda em março, falcoaria em abril, ceifa em junho, pisa da uva em outubro e arada em novembro. Os poemas japoneses costumavam começar com invocações da estação do ano. Os autores chineses associavam cada uma delas ao seu alimento, roupa e decoração próprios. O mundo inteiro vivia num ritmo e cadência ajustados às estações.

Em toda parte, as pessoas olhavam para as estrelas. Na Europa mediterrânea, a subida de Órion e Sírio no céu indicava o tempo da vindima. A das Plêiades anunciava a colheita dos cereais, e seu ocaso, a época da semeadura. Os maias observavam ansiosamente os movimentos de Vênus, já que esse planeta regia os dias mais propícios para travar batalha ou negociar a paz. Maomé ensinou aos muçulmanos que as luas novas "são sinais para marcar tempos determinados dos homens e da peregrinação".[15] Na China, os astrônomos eram conselheiros políticos essenciais, pois a prosperidade do império dependia da escolha exata do momento adequado ao cumprimento dos ritos imperiais de acordo com o movimento das estrelas, e uma das obrigações do imperador era esquadrinhar o firmamento em busca de sinais de "discórdia" celestial. Porque, naquele mundo, não havia como fugir dos elementos nem como encontrar alívio dos demônios que povoavam a escuridão, as tormentas, o frio e o calor ou as imensas extensões de terras e água. Longe de ser medieval, a caça às bruxas foi uma depravação da aurora da modernidade e se iniciou como empresa em larga escala em grande parte da Europa do fim do século XV. Em 1484, o papa foi informado de que muitos homens e mulheres "negavam com verbo perverso a fé em que tinham sido batizados" a fim de "fornicar com o demônio e prejudicar os homens e os bichos com os seus feitiços, maldições e outras artes diabólicas". Pouco depois, promulgaram-se ordenações para perseguir as bruxas.[16]

A natureza parecia caprichosa, e os deuses, inescrutáveis. Dizem que a epidemia da peste no Cairo, em 1492, matou nada menos que 12 mil pessoas em um só dia. Um ano depois, uma inundação destruiu a maior parte do exército do governante de Delhi. Muitos judeus expulsos da Espanha em 1492 pereceram de fome no norte da África. As doenças que os marinheiros de Colombo levaram ao Novo Mundo causaram praticamente a destruição das populações locais não habituadas ao contato com esses germes nem imunizadas contra eles. Segundo uma estimativa conservadora, a ilha de La Hispaniola [Haiti e República Dominicana] tinha mais de 100 mil habitantes. Uma geração depois, restavam apenas 16 mil.

Não obstante, ainda que estivessem dependentes da natureza, as pessoas podiam mudar o mundo reinventando-o, empenhando-se em concretizar suas ideias e difundindo-as pelas rotas que circundavam o globo e tinham sido descobertas pelos exploradores. Provam-no as alterações operadas em 1492 e as consequências que tiveram na configuração de um mundo novo. A maior parte das iniciativas transformadoras que ajudaram a produzir a modernidade provinha, em última instância, da China. O papel e a imprensa, tecnologias fundamentais para a propagação e a aceleração das comunicações, eram invenções chinesas. Também o era a pólvora, sem a qual o mundo nunca teria vivido a "revolução militar", que baseava a guerra moderna na concentração de potência de fogo de exércitos enormes. Tampouco se teria invertido o equilíbrio do poder tradicional, que deixava as civilizações sedentárias à mercê dos inimigos a cavalo. Simplesmente não existiriam os "impérios da pólvora", que, na aurora da modernidade, superavam rivais mal-equipados em todos os cantos do mundo, os estados-nações modernos surgidos das revoluções armadas.

A industrialização seria impossível sem a obtenção de energia através dos altos-fornos ou da exploração do carvão, técnicas originadas na China. O capitalismo moderno teria sido impossível sem o papel-moeda, outra ideia que os ocidentais tomaram daquele país. A conquista dos oceanos do mundo dependeu das adaptações feitas no Ocidente das tecnologias chinesas de orientação naval e navegação. O empirismo científico, a grande ideia de cujo impacto no mundo os ocidentais costumam se vangloriar, tinha uma história muito mais longa na China que no Ocidente. Por conseguinte, na ciência, nas finanças, no comércio, nas comunicações e na guerra, as mais influentes das grandes revoluções que forjaram o mundo moderno dependeram de tecnologias e ideias chinesas. A ascensão das potências ocidentais à hegemonia global foi um efeito por muito tempo adiado da apropriação das invenções do Oriente.

No entanto, as aplicações efetivas vieram da Europa, onde se iniciaram as revoluções científica, comercial, militar e industrial. Em suma: esse desconcertante deslocamento da iniciativa, alteração do estado habitual do mundo, começou em 1492, quando os ocidentais obtiveram acesso aos recursos de um continente americano que, ao mesmo tempo, ficava fora do alcance de outras civilizações real ou potencialmente rivais. Naquele mesmo ano, os fatos ocorridos na Europa e na África traçaram novas fronteiras entre a cristandade e o islã que favoreceram o continente europeu. Os acontecimentos foram surpreendentes, e parte deste livro é uma tentativa de explicá-los, já que a Europa, tanto naquele momento quanto hoje, era um lugar atrasado, desprezado ou ignorado na Índia, no islã, na China e no resto da Ásia Oriental, que a superavam em riqueza, artes e inventividade. A ascensão do Ocidente, primeiro para se equiparar ao Oriente e, em última instância, para dominar o mundo, começou de fato em 1492. As pessoas de cada geração possuem uma modernidade própria que emerge do conjunto do passado. Jamais um ano isolado inaugurou por si só a modernidade de ninguém. Mas, para nós, 1492 foi um caso especial. Pela primeira vez, os traços fundamentais do mundo em que vivemos — o modo como a riqueza e a pobreza, as culturas e os credos ou as formas de vida e os ecossistemas se distribuem em todo o planeta — tornaram-se inteligíveis nos registros históricos. Nós ainda estamos nos adaptando às consequências.

2. "Para consagrar a Espanha a serviço de Deus…"

A extinção do islã na Europa Ocidental

2 de janeiro: Granada cai nas mãos dos conquistadores cristãos

"Cedo despertou o rei de Granada [...] e preparou o corpo como costumam fazer os mouros quando se põem em perigo de morrer." Sua mãe a ele se agarrou, desesperada.

"Soltai-me, senhora", disse. "Meus cavaleiros me aguardam."

Enquanto avançava a cavalo para enfrentar o inimigo, que estava acampado do outro lado das muralhas da capital depois de oito meses de sítio, ele foi assediado por uma multidão de cidadãos famintos, entre os quais havia mães em pranto e crianças a berrar, "vociferando que já não aguentavam a fome; e que, por esse motivo, abandonariam a cidade e iriam ao campo inimigo, deixando que a cidade fosse capturada e todos acabassem cativos e mortos". O rei cedeu na determinação de combater até a morte e decidiu procurar obter uma rendição honrosa.[1]

Supõe-se que o cronista que fez esse relato majestoso mas improvável, com toques cavalheirescos e sentimentalismo, tenha idealizado a situação. Durante a maior parte dos dez anos anteriores de

Trabalhando no ano em que Granada caiu, os ilustradores de Cárcel de amor, *de Diego de San Pedro, representaram nitidamente o sítio sob as ordens de um comandante com a fisionomia do rei Fernando.*

guerra em Granada, Abu 'Abd Allah Muhammad — Muhammad XI ou Boabdil, como os cristãos o chamavam —, longe de dar mostras de coragem exemplar, entregara-se a conspirações, pactos e uma série de alianças táticas destinadas a evitar a derrota aparentemente inevitável do seu reino nas mãos dos vizinhos Castela e Aragão, imensamente maiores.

Granada já parecia um anacronismo: era o último reino muçulmano na costa setentrional do Mediterrâneo ocidental. Três séculos antes, os mouros (como eram chamados os adeptos ao islã) haviam perdido a Sicília, e, na metade do século XIII, os conquistadores cristãos, avançando do norte, eliminaram todos os reinos islâmicos ainda existentes no que hoje constitui Espanha e

Portugal. Em carta endereçada ao papa, Fernando e Isabel, monarcas consortes de Aragão e Castela, ou, como preferiam dizer, "da Espanha", justificaram a guerra com a retórica religiosa:

> A esta guerra não nos moveu nem move o desejo de avultar reinos e domínios, nem a cobiça de adquirir maiores rendas do que as que temos, nem a vontade de acumular tesouros; pois, se quiséssemos dilatar os nossos domínios e aumentar as nossas rendas, poderíamos fazê-lo com muito menos perigo e trabalho e gasto do que nisto pomos. Mas o desejo que temos a serviço de Deus e o zelo pela sua santa fé católica nos fazem pospor todos os interesses e olvidar os trabalhos e perigos contínuos a que essa causa nos submete. E assim esperamos que a santa fé católica se dissemine e a cristandade se afaste de tão contínuo perigo como o tem aqui às portas se esses infiéis do reino de Granada não forem arrancados e expulsos da Espanha.[2]

De certo modo, era verdade, pois eles podiam ter evitado as despesas da guerra e exigido um elevado tributo dos mouros. Mas os impeliam outras considerações de natureza mais material que aquelas que reconheciam perante o papa. Granada era um país rico; a sua população, não muito numerosa. Apesar dos cálculos exorbitantes e excessivos da literatura tradicional, é difícil estimar que a população total chegasse a muito mais que 300 mil habitantes. Entretanto, podia sustentar muito mais gente graças às suas prodigiosas colheitas de painço, alimento que os cristãos não consumiam. Os produtos das indústrias de Granada eram abundantes (seda, artigos de couro, armas, cerâmicas, joalheria, frutas e frutos secos, amêndoas e azeitonas), e a crescente demanda de seda na Europa estimulava a economia. Cerca de um décimo da população morava na capital, abastecida pelas 130 azenhas que trituravam o painço diariamente.

O reino de Granada representava uma fonte não só de renda como de influência. Muitos dos nobres que combateram com Fernando e Isabel na guerra civil que inaugurou o seu reinado continuavam recompensados de forma inadequada e potencialmente insubmissos. O patrimônio real tinha minguado, e os monarcas não estavam dispostos a ceder mais uma parte dele a senhores já muito poderosos. As cidades dos reinos se opuseram com firmeza às tentativas de expropriar suas terras. A conquista de Granada resolveria os problemas dos monarcas. A legislação não permitia aos governantes alienar o patrimônio herdado, mas eles podiam fazer o que bem entendessem com os territórios conquistados. No fim da conquista de Granada, mais da metade da superfície do reino seria distribuída entre os nobres.

No fim do século XV, graças à expansão econômica de Granada, a força dos mouros para desafiar e atacar os vizinhos cristãos era superior à de um extenso período anterior. Os senhores dos territórios vizinhos reagiam com uma mescla de medo e agressão. Mas a guerra não dependia apenas da segurança nas fronteiras ou das agressões territoriais. Convém interpretá-la no contexto do confronto geral com o poder crescente dos turcos do Império Otomano, os quais eram percebidos pelos reis espanhóis como seus inimigos mais temíveis no longo prazo. A pressão exercida pelo islã nas fronteiras da cristandade tinha se intensificado a partir de meados do século, quando os turcos se apoderaram de Constantinopla. A perda de Constantinopla fez com que o conteúdo religioso da retórica cristã aumentasse paulatinamente. Nesse meio-tempo, o Império Otomano lançou uma ofensiva naval em grande escala, invadiu a Itália e estabeleceu relações com as potências muçulmanas do Norte da África e também com Granada. Fernando não era apenas o governante da maior parte da Espanha cristã. Também era o depositário de outras responsabilidades mais amplas no Mediterrâneo em virtude de sua condição de rei da Sicília, protetor do comércio catalão no Mediterrâneo oriental e no norte da África e postulante hereditário ao legado do reino cruzado de Jerusalém. Preocupado com o avanço otomano, ele estava ansioso por eliminar o que lhe parecia uma cabeça de ponte dos mouros na Espanha.

Ao mesmo tempo, cada lado do conflito potencial por Granada tratava de socorrer os inimigos do outro. Na década de 1470, os rebeldes fugidos da vingança de Fernando e Isabel acharam proteção na corte do governante de Granada, Mulay Hasan, ao passo que Fernando estimulava e negociava em segredo com os dissidentes daquele reino, cuja coroa também era disputada. As dúvidas sobre a legitimidade da ascensão de Mulay Hasan ao trono (pois as leis de sucessão em Granada nunca foram bem definidas) perturbavam os escrúpulos dos membros da sua dinastia. As intrigas palacianas e as conspirações de serralho assediavam o trono, e as rebeliões eram frequentes.

Por fim, entre as causas do conflito, também figurou a esperança de Fernando e Isabel de que a guerra distraísse seus nobres das disputas internas e levasse a paz a Castela. Embora, na opinião de pelo menos um cronista, os cristãos que se aliassem aos mouros merecessem "morrer por isso" e posto que a lei a proibisse terminantemente, a prática era comum, e as guerras particulares da aristocracia nos territórios vizinhos de Granada recrudesciam graças ao apoio exótico dos infiéis. A guerra funcionava como um mecanismo para fazer com que os nobres espanhóis cooperassem diante de um inimigo comum. Uma vez iniciada a batalha, adversários tão furibundos como o marquês de Cádis e o duque de Medina-Sidonia — "o meu inimigo mais encarniçado" como o primeiro chamava o segundo — uniram forças e se empenharam muito no apoio mútuo. O secretário de Isabel lembrou a monarca de que Túlio Hostílio, um dos lendários reis da Roma antiga, havia declarado guerra sem ser provocado simplesmente para manter seus soldados ocupados. A empresa contra os mouros serviria para "exercitar a cavalaria do reino".[3]

A guerra se alimentava de ódio religioso e gerava retórica religiosa. Porém, mais que um choque de civilizações, uma cruzada ou um jihad, parecia um confronto cavalheiresco entre inimigos que compartilhavam a mesma cultura secular. Durante toda a luta, como sempre ocorria nas guerras da Idade Média entre reinos espanhóis, houve guerreiros que atravessaram a barreira religiosa.

O combate começou como uma continuação dos negócios por outros meios. Durante a maior parte do século XV, as lutas intestinas de Granada fragilizaram o reino e convidaram à conquista, mas os reis castelhanos achavam mais fácil e lucrativo arrecadar impostos. Tradicionalmente, Granada comprava a paz pagando tributos a Castela de três em três anos. As fontes são imprecisas, porém os contemporâneos (presumivelmente exagerando) calculavam os impostos num valor correspondente a algo entre 20% e 30% da renda do rei de Granada. Mesmo que a cifra fosse mais modesta, o sistema era intrinsecamente instável, uma vez que, para vender a trégua, os castelhanos tinham de manter vivas as hostilidades, e os granadinos aproveitavam as rupturas da paz para lançar os próprios contra-ataques. Por conseguinte, a renovação da trégua sempre gerava tensão. As duas partes nomeavam mediadores para resolver as disputas suscitadas pela ruptura da paz, mas, ao que parece, o mecanismo não era dos mais eficazes. Levavam-se reiterados casos aos soberanos espanhóis, cuja única reação possível era fazer insinuações de aproximação para o rei de Granada; este, por sua vez, no lado mouro, era um dos piores infratores em matéria de violação de tréguas. O cronista Alonso de Palencia achava que "os mouros se valiam das tréguas com mais astúcia do que os nossos"; isso significa que eles se beneficiavam com o saldo das incursões e assaltos.

Mulay Hasan perpetrou sua maior atrocidade em 1478, quando saqueou a cidade murciana de Cieza, passou à espada oitenta dos seus habitantes e aprisionou os restantes. Era alarmante a impotência de Fernando e Isabel perante os acontecimentos. Não conseguiam obter a libertação dos reféns por meios diplomáticos e não tinham como pagar o resgate. Em vez de optar por uma dessas alternativas, autorizaram as famílias, que eram muito pobres, a arrecadar a quantia pedindo esmola e as isentaram do pagamento de obrigações, tarifas e impostos sobre o dinheiro enviado a Granada para comprar a libertação dos ciezenses.

Não obstante, antes que a década de 1470 chegasse ao fim, Fernando e Isabel já não precisavam da paz no front mourisco. Tanto o conflito com Portugal como a própria guerra de sucessão em Castela haviam chegado ao fim. Os guerreiros desocupados se dirigiram à fronteira moura, na qual os nobres castelhanos travavam lutas privadas em defesa de interesses próprios. Mulay Hasan procurava sufocá-los apoderando-se dos baluartes fronteiriços. Numa noite instável e sem luar de dezembro de 1481, eles arremeteram contra Zahara e outras praças-fortes. Os cristãos estavam despreparados para um ataque que já não era uma simples incursão, e sim uma tentativa de ocupar permanentemente as posições dos seus agressores. Em Zahara, os atacantes "escalaram o castelo e tomaram e mataram todos os cristãos que acharam dentro, salvo o comandante, que foi aprisionado. E depois, quando amanheceu, saíram [...] tomaram e cativaram 150 cristãos, homens e mulheres, e crianças, que enviaram amarrados a Ronda".[4]

Talvez Mulay Hasan esperasse que as coisas ficassem por isso mesmo, pois o senhor cristão daquele lugar era um dos oponentes de Isabel. No entanto, os monarcas espanhóis reagiram com fúria, tanto pela perda da vila e fortaleza como, principalmente, pelos cristãos que lá morreram [...] E, se podemos dizer que tivemos prazer no acontecido, é porque nos dá oportunidade de pôr imediatamente em obra o que tínhamos em mente fazer se acaso um dia fosse possível. Mas, diante do que se passou, resolvemos autorizar a guerra contra os mouros por todos os lados e de tal modo que esperamos em Deus muito em breve não só recuperar essa vila perdida, como conquistar outras para que Nosso Senhor seja servido e a sua santa fé se dilate e nós mesmos recebamos muito.[5]

Supõe-se que o rei de Granada tenha explicado aos seus cortesãos que os cristãos os derrotariam pouco a pouco, como se estivessem dobrando um tapete pelos cantos. A imagem é um lugar-comum da literatura: dizem que Maomé II teria usado a mesma metáfora para expor a sua estratégia de conquista da Europa. Mas descreve bem o que aconteceu: uma lenta guerra de desgaste em que os invasores devoraram o reino por dentro, vindo pelas bordas, sem a menor pressa, aproveitando os conflitos internos entre os defensores para compensar as deficiências da própria força.

Apesar de imensamente maiores que Granada e capazes de mobilizar muito mais homens e naus, os reinos cristãos agressores jamais conseguiram tirar vantagem da disparidade de recursos como deviam. No auge da guerra, chegaram a contar com 10 mil cavalos e 50 mil soldados.

Era difícil reunir e estacionar em campo de batalha exércitos de tamanha magnitude, e mais difícil ainda manter o fluxo necessário de abastecimento. O esforço para conseguir dinheiro, cavalos, homens, equipamento de assédio, armas e cereais domina os documentos ainda preservados. Diego de Valera, um cronista que era administrador da casa real, aconselhou o rei Fernando a "comer em louça de barro e derreter as baixelas, e vender as joias e tomar a prata dos mosteiros e igrejas, e também vender terras".[6] Os monarcas tinham o direito de tomar dos súditos empréstimos sem juros e, às vezes, demoravam a pagar. Em 1489, ano particularmente difícil para o orçamento de guerra, Isabel depositou uma coroa de ouro e brilhantes e um colar encravado como caução de uma importância obtida junto às autoridades da cidade de Valência. A Igreja se prontificou a subsidiar uma empresa tão santa. As bulas papais de novembro de 1479 autorizaram os soberanos a destinar parte da renda proveniente da venda de indulgências a despesas de guerra. As primeiras vitórias cristãs convenceram o pontífice a renovar o auxílio até o fim do confronto. Os judeus, que eram isentos do serviço militar, pagavam um imposto especial.

Até certo ponto, as guerras medievais podiam se autofinanciar. Os butins eram uma fonte de renda importante. Por lei, um quinto deles pertencia à Coroa, ao passo que os capitães encarregados de obtê-los repartiam o resto entre si. A conquista da Alhambra, a primeira missão de guerra cristã, rendeu "infinitas riquezas de ouro, prata e aljôfar, sedas, roupas de seda, seda listrada e tafetá, pedras preciosas de muitos tipos, cavalos, mulas e infinidade de trigo e cevada, azeite, mel, amêndoas, muita roupa de tecidos finos e arreios".[7]

Podia-se cobrar resgate em dinheiro pelos prisioneiros. A envergadura dos butins determinava a magnitude de uma vitória, e Alonso de Palencia não formulou precisamente um elogio ao afirmar que o marquês de Cádis obtivera mais glórias que despojo. Só a nobreza e seus vassalos cobravam os serviços prestados com as pilhagens adquiridas. A maior parte dos guerreiros recebia um soldo, alguns pagos pelas localidades em cujas milícias serviam, outros diretamente pelas burras reais.

O dinheiro disponível nunca era suficiente, e Fernando e Isabel lançaram mão de uma estratégia barata: divide e vencerás. De fato, durante grande parte da guerra os monarcas espanhóis pareceram menos interessados em conquistar Granada do que em instalar seus candidatos no trono. Os granadinos lutavam entre si até a exaustão. Os invasores aproveitavam. O acontecimento mais importante das primeiras fases do confronto foi a captura, em 1483, de Boabdil, que não passava de um príncipe mouro rebelde, um títere da política de serralho. Sua mãe, repudiada pelo rei, fomentava a oposição. Inicialmente, ele contou com o apoio de algumas facções da corte, mas este aumentou paulatinamente com as tensões e os fracassos da guerra. Aquele conflito com que Mulay Hasan esperava reforçar sua autoridade acabou por solapá-la. Uma combinação de golpe palaciano e levante popular o levou a Málaga e instalou Boabdil no seu lugar em Granada. Contudo, o triunfo da revolta foi efêmero. Os conflitos internos fragilizaram os mouros. Boabdil revelou-se um general inapto e caiu nas mãos dos cristãos depois de uma ação desastrosa em Lucena.

Os cristãos o chamavam de "o rei jovem", pois tinha apenas dezenove anos de idade, e de "Boabdil, o pequeno", por causa da baixa estatura. Ele demonstrou pouca capacidade para negociar a própria libertação, e as condições que aceitou se anunciavam como uma catástrofe para Granada. Recuperou a liberdade e recebeu ajuda de Fernando na tentativa de reaver o trono. Em troca, jurou-lhe vassalagem. Isso podia não ser uma grande calamidade em si, já que Granada sempre fora um reino tributário. Mas Boabdil parece ter cometido o erro de não levar a sério a retórica de Fernando, que não estava disposto a tolerar a existência prolongada do reino de Granada, a não ser como um expediente temporário. A libertação de Boabdil consistiu em mera estratégia para intensificar a guerra civil em Granada e minar a força do reino. O rei espanhol induziu Boabdil a colaborar sem querer para aquilo que o próprio Fernando chamava de "a divisão e perdição do reino de Granada".

O pai de Boabdil resistia. O mesmo fazia seu tio, Abu 'Abd Allah Muhammad, conhecido como el Zagal, em favor de quem Mulay Hasan havia abdicado enquanto os cristãos tiravam partido da guerra civil moura para continuar fazendo progressos. Depois de cair pela segunda vez nas mãos de Fernando, Boabdil aceitou condições ainda mais drásticas: prometeu ceder Granada a Castela e conservar unicamente a cidade de Guadix e imediações como reino nominalmente independente. A família real granadina parecia ter se recolhido numa mentalidade de bunker, disputando uma herança que já não valia a pena defender. É difícil acreditar que Boabdil tivesse a mais remota intenção de respeitar o acordo, ou que Fernando o houvesse proposto com outro propósito que não o de prolongar a guerra civil em Granada.

Para os invasores, o sucesso mais importante de todas as campanhas foi a captura de Málaga, em 1487. O esforço custou caro. Como lamentou Andrés de Bernáldez, sacerdote e cronista: "[O]s coletores de impostos espremiam os aldeões por causa das despesas daquele sítio". As recompensas foram consideráveis. Os exércitos de Castela na zona de guerra passaram a se abastecer por mar. Para os granadinos, a perda do porto interrompeu as comunicações com os correligionários da outra margem do Mediterrâneo. Toda a banda ocidental do reino caiu nas mãos dos invasores.

Nem mesmo o avanço iminente de Fernando levou os mouros a pôr fim às suas diferenças internas. No entanto, a derrota parcial infligida por Boabdil a el Zagal com o auxílio dos cristãos teve a paradoxal consequência de reforçar a resistência moura, muito embora Boabdil fosse o personagem e elemento mais fraco. Quando Granada ficou em seu poder, não lhe foi possível honrar o acordo com Fernando e entregar a cidade aos cristãos. Tampouco lhe interessava fazê-lo, uma vez que el Zagal estava fora de combate.

Em 1490, só lhe restava a cidade de Granada, que ocupava uma posição supostamente inexpugnável, posto que muito vul-

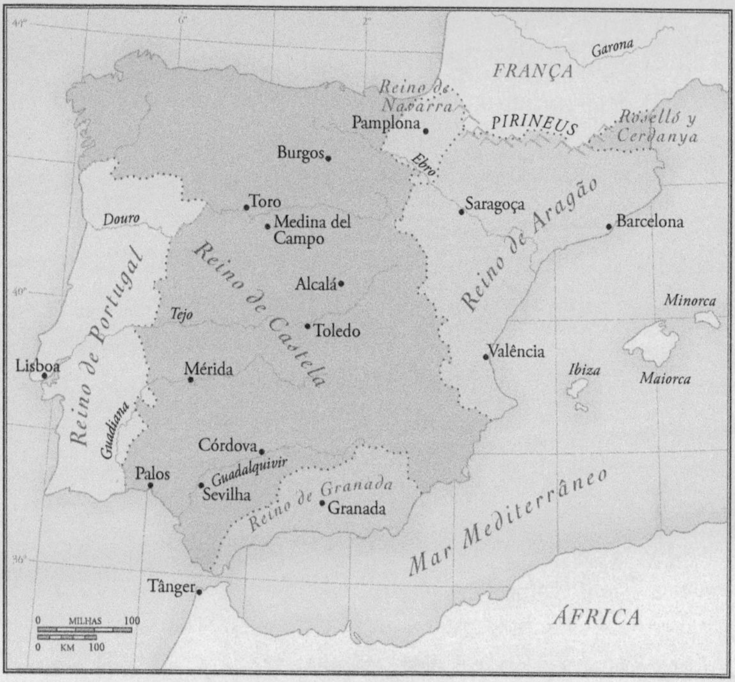

Os reinos da península Ibérica em 1492.

nerável à exaustão por cerco. Não obstante, em todas as suas fases, a guerra parecia durar mais do que os reis católicos esperavam. Em janeiro de 1491, fixaram o fim do mês de março como prazo máximo para sua entrada triunfal definitiva em Granada, mas só em abril o sítio começou a sério. No fim do ano, eles continuavam no acampamento provisório nas proximidades da cidade. Entrementes, os defensores realizaram muitas incursões vitoriosas, apoderando-se de gado e carroças repletas de cereais, e os sitiantes sofreram muitas atribulações. Em julho, centenas de barracas do acampamento cristão foram destruídas por um incêndio quando a chama de uma lâmpada atingiu uma cortina agitada pelo vento na tenda da rainha. Os soberanos foram obrigados a desalojar o seu luxuoso pavilhão.

A combatividade dos habitantes da cidade limitava a liberdade de ação de Boabdil. A ferocidade com que se opunham aos cristãos determinou a política do Rei Pequeno. O seu esforço, antes dedicado a favorecer os espanhóis, passou a ser envidado na defesa de Granada. Não havia como abastecer a cidade de víveres, e, na última etapa da guerra, os refugiados nela se apinharam a ponto de fazê-la arrebentar. Entretanto, mesmo nos últimos meses de 1491, quando os sitiantes cercaram as muralhas de Granada e Boabdil decidiu capitular, o espírito indômito dos defensores adiou a rendição. O último reduto da periferia caiu no dia 22 de dezembro. As tropas espanholas entraram na cidadela na véspera da capitulação, preferindo fazê-lo durante noite, a fim de evitar "muito escândalo", isto é, o derramamento desnecessário de sangue possivelmente causado por uma resistência desesperada. Acaso Boabdil disse realmente a Fernando, ao lhe entregar as chaves da Alhambra em 2 de janeiro de 1492: "Deus há de te amar muito, pois eis as chaves deste paraíso"?[8]

"É o fim das calamidades da Espanha", exclamou Pietro Martire d'Anghiera, que Fernando e Isabel mantinham na corte para escrever as crônicas do seu reinado. "Haverá uma época tão ingrata", ecoou o humanista castelhano Alonso Ortíz, "que não vos renda gratidão eterna?" Uma testemunha ocular da queda da cidade qualificou-a de "o dia mais ilustre e abençoado dos que amanheceram na história da Espanha". Segundo um cronista do País Basco, a vitória "redimiu a Espanha e, aliás, a Europa inteira".[9] Apesar da chuva, acenderam-se fogueiras em toda a cidade de Roma. Por ordem do papa, os cidadãos varreram as ruas. Assim que amanheceu, o sino começou a repicar no alto do Capitólio — barulho nunca ouvido, a não ser no aniversário da coroação papal ou para anunciar a festa da Assunção da Virgem em agosto. Mas foi naquela manhã fria e úmida do começo de fevereiro de 1492 que se divulgou a notícia da queda de Granada.

Igualmente extemporâneas, as touradas comemorativas despertaram tanto entusiasmo que numerosos cidadãos foram chifrados e mortos antes que matassem os touros. Realizaram-se corridas de diferentes categorias, de "homens e jovens, meninos, judeus, burros e búfalos". Erigiu-se uma réplica da cidadela que seria assaltada simbolicamente por atacantes fictícios — porém, foi preciso adiar a cerimônia por causa da chuva. O papa Inocêncio VIII, cujo séquito temia permanentemente pela sua vida devido à idade avançada e à saúde precária, resolveu celebrar uma missa no hospital da igreja de Santiago de Compostela, o padroeiro da Espanha. Uma procissão de clérigos o acompanhou da basílica de São Pedro até lá em meio a uma turba tão irrefreável que o tumulto o obrigou a adiar a homilia.[10] O pontífice qualificou os conquistadores reais de "atletas de Cristo" e lhes conferiu o novo título de "Reis Católicos", que os governantes da Espanha passaram a ostentar desde então. O júbilo vivido em Roma repercutiu em toda a cristandade.

Contudo, cada fase da conquista apresentava problemas novos a Fernando e Isabel: o destino da população conquistada; a alienação, colonização e exploração da terra; o governo e a tributação das cidades; a segurança das costas; a assimilação e a administração de sistemas jurídicos conflitantes; e as dificuldades oriundas das diferenças religiosas. Todos os problemas chegaram a um ponto crítico nas negociações da rendição da cidade. Os emissários granadinos propunham que se protegessem e garantissem a pessoa e as posses dos habitantes, com exceção dos escravos cristãos. Eles conservariam as moradias e propriedades, e o rei e a rainha os considerariam súditos e vassalos. Os muçulmanos gozariam do direito de continuar praticando o islamismo, mesmo que outrora tivessem sido cristãos, e de preservar seus madraçais, mesquitas e dotações. As mães que se convertessem ao cristianismo seriam obrigadas a renunciar ao dote recebido dos pais ou do marido e perderiam a guarda dos filhos. Os comerciantes nascidos em Granada teriam livre acesso a todos os mercados de Castela. Os cidadãos que desejassem emigrar a território muçulmano poderiam manter seus bens ou se desfazer deles a preço justo e deixar o reino com o auferido. Todas as cláusulas se aplicariam tanto a judeus como a muçulmanos.

Por assombroso que pareça, os soberanos as aceitaram. Aparentemente, uma mudança extraordinária com relação à tradição estabelecida pelas conquistas castelhanas anteriores. Salvo o reino de Múrcia, a leste de Granada, os conquistadores castelhanos sempre expulsavam os muçulmanos dos territórios capturados. Na prática, isso pressupunha desfazer a totalidade do sistema econômico existente e introduzir uma nova pauta de exploração, geralmente baseada na administração de fazendas e em outras atividades viáveis com pequenas populações de colonos novos. Inicialmente, o acordo ajustado com Granada parecia-se mais com o estabelecido pela tradição da Coroa de Aragão em Valência e nas ilhas Baleares, onde, justamente por carecer de força de trabalho para substituir a população existente, os conquistadores fizeram o possível para garantir a continuidade econômica. Os muçulmanos eram muito numerosos e úteis. No reino de Valência, a administração das propriedades agrícolas dependia do trabalho de camponeses mouros, que continuaram a ser o alicerce da economia regional durante mais de um século. Mas Granada não era como Valência. Podia prosperar sem a população muçulmana, cujo destino, apesar das condições favoráveis da sua rendição, seguia incerto.

Pelos termos da rendição de Granada, os mouros, na qualidade de súditos e vassalos dos monarcas, não só podiam continuar se dedicando às atividades econômicas como estavam sujeitos a obrigações de serviço militar. Fernando e Isabel chegaram a tentar organizá-los para que se incumbissem da vigilância costeira contra uma eventual invasão, mas essa parte das disposições era escandalosa e excessivamente otimista. Se os magrebinos ou os turcos invadissem a Espanha, a maioria dos cristãos não tinha a menor dúvida quanto ao lado em que ficariam os mouros derrotados. Como escreveu o cardeal Cisneros durante sua permanência em Granada: "Como há mouros na costa, tão perto da África, e sendo tão numerosos, eles podem ser uma grande fonte de dano se os tempos mudarem".

No começo, os conquistadores mostraram-se ansiosos por agir de boa-fé. A despeito de sua aversão a ter mais súditos muçulmanos, Fernando agiu como se houvesse percebido que a ambição de forjar uma Espanha inteiramente cristã, "constituída a serviço de Deus", era inviável. O governador e arcebispo de Granada compartilhou o poder com "companheiros muçulmanos", e durante algum tempo essa colaboração serviu para manter a paz. Entre os ditos companheiros figuravam desde imames respeitados, como Ali Sarmiento, que se dizia ter cem anos e ser riquíssimo, até capitalistas suspeitos, como Al-Fisteli, o usurário que assumiu a função de coletor de impostos do novo regime. Em 1497, a Espanha ofereceu asilo aos mouros expulsos de Portugal. Portanto, a expulsão ainda não era iminente.

Apesar de tudo, se os monarcas respeitassem os termos da barganha que firmaram depois da queda da cidade, a atitude seria honrosa, mas também incrível. Como vimos, em carta ao papa, Fernando manifestara a intenção de expulsar os muçulmanos. Em 1481, escreveu em termos semelhantes aos de seus representantes no noroeste do país: "[C]om o máximo fervor, agora nós intentamos trabalhar constantemente para que, com a queda de Granada, chegue o momento em que expulsemos da Espanha os inimigos da fé católica e consagremos a Espanha ao serviço de Deus".[11] A maior parte da população conquistada não confiava nos monarcas. Muitos aproveitaram imediatamente a cláusula da capitulação que garantia o direito de passagem aos emigrantes e lhes oferecia embarque gratuito. Granada sofreu uma hemorragia de refugiados. Em outubro de 1493, Boabdil, cuja presença na Espanha incomodava claramente os monarcas, partiu com uma comitiva de 1130 pessoas.

Na verdade, a política de conciliação com os mouros, enquanto durou, teve papel secundário em relação ao principal objetivo dos monarcas: incentivá-los a emigrar, com a vantagem adicional de reduzir a concentração de um contingente potencialmente hostil e de liberar terra para a ocupação cristã. A população das cidades fortificadas não contava com a proteção das cláusulas negociadas para a cidade de Granada. Os mouros desses lugares precisaram partir. Suas terras foram confiscadas. Muitos fugiram para a África.

Por último, Fernando e Isabel substituíram a política de emigração pela de expulsão. Em 1498, as autoridades locais dividiram a cidade em duas zonas, uma cristã e outra muçulmana, um claro sinal do aumento das tensões. Em 1499 e 1501, a mentalidade dos monarcas mudou à medida que os distúrbios e a rebelião aumentavam entre os mouros e a maior parte destes se mostrava inequivocamente indiferente à possibilidade de se converter ao cristianismo. O destino dos ex-cristãos provocou violência quando a Inquisição reclamou o direito de julgá-los. Embora não passassem de trezentos, eles eram desproporcionalmente importantes: "renegados" ou "elches" para os cristãos, símbolos da liberdade religiosa para os mouros. Os muçulmanos convertidos ao cristianismo ficaram isentos das atenções da Inquisição durante quarenta anos. O novo arcebispo de Granada, Hernando de Talavera, concedeu-lhes essa isenção, em parte por não gostar da Inquisição nem confiar nela e em parte por entender que os convertidos precisavam de tempo para se adaptar à nova fé. No entanto, os apóstatas constituíam uma categoria especial. Era difícil esquivar-se da Inquisição. Em 1499, Fernando e Isabel enviaram o cardeal Cisneros, primaz da Espanha, para resolver o problema.

Possivelmente, esperavam que Cisneros adotasse uma linha condescendente. Afinal, ele era um admirador e quiçá praticante do misticismo, um grande patrono do saber humanista. Sua reputação de homem erudito, piedoso, sensato e diplomático era insuperável. Contudo, enquanto Talavera e o conde de Tendilla, governador de Granada, procuravam atrair os ex-cristãos de volta ao rebanho, Cisneros tentava suborná-los ou pressioná-los para que se convertessem. Proibiu o ensino do árabe. Também se aproveitou de uma brecha nos termos da rendição de Granada que autorizava os cristãos a interrogar a esposa e os filhos dos ex-cristãos a fim de verificar se queriam retornar ao antigo credo. Afirmava que não pretendia obrigá-los: isso era contra a lei canônica. A resposta que dessem à pressão era problema deles. Mas a fronteira entre a coerção e a força se esfumava, e, para os muçulmanos, os métodos de Cisneros pareciam uma imposição e, portanto, violavam os termos da rendição de Granada. Um informe elaborado para os monarcas expunha a situação. "Como era um caso pelo qual os inquisidores podiam se interessar", dizia,

> Cisneros achou que podia encontrar um modo de fazer com que aqueles que reconhecessem o seu erro fossem reduzidos à nossa fé e [...] alguns mouros acaso se convertessem [...] e foi do agrado de Nosso Senhor que, com as pregações e dádivas do arcebispo, alguns mouros se converteram [...] Porque se exercia leve pressão sobre os elches para que reconhecessem os seus erros e se convertessem, como o permite a lei, e também porque os homens do arcebispo estavam convertendo os filhos e filhas dos elches em tenra idade, como o permite a lei, os mouros [...] concluíram que o mesmo lhes aconteceria a todos e se revoltaram, mataram um oficial de justiça, que foi pren-

der um deles, sublevaram-se, embarricaram as ruas, pegaram as armas que tinham escondidas, fizeram outras e opuseram resistência.[12]

Os primeiros distúrbios ocorreram quando uma mulher pediu socorro ao ser detida pelos inquisidores. Obedecendo ao arcebispo Talavera, os revoltosos se contiveram, mas Cisneros impôs uma nova condição: ou se batizavam, ou saíam da cidade. Foi um exemplo da influência desproporcional exercida por quem está no lugar certo na hora certa; uma decisão improvisada que deixou os legisladores de mãos e pés atados. Segundo a versão dos propagandistas de Cisneros, 50 mil ou 60 mil pessoas foram acolhidas na Igreja.

Além da erosão da sua cultura provocada pela emigração em larga escala e das conversões posteriores à conquista, uma nova circunstância atemorizou alguns muçulmanos, induzindo-os à rebelião. Influenciaram-nos os bandos de saqueadores berberes. Fora da cidade de Granada, foi impressionante a magnitude do levante. Os cronistas calcularam em 95 mil o número de soldados necessários para reprimi-lo. O próprio rei assumiu o comando. As atrocidades se multiplicaram. Quando as aldeias rebeldes se recusavam a aceitar as condições, que incluíam a exigência de abraçar o cristianismo, os cristãos as atacavam com fogo de artilharia para que se submetessem e escravizavam os defensores. Em Andarax, executaram 3 mil prisioneiros rebeldes e destruíram uma mesquita em que estavam refugiadas centenas de mulheres e crianças. Os rebeldes, por sua vez, tratavam com dureza qualquer membro da comunidade que não se unisse a eles. Um peticionário sobrevivente queixou-se aos monarcas de que haviam incendiado sua casa e o celeiro, levado sua mulher e filha e roubado o gado.

Ainda receosos da colusão com os turcos, os reis ficaram alarmados quando os rebeldes pediram ajuda aos otomanos. Em 1502, uma série de medidas restringiu a liberdade de movimento dos muçulmanos, e os que se recusavam a ser batizados eram expulsos de Castela, inclusive de Granada. Talvez em reconhecimento ao fato de a economia de Valência depender do trabalho mouro, eles foram autorizados a permanecer na Coroa de Aragão. As condições da rendição dos rebeldes mostram o que significava a conversão na prática. A despeito de os monarcas terem prometido que os antigos muçulmanos disporiam de sacerdotes que os instruíssem no cristianismo, a doutrina mal foi levada à prática: na verdade, os vencedores exigiram uma versão modificada de conversão cultural, segundo a qual os vencidos se sujeitavam ao que hoje em dia chamaríamos de "integração". Perdoavam-se seus antigos delitos. Era-lhes permitido continuar usando a roupa tradicional "até que se gastasse". Podiam ter açougueiros próprios, mas os animais deviam ser abatidos conforme o costume castelhano. Podiam registrar negócios legais em língua árabe, mas os tribunais só aplicariam sobre eles a legislação de Castela. Podiam manter seus banhos. Pagariam unicamente impostos cristãos, porém com uma tarifa especial — efetivamente punitiva —, três vezes mais elevada que a dos "cristãos-velhos". Suas doações beneficentes deviam prosseguir, se bem que não mais para manter mesquitas e madraçais: os únicos objetivos permitidos seriam a conservação de estradas e caminhos, a assistência aos pobres e a libertação de cativos. O passado seria relegado ao esquecimento, e chamar alguém de "mouro" ou "renegado" passou a ser uma ofensa.[13]

A conquista de Granada e suas consequências alteraram o perfil da Europa durante meio milênio. Com exceção das conquistas otomanas, não voltou a surgir Estado governado por muçulmanos no continente. Até a criação da República Soberana da Albânia, em 1925, não houve nenhum Estado com maioria muçulmana. Tornou-se possível afirmar — embora de modo talvez não muito convincente — que a cultura da Europa, se é que existe tal coisa, era cristã. O costume de identificar o continente com a cristandade manteve-se de forma quase indiscutível até o fim do século XX. Só então, com as migrações muçulmanas em larga escala e o surgimento, na Bósnia, de outro Estado com maioria islâmica, os europeus foram obrigados a retocar a sua autoimagem para levar em conta a contribuição muçulmana para a construção da Europa.

Entretanto, os acontecimentos de 1492 não contribuíram muito para a formação de instituições políticas modernas. A Espanha não se tornou um Estado em nenhum dos sentidos geralmente admitidos: não era unificada, nem centralizada, nem submetida a um regime absolutista, e, sem dúvida, nada tinha de burocrática ou "burguesa". Somente em um aspecto Fernando e Isabel praticaram uma técnica nova de governo: usaram a imprensa para divulgar seus decretos com mais rapidez e eficiência em todos os seus domínios. Nos demais, governavam um Estado medieval ordinário, caótico e heterogêneo, no qual os monarcas compartiam o poder com os "estados" da Igreja e da nobreza e com as cidades.

Os reis eram os "senhores naturais" do povo. Sua chefia era como a da cabeça sobre os membros do corpo humano — e todo mundo sabia que o corpo humano era um microcosmo do Universo. A natureza era uma hierarquia: evidenciava-o mesmo o exame mais superficial das diversas criaturas e fenômenos naturais. Os vitrais das igrejas representavam a hierarquia da criação, desde o céu até as plantas e as criaturas do chão pisado por Adão, com um lugar para cada coisa e cada coisa no seu lugar. As Escrituras e as tradições da teologia mística apresentavam uma situação semelhante entre Deus e as diferentes ordens de anjos. Esse mesmo estado caracterizava de forma natural os assuntos humanos.

Ainda que Aragão e Castela continuassem a ser Estados independentes, a monarquia de Fernando e Isabel impregnou-se de uma dignidade nova e ardente graças à união dos dois monarcas. "Tereis a monarquia de todas as Espanhas", Diego de Valera garantiu ao rei, "e reformareis a cadeira imperial dos godos da qual vindes."[14] Os godos que Valera tinha em mente eram os últimos governantes de um Estado que abrangeu toda — ou quase toda — a península Ibérica nos séculos VI e VII. Mas Fernando e Isabel não podiam recriar um Estado que ocupasse a península e provavelmente não cogitavam fazê-lo. Até mesmo a sua união pessoal foi uma medida de emergência: uma solução política improvisada para enfrentar problemas temporários.

Alguns problemas provinham do fato de Isabel ser mulher. Até a metade do século XVI, quando Falópio dissecou corpos femininos e viu como funcionavam de fato, a ciência médica classificava as mulheres como homens defeituosos: serviço malfeito da natureza. Isabel precisava de Fernando ao seu lado numa exibição calculada de que dispunha de um equipamento essencial. Além disso, as primeiras rainhas da história de Castela eram consideradas catastróficas. A imagem de Eva — suscetível à tentação, volúvel, obstinada e parcialmente sub-racional — perseguia as mulheres e as apresentava como inaptas para o governo. Entre as obras destinadas à educação da jovem Isabel figuravam *Laberinto de fortuna*, de Juan de Mena, publicada em 1481, que sublinhava a importância da disciplina feminina para manter a ordem no lar e no reino, e *Jardín de nobles doncellas*, de Martín de Córdoba, em que desfilavam modelos de virtudes femininas. Além de ser alvo da coqueteria sexual, Isabel o foi da pornografia misógina. *Carajicomedia*, obra provavelmente publicada poucos anos depois da sua morte, associa-a abertamente a prostitutas e vadias.[15]

O conflito entre as pretensões dos monarcas não fez senão piorar a situação. A rivalidade fica evidente nas entrelinhas do discurso de Isabel na reunião de 1475, que estabeleceu as suas diferenças no tocante ao modo de compartilhar o poder: "Senhor, [...] onde há a conformidade de que pela graça de Deus deve haver entre vós e mim, não pode haver diferença alguma". Está implícito aqui que não havia conformidade e a diferença era óbvia. Em troca da paridade de poder com Isabel enquanto ela vivesse, Fernando teve de renunciar a herdar o trono da esposa em proveito de um descendente seu com ela. Isabel nomeou-o "procurador" de Castela, com o poder de agir em seu nome. Ele a nomeou "corregente, tutora e governadora dos reinos da Coroa de Aragão, tanto na sua presença quanto na sua ausência".[16]

A imagem de unidade acolchoava as fissuras na aliança dos monarcas. Quase todos os documentos do reino eram escritos em nome dos dois, mesmo quando só um deles estava presente. Diziam que um era "o favorito do outro", "dois corpos governados por um só espírito" ou que "compartilhavam uma mente única". Sua igualdade era como a de duas gotas de água. Para disfarçar as diferenças, a propaganda fazia uma exibição de amor correspondido. Seus motivos ornamentais preferidos eram os laços amorosos e o jugo e as flechas. O jugo conjugal amarrava os dardos de Cupido. Imagens dos monarcas trocando beijos um tanto formais ilustravam as cópias de apresentação dos decretos reais.[17]

O rei e a rainha estavam apaixonados? Seus biógrafos parecem incapazes de abjurar essa pergunta absurda. A coqueteria com que Isabel estimulava os poetas da corte fazia parte do seu arsenal. A antipatia de Fernando pelos favoritos da esposa está bem documentada, e Isabel reagia expulsando da corte as amantes do marido. "Amava de tal modo", disse um dos humanistas da corte, "tão solícita e vigilante no ciúme que, quando sentia que ele olhava para uma dama ou donzela da corte com um olhar que mostrasse desejo, com muita prudência buscava meios e maneiras de despachar aquela pessoa de seus domínios."[18] No entanto, a mesma fonte acrescenta que o objetivo dessa perseguição às amantes do marido era mais a "sua honra e proveito" que satisfação amorosa. Um documento frequentemente citado como prova do afeto que tinha pelo marido é a carta que ela escreveu ao seu confessor, descrevendo como Fernando se salvara de uma tentativa de assassinato em Barcelona em dezembro de 1492, e o incidente revela em Isabel sentimentos mais profundos que o amor. Na presença de testemunhas, um maníaco armado de adaga, "que nunca saiu daqueles [seus] desvarios", aproveitou uma das audiências habituais das sextas-feiras, em que se permitia aos peticionários dirigir-se pessoalmente ao monarca. Os sentimentos então manifestados pela rainha pareceram louváveis e adoravelmente desinteressados. "A ferida era tão grande", lamentou,

> conforme diz o doutor Guadalupe, pois eu não tive coragem de vê-la, tão larga e funda que o comprimento de quatro dedos não igualava a sua fundura e a largura era coisa que me estremece o coração dizer [...] e era uma das mágoas que eu sentia, ver o rei padecer o que eu merecia, não o merecendo ele que pagava por mim — isso quase me matou.

Apesar de tantas manifestações de ternura pelo marido, é evidente que era por si mesma que Isabel mais sofria e receava. Ela fez com que seu sofrimento parecesse maior que a aflição do marido. Alonso Ortiz, um adulador profissional da corte, disse-lhe que o seu sofrimento "parecia maior que o do rei". Ela se felicitou por ter convencido o suposto assassino a confessar, o que lhe salvou a alma. E preencheu a maior parte da carta endereçada ao confessor com reflexões sobre o seu despreparo para a morte. A atribulação de Fernando a convenceu de que "os reis podem morrer em virtude de qualquer desastre como os outros homens, motivo suficiente para que se preparem para morrer bem". Prosseguiu pedindo ao confessor que fizesse uma lista de todos os pecados por ela cometidos, incluindo especialmente as promessas não cumpridas na época em que estava lutando pelo poder.[19]

Pode ser que a afeição mútua dos monarcas tenha acabado por se tornar autêntica, mas começou como afetação. A linguagem amorosa que usavam em público pouco tinha a ver com sentimentos verdadeiros e muito com os valores cortesãos que tanto afastavam da modernidade o estilo de governo dos reis: o culto do cavalheiresco, que provavelmente foi o mais perto de uma ideologia a que eles chegaram. A imagem mental que Isabel formava do paraíso é sugestiva. Via-o como uma espécie de corte real povoada de modelos de virtude cavalheiresca. Talvez a cavalaria não conseguisse forjar homens bons, como se supunha que fizesse. Mas conseguia ganhar guerras. O embaixador de Veneza disse que Granada havia sucumbido "numa guerra bonita [...] Não havia nenhum senhor presente que não estivesse apaixonado por uma das damas da rainha", as quais "geralmente entregavam as armas aos guerreiros [...] acompanhadas do pedido de que demonstrassem com seus atos como era grande o poder do seu amor". A rainha de Castela morreu fazendo orações ao arcanjo Miguel, nas quais o qualificava de "Príncipe da Cavalaria angelical".[20]

O melhor indicador da importância da cavalaria é a frequência e a intensidade com que se comemoravam as justas. (A justa ou torneio era o grande ritual da cavalaria — um esporte de nobreza insuperável que oferecia uma infinidade de oportunidades de corrupção política.) Em abril de 1475, em plena guerra com Portugal, os monarcas promoveram um torneio em Valladolid que as crônicas locais aclamaram como "a mais majestosa que se tinha visto, diziam os homens, nos últimos cinquenta anos e mais". O duque de Alba, anfitrião e senhor da justa, esbanjou coragem e valentia. "Caiu do cavalo quando ia arriscar a vida na investida e ficou mudo, incapaz de falar, e feriu a cabeça, e o sangraram. Mas ele voltou a sair armado e justou duas vezes." O rei ostentava uma inscrição no escudo: "Como a bigorna, eu sofro calado/ enquanto for malhado". Entretanto, o secretário do rei confessou que a finalidade implícita de reunir os mais poderosos partidários do monarca era a necessidade saber quem estava a seu favor e quem a ele se opunha. Segundo Alonso de Palencia, os grandes senhores também tinham fins próprios: queriam aproveitar a ocasião para distrair Fernando dos assuntos de Estado e arrancar-lhe a promessa de gastos e concessões.

Nem toda a nobreza acatava as normas da conduta cavalheiresca. Um dos casos mais brutais registrados foi o de d. Fernando de Velasco, irmão do cortesão mais importante do reino, que queimou vivos alguns aldeões que, bêbados, o confundiram com um cobrador de aluguel judeu e o ofenderam. O rei reagiu às queixas subsequentes dizendo lamentar a morte dos infelizes sem que tivessem podido se confessar, mas que Velasco agira com nobreza ao exigir satisfação pela afronta que lhe haviam dirigido.

Os descendentes da nobreza começaram a abarrotar as muitas universidades de Castela. Além das armas, a educação também conferia nobreza. "A minha linhagem a mim me basta,/ Sem dispor de outros recursos" servia de lema a Alonso Manrique, mas ele era um poeta consumado. A expansão do bom gosto trouxe consigo o interesse pelo acúmulo de riqueza. O almirante de Castela (cujo título era uma dignidade hereditária, não uma patente na Marinha) recebeu da Coroa um monopólio das tinturas, embora empregasse um agente para que o administrasse — o abastado mercador genovês Francisco da Rivarolo, um dos patrocinadores de Colombo. Os duques de Medinaceli, que estiveram na vanguarda da guerra contra Granada, tinham frota mercante e indústria atuneira próprias. Seus vizinhos e rivais, os duques de Medina-Sidonia, investiram muito em outra indústria próspera na época: a produção de açúcar. Todos os nobres precisavam ser bons administradores de propriedade para fazer frente à inflação, que estava se transformando em uma característica normal da vida econômica. Os duques de Medinaceli aumentaram habilmente suas rendas mediante tributos senhoriais e alimentícios, e os livros de registro dos senhorios monásticos e clericais indicam que eles multiplicaram as rendas para cobrir o aumento dos custos.

Alguns autores influenciados por Aristóteles e seus comentaristas, cujas obras eram facilmente acessíveis em qualquer biblioteca importante, questionavam a verdadeira natureza da nobreza, assinalando que a fidalguia residia no cultivo da virtude. "Deus fez homens, não linhagens" era um dos temas do trabalho de Gómez Manrique, cavalheiro, poeta, algoz dos mouros e cortesão íntimo do rei e da rainha. Isso não significava que todos os homens fossem socialmente iguais, e sim que os mais humildes também podiam chegar ao poder se tivessem os méritos necessários. O rei tinha a possibilidade de enobrecer quem o merecesse. Os méritos que proporcionavam o enobrecimento podiam ser intelectuais. "Eu sei", declarou Diego de Valera, "servir o meu Príncipe não só com a força do meu corpo, mas também com a da minha mente e intelecto." O *Tratado de la perfección del triunfo militar*, de Alonso de Palencia, personifica a prática da cavalaria num nobre espanhol em busca da Dama da Discrição. Ele enfim a encontra na Itália, a pátria do humanismo.

Essa modificação do comportamento e da linguagem nobres não deve ser confundida com uma "revolução burguesa". Embora estendessem as asas econômica e culturalmente, os nobres continuavam fiéis às tradições da sua classe, cuja virtude era a destreza e cuja aspiração era o poder. Como escreveu o secretário de Isabel a um senhor ferido pelos mouros no campo de batalha: "A profissão que fizestes na Ordem de Cavalaria que tomastes obriga-vos a receber perigos tanto maiores que os outros quanto maior honra tendes que os outros [...] Porque, se não tivésseis mais destemor que os outros diante desses pavores, então nós todos seríamos iguais".[21]

Como os cortesãos tinham a obrigação de impressionar, a ostentação e a suntuosidade eram parte essencial da vida cotidiana da corte. Os monarcas aprenderam com Borgonha e com os artistas setentrionais empregados no palácio a importância de oferecer uma imagem imponente e suntuosa nos assuntos de Estado e a utilidade da pompa para ressaltar simbolicamente a preeminência do rei. Grande número de observadores detalhava o atavio usado pelos monarcas em cada ocasião, pois cada ponto de ouro era relevante. Isabel se sentia culpada pela opulência da sua vestimenta e gostava de frisar sua relativa simplicidade. "Eu usei um mero vestido de seda com três pregas de ouro", protestou certa vez em carta ao confessor. Suas afetações de austeridade não enganavam ninguém.

As principais despesas da rainha eram com vestuário e mobília. Usava-se uma quantidade fabulosa de veludo preto para vestidos de luto, pois a morte visitava assiduamente a família e a corte. As joias, especialmente as de caráter sacro, ocupavam lugar de destaque. A partir de 1488, a capela de Isabel deve ter se transformado num verdadeiro tesouro de cruzes engastadas, douradas e incrustadas de brilhantes e rubis. Os gastos públicos irrompiam nesses livros de contabilidade privados. Por ocasião da conquista de Granada, ela contribuiu para a campanha de aculturação forçada dos mouros, dando dinheiro para que se confeccionassem roupas de estilo castelhano para eles. Quando o filho do rei foi preso em 1488, Isabel lhe forneceu vestimenta adequada. Dava propinas generosas — na verdade, subornos — aos embaixadores estrangeiros. Custeou a reconstrução das muralhas da cidade de Antequera. Em 1486, entregou sete rolos de veludo preto ao emissário que lhe levou a notícia de que Fernando havia tomado a cidade mourisca de Loja.

Junto a esse tipo de despesa, acha-se o registro da compra de doces para os filhos, do salário dos professores que lhes ensinavam latim e dos gastos de manutenção de um pintor encarregado de fazer um retrato de cada um. Os monarcas preferiam que o

Natal fosse um acontecimento familiar. Abasteciam-se de marmelada com muita antecedência e compravam presentes para trocar no fim da festa. Em 1492, deram às filhas bonecas pintadas e blusas e saias para vesti-las. O príncipe João — que, por ser homem e herdeiro do trono, estava acima de todas essas coisas — ganhou uma bolsa bordada e quatro dúzias de rolos de seda finamente tecida. Não raro, o rei complementava os doces de Natal com muitos confeitos de limão.

No tocante ao governo, a característica mais importante da vida cortesã era a mobilidade. Os monarcas não governavam de uma capital centralizada e fixa como fariam os reis espanhóis posteriores, mas tinham uma existência peripatética: atravessavam o país de uma cidade a outra, levando consigo a corte como uma coleção de animais selvagens amarrados com correia. Foram os governantes mais viajados da Espanha e penetraram partes do reino que não viam o soberano havia décadas. Dependendo da importância, algumas regiões eram mais frequentadas que outras. Eles passavam a maior parte do tempo em Castela a Velha, entre as cordilheiras do Sistema Central e o rio Douro, contudo visitavam com frequência Castela a Nova e Andaluzia. Iam a Extremadura quando os assuntos ligados a Portugal adquiriam importância e faziam excursões a Aragão e Catalunha. Desse modo, não só mantinham contato com os súditos, envolvendo-os diretamente com o governo, como dividiam o pesado custo de manter a corte, que recaía sobre as localidades em que esta se hospedava ou sobre os senhores que serviam de anfitriões. No entanto, os reis tinham de cobrir a despesa de transporte da sua volumosa e colorida caravana. A bagagem que Isabel levava consigo aonde quer que fosse ocupava 62 carroças.

Fernando e a esposa eram monarcas claramente antiquados. Ajudaram a marcar o início do mundo moderno por acaso, enquanto se adaptavam aos aspectos emergentes e recorriam às tradições. As conquistas e a "limpeza étnica" — como se diria hoje — das minorias detestadas eram demasiado cruéis para ser chamadas de cristãs, mas tinham caráter religioso. Os reis usavam as diferenças de credo para identificar os inimigos e a retórica religiosa para justificar suas campanhas. Reinaram numa época de fervor religioso virulento induzido pelas alarmantes vantagens territoriais obtidas pelo islã nos anos anteriores. Era natural que os conselheiros aragoneses de Fernando, herdeiros de uma tradição de inimizade aos turcos, quisessem se apropriar dos recursos castelhanos para a guerra na fronteira oriental da cristandade mediterrânea, ao passo que os castelhanos, por sua vez, esperavam que o auxílio aragonês fosse valioso na guerra incessante contra os mouros. A essas expectativas mesclava-se a febre milenarista. Tudo que Fernando e Isabel fizessem só tinha sentido perfeito contra o pano de fundo de uma crença persistente e prolongada no advento de um Último Imperador do Mundo que derrotasse o islã e enfrentasse o Anticristo. Eles se preparavam conscientemente para o fim do mundo. Pelo contrário, ajudaram a dar à luz uma nova ordem em que as linhas divisórias entre os credos coincidiam com as fronteiras das civilizações.

Logo depois da queda de Granada, pareceu por um instante que um "concerto da cristandade" e uma cruzada contra os turcos estavam prestes a tomar forma. O islã e a cristandade se esbarravam através do mar; umas vezes com meros intercâmbios retóricos, outras travando guerras declaradas e outras ainda competindo para ganhar para a sua causa povos remotos do mundo ainda não comprometidos com nenhum dos dois. Uma vitória local parecia ter adquirido importância global. E, enquanto Fernando e Isabel se esforçavam para enfrentar as consequências do seu sucesso, os fatos ocorridos do outro lado do estreito de Gibraltar — dos quais nos ocuparemos a seguir — se somaram à tarefa de fixar os futuros limites da cristandade e do islã na África.

3. “Vejo cavaleiros se aproximando”

O esforço do islã na África

20 de dezembro: morte de Sonni Ali, o Grande, rei de Songai

Hasan ibn Muhammad al-Wazzan teria apenas cinco ou seis anos de idade quando sua família engrossou a avalanche de refugiados oriundos de Granada, mas ele sempre fez questão de ser chamado de “o Granadino”. Seu exílio foi o começo de uma vida repleta de viagens, primeiro como fugitivo, depois como mercador, posteriormente na função de embaixador e ainda mais tarde como prisioneiro de piratas cristãos. Afirmava, sem convencer muito, que havia estado em lugares remotos como a Armênia, a Pérsia e as estepes da Eurásia. Sem dúvida, conhecia grande parte do Mediterrâneo, bem como do oeste e do norte da África. Suas viagens espirituais também cobriram grandes distâncias. Aprisionado em Roma, converteu-se ao cristianismo, um favorito do papa, e, com o nome Giovanni Leone ou “Leão, o Africano” — como aparece em muitas folhas de rosto —, foi autor dos escritos mais rigorosos sobre a África da sua época. Quando os invasores saquearam Roma, em 1527, Leo tratou de se refugiar na África e no islã.

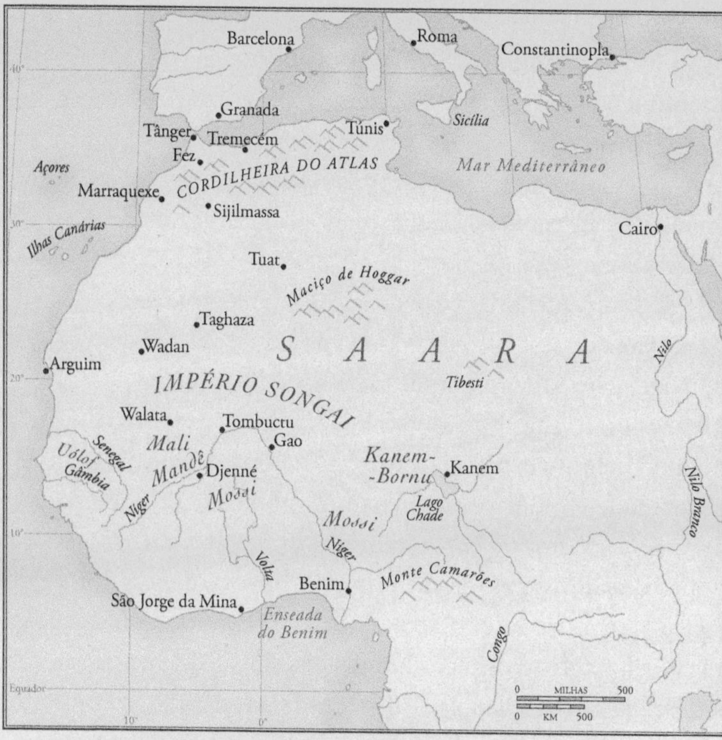

O noroeste da África de Leão, o Africano.

Suas viagens mais espetaculares foram ao outro lado do Saara, até aquela que ele e seus contemporâneos chamavam de Terra dos Negros. Nunca conseguiu formar uma opinião definitiva a respeito dos negros, pois se sentia dividido entre tradições literárias conflitantes que lhe turvavam a percepção. O preconceito contra os negros era comum no Marrocos e em outras regiões do norte da África, aonde os escravos negros chegavam como mercadoria comum e corrente. Leo herdou esses preconceitos de Ibn-Khaldun, o maior historiador da Idade Média, cujas obras ele plagiava. "Os habitantes da Terra dos Negros", escreveu, "[...] carecem de razão [...] e também lhes faltam engenho e senso prático [...] Vivem feito bichos, sem regra nem lei." No entanto, Leo descobriu "a exceção [...] nas grandes cidades, nas quais há um pouco mais de racionalidade e sentimento humano". Em termos gerais, afirmava que os negros eram "gente íntegra e de boa-fé. Tratam o forasteiro com muita amabilidade e se entregam ao prazer o tempo todo, dançando alegremente e festejando. Não têm malícia alguma e honram muito os homens sábios e os religiosos".[1]

Essa atitude foi a chave do sucesso lento, mas seguro, do islã na região, que se infiltrava pouco a pouco ao sul do Saara, no vale do Níger e no Sahel, a grande savana.

Segundo suas narrativas, Leo foi duas vezes ao Sahel: uma quando menino e, mais tarde, como emissário do governante de Fez, cidade em que passou parte da infância e da adolescência. Teve de atravessar a cordilheira do Atlas, da qual escapou por pouco de salteadores (na sua primeira viagem) depois de pedir licença para ir urinar e então desaparecer em meio a uma nevasca. Ele devia ter visto os picos brancos da serra Nevada de sua casa em Granada, mas, depois de ter tiritado no Atlas até quase perder a vida, tomou-se de ódio por neve o resto da vida. Atravessou uma quebrada do rio Cebu dentro de um cesto suspenso em polias. Quando se recordava disso, ficava doente de pavor. Chegou a Tegaza, a antiga cidade mineira que produzia o sal tão apreciado pelos paladares do Sahel. Lá, onde até as casas eram talhadas em blocos de sal, juntou-se a uma caravana de salineiros, pela qual esperou três dias enquanto amarravam os blocos luzidios do mineral nos camelos.

O objetivo da viagem era trocar sal por ouro, literalmente uma onça de sal por uma de ouro. Pode-se viver sem ouro, mas não sem sal. Esse produto condimenta a comida e também a conserva. O sal da dieta devolve ao organismo os minerais essenciais que ele perde com a transpiração. Os habitantes do vale do Níger e das florestas situadas ao sul, onde não havia minas de sal nem acesso ao sal marinho, careciam de um meio básico de vida. Por sua vez, o mundo mediterrâneo contava com um abastecimento adequado de sal, mas precisava de metais preciosos. A partir da costa setentrional do Mediterrâneo, do outro lado do resplendor do Saara, só com muita dificuldade é que se podiam vislumbrar as fontes do ouro. Nem mesmo os mercadores magrebinos encarregados do comércio sabiam ao certo a localização das minas, escondidas no interior mais recôndito da África Ocidental, na região de Bure, entre as cabeceiras dos rios Níger, Gâmbia e Senegal e, mais a oeste, em torno do curso médio do Volta.

O ouro viajava para o norte por rotas desconhecidas até chegar aos mercadores que o comerciavam. Segundo todas as descrições de que os europeus dispunham, era obtido através de um "comércio mudo", talvez forjado mais por convenção do que por convicção. Presumivelmente, os comerciantes deixavam as mercadorias — por vezes têxteis, mas sempre sal — expostas em lugares escolhidos para que fossem recolhidas. Então partiam e voltavam para pegar o ouro que os clientes silenciosos e invisíveis deixavam em troca. Circulavam teorias bizarras: o ouro crescia como cenouras; as formigas o transportavam em forma de pepitas; era extraído por homens nus que moravam em cavernas. Talvez proviesse realmente das minas da região de Bure, nas proximidades do curso alto dos rios Gâmbia e Senegal, ou do curso médio do Volta.

Na metade do século XIV, Ibn Battuta, o peregrino mais viajado do mundo islâmico, uniu-se a uma caravana comercial em Sijilmassa, onde se iniciava a chamada "rota do ouro", e rumou para o sul em busca do lugar de origem do comércio. Ele afirmava que sua curiosidade era motivada pelo desejo de ver a Terra dos Negros. Deixou uma descrição insuperável da espantosa viagem empreendida para atravessar o deserto, entre "montanhas de areia [...] podes ver dunas em um lugar. Depois tornas a olhar e elas se deslocaram para outra posição". Diziam que os cegos eram os melhores guias, pois as miragens do deserto enganavam e os demônios se divertiam confundindo os viajantes.

Ele demorou 25 dias para chegar a Tegaza. A água lá, apesar de salobra, constituía um bem valioso, pelo qual os caravaneiros pagavam muito caro. A etapa seguinte da travessia costumava durar dez dias, durante os quais não havia a menor possibilidade de se abastecer de água — a não ser, talvez, de forma muito ocasional, extraindo-a do estômago de animais mortos. O último oásis ficava a quase trezentos quilômetros do destino da caravana, num território "habitado por gênios malignos", no qual "não há caminho visível [...] só areias que o vento arrasta".[2]

A despeito dos suplícios do caminho, Ibn Battuta achou o deserto "luminoso, radiante" e estimulante — até que a caravana chegasse a uma região mais quente ainda, próxima da fronteira do Sahel. Lá foi preciso viajar no frio da noite até enfim, depois de dois meses de travessia, chegarem a Walata, onde funcionários de aduana negros os esperavam e vendedores lhes ofereceram leite azedo adoçado com mel.

Ali no extremo meridional da Rota do Ouro ficava o império do Mali, famoso por ser o lugar mais distante até o qual se podia rastrear com certa confiabilidade a origem do metal precioso. O Mali dominava o curso médio do rio Níger, e durante boa parte do século XIV controlou um império que incluía os três grandes empórios ribeirinhos: Djenné, Tombuctu e Gao. O poder da etnia mandê, a elite da África Ocidental que administrava os negócios do império, estendia-se por grandes faixas do Sahel e pelo sul até penetrar os contornos da floresta. Era um povo comercial e imperial, poderoso na guerra e na produção de manufaturas. A casta comerciante, conhecida como Wangara, estabelecia colônias além do alcance da autoridade direta do império, tendo fundado, por exemplo, um assentamento no interior do território da floresta, no qual comprava ouro a preço baixíssimo dos chefes locais. Era frustrante estar tão perto da fonte de tanta riqueza e ter de depender dos intermediários que a forneciam.

Contudo, os governantes malianos jamais conseguiram controlar a produção de ouro, visto que as minas ficavam fora dos seus domínios. Cada vez que tentavam exercer autoridade política nos territórios mineiros, os habitantes recorriam a uma modalidade de resistência passiva ou "boicote", ou seja, declaravam-se em greve e recusavam-se a explorar as minas. No entanto, o império controlava as rotas de acesso ao norte e os pontos de troca de sal pelo ouro, cujo valor triplicava ou quadruplicava ao atravessar o seu território. O Mali se apoderava das pepitas maiores a título de tributo e deixava o ouro em pó para os mercadores.

O mansa, como era conhecido o soberano do Mali, obteve fama lendária graças ao prestígio do mansa Musa, que reinou aproximadamente de 1312 a 1337. Em 1324, ele empreendeu uma peregrinação espetacular a Meca, que propagou sua reputação pelos quatro cantos do mundo. Foi um dos três mansas a fazer o hadji. Só isso já mostra como o Estado maliano era estável e sólido, pois essa viagem durava mais de um ano, e poucos mandatários no mundo podiam correr o risco de passar tanto tempo longe da sua base de poder. Musa fez essa viagem como um esbanjador, com efeitos bem visíveis. No Egito, ele foi lembrado durante muitos séculos, pois, nos três meses que ali passou, distribuiu tanto ouro que chegou a provocar inflação. Segundo diversos relatos, o valor do ouro no Egito caiu entre 10% e 25%. Musa deu 50 mil dinares ao sultão do Egito e milhares de lingotes de ouro puro aos santuários que visitou e aos funcionários que o atenderam. Embora viajasse com oitenta camelos, cada qual carregando mais de 135 quilos de ouro, sua prodigalidade ultrapassou as provisões que levava. Ele teve de pedir dinheiro emprestado durante a viagem de volta. Dizem que, ao chegar ao Mali, saldou a dívida a uma taxa de setecentos dinares em pagamento a cada trezentos que recebeu.

A magnificência ritual da corte maliana impressionava os visitantes quase tanto quanto a riqueza dos governantes. Ibn Battuta achava que o mansa suscitava mais devoção entre os súditos do que qualquer outro príncipe no mundo. Os autores árabes e latinos nem sempre apreciavam a sofisticação política dos negros. Isso torna a estupefação das fontes ainda mais impressionante. No mansa, tudo exalava esplendor: o andar majestoso; as centenas de ajudantes com seus báculos dourados; o fato de os súditos só se comunicarem com ele por um intermediário; os atos de humilhação a que seus interlocutores se submetiam — prostrando-se e derramando poeira na cabeça —; o zumbido sonoro das cordas de arco e os murmúrios de aprovação com que os ouvintes celebravam suas palavras; os caprichosos tabus que condenavam à morte quem se atrevesse a usar sandálias ou espirrar na sua presença. A diversidade dos que lhe rendiam tributo impressionou Ibn Battuta, principalmente os emissários canibais, aos quais o mansa ofereceu uma escrava jovem; eles voltaram para agradecer lambuzados do sangue do presente que acabavam de deglutir. Por sorte, como contou Ibn Battuta, "essa gente diz que a carne do branco é nociva por não estar madura".[3]

Aquele teatro eivado de exotismo tinha um palco adequadamente circunspecto e um público numeroso. A sala de audiência do mansa era um pavilhão abobadado em que poetas andaluzes recitavam. Sua rústica capital contava com uma mesquita de alvenaria. A força do seu exército estava na cavalaria. Sobrevivem imagens de terracota dos soldados montados do Mali. Os aristocratas no comando, de pálpebras pesadas, lábios curvados e cabeça erguida, aparecem coroados com capacete empenachado, cavalgando empertigados, com os animais embridados de maneira elaborada. Alguns têm couraça ou levam um escudo às costas, ou as correias de uma armadura de couro usada como avental. As montarias apresentam cabresto de guirlanda e elementos decorativos entalhados diretamente nos flancos. Os cavaleiros as dominam com rédeas curtas e braços tensos, como se estivessem praticando a domação. Durante a maior parte do século XIV, eles foram invencíveis e expulsaram do Sahel os invasores provenientes do deserto ou das florestas.

Em torno do Mediterrâneo, os comerciantes e viajantes magrebinos propalavam histórias daquele reino fabuloso como quem espalha grãos de areia com as mãos abertas. Nos mapas maiorquinos da década de 1320 e, de forma ainda mais esplêndida, num atlas catalão do início da de 1380, o mansa do Mali aparece como um monarca latino, com exceção da cor preta do rosto: barbudo, coroado e entronizado, um soberano de status igual ao de qualquer príncipe cristão. "É tão abundante o ouro encontrado no seu país", diz o texto sob a imagem, "que este senhor é o rei mais rico e nobre de toda a Terra."[4] Com leves retoques, a imagem podia ser transferida para um quadro dos Reis Magos da epifania de Cristo, contexto em que os artistas europeus da época costumavam pintar reis negros imaginários. E o presente daquele rei negro para o Menino Jesus seria a imponente pepita de ouro que o mansa brandia no mapa.

Os europeus se esforçavam para eliminar os intermediários e abrir rotas de acesso às fontes do ouro. Alguns tentaram seguir as caravanas pelo deserto. Em 1413, o comerciante Ansleme d'Isaguier voltou à sua Toulouse natal com um harém de negras e três eunucos negros, dizendo tê-los adquirido em Gao, um dos grandes empórios do médio Níger. Ninguém sabe como conseguiu ir tão longe. Em 1447, o genovês Antonio Malfante chegou a Tuat, mas ali não colheu senão boatos sobre o ouro. Em 1470, em Florença, Benedetto Dei afirmou ter estado em Tombuctu, onde observou um animado comércio de tecidos europeus. Entre 1450 e 1490, os mercadores portugueses fizeram o possível para abrir uma rota até o rio Níger, atravessando territórios a partir de sua recém-fundada feitoria de Arguim, no litoral saariano, e conseguiram desviar para lá algumas caravanas de ouro.

Entretanto, como todo eldorado, o Mali e o seu povo decepcionavam os que lá conseguiam chegar. "Eu me arrependi de ter ido àquele país", queixou-se Ibn Battuta, "por causa do mau comportamento dos seus habitantes e do desprezo que nutriam pelos brancos."[5] Na metade do século XV, quando o Mali estava em decadência, as impressões geralmente eram desfavoráveis. Subjugado pelos tuaregues do deserto e os mossis da floresta, o império recuava. Os usurpadores erodiam seus contornos, ao passo que diversas facções minavam sua força no centro. Os imperadores perderam o controle dos grandes mercados ao longo do Níger. Na corte, os sucessores desqualificados dos sábios e poetas famosos das gerações anteriores aviltavam as artes e o conhecimento. Quando enfim entraram no império, na década de 1450, os exploradores europeus ficaram desiludidos: em vez do grande monarca barbudo e com as mãos cheias de pepitas de ouro, tal como representado no mapa catalão, encontraram apenas um triste governante pobre e medroso. Os novos mapas da região eliminaram a imagem do mansa suntuosamente paramentado e a substituíram por desenhos toscos de um "negro desfigurado" que exibia órgãos genitais simiescos. Foi um momento histriônico na história do racismo. Até então, os ocidentais brancos só viam imagens positivas dos negros nos quadros dos Reis Magos visitando o Menino Jesus. Ou então conheciam os africanos como escravos domésticos muito caros que compartilhavam intimidades com seus proprietários e mostravam certo talento, principalmente como músicos. A familiaridade ainda não tinha gerado o desprezo.

Desprezar os negros por considerá-los intrinsecamente inferiores e supor que a razão e a humanidade são proporcionais ao pigmento rosado da pele ocidental eram preconceitos novos. A indignação provocada pelo Mali os alimentou. As atitudes permaneceram ambíguas, mas a balança dos preconceitos dos brancos as inclinou contra os negros. Se o respeito dos brancos pelas sociedades negras tivesse sobrevivido ao contato com o Mali, até que ponto a história subsequente do mundo teria sido diferente? Não se evitaria a escravização em massa dos negros, pois o islã e o mundo mediterrâneo já dependiam muito do tráfico africano de escravos. Porém, a subordinação do mundo negro decerto teria sido contestada muito cedo e com mais autoridade e, portanto, talvez com mais sucesso.

Enquanto os europeus contemplavam com decepção as agruras do Mali, os vizinhos do império encaravam os mesmos desdobramentos com satisfação. Para os mossis, os habitantes pagãos das florestas que avançavam a partir do sul, o Mali era como um animal abatido pronto para ser devorado: tratava-se de lhe comer os pedaços. Para os tuaregues, que atacavam pelo norte, vindos do deserto, os imperadores feridos eram vassalos potenciais a serem manipulados e explorados. No último terço do século XV, os governantes do povo conhecido por songai, cujos territórios lindavam com o Mali pelo leste, começaram a conceber uma ambição superior: a de suplantar o Mali inteiramente.

Os historiadores chamaram de soni a família governante dos songais, embora esse pareça ter sido o seu título mais usado, não um sobrenome. Era uma dinastia muito antiga que, segundo a lenda, tinha sido fundada por um caçador de dragões que inventou o arpão e o usou para libertar os povos do Níger de uma serpente feiticeira. De acordo com os relatos mais tradicionais, desde 1492, dezoito herdeiros dele haviam reinado sucessivamente. É fácil notar que a lenda é uma história típica de um rei estrangeiro que incorpora o charme e a objetividade do forasteiro às disputas pelo poder que ele é capaz de transcender e do qual acaba por se tornar o mandatário máximo.

O primeiro registro histórico dos sonis data do início do século XIV, quando eles governaram Gao na qualidade de inquietos súditos do Mali. Gao era uma cidade imponente, sem muralhas e, de acordo com Leão, o Africano, repleta de "comerciantes riquíssimos". Centenas de ruas retas, compridas, entrelaçadas e flanqueadas de casas idênticas cercavam uma grande praça de mercado especializada em escravos. Podiam-se comprar sete escravas em troca de um bom cavalo e, naturalmente, permutar sal por ouro ou vender tecidos magrebinos e europeus. Havia poços de água doce, e o milho, os melões, os limões e o arroz eram tão abundantes quanto a carne. O palácio do governador era abarrotado de escravos e concubinas. "É maravilhoso ver a quantidade de mercadorias que chegam aqui todos os dias", escreveu Leão, o Africano, na versão da sua obra elaborada por um tradutor inglês do século XVI, "e como tudo é caro e suntuoso." Os cavalos custavam quatro ou cinco vezes mais que na Europa. Os finíssimos tecidos escarlate de Veneza ou da Turquia alcançavam preços trinta vezes superiores aos do Mediterrâneo. "Mas o sal é a mais apreciada de todas as mercadorias."[6]

Os governantes da cidade tinham muitas oportunidades de enriquecer e muita tentação de declarar a independência. Para garantir seu bom comportamento, o mansa Musa tomou como reféns os filhos do mandatário quando passou por Gao, em 1325. Mas o efeito desse tipo de medida era apenas temporário. Os sonis se libertaram da supremacia maliana no início do século XV. Provavelmente por volta de 1425, Sonni Muhammad Dao se sentiu bastante seguro para comandar uma incursão contra o Mali; ele chegou até Djenné, fez prisioneiros mandês e gerou lendas.

Os sonis punham nos filhos nomes como Ali, Muhammad e Umar, sugerindo um compromisso ou pelo menos certa familiaridade com o islã, o qual, durante séculos, jogou no Saara seus excessos populacionais, que envolviam os reis e as cortes da protuberância geográfica da África Ocidental. Já no século IX, os visitantes árabes das chefaturas e reinos da etnia soninquê observaram que alguns povos seguiam "a religião do rei" — uma forma de paganismo pré-islâmico —, ao passo que outros eram muçulmanos. Embora sejam poucos os documentos anteriores ao século XI que afiancem os progressos realizados pelo islã na África Ocidental, a imigração e a aculturação ao longo das rotas comerciais do Saara abriram caminho para a islamização. Os principais motivos pelos quais os muçulmanos iam à "Terra dos Negros" eram mercantis, embora também viajassem ao sul para guerrear, procurar mecenas (no caso dos sábios ou artistas) e aumentar o número de convertidos ao maometismo. Portanto, ainda que o islã carecesse de missionários profissionais naquelas fronteiras, de vez em quando um mercador muçulmano despertava o interesse pela sua religião num parceiro comercial ou mesmo num mandatário pagão.

No fim do século XI, um compilador árabe de informações sobre a África Ocidental conta uma história dessa natureza sobre Malal, uma cidade situada ao sul do Senegal. Em um período de seca terrível, um hóspede muçulmano anunciou ao rei que, se abraçasse o islamismo, "despertareis a misericórdia de Alá pelo povo da vossa terra e sereis a inveja dos vossos inimigos". Depois de algumas pregações e recitações do Alcorão, a chuva caiu oportunamente. "Então o rei ordenou a destruição de todos os ídolos e a expulsão dos adivinhos. Ele, os seus descendentes e a nobreza adotaram sinceramente o islamismo, mas o povo comum continuou pagão."[7]

Além das missões pacíficas, a guerra disseminava a religião de Maomé. O primeiro caso bem-documentado de islamização pelo jihad na região ocorreu no reino soninquê de Gana nos séculos XI e XII. Gana se antecipou aos reinos do Mali e Songai, ao prosperar com tributos sobre o comércio transaariano e ocupar um território parecido em torno ao alto Níger, um pouco a leste do futuro núcleo do Mali. Na metade do século XI, os almorávidas — termo com que os ocidentais designavam os *al-murabitun*, um movimento de guerreiros ascetas — saíram do deserto e conquistaram um império que ia da Espanha até o Sahel. Escolheram Gana como alvo por ser terra de "adivinhos", na qual, segundo os relatos disponíveis, as pessoas enterravam os mortos com presentes, "realizavam oferendas de álcool" e guardavam uma serpente sagrada numa caverna. Os muçulmanos — presumivelmente comerciantes — tinham um bairro próprio, muito grande, na capital de Gana ou nas suas cercanias, Kumbi Saleh, embora separado do bairro régio da cidade. Os soninquês conseguiram repelir com certo sucesso os exércitos almorávidas até 1076. Naquele ano Kumbi Saleh caiu e seus defensores foram exterminados. A influência política dos habitantes do norte não durou muito ao sul do Saara, mas a luta do islã com o paganismo prosseguiu.

Relatos de viajantes espanhóis e sicilianos nos oferecem registros da história de Gana. A descrição mais extensa é cheia de relatos fabulosos e obscenos que elogiam as escravas, excelentes cozinheiras de "nozes pralinadas e rosquinhas de mel", dotadas de corpo muito atraente, seios firmes, cintura fina, traseiro grande, ombros largos e órgãos sexuais "tão apertados que se pode gozar em qualquer uma delas indefinidamente como se fosse virgem".[8] Surge, entretanto, a imagem vívida de um reino com três ou quatro cidades prósperas e populosas, produtor de artesanato de cobre, pele curtida, tintura para tecido e âmbar-gris do Atlântico, além de ouro. Os autores também deixam claros os meios pelos quais o islamismo se difundiu na região: em parte pelo estabelecimento de mercadores magrebinos nas cidades e, em parte, graças ao esforço de homens santos ou comerciantes devotos que cultivaram relações de confiança com os reis. Via de regra, os intérpretes e os funcionários já eram muçulmanos, e todas as cidades tinham várias mesquitas, porém mesmo os dirigentes simpatizantes do islã conservavam os costumes palacianos tradicionais e o que os muçulmanos chamavam de "ídolos" e "adivinhos".

Na metade do século XII, o islamismo sem dúvida estava em ascensão. Os autores árabes consideravam Gana um Estado muçulmano modelo, cujo rei venerava o califa de Bagdá e distribuía justiça com transparência exemplar. Admiravam seu palácio, uma construção magnífica repleta de obras de arte e vitrais, com um imenso lingote de ouro natural que simbolizava a sua autoridade, um anel de ouro com o qual ele atava o cavalo, suas túnicas de seda, seus elefantes e girafas. "Antigamente", relatou um sábio radicado na Espanha,

> o povo desse país professava o paganismo [...] Hoje em dia há muçulmanos, eles contam com sábios, advogados e intérpretes do Alcorão e se destacam nesses campos. Alguns dos seus principais dirigentes [...] viajaram a Meca, fizeram a peregrinação e visitaram o túmulo do Profeta.[9]

A arqueologia confirma essa imagem. As escavações de Kumbi Saleh revelam uma cidade de aproximadamente 3,8 quilômetros quadrados, fundada no século X, de traçado irregular, que talvez abrigasse entre 15 mil e 20 mil habitantes; ademais, dão provas de que havia edifícios grandes e de vários andares, inclusive o que os escavadores denominaram "mansões" de nove quartos, além de uma grande mesquita. Entre os objetos recuperados, encontram-se balanças de vidro para pesar ouro, utensílios de metal finamente lavrados e vestígios da existência de uma modalidade local de dinheiro.[10] Mas esse esplendor não durou muito. Depois de um longo período de estagnação e decadência, os invasores pagãos conquistaram o Estado soninquê e destruíram Kumbi Saleh. Àquela altura, contudo, o islamismo havia se propagado de tal modo entre os guerreiros e os comerciantes do Sahel que, durante o resto da Idade Média, manteve um ponto de apoio firme ao sul do Saara.

Eis as grandes perguntas relativas à história do mundo: qual era a força desse ponto de apoio? Até onde se estenderia? Quão profunda seria a penetração do islã? Como ele mudaria a forma de viver e pensar das pessoas? A atitude dos governantes de Songai foi um fator decisivo para o futuro do islã na África Ocidental.

Em Songai, o islã continuava a ser um tanto superficial. Os reis confiavam à elite muçulmana de Gao os cargos de escribas, burocratas, panegiristas e diplomatas das cortes alfabetizadas. Mas eles também tinham de exercer a magia tradicional do seu povo. Para governar Songai, um dirigente precisava combinar ao mesmo tempo as funções de bom muçulmano e bom mago, difíceis de compatibilizar. Precisava ser o que o seu povo chamava de *dali* — tanto rei como xamã dotado do poder de profetizar, capaz de entrar em contato com os espíritos e de orar a Deus.

Sonni Ali Ber — "Ber" significa "Grande" —, que herdou o trono na década de 1460, foi criado na terra da mãe, nas cercanias da cidade de Sokoto, à qual o islamismo mal chegara e era pouco praticado mesmo na corte real. Sonni Ali tomava *djitti*, a poção mágica que protegia contra a bruxaria, literalmente com o leite materno. Conhecia um pouco o islamismo. Aprendeu fragmentos do Alcorão na infância. Seus pais mandaram circuncidá-lo. Mas ele sempre pareceu preferir o paganismo; pelo menos é assim que as fontes o representam, todas elas escritas por clérigos ou outros que ocupavam posições similares. Parte dessa conduta de fato verificável parece referendar sua fama de anticlerical. Por exemplo, em vez de residir em Gao, que era cosmopolita e, portanto, muçulmana, optou por viver na segunda povoação do seu reino, Koukya, uma cidade palaciana aonde as caravanas não chegavam.

O funcionamento do reino ligava Ali a um passado antigo e pagão. Songai era um estado arrecadador. Quando Sonni Ali nasceu, os tributos do painço e do arroz afluíram de todas as partes do reino. Decapitaram-se quarenta bois, vitelas, cabritos e frangos cuja carne foi distribuída entre os pobres; tratava-se de um antigo rito de uma realeza de origem agrícola, pois a função do rei consistia em acumular víveres e controlar o seu armazenamento para garantir que houvesse uma repartição equitativa e estoques para os tempos de fome. Ele recebia o tributo do ferro forjado em fogueiras acesas com os bramidos do deus do fogo. Cada ferreiro entregava cem lanças e cem flechas por ano para abastecer o exército do rei. Cada um dos 24 súditos que forneciam escravos ao palácio pagava um tributo especial: forragem para os cavalos do rei, peixe seco ou tecidos.

Essencial para o sucesso do sistema era o domínio do Níger, a grande via de comunicação que ligava a floresta ao deserto. Porém, para se apropriar dele, era indispensável controlar o Sahel. Sonni Ali sabia disso e agiu de maneira adequada. Sua fama de crueldade devia muito à maledicência dos seus inimigos clericais, mas também à sua própria estratégia. Para poder conquistar, ele tinha de inspirar medo. Repeliu os tuaregues e os mossis, bandos guerreiros outrora invencíveis, nas imediações do alto Volta, e governou mediante razias: descendo periodicamente às terras dos seus tributários a fim de lhes impor submissão. Para facilitar o domínio, construiu três palácios-fortaleza em todo o reino.

Estabeleceu o monopólio da violência, ou quase isso, e intimidou o reino para que vivesse em paz. A paz de Sonni favorecia o comércio e, portanto, principalmente as elites das cidades do vale do Níger. Naquela época, a maior era Tombuctu — "primorosa, pura, deliciosa, ilustre, bendita, animada, rica". Leão, o Africano, descreveu os seus edifícios mais notáveis: as casas de Tombuctu de varas cobertas de barro amassado e telhado de palha, a grande mesquita de pedra e argamassa de cal, o palácio do governador ou as "numerosas" lojas dos artesãos, dos mercadores e sobretudo dos tecelões de pano de algodão. Como qualquer outro espaço urbano vibrante, a cidade era "muito exposta aos incêndios". O próprio Leo viu a metade dela queimar-se "em cinco horas", enquanto o vento avivava o fogo e os habitantes da outra metade tratavam de levar seus pertences a um lugar seguro.[11]

"Os habitantes são muito ricos", contou, especialmente a elite imigrante magrebina de mercadores e eruditos, os quais geram tanta demanda de livros importados do Magreb que — afirmava Leo — "o lucro desse comércio é maior do que o de todas as outras mercadorias". As pessoas

> são de natureza pacífica. Têm o costume de passear pela cidade à noite (salvo as que vendem ouro), entre as dez horas e uma da madrugada, tocando instrumentos musicais e dançando [...] Os cidadãos têm muitos escravos a seu serviço, tanto homens como mulheres. As mulheres ainda conservam o costume de cobrir o rosto, exceto as escravas vendedoras de comida.[12]

Trocavam-se pepitas de ouro e conchas de cauri por sal ("que é muito escasso"), escravos, têxteis europeus e cavalos. Segundo Leo,

> neste país só nascem cavalos pequenos e ruins. Os mercadores os usam nas viagens; e os cortesãos, para transitar pela cidade. Mas os bons cavalos provêm da Berbéria. Chegam numa caravana e, dez ou doze dias depois, são levados ao soberano, que toma para si quantos quer e paga o preço justo.[13]

Na época de Sonni Ali, a soberania maliana sobre Tombuctu era meramente nominal. A cidade estava dividida entre dois senhores potenciais: os tuaregues, pastores do deserto contra os quais os malianos já não podiam oferecer proteção, e os sonis. Manter a independência efetiva requeria um cauteloso exercício de equilíbrio, jogando um contra o outro. Nos primeiros anos do reinado de Ali, Muhammad Nad, o astuto e velho governador de Tombuctu, tratava os sonis com cautela: apaziguava-os com tributos e dissuadia-os com a ameaça da intervenção dos tuaregues. A magnificência da corte de Muhammad Nad era digna de um rei. Leo o descreve montando um camelo, ouvindo as súplicas dos súditos prostrados e acumulando um tesouro de moedas, lingotes e imensas pepitas de ouro. Essa riqueza pagava um exército de "uns três mil cavaleiros e uma infinidade de soldados a pé". Travava-se a guerra para arrecadar tributos e fazer prisioneiros: "[Q]uando obtém uma vitória, ele os vende todos — inclusive as crianças — no mercado de Tombuctu". Mesmo assim, Muhammad sabia ceder quando convinha. Uniu-se a Sonni Ali nas primeiras campanhas de conquista contra os moradores da floresta ao sul: a participação em campanhas era um ritual de submissão, fazia parte da relação normal dos vassalos com os senhores.

Ammar, o filho e sucessor de Muhammad Nad, não era tão diplomático. Ressentido por ter sido obrigado a reconhecer que dependia de Songai, enviou uma carta desafiadora: "Meu pai deixou esta vida sem possuir mais que um sudário de linho. A força das armas de que disponho vai além do acreditável. Quem duvidar que venha contá-las". Mas não tardou a ficar claro que ele não podia subsistir sem a ajuda de Songai. Quando os tuaregues desceram à cidade e o intimidaram para que abrisse mão de parte das rendas tradicionais dos governadores, procedentes dos impostos sobre o comércio fluvial, Ammar fez um pacto com os sonis. Em janeiro de 1468, ele estava recebendo Akil, o chefe tuaregue, quando apareceu uma nuvem de poeira no horizonte.

"Uma tempestade de areia", arriscou o anfitrião.

"Tendes a vista cansada pelos livros", replicou Akil. "Os meus olhos são velhos, mas eu vejo cavaleiros armados se aproximando."[14]

Os tuaregues largaram Tombuctu nas mãos de Sonni Ali, que — segundo afirmava a tradição — comparava a cidade a uma mulher "abrindo os olhos, aterrorizada, e rebolando para nos seduzir".[15] No entanto, os ulemás não aderiram ao exercício da sedução nem à atitude submissa do governador e da elite mercantil. Apoiaram os tuaregues. É difícil distinguir causa e efeito: os clérigos tinham aversão a Sonni Ali devido ao seu paganismo? Ou o fato de Sonni Ali se identificar mais com os deuses antigos era, em parte, consequência da hostilidade clerical? Em todo caso, o tratamento francamente desdenhoso e vingativo que ele lhes dispensou acabou se tornando nítido no restante de seu reinado.

Parece mais verossímil entender a sua atitude no âmbito do jogo de poder necessário à manutenção do equilíbrio entre as diferentes facções de Tombuctu, em vez de supor que ele tenha praticado o anticlericalismo em razão de seu fervor pagão ou por detestar os ulemás em princípio. O anticlericalismo e a piedade não são incompatíveis, e as opiniões e sentimentos religiosos de Ali parecem ter sido muito mais profundamente imbuídos de veneração pelo islamismo do que a propaganda clerical dava a entender. Todo ano, durante suas campanhas, Sonni Ali pronunciava as orações comemorativas do ramadã. "Embora tratasse mal os eruditos", informou um cronista geralmente honesto dos últimos anos do seu reinado, "ele reconhecia o seu valor e costumava dizer: 'Sem os clérigos, o mundo deixaria de ser doce e bom'."[16] Os filhos e netos de Muhammad Nad, pelo contrário, eram mais negligentes no cumprimento dos ritos muçulmanos. Mas incorreram em muito menos afrontas aos clérigos.

Por outro lado, são abundantes as evidências da hostilidade de Sonni Ali para com o patriciado da cidade de Tombuctu, especialmente no período de visceral desconfiança mútua, entre 1468 e 1473. Como observou Leão, o Africano, Muhammad Nad tinha sido um grande amigo da elite da cidade. "Em Tombuctu, há numerosos cádis, imames e alfaquis, todos devidamente nomeados" por Muhammad Nad, "que muito honra os homens de letras".[17] Ali abjurou essa atitude, tratou a cidade com desprezo e raras vezes lá parou nas suas correrias pelo reino.

Sua conquista provocou um êxodo maciço da elite. Uma caravana de mil camelos transportou os exilados a Walata, onde contavam com a proteção dos tuaregues enquanto Ali matava, escravizava ou encarcerava os filhos de And-agh-Muhammad al-Kabir, um dos principais juízes da cidade. Embora não sejam muito explícitos em pormenores, os cronistas contam que ele humilhou a família de outro juiz, Al-qadi al-Hajj, e massacrou um grupo deles que estava tentando fugir para Walata. Sua política não se baseou exclusivamente na vingança — também era concebida para sufocar a oposição potencial no interior de Songai, pois Al-Hajj era muito ligado à família do lugar-tenente e general mais vitorioso de Sonni Ali, Askia Muhammad, o único rival possível da supremacia soni. Seguiram-se rebelião, massacre e novos êxodos em 1470 ou 1471. O confronto entre Ali e Tombuctu estava começando a debilitar o reino. Os novos refugiados propagavam histórias de martírios entre os exilados e inauguraram uma tradição de erudição hostil e implacável contra Ali. E o que era ainda pior para as rendas dos sonis: o declínio da cidade arruinou o comércio.

Não obstante, nesse momento, Sonni Ali estava começando a se sentir seguro. Em 1471 (ou talvez um pouco mais tarde — a cronologia das fontes é confusa), ele conquistou Djenné apesar dos navios de fogo lançados pelos defensores contra a frota de Songai. Djenné era o último e o maior porto ribeirinho do Níger; lá, a chamada à oração do grande minarete se ouvia em 7 mil lugares. Ali havia construído um império de extensão comparável ao do Mali no seu apogeu. Seu objetivo principal era a consolidação, não a conquista. A partir de 1477, aproximadamente, durante um período de oito ou nove anos, ele procurou restaurar sua relação com os patrícios e eruditos de Tombuctu e revitalizar o comércio do reino. Projetou um canal do Níger a Walata, ainda que não tenha chegado a construí-lo. Nomeou para o cargo de juiz principal de Tombuctu um descendente de um sábio que mansa Musa tinha levado ao Sahel: um gesto de empatia e deferência para com a tradição. Enviou mulheres capturadas nas campanhas contra os fulanis como presente aos sábios de Tombuctu — embora alguns destinatários tenham considerado o presente um insulto. Por melhores que fossem as intenções de Ali, chegaram tarde demais. A retomada da guerra com os mossis interrompeu os planos de reconstrução e o fez recair em mais um surto de repressão.

Em 1485, ele destituiu o filho de Muhammad Nad do governo de Tombuctu e nele instalou o seu candidato. Provavelmente em 1488, ordenou o que os cronistas chamam de "evacuação" de Tombuctu.[18] Há outras evidências que não corroboram a imagem transmitida pelas fontes clericais de uma cidade devastada e despovoada, de modo que talvez tenha se tratado apenas da expulsão das famílias suspeitas. Os clérigos intensificaram a campanha de contrapropaganda. Sonni Ali se transformou no terror dos religiosos. No Egito, sua ascensão era considerada uma calamidade para o islã, comparável à perda de Al-Andalus nas mãos dos conquistadores cristãos. Em 1487, os ulemás de Meca elevaram imprecações contra ele. Posteriormente, um jurista magrebino negou que Ali fosse muçulmano.[19] Enquanto isso, no Sahel, a prioridade bélica de Sonni Ali ainda consistia em transferir o poder dos ulemás e dos mercadores para os chefes guerreiros.

Askia Muhammad Tourè foi o maior entre esses guerreiros. Como companheiro, comandante e assessor de Ali, dera provas de lealdade absoluta, mas os adversários de Sonni o apresentavam, como é natural, como seu principal paladino ou, pelo menos, como um intermediário de cujo favor precisavam. A popularidade e o sucesso de Aska Muhammad irritaram Sonni Baro, o herdeiro do trono. Baro tentou gerar desconfiança no pai em relação a Muhammad, alegando que a devoção muçulmana do general implicava conivência com os clérigos traidores.

As acusações tinham certo fundamento. Muhammad tentara salvar as vítimas da matança em Tombuctu e havia usado sua influência para moderar os excessos anticlericais de Sonni Ali. Consequentemente, contava com um poderoso contingente de admiradores e partidários, sobretudo na cidade, os quais o consideravam seu protetor. Sonni Baro, pelo contrário, era uma figura odiada, identificada com os traços mais repugnantes do pai, ou seja, a adesão às formas pagãs, as humilhações dirigidas aos clérigos e a opressão de Tombuctu. Em dezembro de 1492, quando chegou a notícia de que Sonni Ali havia matado muitos ulemás e mercadores, eles se apressaram a incitar a rebelião. Askia Muhammad estava em Tombuctu quando recebeu a notícia da morte do rei no dia 1º de janeiro de 1493.

Um dos emissários da elite, treinado para cavalgar dez dias seguidos e atravessar a totalidade do reino, chegou extenuado com a mensagem:

> Ali, o Grande, vosso amo e meu, rei de Songai, estrela do mundo que ilumina o sol do nosso coração, terror dos nossos inimigos, morreu há dez dias [...] Estava a caminho de Gao numa expedição [...] Quando atravessava um pequeno afluente do Níger, surgiu uma súbita crescida e arrastou o nosso senhor, o seu cavalo, a sua bagagem e o seu séquito com a sucessão de ondas. O exército observou impotente da margem. Eu estava lá. Não pudemos fazer nada. Tudo aconteceu muito depressa.[20]

Os habitantes da cidade saíram de casa proclamando aos berros: "O tirano morreu!" e "Longa vida ao rei Muhammad!". Mas o herói interrompeu um dos agitadores que vilipendiava a memória daquele "tirano ímpio e terrível, o pior opressor conhecido, devastador de cidades, de coração duro e cruel, que matou tantos homens que só Deus sabe seus nomes e tratou os sábios e os devotos com humilhação e desprezo".[21] A exibição de lealdade de Muhammad para com seu antigo senhor aumentou ainda mais sua reputação de fidelidade e estimulou o clamor para que fosse rei. Os cronistas enfeitaram sua ambição férrea com o resplendor da piedade.

Foi dito que ele relutou em aceitar o trono. As pessoas suplicavam; o exército o aclamava. Mensageiros enviados pelo antigo rei pouco antes de morrer garantiam que Ali queria que ele salvasse o reino da impiedade ou da incompetência de Sonni Baro. A verdade é que Muhammad não se atreveu a deixar a decisão para Baro. Os dois passaram muito tempo disputando a estima do antigo rei e rivalizando para influenciar o trono. Ele avançou contra Baro, exigindo que aderisse à verdadeira fé. Tratava-se de um velho e persistente pretexto para a violência: o jihad contra um suposto apóstata.

As crônicas remanescentes, que são invariavelmente favoráveis a Askia Muhammad, retratam Sonni Baro preparando-se para a batalha num êxtase narcotizado, em íntima comunhão com seus ídolos, principalmente com Za Beri Wandu, o deus que criou o rio Níger. A pedido de Baro, um feiticeiro invocou uma visão do espírito do seu pai. Embora visse os lábios do fantasma se moverem, o príncipe nada ouviu. O médium lhe transmitiu a mensagem: "[O] rei se alegra com sua coragem e o insta a combater o islã com valentia". Sonni Baro convidou um emissário de Muhammad, um velho xeique portador do insultante pedido de arrependimento e conversão, a uma exibição de magia. Um faquir vomitou uma corrente de ouro puro. Outro fez com que uma árvore se agitasse num lugar sem vento. Quando o xeique tentou fugir daquele cenário diabólico, o próprio Sonni Baro se levantou e o espancou até quase matá-lo. "Eu sou rei por direito de sucessão", gritou, "e porque os deuses me protegem."[22]

Para os cronistas que registraram ou reconstruíram a cena, foi uma blasfêmia dupla, pois só Alá outorgava realeza. Os falsos augúrios enganaram Baro, inclusive no momento culminante da batalha subsequente. Mas parece que o elemento fundamental na vitória de Muhammad não foi a intervenção sobrenatural, e sim os aliados tuaregues vindos do deserto para lhe dar apoio.

Foi uma das grandes batalhas decisivas do mundo — ainda que a tradição ocidental a tenha esquecido ou ignorado. Sonni Baro não devia nada aos ulemás e tinha todos os motivos para impedir a propagação do islã ao sul do Saara. Se ele tivesse vencido, o islã teria se detido às portas do Sahel. Por outro lado, Askia Muhammad devia o trono aos muçulmanos e investiu muito na prática e na promoção da sua religião. Em 1497, recriou a exibição mais ostentosa de piedade dos mansas do Mali ao peregrinar a Meca com mil soldados de infantaria e quinhentos cavalos, na tentativa de imitar o séquito deslumbrante do mansa Musa. Legitimou a usurpação do poder em Songai submetendo sua reivindicação do trono ao xerife de Meca. Quando retornou a Songai em 1498, adotou o título de califa — a afirmação mais ambiciosa que um governante podia fazer do legado do Profeta.

Talvez Muhammad se arrogasse o título em parte em razão das lutas regionais pelo poder: Ali Ghadj, o temível rei de Borno — um território situado no Sahel, à beira do lago Chade —, usou o mesmo título até a morte, em 1497. Borno, um Estado guerreiro, trocava escravos por cavalos. O sucessor de Ali Ghadj, Idris Katakarmabi, era quem ocupava o trono quando Leão, o Africano, lá esteve. Este achou o lugar rico em tipos raros de cereal e com mercadores abastados nas aldeias, mas a população das terras altas vivia nua e se cobria com peles. "São homens sem religião [...] vivem sem fé, como animais, e têm mulheres e filhos em comum." Mesmo assim, Borno contava com mais de 3 mil cavaleiros e um elevado número de infantes, todos mantidos com um dízimo dos produtos da terra e com os butins de guerra. Embora fosse avarento com os comerciantes — era o que estes diziam —, o rei fazia "ostentação da sua riqueza e do imenso tesouro que possui; todos os arreios dos seus cavalos, os estribos, as esporas, os freios, e as travessas, os pratos, as panelas e outras vasilhas [...] tudo é de ouro puro; as correntes dos cães do rei também são de ouro".[23] Em suma, Borno era uma potência regional de primeira categoria com a qual o Estado adventício de Songai tinha de se medir. Em todo caso, o estilo do califa condizia com a autoprojeção muçulmana de Muhammad. Quando ele fazia a guerra, chamava-a de jihad.

O avanço do islã tornou-se irreversível. Isso não significa que fosse inconteste ou ilimitado. O paganismo, mesmo sangrento e encurvado, sobreviveu. No longo prazo, era impossível erradicá-lo, e ele subsistiu como modalidade de religião popular ou subcultura "alternativa", sempre contaminando o islamismo com influências sincréticas. Em 1529, quando uma conspiração depôs o velho Askia Muhammad e o confinou numa ilha do Níger, seus herdeiros resvalaram em práticas ambíguas que lembravam as de Sonni Ali.

Além disso, quando Sonni Ali morreu no Níger, uma religião recém-chegada já estava se introduzindo na África Ocidental subsaariana. O cristianismo tinha uma grande vantagem na rivalidade com o islamismo: seus adeptos o levavam pelo mar. Podiam contornar o islã e eludir as florestas para chegar diretamente à África tropical pela costa.

O posto avançado foi o forte fundado pelos exploradores portugueses em 1482, em São Jorge da Mina, no litoral voltado para o sul da protuberância ocidental africana, próximo da desembocadura dos rios Benya e Pra, a cerca de cem quilômetros do rio Volta. Fazia mais de meio século que os portugueses justificavam suas incursões em busca de escravos e as iniciativas comerciais na costa africana do Atlântico como parte de uma cruzada para difundir o cristianismo. O ambicioso príncipe d. Henrique, que os historiadores chamam de "o Navegador" (de forma um tanto enganosa, pois ele fez só duas pequenas viagens marítimas na vida), patrocinou as viagens até a morte, em 1460, com o apoio de sucessivos papas, e enviou expedições a lugares distantes como a atual Serra Leoa, mas nunca cumpriu a promessa de enviar missionários à região. Os monges espanhóis se esforçaram para preencher esse vazio, porém fizeram pouco ou nenhum progresso porque os portugueses os detestavam por considerá-los agentes estrangeiros. Os mercadores e empreendedores particulares que levaram a cabo o esforço português de 1460 a 1475 não tinham nenhum motivo para desperdiçar investimento em objetivos espirituais.

Apesar disso, em 1475, a Coroa assumiu a iniciativa, talvez para fazer face aos intrusos espanhóis. A navegação no ocidente africano passou a ser responsabilidade do príncipe veterano da casa real, o infante d. João. A partir desse momento, Portugal teve um herdeiro e, desde a sua ascensão ao trono em 1481, um rei comprometido com a exploração da África. Parece que ele concebia o Atlântico africano como uma espécie de "rede de abastecimento portuguesa" fortificada com entrepostos comerciais litorâneos. A região da Senegâmbia já estava salpicada de numerosos postos avançados portugueses informais e sem fortificação. Alguns expatriados estabeleceram a maioria deles por conta própria, "indigenando-se" ao fazê-lo. No entanto, d. João tinha uma mentalidade militante e organizativa, forjada na guerra que travou contra os intrusos espanhóis no litoral da Guiné entre 1475 e 1481.

Portanto, ele inovou quando mandou cem pedreiros e carpinteiros construírem o forte de São Jorge; com isso, inaugurou uma política de estabelecer praças-fortes permanentes e fomentar um comércio disciplinado e iniciativas régias. Os nativos viram a transformação com os próprios olhos e a temeram. Um chefe local disse que preferia os "os homens maltrapilhos e malvestidos que lá comerciavam antigamente".[24] Outro aspecto da nova política foi a centralização do comércio africano em Lisboa, em armazéns situados abaixo do palácio real, nos quais era preciso registrar todas as saídas e armazenar todas as cargas. Um elemento ainda mais importante no plano de d. João foi cultivar relações amistosas com as chefaturas costeiras mais poderosas: os chefes uolofes da Senegâmbia, os governantes — ou "obas", como eram chamados — da animada cidade portuária de Benim e, por último, muito mais ao sul, os soberanos dos congos. A conversão ao cristianismo não era essencial para manter boas relações, mas ajudava. Na Europa, servia para legitimar a presença privilegiada de Portugal na região em que as outras potências cobiçavam uma oportunidade de fazer comércio. Na África, estabeleceu um vínculo entre os portugueses e seus anfitriões.

D. João capitaneou um aumento extraordinário do número de batismos e rebatismos de chefes negros, que apostatavam rapidamente. Em 1488, numa pantomima política notável, ele ofereceu a um potentado uolofe exilado uma recepção verdadeiramente régia, para a qual o visitante foi paramentado com roupa europeia e a mesa estava coberta de vasilhas de prata.[25] Ao leste do litoral, o esforço das missões portuguesas ainda era frágil, mas o forte de São Jorge, vitrine do cristianismo na região, fazia uma exibição atraente. Embora sua riqueza e dimensões fossem modestas, os cartógrafos o representavam como um lugar esplêndido, com altas fortificações, torretas com galhardetes e capitéis resplandecentes — uma espécie de Camelot negro. Mesmo sem desempenhar uma função missionária explícita, contava com capelães residentes que se transformaram em focos de indagação para os chefes nativos e seus rivais, que perceberam que, se mostrassem interesse pelo cristianismo, podiam receber ajuda em forma de técnicos e armamento portugueses. Os obas de Benim jogaram suas cartas com certa habilidade, sem nunca se comprometer totalmente com a Igreja, mas aproveitando a ajuda como clientes de supermercado à cata de "ofertas especiais". Nenhum desses contatos gerou grande coisa em termos de cristianização real, e, no clima de competição da região, inicialmente nem o cristianismo nem o islamismo foram muito eficazes. Mas a África Ocidental se transformou naquilo que continuou a ser desde então: um território de empresas espirituais em que o islã e o cristianismo disputavam a lealdade religiosa.

Mais ao sul, aonde os navios portugueses chegavam mas não se conheciam mercadores nem missionários muçulmanos, ficava o reino dos congos. Lá a população reagiu ao cristianismo com um entusiasmo absolutamente desproporcional às medíocres tentativas de conversão empreendidas por Portugal. Provavelmente desde meados do século XIV, o reino dominava os trechos navegáveis do baixo rio Congo. As aspirações dos seus governantes ficaram patentes quando os exploradores portugueses estabeleceram contato com eles na década de 1480. Em 1482, lutando contra a corrente de Benguela, Diogo Cão aportou na costa do reino. As viagens posteriores levaram emissários dos congos a Portugal e missionários, artesãos e mercenários em sentido contrário.

Os soberanos congos perceberam imediatamente que os portugueses podiam lhes ser úteis. Receberam-nos com um desfile grandioso e um estrondo de cornos e tambores. O rei, esgrimindo um penacho cerimonial de rabo de cavalo e envergando um manto de fibra de palmeira trançada, sentou-se num trono de marfim forrado de deslumbrantes peles de leão. De forma educada, ordenou aos portugueses que construíssem uma igreja e, quando alguns críticos reclamaram desse ato que parecia sacrílego para com os deuses antigos, resolveu executá-los ali mesmo. Os portugueses se opuseram piedosamente.

No dia 3 de maio de 1491, o rei Nzinga Nkuwu e seu filho Nzinga Mbemba foram batizados. Talvez essa conversão tivesse começado com uma oferta de ajuda nos conflitos políticos internos. As leis de sucessão eram confusas, e Nzinga Mbemba (ou Afonso I, o nome que adotou) teve de lutar para subir no trono. Atribuiu suas vitórias no campo de batalha à aparição da Virgem Maria e de Santiago de Compostela, os mesmos guerreiros celestiais que com tanta frequência apareciam nas batalhas travadas contra os mouros na península Ibérica e voltariam a aparecer do lado da Espanha e de Portugal em muitas guerras de conquista no continente americano. Os congos adotaram com entusiasmo a tecnologia dos visitantes e os aceitaram como sócios nas incursões ao interior em busca de escravos e nas guerras contra os reinos vizinhos. O cristianismo acabou fazendo parte do pacote de ajuda oferecido por aqueles forasteiros que, aparentemente, tinham um dom. A residência real foi reconstruída no estilo português. Os reis emitiam documentos em português, e os membros da família real iam se educar em Portugal. Um príncipe tornou-se arcebispo, e os reis continuaram adotando nomes de batismo portugueses durante séculos.

A conexão portuguesa fez do reino dos congos o mais bem documentado da África Ocidental do século XVI. Entretanto, embora tivesse abraçado o catolicismo desde o começo, Afonso I o fez com sinceridade e o difundiu com fervor. Os informes dos missionários elogiavam o mandatário "angelical" porque conhecia

> melhor que nós mesmos os profetas do Evangelho de Nosso Senhor Jesus Cristo e a vida de todos os santos e tudo a respeito da nossa Santa Madre Igreja [...] Parece-me que o Espírito Santo sempre fala pela sua boca, pois ele não faz senão estudar e muitas vezes acaba dormindo sobre os livros, e muitas outras esquece de comer e beber falando em Nosso Senhor [...] e, mesmo quando vai dar uma audiência e escutar o povo, fala unicamente em Deus e Seus santos.[26]

Em parte, graças ao patrocínio de Afonso I, o cristianismo se disseminou para além da corte. O mesmo autor informava o monarca português de que Afonso

> enviou a todo o reino muitos homens nascidos nestas terras, cristãos que têm escolas e pregam a nossa fé às pessoas, e também há escolas para meninas em que uma das suas irmãs leciona, uma mulher que há de ter facilmente sessenta anos e sabe ler muito bem e é muito culta na sua idade avançada. Sua Alteza se alegraria em ver tal coisa. Também há outras mulheres que sabem ler e vão à igreja diariamente. Elas rezam a Nosso Senhor na missa, e Sua Alteza decerto há de saber que estão fazendo grandes progressos no cristianismo e na virtude, pois avançam no conhecimento da verdade; ademais, que Sua Alteza sempre lhes envie coisas e se alegre em ajudá-los e, como remédio para a sua redenção, lhes envie livros, pois deles necessitam mais que de qualquer outra coisa.[27]

Talvez Afonso I amasse os livros. No entanto, sua prioridade máxima era pedir o que atualmente chamamos de "ajuda médica": médicos, cirurgiões, farmacêuticos e remédios, não tanto por admiração pela medicina ocidental quanto por medo da relação entre a medicina tradicional e as práticas pagãs, pois, como o próprio Afonso explicou ao rei de Portugal, nós sempre sofremos muitas doenças diferentes que muitas vezes nos deixam em tal estado de fraqueza que quase chegamos ao último extremo; e o mesmo acontece aos nossos filhos, parentes e nativos pela falta, neste país, de médicos e cirurgiões que saibam curar adequadamente essas enfermidades. E, como não temos dispensários nem medicamentos que nos auxiliem em semelhante desespero, muitos dos que já se confirmaram e instruíram na Santa Fé de Nosso Senhor Jesus Cristo adoecem e morrem; e o resto das pessoas se cura em geral com ervas e feitiços e outros métodos antigos, de modo que acabam depositando toda fé nas ditas ervas e cerimônias quando sobrevivem e creem que estão salvas se morrerem; e isso não está muito a serviço de Deus.[28]

Nem todos os esforços de Afonso para converter o seu povo foram inteiramente benignos. Os missionários também o elogiavam por "queimar os idólatras com seus ídolos". É difícil avaliar o que essa combinação de pregação, promoção, educação e repressão obteve de fato. Portugal restringia os recursos necessários à cristianização efetiva dos congos. E a avidez dos escravistas portugueses dificultava o trabalho dos missionários. Afonso se queixou ao rei de Portugal dos traficantes brancos de escravos que infringiam o monopólio real do comércio de bens europeus e capturavam negros de forma indiscriminada.

Para satisfazer o seu apetite voraz, capturam muitos da nossa gente, homens livres e isentos, e com muita frequência raptam até mesmo os nobres e seus filhos, e os nossos parentes, e os levam para vendê-los aos brancos que se encontram nos nossos reinos; e com esse propósito os escondem; e levam outros durante a noite para que não sejam reconhecidos. E, assim que são levados pelos brancos, eles são acorrentados imediatamente e marcados a fogo [...] E, para evitar tantos males, nós aprovamos uma lei para que todo branco que viver nos nossos reinos e quiser adquirir bens, seja do modo que for, primeiro informe os nobres e funcionários da nossa corte encarregados dessa questão [...], os quais hão de investigar se os mencionados bens são homens livres ou cativos, e, estando isso esclarecido, não haverá mais dúvidas nem embargos para que os levem e os embarquem. Mas, se os brancos não obedecerem, perderão os mencionados bens. E, se lhes fazemos esse favor e concessão, é pelo que afeta Vossa Alteza, pois nós sabemos que também a vós interessa que esses bens sejam tirados do nosso reino.[29]

Apesar das limitações da evangelização dos congos, a atividade do cristianismo ao sul do Saara traçou um roteiro para o futuro. A região estava repleta de culturas que aceitavam as novas religiões com uma facilidade surpreendente. Até os esforços missionários intensivos do século XIX, a evangelização foi superficial e díspar, mas os cristãos jamais perderam a vantagem sobre os muçulmanos na competição para se apropriar das almas subsaarianas.

Ao aderir ao cristianismo, a elite dos congos compensou até certo ponto o isolamento e o atraso da África Oriental cristã daquele tempo. O cristianismo era a religião dos governantes da Etiópia desde a metade do século IV, quando o rei Ezana começou a substituir as orações ao seu deus da guerra por invocações de "Pai, Filho e Espírito Santo" nas inscrições que comemoravam suas campanhas de conquista e escravização. Os mil anos seguintes do império foram marcados por catástrofes, mas a Etiópia sobreviveu como posto avançado aberrante do cristianismo, com heresias próprias. Porque o clero etíope aceitava a doutrina, condenada pela tradição romana na metade do século V, de que a humanidade e a divindade de Cristo se fundiam numa natureza divina única. No fim do século XIV, praticamente isolado de qualquer contato com a Europa, o reino voltou a se expandir para além das montanhas circundantes a fim de subjugar as regiões li-

Mapa redesenhado a partir do mapa-múndi veneziano de frei Mauro, da década de 1450, mostrando que a cristandade latina estava muito bem-informada sobre a Etiópia.

mítrofes. Os mosteiros se transformaram em escolas de missionários cuja tarefa era consolidar o poder etíope nos territórios pagãos conquistados de Shoa e Gojam. Nesse meio-tempo, os soberanos se concentraram em reabrir a antiga saída para o mar Vermelho e, assim, para o oceano Índico. Em 1403, quando o rei Davi recobrou o porto de Maçuá, no mar Vermelho, o regime etíope teve acesso à rota comercial do grande vale do Rift, pela qual se transportavam para o norte escravos, marfim, ouro e almíscar, que geravam valiosos tributos.

No entanto, quando o rei Zara Yakub morreu, no fim da década de 1460, a expansão estava absorvendo muitos recursos e as conquistas foram interrompidas. As vidas dos santos são uma das fontes principais da história etíope desse período. Descrevem a consolidação interior em vez da expansão no exterior, o que ocorreu quando os monges transformaram as terras devolutas em lavoura. O reino começou a se sentir acossado e os governantes procuraram ajuda no exterior, chegando até a buscar aliados na Europa. Os visitantes europeus já estavam acostumados com a Etiópia, pois o caminho de Masawa, no país, era uma rota habitual do oceano Índico. Ávidos por se beneficiar de parte das riquezas do Índico, os mercadores italianos remontavam o Nilo nada menos que até Qina, onde se juntavam às caravanas de camelos que atravessavam o deserto oriental da Núbia para empreender uma jornada de 35 dias de viagem até o mar Vermelho. Estimulados por esses contatos, os governantes etíopes enviaram emissários às cortes europeias e chegaram a flertar com a ideia de submeter a Igreja etíope à disciplina de Roma. Em 1481, o papa designou uma igreja no jardim do Vaticano para hospedar os monges etíopes que o visitavam.

O reino ainda era bastante grande e rico para impressionar os visitantes europeus. Quando as missões diplomáticas encabeçadas por Pero da Covilhã começaram a chegar aproximadamente em 1488 — a segunda ocorreu em 1520 —, encontraram "homens e ouro e provisões em número como as areias da praia e as estrelas do céu", ao passo que uma "infinidade de tendas" carregadas por 50 mil mulas transportava a corte por todo o reino.[30] Multidões de até 2 mil pessoas, vigiadas por guardas que montavam cavalos empenachados e caparazonados com brocados finíssimos, faziam fila para assistir a uma audiência do rei. O negus Eskender, imperador da Etiópia, reconheceu imediatamente um ativo muito valioso em Covilhã, a quem reteve na corte com uma abundância de presentes.

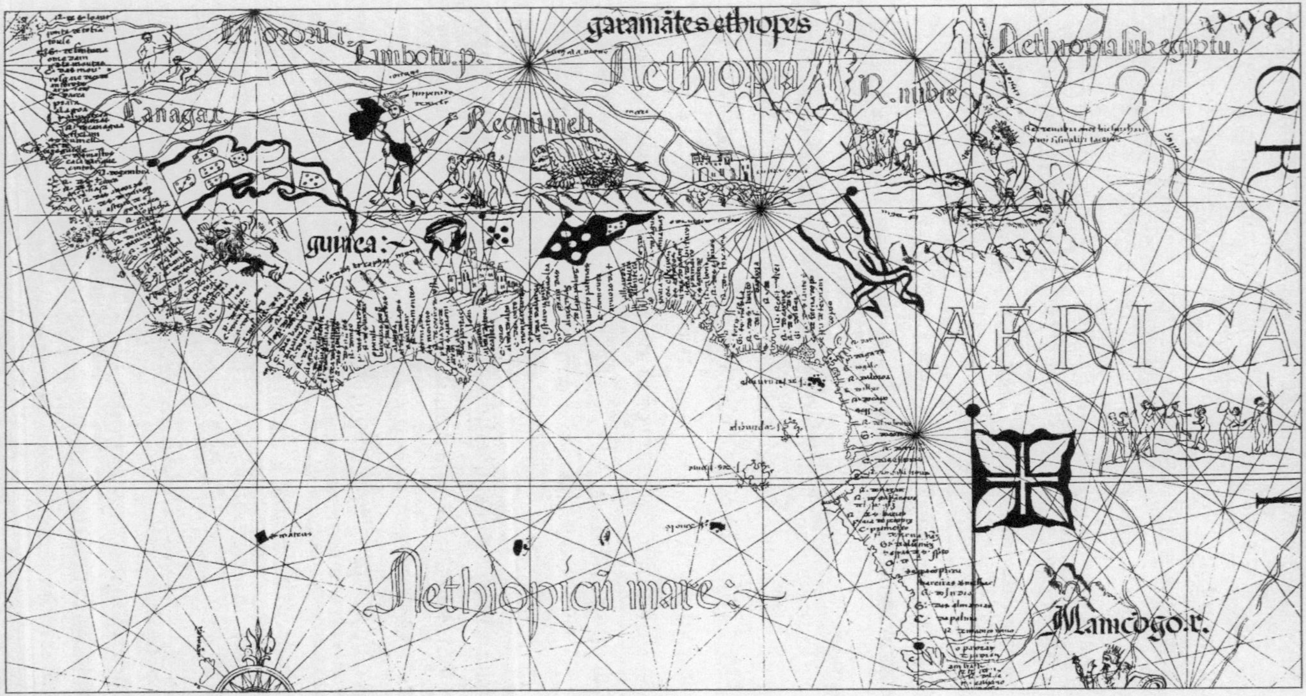

O mapa da África Ocidental de Diogo Homem mostra São Jorge da Mina (indicado pela bandeira de cinco pontos), as rotas do tráfico de escravos indígenas e o rei de Songai com um chapéu extravagante.

A Etiópia, contudo, já havia chegado ao limite do seu potencial de Estado conquistador. Os imigrantes pagãos se infiltravam pela fronteira meridional. Os invasores muçulmanos pressionavam no leste a ponto de, depois de um par de gerações, ameaçar conquistar as terras altas. A Etiópia sobreviveu a duras penas. A fronteira da cristandade começou a encolher.

Ao mesmo tempo, para além da Etiópia, a costa oriental da África era acessível à influência muçulmana, mas não à dos cristãos. No século XVI, a rota marítima que contornava o cabo da Boa Esperança levou mercadores, exilados e destacamentos portugueses àquela região. No entanto, lá o cristianismo nunca contou com efetivos suficientes nem se mostrou atraente para competir com o islã, ao passo que os Estados do interior continuavam, em grande medida, fora do alcance dos missionários dos dois credos.

O maior desses reinos ficava no extremo do vale do Rift, às margens do rio Zambeze, salpicado de ouro. Na meseta produtiva que se estendia do outro lado, ao sul, até o rio Limpopo, era grande a abundância de sal, ouro e elefantes. Assim como a Etiópia, esses territórios estavam voltados para o oceano Índico, para o comércio de longo alcance com as economias do litoral da Ásia. Ao contrário da Etiópia, as comunidades do vale do Zambeze já tinham acesso ao oceano, mas enfrentavam um problema potencialmente mais difícil. Sua saída para o mar ficava fora do alcance do sistema de ventos de monções e, portanto, à margem das rotas comerciais comuns. Mesmo assim, os mercadores mais aventureiros — a maioria deles provavelmente oriunda da Arábia Meridional — arriscavam-se a fazer a viagem para trazer bens manufaturados da Ásia em troca de ouro e marfim. Algumas das provas mais eloquentes provêm da mesquita de Kilwa, na atual Tanzânia, sob cuja abóbada se alinham vasos de porcelana chinesa do século XV, artigos que os comerciantes árabes traziam de barco pelo vasto oceano.

Restam mais provas do efeito do comércio no interior, onde durante séculos foram comuns certos núcleos administrativos fortificados e feitos de pedra (chamados "zimbábues"). No fim do século XIV e início do XV, eles viveram a sua idade de ouro. O mais famoso, o Grande Zimbábue, abrigava uma formidável cidadela construída no cume de uma colina de mais de cem metros de altura, mas há restos de outros dispersos por todo o território. Nas proximidades dos edifícios de terra, os membros da elite, que se alimentavam de carne, eram sepultados com oferendas: ouro, joias, ferragens lavradas, grandes lingotes de cobre e porcelana chinesa.

No segundo quarto do século XV, a expansão de uma nova potência regional deslocou o centro do poder para o norte, até o vale do Zambeze. Chamada Mwenemutapa ou Monomotapa, surgiu durante a migração para o norte de bandos guerreiros provenientes de parte dos atuais Moçambique e KwaZulu-Natal. Ao conquistar o vale do médio Zambeze, um dos seus dirigentes adotou o título de monomotapa, ou "senhor dos pagadores de tributo" — nome que se estendeu a todo o reino. Aproximadamente a partir da metade do século XV, a rede de rotas comerciais foi se alterando à medida que as conquistas de Monomotapa se estendiam para o leste, rumo à costa. Monomotapa, porém, nunca chegou ao oceano. Os comerciantes nativos que negociavam nas feiras do interior não tinham o menor interesse em uma saída direta para o mar. Ganhavam bem usando intermediários na costa e não se sentiam incentivados a empreender o comércio transoceânico, no qual não tinham experiência. Os colonos não foram expulsos de lá, mas atraídos para o norte, embora o declínio na navegabilidade do rio Sabi talvez os tenha estimulado a mudar.

Os acontecimentos de 1492 não chegaram a afetar o interior e o sul mais remotos da África. Mas a morte de Sonni Ali Ber nas águas do rio Níger, a consolidação da influência portuguesa depois do batismo de Nzinga Nkuwu, dos congos, e a renovação do contato diplomático da Etiópia com o resto da cristandade — que ocorria mais ou menos ao mesmo tempo — foram fatos decisivos para adscrever o continente entre o islã e o cristianismo. Com o triunfo de Askia Muhammad em Songai, a ascensão de Afonso I ao trono dos congos e o sucesso da missão de Pero da Covilhã na Etiópia, a configuração atual do mapa religioso da África — com o islã prevalecendo em torno do Saara e no Sahel até o cinturão de florestas setentrional e ao longo da costa do oceano Índico, e com o cristianismo imperando em todos os outros lugares — tornou-se enormemente previsível, senão inevitável.

4. “Nenhuma visão tão deplorável”

O mundo mediterrâneo e a redistribuição dos sefardis

1º de maio: publicação do edito de expulsão dos judeus da Espanha

“Não havia cristão que não se compadecesse deles”, pensava Andrés de Bernáldez, sacerdote e cronista que observou a multidão de judeus partindo de Castela para o exílio no verão de 1492. Ainda que seguissem cantando, tocando pandeiros e percutindo tambores para se alegrar, eles “iam pelos caminhos e campos com muito trabalho e sofrimento, uns caindo, outros se levantando, outros morrendo ou adoecendo”. Ao ver o mar, “soltavam altos gritos e lamentos, homens e mulheres, velhos e crianças, nas suas orações, pediam misericórdia a Deus, pois esperavam um milagre de Deus e que o mar se abrisse para lhes dar caminho. Depois de esperar muitos dias sem ver senão desgraça, alguns desejaram nunca ter nascido”. Os que embarcaram “sofreram desastres, roubos e mortes no mar e em terra, aonde quer que fossem, nas mãos tanto de cristãos como de mouros”. Bernáldez não conhecia “nenhuma visão tão deplorável”.[1]

Apesar dessa confissão de compaixão, Bernáldez odiava os judeus. Por se recusarem obstinadamente a reconhecer o Messias, eles despojavam os cristãos do legado de ser o povo escolhido de Deus. Os papéis do Êxodo estavam invertidos: os judeus eram "os idólatras abomináveis", e os cristãos, "os novos filhos de Israel". Bernáldez odiava os judeus por sua arrogância em afirmar que recebiam um favor especial de Deus. Odiava o fedor do seu hálito e das suas casas e sinagogas, o qual ele atribuía ao uso do azeite de oliva na cozinha — pois, por assombroso que pareça para quem conhece a gastronomia espanhola atual, os castelhanos da Idade Média evitavam o azeite e usavam a banha como fonte principal de gordura alimentícia. Odiava-os com o ódio nascido da inveja econômica, visto que eles moravam "nas melhores cidades, vilas e lugares e nas terras mais ricas e melhores" e "eram capitalistas preguiçosos, que procuravam ofícios prósperos e meios de ganhar com pouco trabalho, [...] eram gente maliciosa que, geralmente, vivia de muitos enganos e usuras com os cristãos".[2]

Ele os odiava sobretudo pelos privilégios de que desfrutavam. Os judeus eram isentos do dízimo e, se morassem em guetos (o que nem todos faziam), não eram obrigados a pagar impostos municipais. Escolhiam os representantes das suas comunidades. Contavam com jurisdição própria e, até 1476, dirimiam seus assuntos mercantis com independência, de acordo com as próprias leis. Mesmo depois daquele ano, juízes especialmente designados pela Coroa proferiam sentenças sobre as demandas dos judeus à margem do sistema judiciário comum. A Inquisição — tribunal temido por todos — não podia tocá-los, a não ser em caso de suborno de cristãos ou de blasfêmia. Como seus costumes lhes permitiam aplicar taxas de juros mais elevadas que as autorizadas pela legislação cristã, eles tinham vantagem em qualquer modalidade de negócio que implicasse gestão de dívidas. Arrecadavam impostos e ocupavam cargos lucrativos na burocracia real e senhorial — se bem que cada vez menos no fim do século XV. Viviam — em muitos casos — como inquilinos e protegidos da Igreja, da Coroa ou da aristocracia. Obviamente, os judeus eram na maioria artesãos pobres, pequenos comerciantes ou jornaleiros, mas Bernáldez detectou o que hoje chamaríamos de "efeito de gotejamento", com os membros abastados da comunidade sustentando os mais desvalidos. Nesse sentido, os judeus eram um grupo como outro qualquer na sociedade medieval: um "estado" que transcendia as classes sociais, com o sentimento de camaradagem e o senso de interesse comum a unir pessoas de diferentes graus de riqueza e educação em defesa de uma identidade comum e de certos privilégios coletivos.

A palavra "judeu" tornou-se um termo ofensivo. E termos ofensivos quase não são usados literalmente. Hoje em dia, "fascista" é um insulto dirigido indiscriminadamente a pessoas que não têm a menor semelhança com os fascistas. Nos Estados Unidos, o qualificativo "liberal" está se transformando rapidamente num termo ofensivo também inespecífico. Poucas pessoas xingadas de "filhas da puta" na linguagem coloquial são de fato descendentes de prostitutas. Não há provas imparciais de que a maioria dos acusados de serem judeus, na Espanha do século XV, tivesse cultura, crenças ou antepassados judeus. Se o termo chegou a ter significado, parece que foi algo como "pensar de um modo supostamente judeu" — o que, na prática, significava pensar com farisaísmo; por exemplo, tender a interpretar a lei de forma literal ou se interessar mais pelos valores materiais ou legalistas do que pela espiritualidade. É óbvio que esse tipo de padrão de pensamento não era intrinsecamente judeu — é possível encontrá-lo em pessoas de todas as religiões ou nas sem religião —, mas os leitores das epístolas de São Paulo o identificavam com o tipo de pensamento que o apóstolo tachava de anticristão.

O antissemitismo é de tal modo irracional e perverso que

Hartmann Schedel, o principal autor da Crônica de Nuremberg, *colecionava livros hebreus, talvez na esperança de poupá-los da fogueira — aos seus olhos, um presságio do iminente fim do mundo.*

qualquer pessoa sensata acha difícil compreendê-lo. Os cristãos principalmente deviam ser imunes a esse veneno, pois sua religião nasceu do judaísmo e deve grande parte da doutrina, dos ritos e dos textos sagrados ao passado judeu. Cristo, a Virgem e os apóstolos eram judeus. O bem que os judeus têm feito para o mundo no campo das ciências, das artes, da literatura e do conhecimento é absolutamente desproporcional ao seu número. Nenhuma comunidade de envergadura semelhante pode rivalizar com a dos judeus em volume de contribuições para o conjunto da humanidade. Mas toda minoria notória — e os judeus sempre o foram — parece suscitar preconceitos e despertar ódio. As minorias privilegiadas geram um ódio ainda mais intenso. E, a despeito de o cristianismo não ter inventado o antissemitismo, que já era muito difundido nas antigas Grécia e Roma pré-cristãs, forneceu um novo pretexto. As multidões costumavam saquear os judeus quando a leitura do Evangelho, nas igrejas, lembrava que os correligionários de Cristo exigiram a sua crucificação e gritaram: "O seu sangue caia sobre nós e sobre os nossos filhos!".

Em um famoso processo ocorrido em Ávila, em 1491, baseado em provas apoiadas em rumores ou arrancadas mediante tortura, alguns judeus e ex-judeus foram condenados por terem crucificado um menino numa representação jocosa do sacrifício de Cristo e comido o seu coração numa paródia da missa, assim como por haverem cometido a blasfêmia de roubar uma hóstia consagrada para usá-la em práticas de magia negra. É provável que o menino supostamente assassinado — cujo nome ninguém sabia ao certo e cujo corpo jamais apareceu — nunca tenha existido, mas se transformou em herói da literatura sensacionalista, em objeto de culto popular e em relíquia que até hoje atrai fiéis a Ávila. Os supostos responsáveis por esse delito foram condenados ao garrote vil ou descarnados com tenazes candentes; e seus pavorosos restos foram queimados para não contaminarem a terra. A Inquisição deu grande publicidade ao caso. Boa parte das testemunhas depôs na presença do próprio inquisidor-geral, e as conclusões, convenientemente manipuladas para dissimular a inverossimilhança da maioria das acusações e as contradições existentes entre as declarações, foram divulgadas à exaustão. Apesar das vergonhosas deficiências das provas, a sentença recebeu o aval dos juristas espanhóis mais eruditos.

O caso revelou três aspectos inquietantes da cada vez mais deteriorada reputação dos judeus no reino. Em primeiro lugar, a credulidade pública era um indicador do grau de penetração do antissemitismo na cultura. Em segundo, apesar da dívida moral dos cristãos para com o judaísmo, a imaginária do sacrifício de Cristo na cruz e na eucaristia podia ser facilmente distorcida e usada contra os israelitas. Enfim, em retrospecto, o processo parece ter sido claramente concebido com fins políticos. Ao mostrar que judeus e ex-judeus eram cúmplices na perpetração de assassinatos rituais e de práticas de magia negra, os inquisidores conseguiram incutir na mente dos legisladores um vínculo hipotético entre o judaísmo e a apostasia cristã.

O que de fato preocupava os partidários da expulsão dos judeus era que, enquanto as comunidades israelitas continuassem na Espanha, os cristãos-novos não seriam capazes de escapar aos efeitos corruptores de um ambiente judaico. No caso do menino de La Guardia, o único delito comprovado de um dos supostos conspiradores foi que,

> não contente com o fato de ter, juntamente a todos os outros judeus, por mera humanidade como prescreve a nossa fé, o direito de conversar com os fiéis e católicos cristãos, ele induzia e atraía certos cristãos para a sua lei maldita com pregações e sugestões falsas e enganosas, como instigador de hereges, dizendo-lhes e manifestando-lhes que a lei de Moisés era a única verdadeira, na qual eles haviam de se salvar, e que a de Jesus Cristo era lei fingida e simulada e que nunca tal lei foi imposta e estatuída por Deus.[3]

Assim, a política da Inquisição era a de isolar a sociedade da influência judaica. Também era uma causa popular. O resultado da livre associação entre cristãos e judeus, segundo Bernáldez, que tinha visão estreita o suficiente para ser representante dos preconceitos populares, era que os judeus conversos e seus descendentes tendiam a ser ou "criptojudeus", ou "nem judeus nem cristãos" — "como a besta de carga de Maomé, que não era nem cavalo nem mula", como se lia em um panfleto de 1488.[4] Ou melhor, eram ateus antinomistas que negavam o batismo aos filhos, não respeitavam o jejum, não se confessavam e não davam esmola; pelo contrário, viviam unicamente para a gula e a luxúria ou, no caso dos que voltavam para o judaísmo, comiam alimentos judeus e respeitavam os costumes judeus.

É possível que houvesse alguma verdade na menos exagerada daquelas acusações: num cenário culturalmente ambíguo e transgressor, as pessoas podiam transcender facilmente as tradições, fugir ao dogma e criar novas sinergias sem se preocupar. As investigações da Inquisição revelaram muitos casos de indiferença religiosa ou flagrante ceticismo. No fim do século XV, o cristão-novo Alfonso Fernández Semuel pediu para ser enterrado com uma cruz aos pés, um exemplar do Alcorão no peito e uma Torá "junto à cabeça" — como se sabe por uma sátira que o acusava de conduta extravagante.[5] Um cristão-novo mais sofisticado, que acabou sendo bispo e inquisidor real, achava que, "como os judeus conversos são gente sábia e de gentil engenho, não podem e não querem dar crédito ou participar do absurdo em que os gentios convertidos ao catolicismo acreditam e divulgam".[6] Nas regiões em que os judeus eram relativamente numerosos, suas práticas costumavam contaminar a cultura. "Haveis de saber", afirmava Bernáldez, "que os costumes da gente comum, como descobriu a Inquisição, eram, sem tirar nem pôr, os dos próprios judeus e impregnados do seu fedor, e isso resultou do contato contínuo que as pessoas tinham com eles."

O antissemitismo fazia parte do pano de fundo que torna a expulsão dos judeus inteligível, mas não foi sua causa. Aliás, a península Ibérica tolerou os judeus mais tempo que outras regiões da Europa Ocidental. A Inglaterra expulsou os seus em 1291; a França, em 1343, e muitos Estados do oeste da Alemanha o fizeram no início do século XV. A grande questão acerca da expulsão não é por que ocorreu, e sim por que ocorreu naquele momento. O motivo não era a avareza. Quando se recusaram a aceitar suborno para revogar o decreto de expulsão, os monarcas de Castela e Aragão surpreenderam os dirigentes israelitas, que estavam convencidos de que a medida não passava de uma artimanha para lhes extorquir dinheiro. Os judeus eram verdadeiras vacas leiteiras fiscais. Ao expulsar aqueles que trabalhavam como coletores de impostos, os reis puseram em perigo a própria renda. Foram necessários cinco anos para que recuperassem o nível anterior. Dizem que o sultão otomano Solimão I ficou encantado com a expulsão porque equivalia a "jogar riqueza fora".[7] Para se justificar, o rei escreveu as seguintes palavras a um adversário da expulsão:

> Admira-nos que penseis que queremos tomar para nós os bens dos judeus, porque é coisa muito distante da nossa vontade [...] Embora queiramos recuperar para a nossa corte, como é razoável, tudo quanto lhe pertencer legitimamente pelas dívidas dos judeus em impostos e outras rendas reais que nos deve essa aljama, uma vez saldadas as suas dívidas conosco e com outros credores, o que sobrar deve ser restituído aos judeus, a cada qual o que lhe pertence, para que com isso façam o que lhes apetecer.[8]

Tudo indica que os monarcas foram verdadeiramente sinceros na decisão de não se aproveitar da expulsão: para eles, tratava-se de uma purgação espiritual. Expropriaram-se sinagogas para transformá-las em igrejas católicas, asilos de pobres e outras instituições públicas, e os cemitérios em geral foram transformados em prados comunitários; as outras propriedades judias ficaram sob custódia para liquidar as dívidas dos judeus, que, teoricamente, podiam ser cobradas tanto por credores cristãos como por judeus. Os israelitas podiam converter seus bens em dinheiro e, com uma alteração do edito de expulsão original, tirar do país a quantia obtida, assim como uma quantidade ilimitada de bens móveis na forma de joias, bônus e letras de câmbio. Essa foi uma concessão extraordinária, uma vez que a legislação dos reinos de Aragão e Castela proibia terminantemente a exportação de dinheiro e bens. Inclusive abriu-se a exceção de permitir a saída de lingotes: Isaac Abravanel, a figura mais destacada entre os expulsos, foi autorizado a levar 10 mil ducados em ouro e joias. Muito provavelmente, não havia em todo o reino mais do que uma dúzia de indivíduos capazes de reunir tamanho montante de dinheiro.

Em todas as dioceses, os monarcas nomearam administradores para supervisionar os bens pessoais que os judeus não tinham vendido quando da expulsão e, sendo possível contabilizar seu valor, entregar o auferido ao expulso no novo lugar de residência no estrangeiro, assim como cobrar e enviar dívidas não pagas a israelitas expulsos. Alguns desses administradores passaram anos nessa empreitada e obtiveram resultados desiguais. Suas anotações mostram como foram nocivas algumas das consequências indesejáveis da medida. Os compradores extorquiam os bens dos expulsos mais desesperados. As municipalidades agiam ilegalmente, apropriando-se dos bens dos judeus, e recorriam a todo tipo de prevaricação para evitar que os perdessem. Era impossível obter um preço justo por bens pertencentes a judeus no mercado de compras. Os funcionários mais ambiciosos roubavam o dinheiro dos exilados, ou cobravam suborno ou pagamentos não autorizados por lei. Os que deviam a credores judeus descumpriam suas obrigações. Os navios cargueiros cobravam muito mais. Apesar do esforço honesto dos administradores designados pela Coroa, a maioria dos males nunca foi compensada. O processo em si foi mal concebido, e os monarcas simplesmente não estabeleceram prazo suficiente para que todos os problemas se resolvessem antes que os judeus fossem obrigados a partir.

Os verdadeiros motivos da expulsão, capazes de explicar por que ela ocorreu naquele momento, devem ser procurados nas circunstâncias imediatas dos acontecimentos. Em parte, atribui-se a responsabilidade à exaltação do fervor religioso suscitado pela guerra e alimentado pelo medo. A guerra contra Granada exigia um esforço conjunto de todos os súditos do monarca. A lenda acusava os judeus de terem apoiado as primeiras conquistas muçulmanas na península Ibérica quase oitocentos anos antes. Escrutando o passado em busca de material, os propagandistas reanimaram antigas preocupações com a verdadeira lealdade dos israelitas. Em 1483, os monarcas reagiram às demandas locais autorizando a expulsão de todos os judeus de Andaluzia, como se quisessem livrar a zona fronteiriça da presença de forasteiros suspeitos. À medida que conquistavam território granadino, eles evacuavam os judeus, um a um, como se temessem alimentar uma quinta-coluna potencial que solapasse clandestinamente a estabilidade por dentro. E, tal como a conquista de Granada, a ameaça ou promessa do milenarismo recaía como uma sombra sobre os judeus. Segundo a escatologia cristã tradicional, a conversão do mundo era um dos sinais de que o fim se aproximava.

A Inquisição fez sua parte. Em 1478, os monarcas persuadiram o papa a lhes conceder o controle das nomeações e das atividades da Inquisição na Espanha, fazendo com que ela deixasse efetivamente de ser um braço da Igreja para se transformar num açoite do Estado. Tornou-se a única instituição que operava nos territórios de Castela e Aragão sem ter de respeitar as fronteiras nem as peculiaridades jurídicas de cada reino. Antes disso, a Inquisição quase não atuava na Espanha, pois se concentrava rigorosamente em assuntos relacionados com o dogma e heresias graves. Mas então se transformou numa espécie de polícia do pensamento, numa rede espantosamente onisciente de tribunais e informantes que bisbilhotavam a vida das pessoas de todas as classes sociais e estendiam a sua jurisdição desde as questões ligadas à fé até a moral e a vida privada. A frágil justificação teológica encontrada foi que a má conduta moral era a prova prima facie de crenças incorretas e que os costumes mostravam qual era a verdadeira religião do praticante.

A Inquisição tornou-se um órgão encarregado de policiar e impor a uniformidade social — um caldeirão no qual se jogavam ingredientes muito heterogêneos a fim de cozinhá-los até obter um ensopado com que nutrir a consistência do reino. Formalmente, a missão da organização era eliminar "a depravação herética". Na Espanha, os desvios habituais da ortodoxia eram fruto da ignorância, da má educação e da catequização inadequada a cargo de um clero saturado de trabalho ou com pouca formação. No entanto, a convicção generalizada de que a heresia nascia essencialmente do exemplo judeu ou da lembrança do judaísmo nos descendentes dos conversos mascarou a realidade. A "justiça" distribuída pela Inquisição era atraente para qualquer um que quisesse denunciar um vizinho, um rival ou um inimigo. E perigosa para quem fosse vítima de inveja ou vingança. E era barata. Em nenhum outro tribunal se podiam levantar acusações sem incorrer em custos e riscos. A justiça inquisitorial também era sigilosa. Em nenhum outro tribunal se podiam levantar acusações sem que o autor se identificasse perante o acusado. Como os tribunais podiam confiscar os bens do réu durante o julgamento, a Inquisição tinha interesses bastardos em tratar as denúncias com rigor e prolongar os processos. Todas essas características fizeram dela um tribunal popular, para o qual era fácil encaminhar queixas reiteradas, um gigante cujos responsáveis mal podiam manejar e que ninguém era capaz de controlar. Assim como aconteceu em outros lugares da Europa na mesma época, nos quais se desencadeou uma febre de caça às bruxas, ou como temos visto nos nossos dias com a proliferação de presumíveis casos de pedofilia baseados em lembranças supostamente "recuperadas", o número de denúncias parecia confirmar os temores dos inquisidores. Com provas muito pouco sólidas, a Espanha parecia repentinamente infestada de apostasia.

Fernando e Isabel levaram o perigo a sério. Como Fernando era um dos heróis de Maquiavel, que o considerava cruel e calculista, dedicado ao sucesso e imune aos escrúpulos morais, surgiu um mito que o retratava como um político moderno e secular. Pelo contrário, ele era convencionalmente piedoso, suscetível às profecias e profundamente consciente das suas responsabilidades perante Deus. Nenhum monarca do seu tempo tinha como escapar à exposição às ideias tradicionais de realeza, fosse pela educação que recebia como príncipe, fosse pelas leituras recomendadas pelos seus tutores, fosse pelos sermões e pelo que ouvia no confessionário quando estava no poder. Um dos princípios tradicionais que mais se repetia era o da responsabilidade do governante pela salvação dos súditos.

Bernáldez talvez sublinhasse o motivo mais urgente da expulsão. O número de conversos — judeus convertidos ao cristianismo — vinha aumentando de modo alarmante. É fácil tolerar as minorias enquanto seu número não chega a um patamar crítico, o qual varia de caso a caso e de sociedade para sociedade, mas que sempre existe e, quando ultrapassado, parece preso por fios que disparam alarmes terríveis. Com o pano de fundo da guerra, o crescimento de uma minoria potencialmente subversiva alimentou uma neurose generalizada. A Espanha ficou nas mãos do Grande Terror — irremediável porque irracional e, portanto, impermeável aos fatos, como o temor igualmente irracional aos terroristas e ao "aumento dos índices de criminalidade" nas sociedades ocidentais atuais em decorrência da presença de imigrantes pobres. A Coroa e a Igreja deviam ter se alegrado com o número crescente de conversos ao cristianismo, mas o medo transtornava o prazer. Todo cristão-novo era um apóstata potencial ou um "judeu clandestino". O volume imenso de conversões gerou o pensamento de que os conversos recebiam uma formação religiosa superficial e que talvez em muitos casos fossem oportunistas. Em tais circunstâncias, quiçá tivesse mais sentido expulsar os cristãos-novos, não os judeus, contudo essa era uma estratégia impensável. Eles eram muitos. A sociedade não podia prescindir dos seus serviços. Tanto a lei natural como a eclesiástica os protegiam, enquanto os judeus estavam tecnicamente à mercê da Coroa — a sua presença era tolerada de má vontade e dependia de uma graça real revogável. Além disso, a Inquisição tinha autoridade sobre os conversos e podia orientar-lhes as crenças, ao passo que não tinha nenhum direito de investigar a fé dos judeus. Assim, os inquisidores acreditavam que, se não houvesse judeus para seduzir os cristãos com a heresia ou a apostasia, era possível redimir os conversos ou coagi-los a se salvar.

Assim, os inquisidores pressionaram a Coroa para que eliminasse aquela que eles consideravam ser a raiz do problema. Promulgaram o decreto de expulsão dos judeus da Andaluzia. Excedendo seus poderes legítimos, tentaram — sem sucesso em razão do ressentimento local contra a sua prepotência — lançar iniciativas semelhantes em outras regiões do reino. O inquisidor-mor Tomás de Torquemada fez o primeiro rascunho do decreto de expulsão dos judeus do reino em março de 1492. O documento, modificado na corte real e assinado e selado pelo rei e a rainha no último dia do mês, explicitava os argumentos que inspiravam os monarcas. Não há motivo para desconfiar das suas declarações. O que os reis pensavam dos judeus talvez não fosse verdade, mas é verdade que era isso que eles pensavam. "Porque fomos informados de que nestes nossos domínios há certos maus cristãos que judaizaram e cometeram apostasia contra a nossa Santa Fé Católica, muito disso em virtude da comunicação entre judeus e cristãos." O decreto prosseguia pormenorizando casos particulares, a maioria dos quais corroborada em audiências perante a Inquisição,

> do grande dano que aos cristãos [...] devido a informações, contatos e comunicação que tiveram com os judeus, os quais se prova que sempre procuram, por quantas vias e maneiras podem, sub-

verter e subtrair os cristãos fiéis da nossa Santa Fé Católica e dela apartá-los e atrair e perverter à sua maldita crença e opinião, instruindo-os nas cerimônias e observâncias da sua lei, fazendo assembleias em que leem para eles e lhes ensinam aquilo em que devem acreditar e observar conforme a sua lei, procurando circuncidá-los e aos seus filhos, dando-lhes livros pelos quais rezar as suas orações e explicando-lhes os jejuns que hão de jejuar, e juntando-se a eles para ler e ensinar-lhes as histórias da sua lei, informando-os antecipadamente das páscoas, e avisando-os do que nela hão de observar e fazer, dando-lhes e tirando das suas casas o pão ázimo e carnes mortas com cerimônias, instruindo-os sobre as coisas que hão de evitar, tanto nos comeres como em outras coisas por observância da sua lei, e persuadindo-os o quanto podem a ter e guardar a lei de Moisés, fazendo-os entender que não há outra lei nem verdade a não ser aquela; tudo isso consta por muitos ditos e confissões, tanto dos próprios judeus como dos que por eles foram pervertidos e enganados.[9]

Na sequência, o documento explicava que os monarcas esperavam resolver o problema permitindo a expulsão dos judeus da Andaluzia, onde causaram mais dano. No entanto, o resultado tinha sido insatisfatório, e eles decidiram recorrer a uma medida mais radical porque "os ditos judeus crescem e continuam o seu mau e maldito propósito onde quer que vivam e conversem" com cristãos. Em todo caso, certo escrúpulo derivado de considerações sobre a justiça natural perturbava os monarcas: com a expulsão de todos os judeus castigavam-se, efetivamente, tanto os tidos por inocentes quanto os supostos culpados. Eles abordaram a questão alegando que o conjunto dos judeus constituía uma corporação única, análoga a uma escola ou universidade: "[...] porque, quando um crime grave e detestável é cometido por alguns membros de um colégio ou universidade, é certo que tal colégio ou universidade sejam dissolvidos e aniquilados e que se punam os menores pelos maiores e uns pelos outros".

Como costuma acontecer com a maioria das políticas formuladas de maneira precipitada, a expulsão surtiu o efeito contrário ao desejado: aumentou enormemente o número de conversos insinceros, com evangelização falha ou não comprometidos. A demografia da expulsão desencadeou um debate feroz e pouco conclusivo, mas dois fatos indiscutíveis moderam a polêmica: nunca houve muitos judeus para expulsar. E grande parte deles — provavelmente a maioria, inclusive a maioria dos rabinos, segundo as afirmações de um observador judeu da época — preferia o batismo à expulsão.[10] A palavra "expulsão" é pouco adequada. Talvez se deva qualificar o fato de conversão forçada.

Embora não contemos com documentos confiáveis, o consenso das fontes sugere uma população judia total de pelo menos 150 mil na época da expulsão, ou talvez mesmo 200 mil. As fontes não garantem nenhuma estimativa significativamente maior. É possível que os cálculos dos cronistas a respeito do número de expulsos sejam, como todos os demais cálculos de cronistas, exagerados por engano ou de propósito. Os cronistas cristãos que tentaram contá-los situaram o total entre 100 mil e 125 mil; os cronistas judeus, aos quais se pode perdoar o exagero, aventaram 200 mil ou 300 mil deles, os quais provavelmente superavam a população judia nos reinos. Tendo em vista que um grande número aceitou o batismo e outros retornaram para fazê-lo depois de fracassar na tentativa de começar vida nova no estrangeiro, seria precipitado afirmar que os expulsos ultrapassavam 100 mil e mais prudente considerar que a contagem final deve ter sido inferior. O decreto de expulsão produziu mais conversos que expulsos.

A maioria dos que perseveraram no exílio sofreu privações terríveis ou morreu no caminho. Os reinos vizinhos de Navarra e Portugal acolheram refugiados, porém não por muito tempo.

A pressão diplomática exercida por Fernando e Isabel, combinada com o medo e o ressentimento que toda influência estrangeira suscita, fez com que os governantes dos dois países não tardassem a mostrar aos judeus o caminho de saída. Algumas famílias compraram o direito de residência em Portugal, entretanto a ideia se revelou um péssimo acordo e foi abolida em 1497, quando foram expulsos os judeus nativos em Portugal no âmbito da negociação de uma aliança dinástica com Castela, e em 1512, em Navarra, quando Fernando conquistou e anexou a parte do reino situada ao sul dos Pireneus. Os refugiados que entravam ilegalmente em Portugal ou violavam as condições do visto de residência sujeitavam-se a ser escravizados. Separados dos filhos, eram enviados ao lugar mais remoto e funesto do mundo português, a ilha de São Tomé, no golfo da Guiné, que representava o frustrado sonho português de estabelecer plantações de açúcar e comerciar os tesouros locais, como escravos, cobre, marfim e especiarias. Os poucos colonos que lá moravam (e que no fim da década não passavam de cinquenta) eram quase todos criminosos exilados. Como informou o governador, a terra era infértil e a colônia era tão pobre que ninguém se interessava pelo comércio e não havia alimento para as crianças judias, que tiveram de embarcar novamente com destino à ilha vizinha de Príncipe "para poder comer".[11]

Alguns exilados foram para o Marrocos. É possível que o cronista espanhol que registrou seus padecimentos tenha exagerado, pois queria mostrar "as calamidades, desonras, tribulações, dores e sofrimentos" causados pela incredulidade. Também mostrava entusiasmo pela oportunidade de enumerar as barbaridades dos muçulmanos. Mas afirmava ter tomado conhecimento de tudo por aqueles que retornaram aliviados de terem regressado à pátria, "a terras de gente razoável". A lista de atrocidades é pavorosa: nos caminhos, "saíam mouros e os desnudavam totalmente, estupravam as mulheres, matavam os homens e os desventravam à procura de ouro, porque sabiam que eles o engoliam".[12]

No Marrocos, a cidade palaciana de Fez foi um dos destinos prediletos dos judeus. Leão, o Africano, a conhecia bem, mas era ambíguo na avaliação que dela fazia. Convidava os leitores a se maravilharem porque "é cidade bem grande, defendida por altas muralhas e erigida entre montes e colinas".[13] Ele elaborou a lista das suas amenidades: as cloacas que jogavam a imundície no rio por meio de 150 canais; as casas de construção requintada e pintura delicada, revestidas de alegres mosaicos e cobertas por tetos "com preciosos arabescos com predomínio do azul e do ouro", e as casas de veraneio da nobreza, nos arredores da cidade, com "fontes cercadas de rosas e outras flores odoríferas e ervas". Havia mais de cem banhos e duzentas hospedarias mais bonitas que qualquer prédio da cristandade, com exceção do Colégio da Espanha em Bolonha. Havia duzentas escolas, setecentas mesquitas e mais de 2 mil moinhos. As novecentas lâmpadas da mesquita principal tinham sido forjadas com o ferro dos sinos capturados em igrejas cristãs. Mas os hospitais estavam deteriorados, e as universidades, empobrecidas — "e esse", opina Leo, "pode ser um dos motivos pelos quais o governo é tão sórdido". A elite da cidade era igualmente degenerada: "Em comparação com os nobres e fidalgos da Europa, eles parecem miseráveis e vis; não por escassez de alimentos, mas por falta de boas maneiras e de limpeza". Sentavam-se no chão para comer e não usavam "facas nem colheres, somente os dez dedos [...] Na verdade, em toda a Itália, não há um só humilde fidalgo que não sobrepuje o maior senhor de toda a África na dieta refinada e na imponência da mobília".[14]

Os judeus que ali chegavam sofriam "todas as maldições da Torá e muito mais" — segundo recordou um deles, que tinha dez anos de idade quando foi expulso.[15] Eles construíram cabanas de palha. Um incêndio as destruiu, bem como todos os bens e muitas coleções de livros em hebraico. No entanto, para os sobreviventes, Fez tinha pelo menos as vantagens do cosmopolitismo e, assim, da tolerância com a diversidade e a heterodoxia religiosas. O ambiente cultural era salpicado de vestígios de rituais cristãos. Leão, o Africano, conta que, independentemente do credo religioso, as pessoas seguiam o ritmo do Natal e que, no Ano-Novo, a crianças punham máscaras e "ganhavam frutas para cantar certas músicas de Natal ou canções". A adivinhação e a necromancia proliferavam, embora, como assinala Leo, fossem proibidas pelos "inquisidores maometanos". Os ensinamentos judaicos tinham um nicho de mercado. A cabala era particularmente popular, e seus praticantes "nunca erram, o que faz com que se tenha muita admiração pela arte da cabala: embora ela seja considerada natural, eu nunca vi nada que tenha mais afinidade com o conhecimento sobrenatural e divino". Os judeus monopolizavam a ourivesaria de ouro e prata, proibida para os muçulmanos devido aos lucros usurários que os ourives auferiam com o trabalho que empenhavam.[16]

A julgar pela descrição de Leão, o Africano, no entanto, o efeito da afluência de refugiados da Espanha foi deletério para o conjunto da comunidade judaica de Fez. Eles ocuparam uma rua comprida da cidade nova, "na qual têm suas lojas e sinagogas, e o seu número cresceu maravilhosamente desde que foram expulsos da Espanha". Esse aumento os transformou numa minoria grande demais para ser bem-vinda. Antes bem-tratados, agora discriminados, eles pagavam o dobro dos tributos tradicionais. "Esses judeus", observa Leo, "são muito desprezados por todos; tampouco podem usar sapatos, mas fazem chinelos de juncos marinhos."

Tremecém, que, como Fez, já contava com uma comunidade judaica numerosa, foi outro destino atraente até a chegada dos expulsos. Leo diz nunca ter visto "um lugar mais agradável", mas, ali, como recordou um dos refugiados espanhóis, os judeus recém-chegados vagavam "nus, [...] remexendo os montes de lixo".[17]

Milhares de judeus pereceram numa epidemia de peste subsequente, porém os que sobreviveram foram suficientes para exacerbar a tensão étnica e religiosa. Embora "em tempos passados" os judeus tivessem sido "todos muito ricos", nos distúrbios ocorridos durante o interregno de 1516, "todos foram tão roubados e saqueados que agora estão quase reduzidos à mendicância".[18] Os cidadãos alarmados os acusavam de transmitir sífilis: "Muitos judeus que chegaram à Berbéria [...] traziam a doença da Espanha. [...] Alguns mouros infelizes se misturaram com mulheres judias, e assim, pouco a pouco, ao cabo de dez anos, era impossível encontrar uma família não contagiada pela moléstia". Inicialmente, os doentes eram obrigados a viver com os leprosos. A cura, segundo Leo, estava em respirar o ar da Terra dos Negros.[19]

Alguns judeus sentiram-se atraídos pela costa atlântica do Marrocos, região em que o reino de Fez vinha sendo esfacelado pelas bordas à medida que os pastores do Saara colonizavam as terras aráveis, reduzindo a produção de trigo para a exportação, de cujos tributos os governantes dependiam. Nos portos de Safi e Azamor, mal se sentia o poder de Fez, e o controle estava nas mãos dos dirigentes das tribos de pastores. Mas ainda havia terra arável suficiente para o cultivo de um pouco de trigo, e os chefes tribais colaboravam com o esforço espanhol e português para adquirir o excedente por bom preço — e, em troca, recebiam suborno e até títulos nobiliárquicos da península Ibérica. Na realidade, a região acabou se transformando num condomínio hispano-português ou pelo menos num protetorado — uma espécie de zona franca isenta do controle dos sultões de Fez e das normas da Igreja contrárias ao comércio com os infiéis.

Os refugiados judeus eram os intermediários perfeitos para esse tipo de atividade. A expulsão da Espanha teve um efeito espetacular sobre a fatura, o que fez com que a região se tornasse a principal fonte de trigo estrangeiro de Portugal no início do século XVI. Eles também comerciavam escravos, cobre e ferro. Além disso, as famílias Zamero e Levi se especializaram em organizar a manufatura de vistosos e coloridos tecidos de lã, muito valorizados nas regiões auríferas ao sul do deserto. Em parte graças a isso, Safi recebeu mais ouro do que o forte de São Jorge.[20]

No entanto, os judeus não podiam ter paz absoluta em nenhum outro lugar do Magreb, nem mesmo no próprio Sahel. O antissemitismo do furibundo pregador itinerante Al-Maghili os perseguia e fustigava em toda a região. Em Tuat, ele inspirou pogrons e fomentou atos de violência incendiária contra casas de judeus e sinagogas. Em 1498, a missão de pregação que empreendeu além do Saara transformou o vale do Níger numa região perigosa. Em Songai, Askia Muhammad tornou-se "um inimigo declarado dos judeus. Ele não permite que nenhum more na cidade. Quando ouve dizer que um mercador berbere os frequenta ou faz negócios com eles, confisca-lhe os bens e os deposita nas arcas reais, deixando apenas o suficiente para que volte para casa".[21]

Para os judeus que conseguiram fugir da Espanha pelos portos do Mediterrâneo, a Itália era um destino atraente. Havia tantas jurisdições rivais naquela península heterogênea, composta por muitos Estados de envergadura desigual, que era improvável que um grupo qualquer topasse com uma hostilidade unânime. Os israelitas sempre encontrariam refúgio em algum lugar. A Sicília e a Sardenha estavam excluídas: o rei de Aragão as controlava e estendeu às ilhas os termos da expulsão da Espanha. Nápoles foi um refúgio provisório do qual os judeus, se poupados pela peste, tornaram a fugir quando Carlos VIII da França conquistou a cidade em 1494.

Entrementes, como narrou um dos exilados da Espanha, "a Itália e todo o Levante ficaram cheios [...] de traficantes de escravos e de cativos que deviam aos marinheiros o custo do seu traslado". O melhor que muitos refugiados podiam esperar era encontrar uma comunidade judaica já instalada e colocar-se à mercê dos seus anfitriões. Em Cândia, na ilha de Creta, governada pelos venezianos, o pai do cronista judeu Elijah Capsali encontrou "muita misericórdia" e, em 1493, arrecadou 250 florins para o alívio dos seus correligionários refugiados. Depois de muitas aventuras, Judah ben Yakob Hayyat — cujas viagens foram provações que envolveram a prisão em Tremecém, a escravidão em Fez e a peste em Nápoles (à qual sobreviveu) — encontrou socorro em Veneza, onde os compatriotas espanhóis se apiedaram dele. Morreu em paz na comunidade judaica consolidada e segura de Mântua, que também lhe deu boa acolhida. Para os que continuaram fiéis à religião judaica, as desgraças pareciam pôr sua fé à prova: uma nova história sagrada de tentações de Deus, um novo êxodo rumo a outra Canaã ou a recriação dos suplícios de Jó.[22]

Entre os lugares mais hospitaleiros, figuravam Veneza e — por irônico que pareça — Roma. A primeira estava sob o domínio do patriciado mercantil, que não achou boa ideia excluir criadores de riqueza potenciais, ao passo que, em Roma, o papado não tinha por que temer os judeus e estava muito interessado em explorá-los. Como os imigrantes pobres de todas as épocas, os israelitas se adaptaram a ofícios que ninguém mais queria praticar. Francisco Delicado, um cristão-novo que alternava entre Roma e Veneza, escreveu um dos primeiros romances do realismo social, *La lozana andaluza*, ambientado no submundo de judeus e conversos de Roma, cujos habitantes ganhavam a vida esforçada e discretamente entre bordéis e a escória, num mundo pestilento marcado pela sífilis. Lá a ambiguidade, a capacidade de adaptação e a evasão eram os únicos meios de sobrevivência, fáceis de confundir com falta de honradez. Um autor romano da década de 1530 achava que os conversos da cidade eram falsos e mentirosos: como o morcego de Esopo, que se fez passar por rato para uma doninha e por pássaro para um gato. Salomon Ibn Verga foi uma dessas criaturas mudadiças. Disfarçou-se de cristão em Lisboa e depois voltou a praticar a sua antiga fé na segurança de Roma, onde ouviu um dos companheiros de exílio exclamar depois do sofrimento da viagem:

> Senhor do universo! Tendes feito o possível para que eu abandone a minha religião, portanto é bom que se saiba de ciência certa que, apesar de quem habita o céu, eu sou judeu e judeu hei de ser. E não me importa o que Vós determinastes para mim até agora, nem o que ainda me reservais![23]

Muitos exilados, porém, jogaram a toalha, voltaram à Espanha e se batizaram. Andrés Bernáldez registrou o batismo de uma centena de retornados de Portugal na sua própria paróquia de Los Palacios, próxima de Sevilha. E viu outros tentando retornar do Marrocos "nus, descalços e cheios de piolhos, mortos de fome".[24]

O destino mais seguro para os judeus exilados, no qual suas comunidades e cultura foram bem recebidas imediatamente e conseguiram sobreviver e prosperar nos séculos posteriores, foi o Império Otomano — um dos reinos em mais rápida expansão, que se estendia pela quase totalidade de Anatólia e da Grécia e por grande parte do sudeste da Europa. Embora havia algum tempo os governantes otomanos se apresentassem como guerreiros empenhados em defender e fortalecer o islã, eles construíram um império culturalmente plural e heterogêneo do ponto de vista religioso, que tolerava cristãos e judeus, conquanto lhes cobrasse impostos discriminatórios e uma penosa modalidade de prestação de serviços ao sultanato — a mais notória era o recrutamento anual de meninos cristãos, que, separados da família, recebiam educação muçulmana e eram enviados ao sultão como escravos, soldados ou criados. Em geral, os otomanos preferiam os judeus aos cristãos, pois era improvável que aqueles simpatizassem com os inimigos do império. Entre os incentivos que levaram os israelitas a se estabelecer em terras otomanas estavam os privilégios fiscais, a cessão de terras para a construção de moradias e a liberdade de erigir sinagogas — ao contrário dos cristãos, aos quais era permitido usar as igrejas já existentes nos territórios conquistados pelos otomanos, mas não construir novas.

Aquele ambiente hospitaleiro para os exilados religiosos foi o produto de duas gerações de expansão otomana. Enquanto a maior parte dos reinos europeus lutava para acumular uma força semelhante mediante uma identidade uniforme, uma lealdade bem-definida e uma homogeneidade cultural, os otomanos se lançaram a um experimento imperial com povos culturalmente divergentes e à construção da unidade com base na diversidade. Nos trinta anos decorridos desde que ascendeu ao trono em 1451, Maomé II dedicou seu tempo a esse projeto. Antes disso, os turcos tinham fama de saqueadores destrutivos, "como chuvas torrenciais", como recordou um dos generais de Maomé nas suas memórias:

> [...] e tudo quanto essas águas golpeiam para longe o arrastam e, ademais, o destroem [...] Mas os aguaceiros não duram muito. Portanto, os assaltantes turcos [...] tampouco são muito persistentes, mas lá onde eles atacam, tudo incendeiam, saqueiam, matam e destroem, de tal modo que os galos demoram muitos anos a voltar a cantar.[25]

Depois do reinado de Maomé, tornou-se impossível continuar a considerar os exércitos turcos saqueadores ou qualificar suas políticas de destrutivas. Maomé transformou a conquista numa força construtiva, forjando o Estado otomano como um império universal potencial, mas culturalmente flexível.

Seus predecessores sabiam perfeitamente que eram herdeiros de um duplo legado: o de paladinos do islã e o de sucessores

O porto de Constantinopla, com os sítios turísticos conhecidos pelos principais ilustradores da Crônica de Nuremberg, *Michael Wohlgemut e Wilhelm Pleydenwurff.*

de conquistadores das estepes com vocação para governar o mundo. Sem sacrificar essas percepções, Maomé acrescentou uma nova imagem de si, na qual aparecia como legatário da civilização grega antiga e do Império Romano. Na sua corte, havia humanistas italianos que liam diariamente histórias de Júlio César e Alexandre, o Grande. Ele introduziu novas regras no protocolo palaciano, combinando as tradições romana e persa. Em 1453, conquistou Constantinopla, cujos habitantes continuavam se chamando de romanos, e para lá transferiu a capital. A cidade estava debilitada e nua quando ele a conquistou, desprestigiada depois de várias gerações de decadência. O objetivo explícito de Maomé era "tornar a cidade a mais bem abastecida e a mais poderosa em todos os aspectos, como o foi, muitos anos antes, em poder, riqueza e glória".[26] Para repovoá-la e restaurar-lhe a glória, ele não poupou concessões aos imigrantes:

> Aquele, em meio a todo o meu povo, que estiver comigo, que o seu Deus esteja com ele, permita-lhe ascender a Istambul, a sede do meu trono imperial. Conceda-lhe viver nas melhores terras, cada qual sob a sua videira e sob a sua figueira, com prata e ouro, com riqueza e gado. Conceda-lhe viver na terra, nela comerciar e dela tomar posse.

Segundo um dos súditos israelitas dos otomanos, seus correligionários "acudiram de todas as cidades da Turquia". Naquela época, os rabinos a soldo de Maomé distribuíam entre as vítimas judias de perseguição e expulsão de algumas regiões da Alemanha o equivalente do século XV dos atuais folhetos turísticos. "Fui expulso do meu país natal", dizia um deles aos companheiros israelitas que ainda estavam na Alemanha, "e vim para a terra dos turcos, bendita por Deus e cheia de coisas boas. Aqui encontrei descanso e felicidade. Também para ti a Turquia pode ser a terra da paz."[27] Muito antes da expulsão da Espanha, as redes judaicas já tinham identificado o Império Otomano como um lugar adequado para os negócios e um destino seguro para os exilados.

A maioria das outras conquistas de Maomé deu-se na frente ocidental do império, ao sul do Danúbio, onde ele incorporou uma população cada vez mais numerosa de súditos cristãos. Levou à sua corte artistas da Itália, fez-se retratar em medalhões e quadros em estilo renascentista, aprendeu grego e latim e estudou os princípios do cristianismo para melhor entender os súditos cristãos. Percebeu que a chave da construção bem-sucedida de um Estado consiste em transformar os conquistados em aliados ou partidários. A opressão raramente surte bons resultados. Maomé ganhou a lealdade de quase todos os cristãos do império. Aliás, estes compunham a maior parte dos recrutas dos seus exércitos. Criou um cargo na hierarquia para os membros das aristocracias grega, sérvia, búlgara e albanesa, embora a maioria tivesse se convertido ao islamismo. Abrangeu deliberadamente Europa e Ásia. Intitulava-se governante de Anatólia e Rumélia, sultão e césar, imperador dos turcos e dos romanos e senhor dos dois mares, o Negro e o Mediterrâneo. Iniciou um programa intensivo de investimento na Marinha, e, em 1480, uma força naval turca se apoderou da cidade italiana de Otranto. Maomé parecia querer não só emular como recriar o Império Romano. O papa se preparou para fugir de Roma e solicitou uma nova cruzada com urgência.

No entanto, as conquistas de Maomé tinham sido tão custosas que o império precisava de um descanso. Além disso, a grande fragilidade institucional do sultanato era o maldefinido sistema de sucessão, que tendia a mergulhar o império na guerra civil toda vez que um sultão morria. Assim, o falecimento de Maomé em 1481 inaugurou um período de caos. Perdeu-se Otranto, e, quando o novo sultão Bayezid II tomou o poder, surgiu a reação contra as políticas de Maomé. Bayezid agiu com mais cautela, conteve a maquinaria de guerra otomana e rejeitou a política romanizadora de seu predecessor. Devolveu às mesquitas os terrenos que Maomé havia secularizado para custear as campanhas de guerra e — pelo menos no plano da retórica — proclamou a volta do império à lei islâmica. Também voltou a inscrever a guerra no marco do jihad, embora seus chamamentos às armas, que mostram que os objetivos principais das campanhas otomanas continuavam sendo os butins e os territórios, se endereçassem a

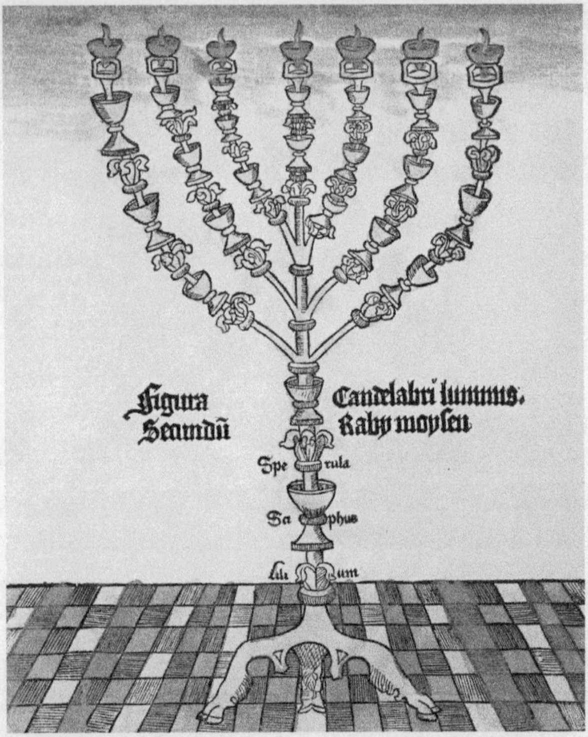

O candelabro do Templo de Jerusalém, desenhado, segundo se acredita, por Moisés por inspiração divina, simbolizava o judaísmo para os compiladores da Crônica de Nuremberg.

"[t]odo aquele que desejar se unir à conquista sagrada, se entregar ao prazer do assalto e do jihad e ansiar por obter butins e saquear, e a todos os valentes camaradas que ganham o pão com a espada".[28]

Mas Bayezid não se apartou de todos os princípios de Maomé. Enxergou a expulsão de 1492 como uma oportunidade de enriquecer seus reinos e concedeu aos judeus o direito ilimitado de neles entrar e se estabelecer. Não obstante os cronistas atribuíssem tal medida à compaixão, ela foi com efeito motivada pelo cálculo. Uma das poucas piadas de Bayezid de que se tem registro é uma zombaria sobre a pretensa sabedoria do rei da Espanha, que, ao expulsar os judeus, "empobrece o seu país e enriquece o nosso".[29]

A decisão de Bayezid de dar continuidade à política marítima do seu predecessor teve pelo menos a mesma relevância para o futuro do mundo mediterrâneo. Ele não diminuiu o esforço para ampliar a Armada; pelo contrário, perseverou com mais vigor. A transformação do Império Otomano em uma grande potência marítima foi um dos episódios mais espetaculares da história do Mediterrâneo. Nenhum povo que navegava em águas fluviais tinha chegado ao mar com tanta rapidez ou sucesso desde que Roma derrotou Cartago. A vocação marítima dos turcos não surgiu do nada, nem a sua Armada foi equipada da noite para o dia. Desde o início do século XIV, os chefes turcos mantinham ninhos de piratas na costa oriental do Mediterrâneo. Alguns comandavam centenas de naus. Quanto mais se estendia a linha costeira conquistada pelos otomanos, à medida que as forças terrestres iam ocupando terras no oeste, maiores eram as oportunidades de os corsários dirigidos pelos turcos permanecerem no mar, com acesso ao litoral para se abastecerem de água e víveres. Todavia, durante todo o século XIV, foram empresas pouco ambiciosas, limitadas a navios pequenos e a uma tática relâmpago.

A partir da década de 1390, o sultão otomano Bayezid I começou a formar uma frota permanente própria, mas sem adotar uma estratégia muito diferente da dos agentes independentes que o precederam. Porém, os ventos e as correntes do Mediterrâneo favorecem os navios de guerra que enfrentam a batalha a partir do norte ou do oeste, pois tendem a ter vento propício. Assim, as potências cristãs que se alinhavam naquelas costas geralmente tinham vantagem sobre os adversários islâmicos. Veneza, Gênova e os Estados espanhóis estabeleceram uma espécie de equilíbrio armado — uma tensão superficial que ocupava o mar e que os turcos não eram capazes de romper. Apesar das intenções destes, geralmente ocorriam batalhas isoladas em que eles acabavam derrotados. Ainda em 1466, um mercador veneziano em Constantinopla asseverou que, para ter sucesso num confronto, os barcos turcos precisavam superar os venezianos numa proporção de quatro ou cinco para um. Contudo, até aquela data, o investimento otomano em poderio naval provavelmente era superior ao de qualquer reino cristão. O clarividente sultão Maomé II percebeu que, para continuar com as conquistas terrestres, precisava de poderio marítimo que apoiasse suas forças.

Inicialmente, Bayezid II esperava continuar a investir num grande exército e a confiar no entendimento com Veneza para manter a segurança do império no Mediterrâneo. Mas os venezianos se mostraram pouco confiáveis e, em particular, nada dispostos a pôr seus portos à disposição dos turcos. Embora havia já algum tempo as ambições expansionistas do império andassem caídas em letargo, ainda existiam piratas para enfrentar e o comércio a proteger. Por isso, Bayezid mandou construir navios "ágeis como serpentes marinhas" e, para tanto, recrutou engenheiros cristãos à força. A sombra de um aspirante ao trono o impediu. O seu irmão Zizim, por ele derrotado em uma disputa pelo trono, tinha se refugiado primeiro com os mamelucos do Egito, depois com os cristãos no Ocidente. A fronteira mameluca era difícil de defender. Na frente europeia, as ferozes campanhas de 1491 e 1492 levaram à derrota na Áustria, ainda que Bayezid tenha reforçado a sua posição na costa ocidental do mar Negro. No entanto, com Zizim fora do caminho, as ambições de Bayezid se afrouxaram. Em 1495, quando o seu principal rival no trono morreu, ele se sentiu bastante seguro para desafiar a supremacia marítima de Veneza no Mediterrâneo oriental. As consequências da guerra de 1499-1502 foram dramáticas. No primeiro ano, Bayezid lançou trezentos navios contra os venezianos. No fim da guerra, a sua frota de quatrocentas naus incluía duzentas galeras armadas com canhões pesados. Nenhuma outra potência mediterrânea podia igualar tamanho poderio. Veneza foi humilhada, e os otomanos se alçaram a um status de superpotência capaz de reunir uma força maior que a de qualquer aliança imaginável de inimigos do império. No novo século, o Egito e a maior parte do litoral norte-africano até o Marrocos caíram sob o domínio otomano.

Enquanto os turcos tomavam o comando do Mediterrâneo oriental, a Espanha obtinha algo próximo de um controle equivalente na metade ocidental do mesmo mar. Uma vez que os reinos começaram a se recuperar do dano sofrido com a expulsão dos judeus, o poder unificado de Castela, Aragão e Granada tornou-se insuperável. O rei Fernando herdara a Sicília, a Córsega, as ilhas Baleares e a Sardenha, além dos territórios anexos da costa oriental da Espanha, e reivindicava o trono de Nápoles, o qual conquistou no começo do século seguinte. Não muito depois, a Coroa espanhola incorporou territórios substanciais no norte da Itália e, em 1497, apropriou-se de Melilha, na costa norte-africana — embora as muitas outras tentativas de conquista da Espanha na mesma região raramente tenham sido bem-sucedidas e não tenham durado muito.

Assim, a partir de 1492, e em parte em consequência dos acontecimentos daquele ano, traçaram-se no Mediterrâneo as linhas de batalha do século seguinte. Se nenhuma das duas potências gigantescas que se enfrentavam naquele mar chegou a consolidar uma supremacia absoluta, isso se deveu, de algum modo, ao fato de que as condições de navegação no Mediterrâneo o dividiam naturalmente em duas metades. O estreito de Messina e as águas ao redor da Sicília eram como um tampão embutido pelas correntes aceleradas e os perigosos remoinhos que dificultam a navegação nos dois sentidos. Embora navegável em tempos de paz, a confluência das duas metades do Mediterrâneo era de fácil vigilância. Devido aos ventos e às correntes, os turcos, apesar da superioridade numérica da sua frota, ficavam em permanente desvantagem. Em consequência desse impasse entre a Espanha e a Turquia, nunca se restabeleceu a unidade do mundo mediterrâneo, cujo fundamento foi lançado pelos navegadores fenícios e gregos da Antiguidade, e que o Império Romano levou ao apogeu. Todo o litoral mediterrâneo tem um clima e um ecossistema semelhantes, assim como muitos elementos culturais comuns. Mas continuou dividido em duas partes: com o islã confinado na margem meridional e em alguns territórios do extremo oriental, ao passo que os extremos setentrional e ocidental eram da cristandade. O mar — outrora o "mar central" da civilização ocidental — transformou-se numa fronteira consolidada.

Além disso, foi de importância suprema o fato de a natureza ter regularmente sabotado o esforço naval otomano, por mais que este absorvesse tempo e investimentos. Assim como o estreito de Messina comprimia o acesso ao Mediterrâneo ocidental, o acesso dos turcos ao oceano Índico ficava retido às estreituras do mar Vermelho e do golfo Pérsico, de onde bósforos facilmente vigiados protegiam as rotas do leste. Como veremos, depois de 1492, quando os europeus começaram a explorar as rotas oceânicas que os levaram à travessia do Atlântico, aproveitando os sistemas de ventos do mundo, as desvantagens dos turcos manifestaram-se dolorosamente e, em última instância, mostraram-se insuperáveis.

De todos os pontos de vista racionais, a expulsão dos judeus da Espanha parece ter sido uma medida absurda e catastrófica. As suposições em que se baseou eram falsas; as provas apresentadas a seu favor, defeituosas; os argumentos empregados para justificá-la, inverossímeis. Para os reinos espanhóis, o custo material do desperdício de riqueza e talento foi incalculável. Em vez de resolver o problema da inconstância dos conversos, agravou-o, pois levou ao aumento do número de cristãos-novos insinceros ou mal-instruídos. Em parte, porém, ela deve ser interpretada como um episódio bem-sucedido de uma história muito mais ampla e extensa: a consolidação e a homogeneização dos Estados europeus. Na época, tanto na Espanha como no resto da Europa, eram comuns as medidas contra as comunidades consideradas estrangeiras. Posto que não tenham expulsado outros grupos do conjunto dos seus territórios, os monarcas espanhóis submeteram as comunidades forâneas a formas arbitrárias de discriminação; confiscaram propriedades e tomaram uma atitude bastante inquiridora para com as solicitações de naturalização.

Assim como outros monarcas do seu tempo e de épocas posteriores, Fernando e Isabel queriam súditos que tivessem uma ideia cada vez mais uniforme de si mesmos e uma lealdade sólida para com a identidade comum. Não tentavam construir — e provavelmente não podiam conceber — um reino unificado do ponto de vista político. A longa história divergente dos seus territórios e as diferenças entre suas instituições definiam e distinguiam Aragão de Castela. Quando se chamavam de "rei e rainha da Espanha", Fernando e Isabel não pretendiam erigir um novo superestado, mas inaugurar um período de estreita colaboração entre dois países que continuariam a ser distintos. No entanto, eles queriam, sim, que esses países tivessem uma cultura consistente e um credo comum. Em certo aspecto, a consequência da medida contra os judeus foi positiva para a Espanha. Proporcionou-lhe uma espécie de bônus no talento dos ex-judeus que optaram pelo batismo. O número de cristãos-novos superou o de expulsos. Antes esse talento e potencial enriqueciam a comunidade judaica. Ao impor de fato a conversão, os monarcas angariaram todo esse talento e obrigaram os cristãos-novos a se incorporar à corrente principal da vida espanhola. Os especialistas tendem a procurar antecedentes cristãos-novos em quase todo aquele que tenha certa relevância na cultura espanhola dos séculos XVI e XVII; todavia, a envergadura das realizações dos cristãos-novos e seus descendentes nas letras, no conhecimento, nas ciências e nas artes foi formidável — absolutamente desproporcional ao seu número. Os judeus conversos foram o ingrediente alquímico que possibilitou a idade de ouro da Espanha.

5. “Será que Deus está zangado conosco?”

Cultura e conflito na Itália

8 de abril: Lourenço, o Magnífico, morre em Florença

Os presságios abarcavam desde o sublime até o ridículo. Em 1492, fazia mais de duas décadas que Lourenço de Médici era o dirigente de Florença. Governava a cidade desde os vinte anos de idade, sem nunca ter ocupado um cargo oficial do Estado, manipulando as instituições e a riqueza, promovendo escritores, sábios e artistas e eliminando sem piedade os inimigos políticos. Até o aparecimento dos presságios, a segurança que ele havia criado parecia invulnerável.

No dia 5 de abril de 1492, uma mulher se levantou num salto do banco da igreja de Santa Maria Novella, na missa matinal, e “se pôs a correr de um lado para o outro, soltando gritos espantosos”, afirmava estar vendo “um touro furioso, de cornos flamejantes, que derruba este templo fabuloso”. Pouco depois, “os céus escureceram repentinamente e se povoaram de nuvens”, e os raios lançaram por terra a famosa abóbada da catedral — a mais alta do mundo até então. A lucarna de mármore do ápice despencou sobre o muro norte, "e, sobretudo na parte em que se vê o palácio dos Médici, grandes pedaços de mármore, como que arrancados, caíram com força e violência atrozes. Nesse presságio, ocorreu ainda que uma das bolas douradas que também são vistas sobre o telhado foi atingida por um raio e desmoronou".[1] Tratava-se de um presságio particularmente poderoso, pois as bolas eram o símbolo dos Médici e foram incorporadas ao perfil da cidade por ordem de Lourenço.

Três dias depois, Lourenço morreu. Poliziano, um dos poetas por ele protegidos, temeu que seus correspondentes se iludissem; os céus tinham previsto a morte do seu amo. "E, na noite em que Lourenço expirou, apareceu no céu uma estrela maior e mais brilhante que de costume, suspensa sobre a vila campestre na qual ele agonizava, e, no momento exato em que se constatou a sua morte, pareceu cair e se apagar."[2] A morte de Lourenço foi precedida por um presságio tão poderoso quanto o do nascimento de Cristo. Os raios relampejaram durante as três noites seguintes, iluminando a cripta em que o defunto estava sepultado. Como que antecipando os distúrbios civis que se seguiriam, os dois leões enjaulados para assustar e deleitar os cidadãos se puseram a lutar. No céu, notavam-se estranhos lampejos, e o uivar insistente de uma loba foi mais um acontecimento qualificado de presságio. Até o suicídio de um médico famoso foi interpretado como "uma oferenda ao espírito do príncipe", uma vez que *medici* em italiano significa literalmente "médicos".

Lourenço morreu gracejando que gostaria que a morte esperasse até ele ter esgotado as leituras da sua biblioteca. Um colega humanista escreveu palavras consoladoras e de camaradagem: "Será que Deus está zangado conosco, já que nos arrebatou toda esperança, todo sinal e símbolo de virtude, na pessoa do mais sábio dos homens?". Mas prosseguiu com uma generalização que poucos contestariam: "Os males que se abatem sobre nós no pon-

O esplendor excepcional com que a Crônica de Nuremberg *ilustra Florença indica os vínculos estreitos entre os humanistas eruditos das duas cidades.*

to culminante muitas vezes são como as neves, que, quando derretem no alto das montanhas, originam rios caudalosos". Lourenço, esse autor afirmou corretamente, "manteve a paz na Itália".[3] O rei de Nápoles deplorou o fim daquela vida "longa o bastante para o prestígio, porém demasiado curta para o bem da Itália". Que chance havia de manutenção da paz agora que ele tinha desaparecido?

"Eu não sou o senhor de Florença", escreveu Lourenço em 1481, "apenas um cidadão com certa autoridade."[4] Estava rigorosamente certo. Ser senhor não equivalia a uma aspiração prática em que a virtude republicana se enraizasse. Outras comunidades florentinas haviam se submetido a diversos senhores no decurso da Baixa Idade Média, mas não Florença — ou pelo menos era assim que os florentinos se enganavam. Leonardo Bruni, o grande ideólogo da Florença do início do século XV, orgulhava-se de que, enquanto os tiranos se impunham em outros lugares, a sua cidade permanecera fiel à herança que ostentava, a de ser um pilar

— como afirmava o mito — das antigas repúblicas romanas. Os políticos descontentes que conspiraram para assassinar Lourenço em 1478 se consideravam a encarnação das virtudes de Bruto, que sacrificou César para preservar a pureza da república. "*Popolo e libertà*", o lema recorrente dos rebeldes, não devia ser tomado ao pé da letra, pois a maioria das rebeliões não passava de disputas entre as famílias excluídas e as favorecidas pelos Médici, e poucos eram os conspiradores dispostos a sacrificar as vantagens da oligarquia: só queriam a liberdade necessária para explorá-las em benefício próprio. Alamanno Rinuccini, um dos mais sérios e encarniçados partidários dos rebeldes, denunciou secretamente Lourenço em *Diálogo sobre a liberdade*, mas a sua queixa principal era contra os novos-ricos que os Médici tinham alçado a candidatos aos cargos.[5]

A "certa autoridade" que Lourenço reconhecia em si o elevara acima de todos os seus concidadãos. Ele nunca ocupou um cargo político. Nunca sequer foi membro do conselho executivo, muito menos chefe de Estado; mas não importava. A Constituição florentina estava impregnada de princípios republicanos e repleta de salvaguardas contra a tirania: consequentemente, os titulares dos cargos não tinham como se aferrar ao poder. Substituídos a intervalos bimestrais, eram selecionados mediante uma mistura de eleição indireta e sorteio a partir de listas variáveis de famílias candidatas ricas e aristocráticas. A chave para exercer o poder permanente estava não em assumir cargo, e sim em gerir o sistema. Lourenço governava furtivamente.

O primeiro ingrediente do seu sistema de gestão era a hábil manipulação de instituições e redes. Ele participava de tudo e cultivava amizade com todos. Ao contrário dos Médici que governaram em épocas anteriores, conversava com os cidadãos na catedral e na praça. Pertencia a muito mais confrarias, grêmios e conselhos do que era possível frequentar regularmente, porém estes eram meros instrumentos para ampliar sua rede de compromissos e mantê-lo a par do que acontecia na cidade. Os assuntos formais de todas as organizações a que ele pertencia lhe eram transmitidos ordinariamente — mais importante talvez, os comentários informais que se faziam nas reuniões também realimentavam o seu sistema. Governar uma república era uma questão de cibernética. A chave consistia em manipular o sistema de eleição indireta e seleção por sorteio que determinava quem eram os integrantes dos conselhos de governo e de outros comitês importantes. Rinaldo Albizzi, por exemplo, que expulsou o pai de Lourenço do poder durante algum tempo, obrigando-o a se exilar, descuidou de manipular a eleição, e a consequência foi o afastamento dos seus partidários e a nomeação de um adversário. A única maneira de se manter a salvo era ser desonesto. Lourenço recorria ao suborno e à intimidação para alterar as normas de apresentação de candidaturas, favorecer os seus títeres e comparsas e garantir que o sorteio final do cargo sempre estivesse arreglado.

Por isso, ainda que não exercesse nenhuma autoridade formal — o que na época era considerado o principal atributo da soberania —, ele distribuía justiça efetiva e arbitrariamente, de acordo com seu capricho. Numa célebre ocasião em 1498, Lourenço ordenou uma execução pública peremptória, com o açoitamento dos transeuntes que se atrevessem a objetar. O único atenuante que se pode invocar a seu favor é que, naquele dia, a gota — doença que costumava atormentá-lo — estava particularmente dolorosa. Na realidade, os Médici eram monarcas. Lourenço foi o quarto descendente consecutivo a governar a cidade. Quando morreu, cidadãos proeminentes fizeram fila para suplicar ao seu filho que o substituísse.

Lourenço lançava mão da riqueza para comprar o poder que não podia obter pela força ou pela astúcia. A generosidade tornava-o magnânimo. Em 1478, na ocasião em que sobreviveu a uma tentativa de assassinato, a multidão reunida para apoiá-lo clamou:

"Lourenço que nos dá o pão".[6] Ele desviava dinheiro dos cofres públicos (embora não concludentes, as provas são demasiado expressivas para serem rejeitadas) e malbaratava o dinheiro dos próprios primos que acaso a ele se associassem num negócio. Corrompia distribuindo riqueza para obter e conservar o poder. Nunca resolveu o problema de encontrar equilíbrio entre riqueza e gasto; ficaram célebres suas palavras: "Em Florença não há segurança sem controle". Mas o controle custava dinheiro, e, como seus predecessores, Lourenço tendia a esbanjar para comprá-lo. Conforme seus cálculos, ele herdou 230 mil florins. Era a maior fortuna de Florença, se bem que já um tanto diminuída desde o tempo do seu avô, quando chegou ao volume máximo. A fraude a fez minguar. Uma nova iniciativa, a de exportar pedra-ume, foi quase ruinosa. A extravagância pessoal de Lourenço não fez senão piorar a situação.[7]

O segundo ingrediente do seu sistema era a exploração da religião. A despeito de ser um mero cidadão com antepassados plebeus, ele simulava uma sacralidade própria de rei. Seus poemas de amor são justificadamente famosos. Sua poesia religiosa tinha mais relevância política, o que não significa que não fosse sincera; para ser um santo renomado, não é ruim começar como um grande pecador. De fato, seus versos têm algo convincente com aquele anseio de "descanso" em Deus e "alívio" da "mente prostrada": os compreensíveis desejos de um coração dessangrado pelos negócios e de uma consciência agitada pelas responsabilidades do poder. No poema "O bem supremo", ele aborda essa questão:

Como um coração contagiado de avareza,
E saturado de esperanças injuriosas
E temores desatados há de descobrir a paz?[8]

As confrarias às quais Lourenço pertencia salmodiavam suas invocações ao arrependimento. Ele investiu muito em adornar e prestigiar as fundações religiosas que a sua família suprira de fundos. Particularmente, financiou o convento dominicano de São Marcos em Florença — um viveiro de grandeza pintado por Fra Angelico. São Marcos sobrevivia financeiramente a duras penas e recrutava aspirantes a frades até que Lourenço nele vertesse suas riquezas. Os motivos que o levaram a fazê-lo não eram puramente piedosos. Lourenço considerava São Marcos um lugar para os seus seguidores: ficava no coração de um bairro havia muito tempo associado à família Médici. Ele tentou transformá-lo na sede dos dominicanos da Toscana e na principal fonte de influência nos assuntos da Igreja. Também tentou, ainda que sem sucesso, organizar a canonização do arcebispo Antonino de Florença, o clérigo predileto da família no tempo do seu pai. Quando Lourenço morreu, seus partidários o apresentaram como um santo.[9]

Enfim, Lourenço transformou a intimidação numa arte, algo pouco congruente com a aspiração à santidade. A riqueza comprava o poder na sua forma mais crua: matadores e valentões para intimidar os concidadãos na cidade; e mercenários e aliados estrangeiros para acovardar Florença do exterior. Ele cultivava alianças. Às vezes com os papas, às vezes com o rei de Nápoles, sempre com os duques de Milão. Invariavelmente, fazia parte do acordo o envio de tropas para ajudá-lo em caso de tentativa de golpe de Estado ou revolução na cidade. Não se tratava apenas de que todos soubessem que ele tinha condições de esmagar a oposição com mercenários ou soldados estrangeiros, se quisesse. Lourenço praticava a política do terror para amedrontar a oposição. A cidade da ilustração florentina era um lugar cruel, selvagem e sangrento, no qual não raro se espalhavam pelas ruas os membros decepados de criminosos condenados e no qual os vingativos imitavam rituais de canibalismo para arrematar vendetas. Lourenço impressionava seus inimigos com exibições de terror e implacáveis campanhas de vingança.

Os envolvidos na conspiração de 1478 sofreram a violência mais depravada — se bem que muito representativa — que ele desencadeou. Geralmente, os criminosos eram enforcados extramuros para não contaminar a cidade, mas Lourenço ordenou que os conspiradores, atados pelo pescoço, fossem jogados pelas janelas do palácio do conselho de governo. A multidão na praça viu-os balançar e sofrer as convulsões dos últimos estertores antes de se vingar esquartejando literalmente os corpos quando chegavam ao chão. Lourenço transformou a sede de vingança em política, fustigando os parentes sobreviventes das vítimas a fim de reduzi-los à mendicância. Durante algum tempo, o governo de Florença chegou a transformar em crime o casamento com os órfãos ou as viúvas dos conspiradores: foi o mesmo que condenar as mulheres a morrer de fome.

Lourenço era esplêndido, naturalmente, tanto na esfera da arte como na do poder. Como mecenas, os membros do ramo governante dos Médici nunca primaram pelo bom gosto. Para eles, a arte era poder e riqueza. Mas Lourenço estava longe de ser o personagem rústico da modernidade em que os estudos acadêmicos o transformaram. Era um esteta autêntico e apaixonado. Sua poesia comprova uma sensibilidade transbordante e um ouvido perfeito. Talvez sua vista fosse menos perfeita. Seu objetivo era colecionar objetos que produzissem efeitos visuais estranhos e assombrosos: joias, pequenos troféus de bronze antigos e ourivesaria de ouro e pedras preciosas. O pátio do palácio dos Médici estava coalhado de inscrições antigas — uma exibição de estilo e riqueza.

Ele não era um construtor na escala desmedida dos Médici que o precederam. Talvez a política o constrangesse. Mostrou um interesse ativo por todos os projetos públicos de edificação e embelezou discretamente muitos edifícios grandiosos e fundações religiosas que sua família patrocinava tradicionalmente. No entanto, havia um toque de vulgaridade e ostentação mesmo na arquitetura que Lourenço financiava: a lucarna dourada no alto da catedral era um vistoso lembrete, principalmente quando o raio do presságio a derrubou. Os quadros que patrocinava — característica aparentemente hereditária da linhagem governante da casa dos Médici — eram antiquados pelos padrões renascentistas: as cores vivas, parecidas com as das pedras preciosas, que tingem as obras de Gozzoli e Uccello, ou os arrebatados pigmentos — dourados, lápis-lazúli e carmim — que luziam como a fabulosa coleção de joias que ele acumulou. Seu gosto pelas cenas de batalha fazia parte do culto da cavalaria que Lourenço professava. As justas eram um dos seus espetáculos prediletos, e ele colecionava belíssimas armaduras cerimoniais com que se apresentar na arena. Mas a ourivesaria, a joalheria e as antiguidades minúsculas e delicadas constituíam suas maiores despesas: um tesouro palpável com que obter prazer tátil e também rapidamente transportável, caso a fortuna política mudasse — um consolo potencial se tivesse de partir para o exílio como aconteceu ao seu pai e ao seu filho.[10]

Em todo caso, não importando quais fossem as deficiências do seu gosto ou o critério seletivo das suas despesas, Lourenço foi o mecenas mais importante da época. Sua morte não só derrubou o sistema político que ele presidia como pôs em perigo de extinção o grande movimento artístico e cultural que chamamos de Renascimento.

O Renascimento deixou de ser único. Os historiadores detectam certa recuperação de valores, gostos, ideias e estilos antigos em quase todos e em cada um dos séculos compreendidos entre o V e o XV. O Ocidente nunca perdeu o contato com o legado da Grécia e de Roma. Tampouco o islã. Em todo caso, a cultura da Antiguidade clássica e todos os momentos de recuperação ulteriores resultaram de uma interação cultural em grande escala que abrangia toda a Eurásia e refletia e fundia influências da Ásia

Oriental, Meridional, Sul-ocidental e Ocidental. A realidade do Renascimento também não corresponde à sua reputação. Ao examinar o passado em busca de sinais do despertar da Europa para o progresso, a prosperidade e os valores que hoje reconhecemos como nossos, secundamos o entusiasmo com que os autores ocidentais do fim do século XV anunciaram o alvorecer de uma nova "idade de ouro". Consequentemente, se somos fruto da corrente educacional ocidental dominante, é provável que quase tudo que pensamos do Renascimento seja falso.

"Foi revolucionário." *Não*: os especialistas detectaram meia dúzia de renascimentos anteriores. "Foi secular" ou "foi pagão". *Não totalmente*: a Igreja permaneceu como mecenas da maior parte das artes e do conhecimento. "Foi um movimento da arte pela arte." *Não*: era manipulado por plutocratas e políticos. "A arte renascentista era de um realismo sem precedentes." *Não exatamente*: a perspectiva era uma técnica nova, mas se pode encontrar realismo emocional e anatômico também na arte pré-renascentista. "O Renascimento engrandecia o artista." *Não*: os artistas medievais podiam chegar à santidade; comparados com ela, a riqueza e os títulos eram desprezíveis. "Destronou o escolasticismo e inaugurou o humanismo." *Não*: surgiu do "humanismo escolástico" medieval. "Foi platônico e helenófilo." *Não*: havia fragmentos de platonismo, como se verificara anteriormente, e a maioria dos sábios mal sabia balbuciar uma palavra em grego. "Redescobriu a Antiguidade perdida." *Na verdade, não*: a Antiguidade nunca desapareceu e a inspiração clássica jamais se debilitou (se bem que o interesse tenha ressurgido no século XV). "O Renascimento descobriu a natureza." *Dificilmente*: não havia paisagismo puro na Europa, mas a natureza adquiriu status de objeto de culto no século XIII, assim que são Francisco encontrou Deus ao ar livre. "Era científico." *Não*: para cada cientista havia um feiticeiro. "Inaugurou a modernidade." *Não*: todas as gerações têm uma modernida-

Os principais estados da Itália em 1492.

de própria, que surge do conjunto do passado. Ainda que, para nós, a modernidade tenha se tornado reconhecível mais ou menos na época em que Lourenço de Médici morreu, é preciso observar a totalidade do mundo para vê-la se animar.

O gosto renascentista foi minoritário mesmo em Florença. Os desenhos de Brunelleschi para as portas do batistério — projeto ao qual geralmente se atribui a inauguração do Renascimento em 1400 — foram rejeitados por serem excessivamente avançados. Masaccio, o pintor revolucionário que introduziu a perspectiva e o realismo espacial numa obra para a capela da igreja de Santa Maria del Carmine, na década de 1430, foi apenas um assistente no projeto, supervisionado por um mestre reacionário. Na Itália, em geral, os pintores mais populares da época eram os mais conservadores: Punturicchio, Baldovinetti e Gozzoli, cujas obras lembram o esplendor dos miniaturistas medievais — resplandecentes com folha de ouro e caros pigmentos luminosos. O projeto de Michelangelo para a praça principal da cidade — que envolveria o espaço numa colunata clássica — nunca se materializou. Grande parte da arte supostamente clássica que inspirou os florentinos do século XV era falsa: o batistério, na realidade, era um edifício do século VI ou VII. A igreja de San Miniato, que os especialistas confundiram com um templo romano, não era anterior ao século XI.

Portanto, Florença não era autenticamente clássica. Alguns leitores talvez achem que se trata de uma afirmação leviana. Afinal, se aplicarmos a mesma lógica, podemos afirmar que a Atenas clássica não era clássica, pois a maioria dos seus habitantes tinha outros valores: cultuava os mistérios órficos, apegava-se a mitos irracionais, desprezava ou condenava alguns dos seus pensadores e escritores mais progressistas e fomentava instituições sociais e estratégias políticas parecidas com as da "maioria silenciosa" atual: "valores familiares" puritanos e retrógrados. Para conhecer a moral grega, as peças de Aristófanes — com suas sátiras dos hábitos aristocráticos de reputação duvidosa — são um guia melhor do que a *Ética* de Aristóteles. Florença também tinha a sua maioria silenciosa, cuja voz ecoou na década de 1490 nos sermões bombásticos do monge reformista Giramolo Savonarola e na gritaria aterradora dos revolucionários de rua que suas palavras ajudaram a agitar poucos anos depois.

Savonarola nasceu em 1452 num contexto de prosperidade, luxo até. Por que renunciou a essa vida é um mistério — talvez inspirado pelo avô piedoso ou repudiado pelo pai mundano. Na linguagem que usou ao escrever ao pai para informá-lo da sua vocação religiosa, havia um quê de reproche ou desafio.

> A razão que me leva a ingressar numa ordem religiosa é a seguinte: primeiro, o grande mistério do mundo, a iniquidade dos homens, os delitos da carne, os adultérios, os roubos, o orgulho, a idolatria e as blasfêmias atrozes, todos eles presentes em tal escala que já não é possível encontrar um homem bom [...] motivo pelo qual eu rezei todos os dias ao meu senhor Jesus para que me tirasse deste lamaçal [...] Quero que acrediteis que em toda a minha vida não senti dor maior, aflição maior, do que a de abandonar a minha própria carne e sangue e ir ao encontro de gente desconhecida para sacrificar o meu corpo a Jesus Cristo [...] Eu travo uma batalha cruel com as mãos para evitar que o diabo suba nos meus ombros, tanto mais quanto mais penso em vós [...] Logo hão de passar estes dias em que a ferida é recente, e espero que depois vós e eu sejamos consolados pela graça deste mundo e pela glória do outro.[11]

A homossexualidade e a prostituição eram os pecados que mais o preocupavam. Ele foi relativamente pouco explícito quanto à maior parte dos outros. Aos vinte anos de idade, estava convencido de que ia ser "o inimigo do mundo". Tendo se unido aos dominicanos — uma ordem monástica com forte vocação pregadora e de entrega aos pobres —, aderiu àquela que era a corrente mais rigorosa, renunciando até às posses pessoais mais elementares.

Mas ainda não era um pregoeiro fanático a esgrimir a Bíblia. Pelo contrário, era um sábio entre sábios, com uma destacada carreira de professor de lógica nas escolas da ordem. O público que assistia aos seus primeiros sermões compunha-se de "simplórios e umas poucas mulherzinhas". Savonarola descobriu o seu talento de pregador popular no fim da década de 1480. A adulação pública começou a lhe afetar o juízo. Ele passou a crer que "Cristo fala pela minha boca". Costumava se gabar do seu desvario, chamando-o de "loucura de Deus". Suas opiniões, que sempre foram cáusticas, tornaram-se cada vez mais fanáticas. Roma era uma perversão. A verdadeira Igreja era a dos pobres, e só Deus a conhecia. Suas invectivas contra os pecados dos ricos adquiriram uma coloração cada vez mais subversiva quando ele assumiu o papel de apóstolo dos desesperados e descontentes. "O diabo", afirmava, "usa os grandes para oprimir os pobres." Denunciou a cobiça e o egoísmo dos que podiam "comprar qualquer coisa com dinheiro". As gravuras mostram como eram suas atuações — pois chamá-las de "sermões" não chega a refletir sua verdadeira função — quando ele retornou a Florença, em 1490, depois de três anos de estudo em Bolonha: o monge faz gestos demonstrativos e espetaculares perante um público numerosíssimo, uma mão estendida para repreender e a outra apontando para o céu.[12]

Na época, conforme recordou mais tarde, ele estava lendo a Bíblia, a começar pelo Gênesis, "mas então eu não sabia por que o fazia" — o que equivalia a dizer que suas leituras eram inspiradas por Deus. "Quando eu chegava ao Dilúvio", escreveu, "não conseguia prosseguir." A sensação de que o destino era iminente, de que haveria um novo castigo por causa da perversidade do mundo, era poderosa e paralisante. De uma hora para outra, ele se dedicou a profetizar. No segundo domingo da Quaresma de 1491, fez um sermão que, segundo suas palavras, o aterrorizou. Depois de uma noite de insônia, Savonarola pressagiou o fim da extravagância e a aparição de um novo regime de pobreza, caridade e "Cristo no coração dos homens".[13]

Suas visões começaram a se caracterizar por meio de imagens recorrentes que ele recriava nos sermões. Viu choverem espadas e facas sobre Roma, uma cruz dourada se erguer no alto de Jerusalém. A mão de Deus se preparava para golpear os depravados, enquanto os anjos distribuíam cruzes para aqueles que se mostravam dispostos a empreender uma cruzada espiritual para salvar a Igreja e a cidade da corrupção. Os arcanjos retornavam com cálices transbordantes e ofereciam vinho doce a quem abraçasse a cruz e escória a quem a rejeitasse. Numa gravura que os seus admiradores compraram maciçamente, o povo de Jerusalém aparecia se desnudando para receber o batismo, ao passo que os florentinos desviavam a vista. Numa medalha cunhada para explorar o mercado de recordações de Savonarola, apareciam cenas contraditórias de vingança e abundância divinas. "Eu vi", escreveu em memórias que refletem o teor daqueles sermões,

> com o poder da imaginação, sobre Roma, uma cruz negra em que estava gravada "A IRA DE DEUS", e sobre a qual choviam espadas, facas, lanças e toda sorte de armas, uma tormenta de granizo e relâmpagos serpeantes e imponentes num céu escuro e tenebroso. E vi outra cruz, de ouro, que descia do céu à terra de Jerusalém, na qual se lia a inscrição "A MISERICÓRDIA DE DEUS", e aqui os céus estavam serenos, límpidos e claríssimos; por isso, a julgar pelas visões, eu vos digo que a Igreja de Deus precisa se renovar, e em breve, pois Deus está zangado [...] Outra imagem: eu vi uma espada pairar sobre a Itália, e tremia, e vi anjos se aproximarem com uma cruz vermelha numa mão e muitas estolas brancas na outra. Havia gente que pegava as estolas e gente que não as queria [...] Ao mesmo tempo, vi que a espada que tremia sobre a Itália voltava a ponta para baixo e, com a maior tempestade e açoite, caía sobre ela e a todos esfolava [...] Converte-te, Florença, pois a única salvação que nos resta é a penitência. Veste a estola branca enquanto tens tempo [...] porque depois não haverá lugar para a penitência.[14]

Quem o tachava de fanático esgrimia acusações previsíveis. "Eu não sou louco", replicava Savonarola. Inicialmente, recusou-se a dizer de onde tirava as profecias, porque "antigamente também eu teria rido dessas coisas [...] Não digo nem nunca vos disse que Deus fale comigo. Não digo sim nem não. Vós viveis tão apartados da fé que não credes. Antes creríeis que um demônio fala com os homens e prediz o futuro". Savonarola tampouco cometeu o erro de reivindicar para si algum mérito pessoal nem o de pretender que o favor de Deus era prova da graça divina, o que seria uma blasfêmia. "Esta luz", reconheceu, referindo-se ao dom de profetizar, "não me justifica." Entretanto, em janeiro de 1492, tornou-se menos prudente. "É Deus, não eu", começou a afirmar, "não eu, quem diz todas estas coisas."[15]

À medida que se referia a Florença, não à Igreja como um todo, a fúria de Savonarola contra a riqueza, a corrupção e a situação moral geral da cidade parecia inequivocamente endereçada a Lourenço, o Magnífico. Este, porém, não mostrou nenhum ressentimento ou preocupação. Tinha expulsado Bernardo da Feltre, outro demagogo suspeito de subversão política, mas tratou Savonarola com indulgência. Lourenço tinha muita devoção pelos dominicanos. Considerava que o convento deles em Florença era um projeto especial da sua dinastia. Esperava usar o programa e os argumentos reformistas para aumentar a influência de sua família sobre a Igreja.

Era, no entanto, cada vez mais evidente que Savonarola estava se preparando para desafiar Lourenço abertamente. O terreno que escolheu não foi exclusiva nem principalmente o da política, e sim o dos assuntos de filosofia e gosto, e tentou obter o apoio tanto dos intelectuais como do populacho. Prefaciou suas profecias com uma análise das falsidades da astrologia, um dos exoterismos que mais entusiasmavam o círculo de Lourenço. Outro território de conflito era a questão da utilidade da razão e da ciência. Um

Savonarola denunciou a astrologia, o meio predileto dos humanistas de fazer previsões políticas, por ser "contrária não só à sagrada escritura como à filosofia natural".

dos livros mais influentes publicados em 1492 foi o impiedosamente mastigado compêndio de lógica (*Compendium Logicae*) de Savonarola, em que ele denunciava a razão como algo diabólico. Em sua opinião, era revoltante a ideia de que pagãos como Aristóteles e Platão tivessem o que ensinar aos leitores das Escrituras. Ele condenou os argumentos falazes dos teólogos de inspiração clássica que haviam tentado encaixar gregos e romanos antigos no plano de salvação de Deus. Mostrou o quanto eram temerárias suas etimologias que ligavam Júpiter a Jeová. Deplorou o modo como os eruditos clássicos transformavam as divindades pagãs na personificação de virtudes cristãs e ironizou as invocações solenes de Virgílio como um suposto profeta do cristianismo. Zombou da ideia, tão apreciada pelos humanistas, de que os gregos antigos tinham recebido uma revelação parcial de Deus.

Em novembro, Poliziano contra-atacou com *Lamia*. O título aludia a um lugar-comum clássico: uma rainha mítica que, desiludida no amor, perdia a razão e se transformava num monstro assassino de crianças. No código dos eruditos do Renascimento, ela representava a hipocrisia. Poliziano estava acusando Savonarola de usar o conhecimento para insultar o conhecimento. Numa época em que a Europa estava convulsionada pelo temor às bruxas, ele comparava o adversário a elas, que, como se dizia, arrancavam os próprios olhos nos rituais diabólicos noturnos, ou com os anciãos, que tiravam os óculos e as dentaduras postiças e se tornavam cegos para a autocrítica. Poliziano insistia em que filosofia era a contemplação da verdade e da beleza. Deus era a fonte da nossa alma e da nossa mente. Ele nos dava uma e outra para que examinássemos a natureza que, por sua vez, revelava Deus.

Também em relação à poesia, Savonarola discordava categoricamente do círculo de Lourenço. Este e seus partidários amavam-na e a praticavam. Savonarola a considerava uma abominação. No dia 26 de fevereiro de 1492, Poliziano publicou um esboço do conhecimento intitulado *Panepistemon* (o Livro de Tudo). Nele expunha o que à primeira vista pareciam ser afirmações extraordinárias acerca da sua arte predileta, a poesia. O conhecimento do poeta tinha uma natureza especial, nada devia à razão, à experiência, ao aprendizado ou à autoridade. Era uma forma de revelação de inspiração divina. Quase equivalia à teologia: um meio de revelar Deus aos homens. Poliziano falava em nome da maioria dos seus colegas eruditos. Manifestava um lugar-comum entre os acadêmicos de Florença. Passado pouco tempo, no verão daquele ano,

O gravurista florentino da edição de 1500 da obra de Savonarola A verdadeira profecia *imaginou-o debatendo o tema com os letrados de todas as religiões.*

depois da morte de Lourenço, o Magnífico, Savonarola publicou sua resposta. A ideia de que os poetas pudessem escrever para louvar a Deus era doentia e presunçosa. "Eles blasfemam", declarou, "com lábios vis e fétidos. Por não conhecer as Escrituras nem a virtude de Deus, em nome do repugnante e libidinoso Júpiter e de outros falsos deuses e deusas e ninfas impuras, censuram ao nosso Criador onipotente e inefável, o qual não é permitido nomear a não ser que ele mesmo o autorize nas Escrituras." A poesia "chafurdava nas formas [artísticas] mais imundas".[16] Botticelli pintou a sua enigmática alegoria da Calúnia para defender a teologia da poesia contra as imprecações de Savonarola.[17]

Entrementes, o monge começou a pedir nos sermões que queimassem os livros dos poetas e dos platônicos. Dois anos mais tarde, quando tomaram o poder em Florença e expulsaram o herdeiro de Lourenço, seus partidários acenderam uma fogueira das vaidades dos Médici e proibiram a sensualidade pagã de orientação clássica.

Retrospectivamente, Savonarola interpretou a morte de Lourenço como uma espécie de confronto com os valores que ele detestava e a validação divina das suas opiniões. Afirmava tê-lo previsto. Na véspera da noite em que o raio atingiu a catedral, teve mais um ataque de insônia. Era o segundo domingo da Quaresma, e o devocionário propunha um sermão sobre o tema Lázaro; mas Savonarola não conseguia se concentrar no texto. Deus parecia se impor. Posteriormente, ele recordou que, "naquele exato momento, saíram-me da mente os dizeres: 'OLHA A ESPADA DO SENHOR, ÁGIL E VELOZ, COBRINDO A TERRA'. De modo que, de manhã, eu preguei e vos disse que a ira de Deus estava acesa e que a espada estava próxima e pronta".[18]

Em 25 de julho, houve outro falecimento que Savonarola afirmou ter prenunciado: o do papa Inocêncio VIII. Para compreender o significado da sua morte, convém fazer uma retrospectiva da sua vida. Inocêncio VIII jamais causou boa impressão. O embaixador florentino Guidantonio Vespucci sintetizou com muita diplomacia a opinião comum ao afirmar que o pontífice "tinha mais aptidão para receber conselho do que para dá-lo".[19] Inocêncio VIII foi eleito papa em 1484 num conclave disputadíssimo, supostamente assinando solicitações de favores na sua cela à noite, durante a votação. Tinha fama de afável e bem-intencionado. Porém, mesmo nos raros períodos em que gozou de boa saúde, não se mostrou à altura da sua missão.

A maior parte do seu pontificado foi dominada pelas violentas disputas com o rei de Nápoles, que zombava dos direitos históricos do papado à jurisdição no seu reino e incitava os Estados Pontifícios à rebelião. O trono de Nápoles e o de Sicília, ligado a ele, tinham sido objeto de disputa entre pretendentes rivais da Espanha, da França e da Inglaterra durante mais de duzentos anos — desde que os conquistadores espanhóis instauraram a dinastia aragonesa reinante e desalojaram a Casa de Anjou, francesa, cujos descendentes nunca deixaram de reclamar seus direitos e continuavam tramando golpes e realizando incursões bélicas. A reivindicação angevina, por sua vez, era objeto de disputa entre as casas descendentes dessa linha sucessória: a dos duques de Lorena, que tinha grandes exigências, mas pouco poder para impô-las; a dos reis da Inglaterra, que havia muito abrira mão do seu interesse pela Sicília; e a dos reis da França, os aspirantes com mais probabilidades de sucesso porque, na falta de melhor razão, vinham acumulando cada vez mais poder.

Outra profecia de Savonarola era de que a França invadiria a Itália a fim de se apoderar da herança angevina. A França era a espada que atravessava suas numerosas visões. Mas não era preciso ser profeta para saber que a invasão era só uma questão de tempo. À medida que transcorria o pontificado de Inocêncio, sua iminência era perceptível.

As expectativas centravam-se no rei da França, Luís XI, que unia as reivindicações angevinas de Nápoles e da Sicília por ser herdeiro residual do pretendente anterior. No entanto, ele era excessivamente cauteloso e pragmático para se arriscar a declarar guerras de grande porte. Não nascera para a glória. Tinha mentalidade calculista, métodos prudentes e ambições terrenas. "Não negarei que conheci reis melhores", escreveu o seu secretário, "mas, embora ele oprimisse os seus súditos, não permitia que ninguém mais o fizesse." Com uma combinação de astúcia e sorte, exerceu um reinado glorioso. Seu grande rival Carlos de Borgonha, alcunhado o Temerário, foi derrotado em 1477, na batalha de Nancy, ao tentar recriar o antigo reino de Lorena. Os ingleses, que no início do século tinham forjado um império na França com base na violência, foram expulsos do continente em 1453, e seus domínios anteriores estavam fortemente ligados à Coroa. Luís XI ficou livre para proclamar o poder real em algumas regiões da França que antes não passavam de territórios nominais do reino, inclusive o Languedoc, no sul, e a Bretanha, no norte. A França era o reino em mais rápida expansão na cristandade. O sucesso alimentava novas ambições, despertava invejas e atraía o olhar dos estrangeiros que precisavam de aliados.

Carlos, filho e herdeiro de Luís, recebeu uma educação certamente concebida para afastá-lo do caminho trilhado pelo pai. Luís XI era um pai negligente, mas, quando interferiu na educação do filho, foi com uma infinidade de conselhos insolitamente desinteressados.

> Deus, o nosso criador, obsequiou-nos favores fabulosos, pois teve gosto em nos fazer chefe, governador e príncipe da região e nação mais destacada da Terra, que é o reino da França, no qual alguns príncipes e reis precedentes chegaram a ser tão virtuosos e valentes que granjearam o apelativo de Rei Muito Cristão, sujeitando terri-

tórios enormes e diversas nações infiéis à boa-fé católica, extirpando do nosso reino as heresias e o vício e preservando os direitos, liberdades e prerrogativas da Santa Sé apostólica e da Santa Igreja de Deus, bem como fazendo outras boas obras dignas de recordação perpétua, tanto que alguns deles foram elevados à categoria de santos que vivem eternamente na mui gloriosa companhia de Deus, no seu paraíso.[20]

Toda essa retórica era frequente na casa real francesa, assim como a doutrina segundo a qual o rei era o servidor do povo. Mas, como quase toda retórica, honrava mais na inobediência que na observância. Os valores de Carlos — as pautas de interpretação do papel de rei cristão — provinham mais das histórias cavalheirescas que daquelas dos santos, mais da cavalaria que da clerezia. Ele subiu ao trono como Carlos VIII em 1483, aos treze anos, decidido a ser tão diferente do pai quanto possível. As duas personalidades se opunham. Onde Luís tinha sido sofisticado, Carlos era indeciso; onde o pai fora realista, o filho se mostrava um romântico. Passou a maior parte da infância na companhia da mãe, lendo os livros dela. Acabou imerso no que hoje qualificaríamos de romances de cavalaria românticos voltados para o público feminino, muito parecidos com o "melado" que transtornou a cabeça de Colombo — o equivalente medieval dos romances baratos nos quais, em geral, os heróis empreendiam viagens perigosas para conquistar reinos distantes e casar com princesas exóticas. Carlos leu *Histoire de Mélusine*, histórias dos filhos de uma rainha — jovens como ele — que se entregavam a aventuras de conquista em Chipre e na Irlanda:

Senhora, é chegada a hora de viajarmos para conhecer terras, reinos e lugares e adquirir honra e bom nome em distantes fronteiras [...] Lá aprenderemos o que é diferente nos países remotos e

> o que eles têm em comum com o nosso. E então, se a fortuna e a boa ventura nos forem favoráveis, temos intenção de conquistar terras e reinos.[21]

Seria difícil imaginar um programa que prenunciasse com mais exatidão as aspirações de Carlos. Depois de se despedir dos filhos aventureiros, Melusina os autoriza a fazer o que "desejais e o que vejais que vos seja de grande proveito e grande honra". Aconselha-os a respeitar as normas da vida cavalheiresca, acrescentando um conselho que parece antecipar os métodos de Carlos como conquistador:

> E se Deus vos outorgar a ventura de conquistar um país, governai a vossa pessoa e a dos vossos súditos conforme a natureza e a graduação de cada um. E se alguém se rebelar, tratai de humilhá-lo e mostrai que vós sois os seus senhores. Nunca percais nenhum dos direitos pertencentes a vossa senhoria [...] Tomai dos súditos as vossas rendas e direitos sem lhes impor novos tributos, salvo por justa causa.[22]

Num aspecto, porém, os sucessores de Melusina não conseguiram seguir o seu conselho. "Nunca", dizia a heroína, "digais de vós o que não for razoável ou verdadeiro." Contrariando a recomendação, os autores de romance de cavalaria recheavam suas crônicas de fábulas e coisas maravilhosas, episódios improváveis, monstros fantásticos e façanhas impossíveis. As pessoas tomavam tudo por verdadeiro, tal como os atuais telespectadores fanáticos que se entregam às telenovelas. Cenas de peregrinações fictícias adornavam os vitrais de Sablé e Chartres. Carlos VIII era um dos muitos leitores que eles enganavam.

Ainda mais relevante para as perspectivas de Carlos foi *The Book of the Kings' Three Sons* [O livro dos três filhos do rei], no qual os jovens herdeiros dos tronos da França, da Inglaterra e da Escócia fogem dos respectivos lares para combater os turcos ao lado do rei de Nápoles e da sua linda filha Yolande. "Se empreenderdes essa viagem", instavam os cavaleiros que pediam ajuda dos príncipes, "adquirireis conhecimentos de todo o mundo. Todos se alegrarão em ser vossos súditos. Nem Heitor de Troia nem Alexandre, o Grande, terão alcançado a fama que obtereis ao morrer." Em agosto de 1492, quando estava planejando a sua expedição a Nápoles, ele releu o livro. Sua formação moral baseava-se em grande medida num livro de exemplos cavalheirescos tirados da Guerra de Troia e apresentados em forma de diálogo entre o príncipe Heitor e a deusa da Sabedoria.[23]

Os historiadores tentaram refutar a opinião tradicional de que os relatos de cavalaria fascinaram Carlos VIII a ponto de lhe encher a cabeça de ideias românticas. Mas nenhuma das interpretações alternativas conseguiu explicar sua conduta. A invasão da Itália não oferecia nenhum benefício econômico ou político, mas a conclusão de que a percepção que o rei tinha de si a partir da leitura de livros de histórias se aglomerava na sua mente parece incontornável. Como herdeiro de René de Anjou, ele triunfou numa grande causa romântica perdida. Além de Nápoles e da Sicília, ficava a tentação de Jerusalém, o reino cruzado havia muito tempo perdido. Embora disputado por outros monarcas, o título de rei de Jerusalém acompanhava o trono da Sicília. Os relatos de Carlos indicam que durante toda sua vida ele foi um ávido colecionador de livros de cavalaria. Identificava-se com um antigo conquistador da Itália, o seu xará Carlos Magno, que muitos autores transformaram em herói de ficção. Batizou o filho de Carlos Orlando, inspirado em Rolando, o companheiro de Carlos Magno, que, nas aventuras fictícias difundidas por sua lenda, percorria o sul da Itália realizando façanhas amorosas e bélicas e que, em outras narrações igualmente falsas e veneráveis, morria combatendo os muçulmanos. Carlos Magno era mais que um vulto histórico: as lendas o representavam como um cruzado e incluíam a história de uma viagem a Jerusalém que na realidade ele nunca fez. Foi um rei único e eterno que, segundo a lenda, não morreu, apenas adormeceu para acordar quando chegasse o momento propício para unificar a cristandade. A lenda se misturava com profecias da ascensão do Último Imperador do Mundo, que conquistaria Jerusalém, derrotaria o Anticristo e inauguraria uma nova era preparatória do Segundo Advento.

Os italianos alimentavam a fantasia de Carlos VIII com seus próprios planos. Quando ele entrou em Siena, os cidadãos o receberam com efígies emparelhadas dele e de Carlos Magno, seu suposto predecessor. Na política fundamente cindida de Florença, alguns cidadãos o queriam como aliado. Os venezianos e os milaneses aspiravam a que ele ficasse do seu lado nas guerras contra Nápoles e o papado. Nas suas disputas com Nápoles, os papas o procuravam para que lutasse do seu lado. Quando Carlos ainda era menino, Sisto IV lhe enviou a sua primeira espada como presente de Natal.

Se o caminho de Carlos Magno — pelo menos na ficção — passava por Nápoles e desembocava em Jerusalém, era fácil imaginar na época que Carlos VIII o seguiria passo a passo. A perspectiva de renovar a cruzada contra os turcos parecia verdadeiramente promissora. As lutas intestinas da dinastia otomana tinham deixado o príncipe Djem ou Zizim, aspirante ao sultanato, nos braços dos Cavaleiros de Rodes, que em 1482 o enviaram à França para protegê-lo. *The Book of the Kings' Three Sons* mostrava um príncipe turco que abraçava o cristianismo e convertia o seu povo: para Carlos, esse devia ser um texto profético. O sultão do Egito, para quem a política estava acima da religião, ofereceu 1 milhão de ducados para apoiar uma nova cruzada. Entrementes, a ameaça do poder turco no Mediterrâneo aumentava; os raides se estenderam até a Itália e um destacamento turco tomou Otranto. Em 1488, um emissário veneziano visitou a França para pedir apoio. "Hoje em dia", queixou-se,

> a fé sucumbiu, o zelo religioso morreu. A causa cristã caiu tão baixo que o motivo pelo qual a Santa Sé nos enviou a Vossa Majestade já não é o bem de Jerusalém, da Ásia nem tampouco da Grécia, mas para suplicar ajuda para a própria Itália, para as mesmíssimas cidades da Santa Igreja Católica, para suas cidades e seu povo.[24]

Do caminho de Jerusalém e das terras dos turcos, via-se o esplendor da Coroa de Nápoles e da Sicília. Ainda em 1482, o papa — na época Sisto IV — explorou a possibilidade ante os olhos indiferentes de Luís XI, sugerindo explicitamente que o jovem Carlos podia ser o beneficiário. Se a França quisesse conquistar Nápoles, "agora parece ser o momento adequado [...] O reino pertence por direito à sucessão de Vossa Majestade Real [...] A vontade do papa é que Vossa Majestade ou o delfim seja investido no domínio deste reino".[25]

No fim da década de 1480, as dissensões no reino de Nápoles pareciam tornar o projeto cada vez mais viável. Em 1489, chegou à corte um grupo de nobres napolitanos dissidentes, cujo número cresceu nos três anos seguintes. Durante 1490, eles traçaram planos de conquista numa série de reuniões do conselho de Carlos. Os emissários do papa informavam — com certa reserva — que os franceses pareciam finalmente ter se armado para a invasão. Carlos preparou a viagem para o sul mediante uma aliança com Milão e cobriu o seu flanco setentrional casando-se com Ana de Bretanha e, enfim, vinculando com firmeza esse ducado perigosamente independente à França. A notícia da queda de Granada, em janeiro de 1492, foi recebida como um chamamento a competir pela glória. Semanas depois, Inocêncio firmou a paz com Nápoles. Em termos gerais, as condições eram de que o papa continuaria distribuindo justiça em Nápoles — mas somente de acordo com os desejos do rei —, ao passo que Nápoles apoiaria o papado com a força das armas. Para selar o acordo, os napolitanos ofereceram ao pontífice sua relíquia mais preciosa: a ponta da lança que traspassou o lado de Cristo na cruz. Por curioso que pareça, o acordo manifestou nos franceses um interesse que a disputa nunca despertara. O desejo que nutria pela Coroa napolitana começou a aumentar, gerando consequências que se revelariam fatídicas no futuro. De março a maio de 1492, uma embaixada milanesa esteve em Paris com a missão de pressionar o rei para que tomasse uma decisão final. Suas maquinações enfureceram Pedro Mártir, que, do seu posto privilegiado na corte do rei de Aragão, achou "absurdo colocar uma víbora ou um escorpião na nossa cama com a esperança de que envenene o vizinho [...] Todos vereis. Se tiver algum juízo, Carlos saberá aproveitar esta oportunidade".[26]

Eles estavam trabalhando quando chegou a notícia da morte de Lourenço, o Magnífico. Um grande obstáculo acabava de desaparecer. Enfraquecida com a morte de Lourenço e amedrontada pela pregação de Savonarola, Florença não teria condições de opor grande resistência ao avanço francês. Nesse ínterim, quase ao mesmo tempo que acertava a situação em Nápoles e tomava posse da Santa Lança, Inocêncio foi acometido por uma doença nova e prolongada que acabaria sendo a derradeira. Os médicos se desesperaram. Parece que um deles chegou a propor socorrê-lo com o sangue do próprio filho, que o papa se recusou a beber. Em julho, as dores de estômago de Inocêncio tornaram-se insuportáveis, e as chagas nas pernas, horrendas. Era visível a sombra da morte iminente. A multidão se inquietava. Os cardeais começaram a manobrar para preparar o conclave. Segundo o embaixador florentino, no dia 19 de julho, o corpo do papa estava efetivamente morto e só lhe restava a alma. Ele anunciou o fato cinco dias depois. Não obstante, outro obstáculo surgiu antes do início da invasão. Inocêncio VIII já tinha decidido apoiar um aspirante rival ao trono de Nápoles; mas, entre a indecisão e a doença, é pouco provável que oferecesse uma oposição séria às esperanças de Carlos se tivesse vivido mais tempo.

O conclave que se seguiu ao falecimento do papa realizou-se numa atmosfera recendente a corrupção. Os moralistas adoravam achar defeitos em Roma. Conforme o diarista mais anticlerical e sentencioso da época, a cidade abrigava 6800 prostitutas, "sem contar as que exerciam a nefanda profissão sob o manto do concubinato ou praticavam suas artes em segredo". O favorito para suceder Inocêncio VIII parecia ser o representante de tudo quanto era corrupto em Roma. Rodrigo Bórgia fora o favorito e ficara em segundo lugar no conclave anterior, que elegeu Inocêncio VIII, contudo sua reputação já estava manchada, como registrou um embaixador florentino: era falso e orgulhoso. As pessoas desculpavam o seu interesse notório pelas mulheres e os três filhos que havia engendrado alegando que ele era fatalmente atraente. A fortuna que amealhou acumulando cargos e benefícios lucrativos anulou todas as suas desvantagens. Segundo o comentário de um diarista que o conhecia,

> ele possui quantidades imensas de joias de prata, pérolas, tapetes e vestimentas bordadas em ouro e prata, e tudo de tão esplêndida qualidade que ficaria bem num rei ou num papa. Sem falar nos adornos suntuosos das suas liteiras e dos arreios dos seus cavalos, e em todo o ouro e prata e sedas, bem como no seu magnífico guarda-roupa e na sua pilha de tesouros.[27]

Para ganhar a eleição, Bórgia teria comprado o voto do cardeal Sforza com quatro mulas carregadas de prata — com o pretexto de que as enviava à casa dele para que ficassem bem guardadas. Obteve a maior parte do restante dos votos de que precisava sem comprometer sua fortuna — prometendo recompensar seus apoiadores com o estoque de cargos lucrativos na Igreja. Stefano Infessura, um diarista humanista com muito talento para a sátira, observou que o novo papa iniciou o pontificado no próprio conclave "entregando seus bens aos pobres" — isto é, pagando os votos que havia comprado com promessas. Os cardeais elegeram o papa Alexandre VI na noite de 10 de agosto.

Foi uma opção escandalosa, mas — considerando os tempos que corriam — não inadequada. Bórgia era um homem de negócios consumado e infatigável. Seu flagrante nepotismo domina a tradição histórica que o cerca. Cumulou os filhos de honras e títulos. Segundo o embaixador de Ferrara, "dez pontificados" não seriam suficientes para satisfazer todos os primos de Bórgia que lotavam a cúria. Entretanto, os abusos não condenaram a Igreja. Os problemas que se mostraram insolúveis foram os diplomáticos.

Do ponto de vista do papa, uma invasão francesa como tanto desejavam seus antecessores seria um desastre. Os acordos que Inocêncio VIII tinha firmado com Nápoles eram inteiramente satisfatórios. O novo herdeiro do trono napolitano os aperfeiçoou e pagou com generosidade o apoio de Alexandre. Este sabia que Carlos VIII disseminaria a ruína e estenderia as proibições. Enquanto Alexandre se esforçava para continuar como o titular da casa real de Nápoles, Carlos iniciou a ofensiva, suscitando nele os temores mais profundos ao impugnar a validez da sua eleição. De fato, Alexandre tinha chegado ao papado mediante suborno, e a legitimidade do seu cargo era questionável. Carlos ordenou o retorno dos cardeais franceses e cancelou todos os pagamentos da sua Igreja a Roma. Lutou para obter uma fonte de legitimação mais nobre do que a outorgada pelo próprio papa. Jurou empreender uma cruzada e prometeu não parar em Nápoles, e sim utilizá-la como plataforma de lançamento para a conquista de Jerusalém.

Muito embora ele tivesse protegido os flancos e a retaguarda firmando tratados com seus inimigos, os regentes da Inglaterra e dos Países Baixos, a invasão foi adiada até 1494. Quando o rei de Nápoles morreu, em janeiro daquele ano, os franceses já estavam quase prontos para a invasão. No dia 3 de setembro, Carlos partiu das fronteiras francesas e marchou sobre Nápoles com um exército de cerca de 40 mil homens. Ao contemplar o desdobrar dos acontecimentos, Pedro Mártir ficou arrasado de frustração: "Que italiano pode empunhar a pena sem chorar, sem morrer, sem ser consumido pela dor?". O avanço do invasor para o sul foi uma verdadeira vitória, pois as cidades e os ducados capitulavam e os partidários do papa desertavam ou fugiam. No caminho, Carlos arrecadou uma fortuna em resgates — o preço que as comunidades pagavam para evitar a pilhagem. O papa Alexandre, que parecia aceitar o inevitável, entregou Roma ao rei e se deu por feliz por ter escapado à deposição. Roma se esvaziou de notáveis e de objetos de valor. "Todos estão apavorados", escreveu o emissário milanês em maio de 1495, "e não só pela sua propriedade como pela própria vida. Roma nunca esteve tão inteiramente desapossada de prata e de quaisquer outros bens. Nenhum cardeal tem baixela de prata suficiente para servir seis pessoas. As casas estão desertas e despojadas."[28] Recusando-se a coroar Carlos VIII rei de Nápoles, Alexandre fugiu.

Carlos, porém, foi vítima do próprio triunfo. Ocupou o reino de Nápoles com tanta facilidade que todos os países neutros da Europa e até alguns dos seus antigos aliados ficaram tão alarmados quanto seus inimigos com o aumento do seu poder. O papa formou uma coalizão com Veneza, a Espanha, a Inglaterra e o duque de Milão, aparentemente para lutar contra os otomanos, mas, na realidade, pretendia reverter os êxitos de Carlos VIII. Embora não fosse militarmente ativa de início, foi eficaz para fomentar a oposição local a Carlos. No mês de julho, quando este voltou para a França com o butim, as tropas milanesas o emboscaram e se apropriaram de quase todas as riquezas que havia acumulado. Durante os dois anos seguintes, forças encabeçadas pelos espanhóis acossaram as guarnições por ele abandonadas em Nápoles.

"1494: Carlos VIII invade a Itália. Início da Idade Moderna." Ainda me lembro da lista de datas memoráveis que o professor de história escrevia no quadro-negro quando eu estava na escola. A ideia por trás daquele que, na época, era um modo convencional de datar a aurora da modernidade pregava que, até a invasão francesa, o Renascimento esteve circunscrito à Itália. Carlos o liberou e, ao voltar para casa, atravessou os Alpes levando consigo as artes e ideias italianas, o que possibilitou a propagação por toda a Europa das iniciativas que configuram o nosso mundo.

Não há mais quem pense assim. O Renascimento já não parece um novo ponto de partida na história do mundo; aliás, foi simplesmente mais do mesmo, ou uma intensificação das tradições medievais de conhecimento humanístico e veneração da Antiguidade clássica. Nem todas as novas ideias eram de origem italiana, e o humanismo e o classicismo também tiveram origens independentes em outras partes da Europa, sobretudo na França, nos Países Baixos e na Espanha. Em grande parte da Europa, já se aspirava ao conhecimento e à destreza técnica e artística italianos. Na Espanha, a queda de Granada foi importantíssima para a introdução do gosto italiano, pois a cidade conquistada precisava de igrejas e palácios novos de orientação classicista. Em todo caso, Carlos VIII pouco fez para difundir o gosto italiano mesmo na França. O ano de 1492 foi no mínimo tão decisivo quanto 1494 na história do seu envolvimento com a Itália, visto que foi quando ele decidiu invadir.

Combinadas, a morte de Lourenço, o Magnífico, e a invasão de Carlos VIII constituíram uma crise na história do Renascimento. Ficino achava que o destino de Platão havia desmoronado com a morte de Lourenço.[29] Depois da Fogueira das Vaidades, até mesmo Botticelli deixou de pintar encomendas eróticas e retomou os antiquados temas piedosos. O Renascimento parecia em suspenso. Mas a época mais dourada passara já havia um tempo. Na metade do século XV, a geração de Brunelleschi (m. 1446), Ghiberti (m. 1455), Donatello (m. 1466), Alberti (m. 1472) e Michelozzo (m. 1472) envelhecia, morrera ou estava morrendo. As instituições da república tinham ficado sob o controle de uma única dinastia. No entanto, a tradição de excelência nas artes e no conhecimento sobrevivia. O escultor Andrea Verrocchio e o incomparável pintor Sandro Botticelli (1445-1510) moravam na casa vizinha à do explorador Américo Vespúcio, cujos escritos popularizaram o conhecimento do continente que recebeu seu nome. Botticelli e Ghirlandaio (1448-96) realizaram encomendas da família Vespúcio na igreja de Ognissanti.

Embora a revolução que derrubaria os Médici em 1494 tenha causado o desaparecimento temporário das oportunidades de mecenato, a carreira dos artistas da geração seguinte já havia começado — inclusive a de Michelangelo, que era aprendiz de Ghirlandaio. Na época, Maquiavel não passava de um desconhecido de vinte e poucos anos. A fertilidade de Florença na produção de gênios parecia inesgotável. Leonardo da Vinci abandonara a cidade em 1481 e estava em Milão, onde lutava para que pagassem por seus quadros e se esforçava para glorificar o tirano local em estátuas de bronze ou desenhando obras de engenharia. Michelangelo tinha apenas dezoito anos quando a morte de Lourenço o obrigou a se afastar da segurança da corte dos Médici e voltar para a casa do pai. Trabalhou muito para recuperar o favor e, em janeiro de 1494, o novo chefe da família Médici o encarregou de realizar uma estátua de neve. A neve mal havia derretido quando um levante político forçou os Médici a fugir. Michelangelo (entre outros artistas) partiu com eles e se refugiou em Veneza.

Também não é justo afirmar que a morte de Lourenço ou mesmo a revolução que se seguiu espalhou o talento florentino por toda a Itália. Fazia muito tempo que existia um mercado muito animado para o engenho artístico e a eloquência. Roma era o núcleo mais importante, pois os papas tinham uma longa tradição de colecionadores de antiguidades, mecenato da arte e empregadores de grandes realizadores, não só no âmbito do conhecimento sacro como no das leis, da diplomacia, da retórica e da propaganda. Para decepção dos que acreditavam no valor exemplar das antigas virtudes republicanas, a ascensão de ditadores e déspotas ao governo das cidades italianas incentivou os mercados do conhecimento e da arte. Os autocratas precisavam de retóricos que defendessem seus méritos, justificassem a usurpação do poder e desculpassem as guerras. Os tiranos precisavam de escultores e arquitetos que desenhassem e erigissem monumentos e perpetuassem sua imagem. As cortes precisavam de artistas que pintassem seus ocupantes e desenhassem a cenografia do poder: os espetáculos de dança, as justas, as procissões e os desfiles que atemorizavam os inimigos e entusiasmavam os partidários. Como os artistas geralmente exerciam a função de engenheiros e os escultores hábeis no manejo do bronze podiam transferir seu talento para a fabricação de canhões, as tensões políticas crescentes na Itália também deram oportunidade aos artistas em toda a península.

Mesmo em combinação com os acontecimentos de 1494, os de 1492 não estimularam o Renascimento, nem o libertaram dos confins de Florença, nem o disseminaram pelo mundo. Lourenço, o Magnífico, e Carlos VIII deixaram de parecer precursores da modernidade. O universo mental que compartilhavam era cavalheiresco. Eles olhavam para trás em busca dos seus valores. Lourenço, para a Antiguidade; e Carlos, para uma versão fictícia do passado clássico medieval. Talvez Savonarola fosse uma figura mais importante ou representativa do futuro. À primeira vista, pode ser que parecesse um personagem ainda mais retrógrado que seus contemporâneos, imersos numa mentalidade mais cavalheiresca e numa piedade ostentosamente austera da Baixa Idade Média que a maioria das pessoas hoje considera desconcertantes ou irritantes. A devoção pelo milenarismo, a fé nas visões, a estridência profética, o ódio à arte e a desconfiança do conhecimento secular de Savonarola o alinham a aspectos do mundo moderno que são rejeitados por quase toda a modernidade: o obscurantismo religioso, o fanatismo extremo e o fundamentalismo irracional. Em alguns aspectos, os conflitos que ele desencadeou — o confronto entre a moral terrena e a divina, o espantoso debate entre as atitudes mentais racional e sub-racional ou suprarracional, a luta pelo poder do Estado entre os partidários da secularidade e os da espiritualidade ou o conflito entre as ciências e as Escrituras — são características eternas e universais da história. Contudo, com sua intensidade e ferocidade atuais, também se acham entre as novidades mais recentes da política contemporânea. As guerras culturais do nosso tempo não começaram com Savonarola, mas ele encarnou parte dos seus traços mais aterradores.

Nas prescrições que formulava para a humanidade, Savonarola não foi inovador, mas parecia "inflamado de virtude divina", segundo Maquiavel, que na juventude o ouviu vociferar no púlpito. Ele destinou uma energia sem igual à expressão de algumas das prioridades mais antigas dos profetas reformistas da Igreja da Baixa Idade Média: a repugnância pelo envolvimento da Igreja com o mundo e pelas consequências perversas da riqueza e do poder secular; a denúncia do poder desmedido dos papas sobre os clérigos e dos clérigos sobre os leigos; o horror pelo modo como os fariseus pareciam ter dominado a Igreja ao degradar a busca da salvação, vinculando-a à obediência a regras formulistas e a rituais carentes de sentido. Estava convencido de que as Escrituras continham a totalidade da mensagem de Deus, que era universalmente acessível, e de que os leitores da Bíblia não precisavam saber nada além da oração e da mortificação. Sua condenação dos excessos de Roma — embora talvez não fosse tão chamativa e insultante como a de Lutero, com sua profusa linguagem dos mictórios e bordéis — antecipava o tom e o conteúdo da invectiva do fundador do protestantismo:

> Ide a Roma e vereis! Nas mansões dos grandes prelados não há preocupação senão com poesia e a arte retórica. Ide e vereis! Encontrareis todos com livros de humanidades na mão, dizendo uns aos outros que são capazes de guiar a alma dos homens com Virgílio, Horácio e Cícero [...] Os prelados dos primeiros tempos tinham menos mitras e cálices de ouro e se desfaziam do pouco que possuíam para mitigar as necessidades dos pobres. Mas os nossos prelados, para obter cálices, despojariam os pobres dos seus únicos meios de subsistência. Não sabeis o que vos digo? [...] Oh, Senhor, levanta-te e vem arrebatar a tua Igreja das mãos dos demônios, das mãos dos tiranos, das mãos dos prelados iníquos.[30]

Savonarola também se adiantou a Lutero na insistência na doutrina da salvação mediante a graça de Deus, a qual — a não ser nas mãos de reformadores que a usavam para denunciar as regras de caridade e piedade da Igreja — era de um catolicismo perfeitamente inocente e ortodoxo, mas acabou se transformando em palavra de ordem da Reforma:

> Deus perdoa os pecados dos homens e os justifica com misericórdia. Há tantas gotas de compaixão no céu quantos homens perdoados na Terra; pois ninguém se salva meramente com as suas obras [...] E, se na presença de Deus pudéssemos perguntar a todos esses pecadores perdoados: "Tu te salvaste com o teu próprio esforço?", todos responderiam com um só: "Não no nosso nome, oh Senhor!, não no nosso nome; que a glória, pelo contrário, recaia sobre o teu nome!". Portanto, oh Deus, eu busco a misericórdia e não sou res-

ponsável perante ti pela minha retidão; mas, quando pela tua graça justificas um homem, então a tua retidão me pertence, pois a graça é a retidão de Deus.[31]

Um quadro anônimo de 1498 mostra o que acabou acontecendo a Savonarola e como os florentinos quiseram que recordássemos seu destino. Na pintura, as chamas o consomem no lugar das "vaidades" que, poucos anos antes, o profeta queimara naquela mesma praça. Trata-se de uma representação da sua execução na fogueira; a pira é gigantesca, altíssima, mais parecida com um navio que com um cadafalso, com um poste semelhante a um mastro apontando para o céu e coroado por uma cruz. Uma passagem elevada a grande altura a une ao palácio municipal, de onde o pregador foi levado à execução pública. Mas o homem que outrora chamava a atenção dos outros e desatava o fervor no coração das pessoas aparece curiosamente ignorado. As crianças brincam, os comerciantes perambulam. Tudo decorre como de costume na Piazza della Signoria. Só os que levam a lenha à pira participam do justiçamento de Savonarola. A mensagem da imagem é evidente: Florença não poupou esforço nem gastos para queimar o herege, porém não queria dar mostras de lhe ter prestado atenção.

Lutero visitou Florença vários anos depois da imolação de Savonarola. Mas não precisou conhecer a praça para adotar como herói o monge martirizado ou sucumbir à sua influência. A popularidade de Savonarola entre seus seguidores e a influência informal que exerceu na república florentina depois da queda dos Médici garantiram que quase tudo quanto dissesse no púlpito acabasse sendo publicado. Lutero conhecia bem seus sermões, reimprimiu dois deles com um prefácio da sua autoria e o reconheceu como um precursor. "O Anticristo daquela época conseguiu apagar a memória daquele grande homem", lamentou, "mas vede! Ele está vivo. Bem-aventurada seja a sua memória."[32]

6. Rumo à "Terra das Trevas"

A Rússia e os limites orientais da cristandade

7 de junho: morte de Casimiro IV, rei da Polônia e grão-duque da Lituânia

Os emissários retornaram. Tinham partido de Moscou, a capital do principado cortesão do mesmo nome, um Estado emergente que, depois de vinte anos de dinamismo agressivo, se transformara no império em mais rápida expansão na cristandade. O destino deles era a corte de Casimiro IV, rei da Polônia e soberano — "grão-príncipe" ou "grão-duque", segundo o jargão da época — da Lituânia. Todo o mundo concordava em que Casimiro era o mandatário mais importante do mundo cristão. Seu território se estendia desde o Báltico até o mar Negro. A fronteira oriental se aprofundava Rússia adentro, seguindo a vasta faixa de terra entre os vales dos rios Dniepre e Volga. A oeste, chegava à Saxônia e aos reinos satélites de Boêmia e Hungria, que Casimiro controlava mais ou menos. No mapa, eram os domínios mais imensos e de aspecto mais formidável do mundo latino desde a queda do Império Romano.

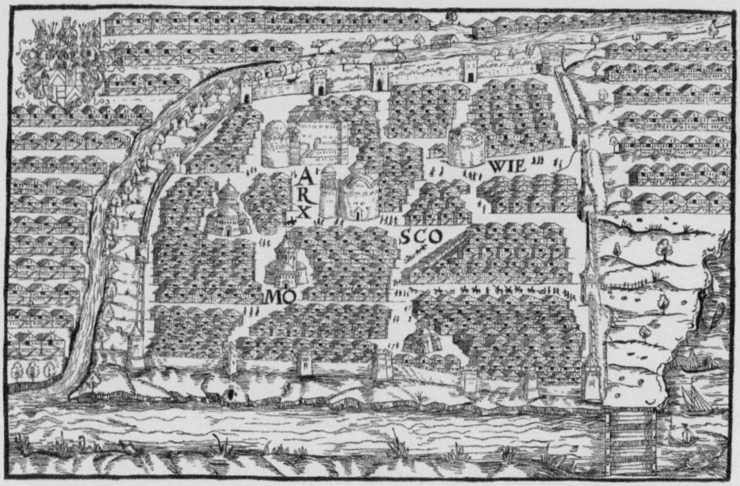

O Kremlin, a "cidadela de Moscou", tal como o enxergou um embaixador do Sacro Império Romano em 1517, com destaque para as estruturas de pedra entre as casas de madeira.

No entanto, os emissários de Moscou eram destemidos. Levavam as exigências humilhantes e arriscadíssimas de que a maior parte dos domínios russos de Casimiro, nos quais os moscovitas vinham penetrando havia muitos anos, fosse entregue ao principado. Mas retornaram não porque a força da Polônia e da Lituânia os dissuadisse nem porque os caminhos fossem calorosos, alagadiços e infestados de mosquitos; eles retornaram porque o mundo tinha mudado.

Na verdade, o mundo devia estar prestes a acabar. Segundo os cálculos russos, 1492 marcava o fim do sétimo milênio da criação, e os profetas e visionários se mostravam entusiasmados ou apreensivos, conforme o temperamento de cada um. Os calendários terminavam em 1492. Não faltavam céticos, os quais, porém, eram oficialmente renegados ou até perseguidos. Em 1490, o patriarca de Moscou instituiu uma inquisição contra os hereges, torturando suas vítimas até que confessassem a insensatez de negar a doutrina da Trindade e a santidade do sabá. Entre as ideias proscritas de que as vítimas eram acusadas, figurava duvidar que o mundo estivesse realmente a ponto de acabar.

A notícia que fez os emissários moscovitas baterem em retirada chegou na segunda semana de junho. Casimiro IV tinha sofrido um ataque e morrera quando estava caçando em Trakal, não muito longe de Vilna, cidade em que eles iam se reunir para negociar. Para a Rússia, a situação punha as profecias em dúvida. A morte de Casimiro melhorava as perspectivas do principado de Moscou. Os emissários voltaram a galope à capital russa. Era hora de receber novas instruções e formular ambições ainda mais exorbitantes.

Entre os Cárpatos e as terras altas dos Bálcãs, no sul, e o mar Báltico, no norte, a geografia da Europa Oriental se opõe à homogeneidade política. Interrompido e atravessado por corredores de invasores, é um entorno — com vastas planícies abertas, boas comunicações e populações dispersas — em que os Estados podem se formar com facilidade, sobreviver com esforço e prosperar somente com dificuldade. No centro da região, há quase 104 mil quilômetros quadrados de pântanos que abrangem grande parte da atual Bielorrússia em torno ao alto Dniepre. Nesse palude imenso, as estepes serpenteiam para o sul, e as planícies do norte da Europa, inóspitas, pouco acidentadas — sufocadas por densas florestas escuras —, se estendem ininterruptamente para o oeste desde o mais profundo interior da Sibéria. A disposição do terreno favorece a criação de impérios vastos e frágeis, vulneráveis aos ataques externos e à rebelião interior. Os exércitos avançam e retrocedem com facilidade. Os rebeldes podem se esconder nas florestas e brejos. Na região, hegemonias voláteis apareciam e desapareciam com desconcertante rapidez. No século V, os hunos alastraram a sua influência desde as planícies estépicas até o leste, bordejando os pântanos e entrando na planície setentrional. No século IX, um reino que os bizantinos chamavam de Grande

Morávia se expandiu durante um breve período dos pauis até o Elba. No fim dos séculos X e XI, outro Estado eslavo nativo ocupou a maior parte do vale do Volga. Os mais espetaculares forjadores de impérios a unificar a região chegaram com grande esforço das profundezas da Ásia, no século XIII, conduzindo seus enormes rebanhos de cavalos e ovelhas. Os mongóis irromperam na história ocidental como um flagelo, segundo alguns cronistas, ou como a peste, como afirmavam outros.

Os primeiros registros documentados de povos mongóis aparecem nos anais chineses do século VII. Eles surgiram nas estepes do território central da Ásia, que hoje chamamos de Mongólia, oriundos dos bosques setentrionais nos quais viviam da caça e da criação de pequenas manadas de porcos. Os autores chineses empregavam formas variadas do nome "mongol" para designar comunidades distintas que professavam religiões diversas e disputavam a liderança, mas sua característica definidora era falarem línguas de origem comum diferente da dos seus vizinhos, os turcos. Nas estepes, elas adotaram o pastoreio como modo de vida. Transformaram-se em nômades a cavalo, hábeis na criação e na ordenha de ovelhas e na guerra.

Os povos sedentários que ladeavam as estepes os odiavam e temiam. Odiavam-nos porque o nomadismo e o pastoreio lhes pareciam selvagens. Os mongóis tomavam leite — hábito que os povos sedentários, intolerantes à lactose, achavam nojento. Bebiam sangue, o que lhes parecia ainda mais repugnante, embora, para os nômades, que tinham necessidade de alimento instantâneo, se tratasse de uma preferência de caráter inteiramente prático. O medo dos sedentários tinha mais fundamento: os nômades precisavam das colheitas dos agricultores para complementar sua dieta. Os chefes nômades necessitavam da riqueza dos habitantes das cidades para encher as arcas de tesouro e pagar seus seguidores. No início do século XII, os bandos ou alianças que eles formavam começaram a crescer, e suas incursões contra as comunidades vizinhas já assentadas tornaram-se mais ameaçadoras. Em parte, isso resultou da preponderância crescente de alguns grupos mongóis sobre os outros. Em parte, foi consequência de uma lenta transformação econômica.

O contato com os vizinhos mais ricos deu aos chefes mongóis a oportunidade de enriquecer como mercenários ou saqueadores. Desigualdades econômicas mais profundas do que as vividas pelos mongóis em toda a sua história começaram a surgir numa sociedade em que, outrora, as relações de consanguinidade e a ancianidade determinavam o status de cada indivíduo. A destreza na guerra permitiu a certos chefes arrebanhar seguidores à margem da ordem social tradicional — às vezes a desafiando. Eles chamavam esse processo de "caça aos grous", algo parecido com o ato de engaiolar aves valiosas. Os chefes mais bem-sucedidos atraíam os grupos rivais ou os sujeitavam pela força. O processo se generalizou a ponto de envolver povos que não eram rigorosamente mongóis, se bem que o mesmo nome continuou a ser usado — nós ainda o fazemos — para designar uma confederação de diversos povos, muitos dos quais falavam línguas túrcicas.

A violência endêmica das estepes voltou-se para fora, com confiança e ambição crescentes, para desafiar as civilizações vizinhas. Os historiadores são frequentemente tentados a especular sobre os motivos da expansão mongol. Uma das explicações é ambiental. Parece que as temperaturas na estepe caíram muito no período analisado. Os povos situados mais a oeste, nas planícies russas, queixaram-se de uma onda de frio que arruinou as colheitas no começo do século XIII, portanto, o declínio das pastagens deve ter impelido os mongóis a abandonar as estepes. Parece que a população era relativamente elevada, e o pastoreio exige grandes extensões de pastos para alimentar um número bastante reduzido de habitantes. Do ponto de vista energético, não se trata de um modo particularmente eficiente de obter alimento, pois depende de que os animais consumam vegetais e de que a população coma os animais; ao passo que a agricultura, pelo contrário, produz safras comestíveis para os seres humanos e elimina os animais por serem uma etapa intermediária da produção que pressupõe desperdício. Portanto, é possível que a ofensiva externa dos mongóis tenha sido consequência do incremento do número de bocas que alimentar.

Os mongóis, no entanto, fizeram o que os habitantes das estepes sempre quiseram fazer: eles dominaram e exploraram os povos sedentários circundantes. A diferença era que o fizeram com muito mais ambição e eficácia que qualquer um dos seus predecessores. No fim do século XII ou no princípio do XIII, as conquistas mongóis foram revitalizadas por uma nova ideologia ligada ao culto do céu, que provavelmente fazia parte das suas crenças, mas que os dirigentes fomentaram em proveito de programas de unificação política do mundo mongol. A terra devia imitar o alcance universal do céu. As proclamações e as cartas dos chefes mongóis para os mandatários estrangeiros são explícitas e não dão margem a ambiguidades: o destino dos mongóis era unificar o mundo pela conquista.

Aonde quer que fossem, os exércitos mongóis sempre eram precedidos por sua fama. Fontes armênias alertaram os ocidentais sobre a aproximação dos "precursores do Anticristo [...] de aspecto horrendo e sem piedade nas entranhas [...] que se entregavam com alegria à carnificina como se se tratasse de um banquete nupcial ou de uma orgia". Os rumores se propagaram na Alemanha, na França, na Borgonha, na Hungria e até na Espanha e na Inglaterra, onde nunca se ouvira falar neles. Diziam que os invasores pareciam macacos, latiam como cães, comiam carne crua, bebiam a urina dos cavalos, não conheciam leis e não mostravam nenhuma misericórdia. Matthew Paris, o monge inglês do século XIII que, na época, provavelmente sabia mais do resto do mundo do que qualquer um dos seus compatriotas, sintetizou assim a imagem dos mongóis:

> São desumanos e bestiais, mais monstros que homens, ávidos de sangue com que matar a sede, esquartejam e devoram a carne de cães e homens [...] E assim chegam, com a rapidez de um raio, aos confins da cristandade, saqueando e matando, aterrorizando todos e disseminando um espanto incomparável.[1]

Quando os mongóis atacaram a Rússia em 1223, o golpe foi absolutamente inesperado: "Ninguém sabia de onde vieram nem aonde foram".[2] Os comentaristas falavam neles como se fossem um fenômeno natural, uma onda de calor, breve e destrutivo, uma inundação ou uma visita da peste. Alguns governantes russos até se alegravam com a grande destruição causada pelos mongóis nos vizinhos odiados. Mas a primeira invasão mongol foi apenas uma missão de reconhecimento. Quando eles retornaram a sério, em 1237, a campanha durou três anos. Devastaram e despovoaram grande parte do território situado no sul e no nordeste da Rússia e saquearam as cidades ou delas cobraram resgate.

Não obstante, a vocação dos mongóis para governar o mundo era só teórica. Eles exigiam submissão e tributos das vítimas, mas não se interessavam necessariamente em exercer o poder direto em toda parte. Não tinham nenhuma vontade de se adaptar a ecossistemas a que não estavam habituados, nenhum interesse em ocupar territórios para além da estepe, nenhuma necessidade de substituir as elites governantes russas. Deixavam os principados e as cidades-estados da Rússia cristã gerirem os próprios assuntos. Todavia, a corte do cã em Sarai, no baixo Volga, outorgava foros aos mandatários russos, que eram obrigados a lhe fazer visitas periódicas, carregados de tributos, e a se submeter a rituais humilhantes, como beijar-lhe os estribos ou servi-lo à mesa. A população tinha de pagar impostos diretamente a coletores nomeados pelos mongóis — se bem que, com o tempo, estes tenham passado a encarregar príncipes nativos e autoridades civis russas dessa arrecadação. O valor recolhido era entregue ao Estado centralizado em Sarai, onde os mongóis chegaram a ser conhecidos como "a Horda de Ouro", talvez pelo tesouro que acumularam.

Os russos toleravam essa situação, em parte, porque os mongóis os intimidavam mediante atos de terror seletivo. Quando os invasores tomaram a grande cidade de Kiev em 1240, dizia-se que deixaram somente duzentas casas em pé e espalharam "uma infinidade de cabeças e ossos de mortos" pelos campos.[3] Em parte, porém, os russos reagiam favoravelmente a uma política mongol mais branda. À maior porção da Rússia, os invasores chegavam para explorar, não para destruir. De acordo com um cronista, os mongóis poupavam os camponeses russos para garantir o prosseguimento da agricultura. Parece que Ryazan, um principado russo à beira do Volga, ao sul de Moscou, suportou a força da influência da invasão mongol. Entretanto, a se dar crédito ao cronista local, "o piedoso grande príncipe Ingvarevitch ocupou o trono do seu pai e renovou o território, e construiu igrejas e mosteiros, e consolou os recém-chegados e aglutinou as pessoas. E houve gozo entre os cristãos, aos quais Deus tinha salvado do cã ateu e ímpio".[4]

Muitas cidades se livraram facilmente capitulando de pronto. Novgorod, o famoso núcleo comercial certamente cobiçado pelos mongóis, foi evitado por completo.

Além disso, os príncipes russos temiam mais ainda os inimigos do oeste, onde suecos, polacos e lituanos haviam erigido monarquias vigorosas e unitárias capazes de varrer os príncipes se conseguissem se expandir em território russo. Igualmente ameaçadores eram os grupos de aventureiros, sobretudo alemães, organizados em "ordens" de guerreiros cruzados, como os Cavaleiros Teutônicos ou a Irmandade da Espada, que adotavam votos de estilo monástico, mas se dedicavam a travar guerras santas contra pagãos e hereges. Na prática, essas ordens eram companhias de soldados profissionais dedicados a enriquecer, cujos domínios territoriais na costa do Báltico foram incrementados através da conquista. Nas campanhas realizadas entre 1242 e 1245, as coalizões russas repeliram os invasores da frente ocidental, mas não podiam manter a guerra em duas frentes. A experiência tornou-os submissos aos mongóis.

Moscou não parecia predestinada a dominar a região. O principado devia a sua existência à Horda de Ouro. Os príncipes moscovitas eram capazes de manipular a hegemonia mongol em benefício próprio, contudo prosseguiam como criaturas dos mongóis. Na verdade, era difícil imaginar o principado de Moscou sem o respaldo do poder mongol. Na metade do século XIII, Alexandre Nevsky, príncipe de Novgorod, mostrou como usar os mongóis. Ele criou a base do seu mito de herói nacional russo ao submeter-se à Horda de Ouro e voltar-se para o oeste a fim de enfrentar os agressores suecos e alemães. Por etapas, a sua dinastia deu relevância ao principado de Moscou. Seu filho Daniel, que se tornou regente de Moscou de 1276 a 1303, proclamou a independência da cidade com relação aos demais principados russos e deixou de pagar impostos, a não ser para os mongóis. O filho de Daniel ficou conhecido como Ivã, o Avarento (governante de 1329 a 1340), em face da riqueza que acumulou como coletor de impostos dos mongóis. Passou a se chamar "Grande Príncipe" e alçou Moscou de diocese a arquidiocese.

Moscou ainda dependia dos mongóis. Sua primeira tentativa de desafiar a supremacia mongol em 1378-82 revelou-se prematura. Os moscovitas tentaram tirar proveito das divisões internas da

Horda de Ouro para se furtar ao pagamento de impostos. Chegaram até a repelir uma expedição punitiva. Mas, quando os mongóis restabeleceram sua unidade, o principado foi obrigado a retomar o pagamento, libertar os reféns aprisionados e cunhar moeda com o nome do cã e o lema "Longa vida a ele". Em 1399, os mongóis repeliram a iniciativa lituana de controlar a Rússia. Nos anos seguintes, reafirmaram a sua hegemonia com uma série de incursões a cidades russas, inclusive a Moscou, que foram obrigadas a comprometer-se a pagar impostos perpetuamente. A partir desse momento, os moscovitas foram dóceis e respeitosos de forma mais ou menos contínua enquanto forjavam o próprio poderio.

No entanto, com os mongóis, eles podiam manter o sonho de prevalecer sobre os outros principados cristãos da Rússia. A grande vantagem do principado de Moscou era a sua localização central, próximo do alto Volga, e seu domínio se estendia até a confluência com os rios Vetluga e Sura. O Volga era um rio largo como o mar, navegável em quase todo o seu leito imenso e vagaroso. Se desenharmos a Europa com a forma de um triângulo e situarmos um dos seus vértices nas Colunas de Hércules, o corredor que une o Atlântico, o mar do Norte e o Báltico formaria um lado; as águas comunicadas dos mares Mediterrâneo e Negro constituiriam outro, e o Volga faria as vezes de um terceiro mar, que domina as estepes e as florestas fronteiriças da Eurásia e une as rotas do mar Cáspio e da Seda às florestas do Ártico e ao entorno do Báltico, ricos em peles. O comércio e as aduanas do Volga contribuíram para encher as arcas de Ivã e para elevar o principado de Moscou acima dos seus vizinhos.

A soberania era disputada ferozmente porque as recompensas faziam com que os riscos assumidos valessem a pena. Consequentemente, a instabilidade política sacudia o Estado e freava sua ascensão. Durante quase quarenta anos, desde meados da década de 1420, membros rivais da dinastia lutaram entre si. Basílio II, que se tornou príncipe regente em 1425, aos dez anos de idade, renunciou ao trono e o recuperou em várias ocasiões, tendo de suportar até períodos de exílio e prisão. Ele cegou um primo e rival e, por sua vez, foi igualmente injuriado quando os inimigos o capturaram: um modo de desqualificar um rival ou afastar definitivamente do trono um rei deposto, o cegamento era uma alternativa tradicional, supostamente civilizada, ao assassinato. Quando Basílio morreu em 1462, seu filho Ivã III herdou um reino que a guerra tinha livrado de rivais internos. As guerras civis parecem destrutivas e debilitantes. Mas geralmente precedem um período de violenta expansão. Elas militarizam as sociedades, treinam os homens nas artes militares, alimentam a indústria de armamento e, como perturbam o desenvolvimento econômico, impelem os povos à predação.

Graças às guerras civis prolongadas, Ivã contava com a maquinaria de guerra mais eficaz e impiedosa de todos os principados russos. As guerras tinham arruinado aristocratas já empobrecidos pelo sistema de sucessão, que a cada geração dividia o patrimônio de toda a família. Os nobres eram obrigados a servir o príncipe ou colaborar com ele. As guerras de expansão eram o melhor meio de juntar recursos e acumular terras, rendas e tributos para que o príncipe os redistribuísse. Os guerreiros vitoriosos eram recompensados com promoções e honras, inclusive com uma inovação destinada a perdurar: a medalha de ouro por bravura. Os nobres se mudaram para Moscou quando os cargos lucrativos na corte acabaram por eclipsar as oportunidades locais de explorar os camponeses e administrar fazendas. A eles se somaram aventureiros e mercenários — inclusive muitos mongóis. No final do seu reinado, Ivã estava cercado por uma aristocracia de mais de mil pessoas.

Um corpo permanente de guardas reais formava o núcleo profissional em torno do qual se agrupavam as tropas provinciais. Os camponeses foram armados para vigiar as fronteiras. Ivã III fundou uma fábrica de munições em Moscou e contratou engenheiros italianos para que melhorassem o que se poderia chamar de infraestrutura militar do reino: fortalezas que retardassem o avanço do inimigo e pontes que acelerassem a própria mobilização. Ele renunciou à missão tradicional do governante de encabeçar seus exércitos de campanha. Para dirigir um império imenso e em expansão, disposto a combater em mais de uma frente, instalou-se no centro nevrálgico e estabeleceu um sistema de postas muito rápidas para não perder o contato com os acontecimentos no campo de batalha. Nenhuma das suas outras inovações lhe pareceu tão importante quanto o aprimoramento das comunicações internas. Ao morrer, ele deixou poucas instruções aos filhos para a conservação do império, salvo as relativas à divisão do patrimônio e à alocação dos tributos; mas a manutenção do sistema de postas tinha lugar prioritário na sua mente. "O meu filho Basílio manterá no seu Grande Principado estações e carros de posta com cavalos junto aos caminhos, nos lugares em que havia estações de posta sob o meu reinado." Seus irmãos tiveram de fazer o mesmo nos territórios que herdaram.[5]

Apoiado por uma burocracia e um exército renovados, Ivã pôde dar o passo que tantos dos seus predecessores almejaram. Conseguiu abjurar a suserania mongol. Naquele momento foi fácil, não só em virtude da força que ele havia reunido, como também porque os rancores intestinos destroçavam a unidade dos mongóis. Em 1430, um grupo de rebeldes contumazes se separou e fundou um Estado próprio na península da Crimeia, a oeste do núcleo da Horda de Ouro. Outras facções usurparam territórios do leste e do sul, em Cazã e Astracã. Os principados russos começaram a enxergar possibilidades de independência. Antes, passado o choque inicial da invasão e da conquista, os cronistas aceitavam, com variados graus de resignação, que os mongóis eram um

Expansão do principado de Moscou durante o reinado de Ivã III.

flagelo de Deus ou árbitros valiosos e legítimos ou até mesmo um modelo benévolo de paganismo virtuoso que os cristãos deviam imitar. Mas, a partir da metade do século XV, reapresentaram-nos como vilões, encarnações do mal e destruidores do cristianismo. Os interpoladores reescreveram as crônicas tradicionais com a intenção de transformar Alexandre Nevsky, que tinha sido um colaboracionista e exercera o poder em nome dos mongóis, num adversário heroico dos cãs.[6]

Ivã se aliou aos Estados mongóis secessionistas contra a Horda de Ouro. Na sequência, deixou de pagar impostos. O cã exigia docilidade. Ivã se negava a concedê-la. A Horda lançou uma invasão, contudo bateu em retirada quando se viu ameaçada na batalha: uma exibição fatal de franqueza. Os Estados vizinhos sentiram cheiro de sangue e se lançaram sobre o território da Horda como tubarões a atacar uma presa ensanguentada. O governante do Estado mongol dissidente da península da Crimeia dispersou o que restava das forças da Horda e, em 1502, pôs fogo em Sarai. A Rússia, declararam os cronistas, tinha sido libertada do jugo mongol assim como Deus libertou Israel do Egito. Os bandos mongóis restantes na Crimeia e Astracã tornaram-se pensionistas de Ivã, aos quais ele destinou mil rublos de ouro ao morrer.

O declínio dos mongóis deixou Ivã livre para fazer conquistas para o principado de Moscou em outras frentes. Do pai, Basílio II, herdou a ambição de ser "soberano de todas as Rússias", como proclamavam as inscrições nas moedas. Suas conquistas refletiram com bastante coerência um apetite especial por governar povos de língua russa e credo ortodoxo. As campanhas que empreendeu contra os Estados mongóis eram defensivas ou punitivas, e suas incursões pelo norte pagão, além do império colonial de Novgorod, não passavam de pilhagens. Mas o inimigo principal que ele parecia sempre ter em mente era Casimiro IV, que governava mais russos que qualquer outro mandatário estrangeiro.

No entanto, não se sabe até que ponto Ivã tinha uma estratégia geral e sistemática de unificação da Rússia. Nenhum documento comprova a existência de semelhante projeto político. O máximo que se pode fazer é deduzi-lo a partir dos seus atos. É perfeitamente possível que ele tenha reagido de modo pragmático às oportunidades que surgiam. Porém, era raro que os governantes medievais planejassem para o curto prazo — muito menos quando acreditavam que o mundo estava prestes a acabar. Em geral, eles trabalhavam para restaurar um passado de ouro ou encarnar um ideal lendário.

Para compreender o que Ivã tinha em mente, é preciso fazer uma retrospecção ao mundo anterior a Maquiavel. É bem provável que os cálculos modernos de benefícios e inconvenientes nada significassem para ele. Ivã nunca pensou em termos de realpolitik. Suas preocupações eram a tradição e a posteridade, a história e a fama, o apocalipse e a eternidade. Se prestava atenção especial à fronteira ocidental do principado, provavelmente o fazia porque tinha diante dos olhos a imagem e a reputação de Alexandre Nevsky, refletidas nas crônicas que remontavam a esse passado para reescrever suas façanhas, dar brilho à sua imagem depois de um período de abandono e tornar a idealizá-lo como "o príncipe russo" e o governante perfeito. Ivã não propagou essa campanha de prestígio, mas pagou os cronistas para que continuassem a desenvolvê-la durante o seu reinado.

Portanto, quando começou a transformar sua riqueza em conquistas, Ivã primeiro enfrentou a tarefa de reunificar o patrimônio de Alexandre Nevsky. Dedicou os anos iniciais do seu reinado a subornar ou se impor a Tver e Riazã, os principados vizinhos de Moscou a oeste, para subordiná-los ou sujeitá-los, e a incorporar ao Estado moscovita os territórios de todos os herdeiros vivos de Alexandre Nevsky. Mas ele nunca deixou de lado a ideia de tomar Novgorod, onde Alexandre iniciou sua trajetória.

Novgorod era um troféu ainda maior. Voltada para o norte, a cidade lutava com um clima hostil e assomava ao alto das muralhas para ver os campos de cereais de que seus habitantes viviam. A fome os assediava com mais frequência que os inimigos. Entretanto, o controle das rotas comerciais que levavam ao Volga transformou Novgorod numa cidade rica. Nunca teve mais que alguns milhares de habitantes, mas seus monumentos refletem a evolução por que ela passou: o kremlin ou cidadela e uma catedral de cinco naves na década de 1040; uma série de edifícios cuja construção o governante pagou no início do século XII; e, em 1207, a igreja de Santa Paraskeva, na praça do mercado e dedicada à padroeira do comércio.

A partir de 1136, um governo comunitário prevaleceu em Novgorod. A revolta daquele ano marca a criação de uma cidade-estado conforme o modelo da Antiguidade: uma comunidade republicana como as da Itália. O príncipe foi deposto pelos motivos especificados nas proclamações remanescentes dos rebeldes. "Por que não se preocupava com o povo humilde? Por que queria travar a guerra? Por que não lutava com bravura? E por que preferia os jogos e divertimentos aos assuntos do Estado? Por que tinha tantos falcões-gerifalte e cães?" Desde então, o princípio fundamental dos cidadãos passou a ser: "Se o príncipe não for bom, joguem-no na lama".[7]

A oeste, Novgorod limitava-se com um pequeno domínio territorial da única outra cidade-república existente na Rússia: Pskov. Havia outras na Alemanha e no litoral do Báltico, mas Novgorod era a única cidade-república da Europa Oriental que possuía um vasto império próprio. Mesmo no Ocidente, somente Gênova e Veneza se assemelhavam a ela nesse aspecto. Novgorod governava ou cobrava tributos de povos súditos ou submetidos das florestas boreais e da tundra, que bordejavam o mar Branco e se estendiam até o Ártico. Os habitantes de Novgorod tinham até começado a erigir um modesto império marítimo, colonizando ilhas do mar Branco. A prova está pintada na superfície de um ícone que hoje se encontra numa galeria de arte de Moscou, mas que antigamente ficava guardado em um mosteiro de uma ilha do mar Branco. Nele, monges adoram a Virgem numa ilha adornada com um mosteiro dourado de cúpulas afiladas, um santuário de ouro e torretas que parecem velas acesas. O encanto da cena deve ser fruto da imaginação piedosa, pois a ilha, na realidade, carece de vegetação, é pobre e passa a maior parte do ano cercada de gelo.

As imagens de episódios oriundos da lenda da fundação do mosteiro na década de 1430, cerca de um século antes de o ícone ter sido feito, enquadram a visão que o pintor tinha da Virgem como objeto de adoração. Os primeiros monges chegaram à ilha a remo. Figuras jovens e deslumbrantes expulsam os povos pescadores indígenas com açoites angelicais. Ao receber tal notícia, o abade Savaatii dá graças a Deus. Chegam os mercadores. Quando eles deixam cair a hóstia consagrada que o santo monge Zosima lhes entrega, as chamas avançam para protegê-la. Quando os frades resgatam as vítimas de um naufrágio, as quais estão morrendo numa caverna de uma ilha próxima, Zosima e Savaatii aparecem milagrosamente, equilibrando-se nos icebergs, para depositá-los numa grande geleira. Zosima tem a visão de uma "igreja flutuante", à qual se ajusta a construção de um mosteiro-ilha. Desafiando o ambiente estéril, os anjos abastecem a comunidade de pão, azeite e sal. Embora os abades predecessores de Zosima tivessem partido porque não conseguiam suportar condições tão duras, ele repeliu com serenidade os demônios que o tentavam. A narração contém todos os ingredientes do relato típico do imperialismo europeu: a inspiração mais do que mundana, a viagem heroica ao interior de um ambiente perigoso; o tratamento implacável dispensado aos nativos, a luta para se adaptar e fundar uma economia viável, a rápida introdução de interesses comerciais e a consecução da meta da viabilidade pela perseverança.[8]

A ampliação de territórios até o mar Branco não podia abranger grande coisa nem chegar muito longe. Mas Novgorod era a metrópole de uma valiosa empresa colonial acessível por terra para os pastores e caçadores da região ártica, ao longo e através do curso dos rios que deságuam no mar Branco, alcançando a distante Pechora, no leste. Os relatos dos viajantes russos refletiam valores tipicamente coloniais. Incluíam os finlandeses e samoiedos nativos da região na categoria de bestas humanas, os *similitudines hominis* da lenda medieval. Os "selvagens" do norte passavam o verão no mar para que sua pele não rachasse. Morriam no inverno, quando a água lhes saía pelo nariz e os deixava congelados no chão. Comiam-se uns aos outros e cozinhavam os filhos para servir os hóspedes. Tinham a boca no alto da cabeça e comiam colocando o alimento sob o chapéu; tinham cabeça de cachorro, ou ela lhes saía sob os ombros; viviam debaixo da terra e bebiam sangue humano.[9] Podiam ser explorados para a obtenção de produtos derivados da rena e frutos da caça (esperma de baleia, marfim de morsa, pele de esquilo e raposa árticos), que chegavam a Novgorod na forma de tributos da região e eram essenciais para a economia.

Ivã cobiçava essas riquezas e chegou até a enviar uma expedição ao Ártico em 1465, numa tentativa de se apropriar de parte do comércio de peles. Mas, na década de 1470, surgiu uma oportunidade de tomar a própria Novgorod. Uma disputa em torno da eleição do novo bispo dilacerava a cidade. Os partidários de ambos os lados buscavam protetores ou mediadores nos reinos vizinhos. Novgorod devia se submeter ao senhorio de Ivã e enviar o bispo eleito a Moscou para que fosse consagrado? Ou convinha tentar perpetuar sua independência enviando-o a Kiev, que ficava a uma distância segura, no reino de Casimiro da Lituânia?

Para a elite da cidade envolvida na disputa, Casimiro representava uma opção menos arriscada. Era possível invocá-lo em defesa de Novgorod contra um ataque moscovita. Mas ele estava tão ocupado em outras frentes que dificilmente interferiria na autonomia de Novgorod. As autoridades da cidade escolheram, afinal, transformar Casimiro no seu "amo e soberano" e mandaram o bispo para Kiev.

Ivã denunciou a sua matreirice e se dispôs a atacar. Justificou a guerra santificando-a. O povo de Novgorod era culpado de uma impiedade digna de castigo: abandonar a ortodoxia e render-se a Roma. A acusação era falsa. Embora incentivasse o catolicismo, Casimiro tolerava outros credos entre seus súditos, e um bispo consagrado em Kiev não comprometia necessariamente a ortodoxia. Não obstante, Ivã afirmava entender a tentativa de independência de Novgorod como uma espécie de apostasia que flertava com falsos deuses — como os judeus, dizia ele, que romperam o pacto divino para adorar um bezerro de ouro. Ele os salvaria pela conquista.[10]

A propaganda de Ivã também maculava Novgorod com denúncias de caráter mais secular, qualificando-a de viveiro de rebeldes. Um cronista a serviço de Ivã queixava-se de que "o costume" dos cidadãos era

> discrepar de um grande príncipe e impugná-lo. Não o respeitarão; pelo contrário, mostram-se taciturnos, obstinados e teimosos, e não aderem aos princípios da lei e da ordem [...] Que príncipe não se zangaria com eles [...]? Nem mesmo o grande Alexandre [Nevsky] tolerou semelhante conduta.[11]

Os inimigos de Ivã na elite de Novgorod apelaram a Casimiro IV. Mas tentaram lhe impor restrições inaceitáveis, exigindo que o príncipe católico não construísse igrejas católicas, que nomeasse apenas governadores ortodoxos e, no futuro, permitisse que os bispos de Novgorod fossem consagrados fora dos seus domínios. Exigiram até que ele resolvesse as disputas territoriais entre Novgorod e a Lituânia a favor dos "homens livres de Novgorod".[12] Casimiro manteve a distância. Não tinha sentido derramar sangue e dilapidar riquezas por aliados tão recalcitrantes. A milícia cidadã de Novgorod, composta de "carpinteiros, toneleiros e outros, que nunca na vida tinham montado um cavalo", ficou abandonada à própria sorte.[13] Quando invadiu a cidade, Ivã esmagou a resistência em questão de semanas. Simultaneamente, ocupou as províncias remotas da fronteira colonial de Novgorod com um exército de mercenários e tributários.

As condições de paz estavam repletas de fórmulas para salvar as aparências, mas o resultado ficou evidente. "Sois livres para fazer o que quiserdes", disse Ivã, "desde que façais o que eu quiser." Passados poucos anos, ele suprimiu toda a simulação de respeito à autonomia de Novgorod. Deslocou outro exército para lá, aboliu os poucos privilégios que restavam e anexou o território ao seu principado. O sino imenso que conclamava os "homens livres" às reuniões foi parar em Moscou, no campanário do Kremlin. Como o próprio Ivã escreveu à mãe, "eu sujeitei Novgorod, a Grande, que agora faz parte do meu legado, e lá sou soberano exatamente como em Moscou".[14]

A conquista de Novgorod impressionou os vizinhos mais poderosos de Ivã: Casimiro, no oeste, e o cã Ahmed da Horda de Ouro, no sul. Se tivessem participado do ataque, teriam igualado o poder de Ivã, mas Casimiro — distraído como sempre com outras preocupações e otimista como sempre ao avaliar a ameaça moscovita — esperou que Ahmed o representasse. Quando o cã invadiu a Rússia em 1480, Ivã, como vimos, estava livre para concentrar suas forças e repelir a exigência histórica de que pagasse tributo à Horda de Ouro.

Mais ou menos como fez Sonni Ali em Tombuctu, Ivã dissolveu a elite de Novgorod. O primeiro expurgo ocorreu em 1484, quando um grande exército de moscovitas enviado para lá entrou na cidade e procedeu a uma blitz para capturar suspeitos. Em 1487, quando lançou a primeira série de ataques contra a Lituânia, ele protegeu Novgorod expulsando milhares de habitantes — membros das famílias mais destacadas —, acusando-os de tramarem uma conspiração contra as autoridades. Em 1489, seguiu-se a expulsão de mais mil pessoas. Os bens dos deportados passaram para 2 mil colonos leais introduzidos por Ivã.[15] Nesse meio-tempo, os principados históricos que bordejavam o antigo patrimônio do de Moscou a oeste, todos eles já sob o controle de Ivã, foram anexados formalmente.

A ascensão súbita e vertiginosa de Moscou pegou toda a Europa de surpresa. O viajante e diplomata saxão Nikolaus Poppel, que chegou a Moscou em 1486, pensava que Ivã fosse vassalo de Casimiro. Ficou assombrado ao descobrir que o governante russo tinha mais poder, mais riqueza e, na época, talvez mais território que o senhor da Polônia e da Lituânia. Ele contemplou com fascínio os vastos territórios abertos e férteis que se estendiam até o Ártico, repletos de martas-zibelinas, cobre e ouro. Mas, em 1492, Ivã não lhe permitiria fazer essa viagem, nem ele nem seu sucessor no cargo de embaixador imperial. No Ocidente latino, a Rússia assumiu a misteriosa fama de uma terra de fantasia, um eldorado glacial e abarrotado de riquezas ignoradas, cujas fronteiras povoadas de monstros roçavam os confins do desconhecido. Em tais circunstâncias, talvez seja possível perdoar Casimiro por ter subestimado o vizinho oriental e descuidado da ameaça da Rússia. Ele estava constantemente envolvido em tentativas de compatibilizar responsabilidades antagônicas nas outras frentes:

asfixiar a Prússia para sujeitá-la, propor aos filhos e irmãos que assumissem o poder na Hungria ou na Moldávia, lutar contra os Habsburgo pelo controle da Boêmia.

Portanto, Ivã podia continuar a provocá-lo impunemente. Assim que Novgorod caiu nas mãos dos moscovitas, ele proibiu os encraves lituanos naquele território de pagar os impostos devidos a Casimiro. Na década de 1480, as queixas apresentadas pelos emissários deste se acumularam às portas de Moscou: "ladrões" moscovitas atravessavam a fronteira, queimando e saqueando aldeias, semeando o terror. Ivã garantiu desconhecer esses fatos e se declarou inocente, mas sem dúvida apoiava os ataques, que faziam parte de uma estratégia sistemática de desestabilização da fronteira. No fim da década, eles aumentaram de modo vertiginoso. Em 1487, um dos irmãos de Ivã ocupou uma faixa de terra fronteiriça no lado lituano, e Ivã nomeou governadores em distritos que tradicionalmente faziam parte da Lituânia. Uma incursão realizada em 1488 resultou na captura de 7 mil súditos de Casimiro. Muitas cidades limítrofes notificaram sucessivos ataques entre 1485 e 1489.

A guerra na fronteira era eficaz. Os súditos de Casimiro, quando este não tinha como defendê-los, ofereciam lealdade ao agressor em troca da paz. Os senhores ortodoxos russos, que havia muito tempo viviam sem ressentimento sob o regime lituano, começaram a desertar em favor do principado de Moscou, com o argumento de que suas terras agora estavam sob "a jurisdição e a proteção" de Ivã.[16] Quando Casimiro morreu, Ivã interrompeu as negociações e adotou o título de "soberano de todas as Rússias": um reconhecimento explícito da sua intenção de despojar a Lituânia de todos os súditos russos e ortodoxos. Lançou invasões em grande escala em duas frentes, engolindo o vale do alto rio Oka e avançando pelas terras altas da região de Vyazma até a longínqua cabeceira do Dniepre. Em quase todos os lugares a que os seus exércitos chegavam, os governantes locais submetidos eram reinvestidos de seus direitos como súditos do príncipe de Moscou. Em duas décadas, a Lituânia perdeu o controle de setenta distritos administrativos, 22 praças-fortes, dezenove cidades e treze aldeias.

A fronteira criada era tanto linguística como religiosa. A identidade russa se media pela fala russa. Mas a ortodoxia religiosa era o identificador favorito de Ivã. Em termos doutrinários, a Rússia estava próxima de Roma. A diferença, muito importante para os teólogos, relacionava-se com a emanação do Espírito Santo: "do Pai e do Filho", segundo o credo ocidental, ou "do Pai", conforme os russos ortodoxos. Era uma disputa demasiado arcana para que fosse significativa para a maioria dos leigos, porém a cultura e a liturgia das duas Igrejas se ofendiam mutuamente. Para os ocidentais, era alarmante ver clérigos casados e obrigados a ter barba, e a língua eslava lhes parecia indecorosa na igreja. Os russos sentiam o mesmo em relação aos sacerdotes celibatários de cara raspada que parolavam em latim. É tentador qualificar de mera impostura o papel de cruzado da ortodoxia assumido por Ivã. Contudo, na realidade, parece ter significado muito para as pessoas da época e influenciado muitos renegados da lealdade lituana. Apesar de Ivã ter tido disputas ocasionais com os turcos, os propagandistas russos raramente acusavam os otomanos de "infiéis". Esse insulto, eles o reservavam para os católicos e para os ortodoxos que comungavam com Roma.

Para compreender o poder da linguagem anticatólica no arsenal retórico de Ivã, é essencial tomar consciência da ameaça que pairava sobre o mundo ortodoxo. Muito embora o ano de 1492 tivesse chegado e passado sem desencadear o apocalipse, o medo de que o fim do mundo não estivesse longe persistia. Mesmo depois de duas gerações, os acontecimentos de 1453, quando os turcos tomaram Constantinopla da cristandade e esmagaram todo um império santificado pela tradição cristã, continuavam perturbando e semeando dúvidas entre os pensadores ortodoxos. A ortodoxia parecia acossada. As mentes teologicamente mais bem-informadas da Rússia recorriam de modo espontâneo às provas de fé do antigo Israel e se apegavam com obstinação e intransigência a todas as peculiaridades do seu credo, pois o consideravam o único meio de recuperar o favor divino.

Enquanto isso, os ganhos católicos exacerbavam a inimizade centenária entre as duas Igrejas. A diplomacia e a evangelização católicas tinham seduzido muitas comunidades ortodoxas da periferia do mundo latino para que voltassem a comungar com Roma. Ao mesmo tempo, o debate teológico resolveu paulatinamente a maior parte dos assuntos de fé entre os dois credos. Diante disso, a divergência principal e mais notória era, à primeira vista, muito arcana para ter relevância a não ser para as mentes mais sutis e contenciosas: no fim do século VIII, as Igrejas ocidentais acrescentaram uma frase ao credo afirmando que o Espírito Santo não "emanava" somente do Pai, como acreditavam os orientais, mas também do Filho. Cada Igreja considerava que a fórmula empregada pela outra era uma ofensa à unidade de Deus. Os ocidentais alegavam que a fórmula oriental degradava o Filho, e os orientais achavam que os ocidentais reduziam o Espírito Santo a uma espécie de divindade de segunda classe.

Na década de 1430, por iniciativa de Bizâncio, os dirigentes das Igrejas de Roma e Constantinopla concordaram em deixar a controvérsia sem solução e conciliar as diferenças a fim de cooperar na luta contra os turcos. As dioceses russas, inclusive a de Moscou, tinham representantes no contingente oriental de 7 mil membros que participou do Concílio de Florença de 1439, que liquidou a discussão e proclamou a reunificação da cristandade. No entanto, ainda havia questões pendentes. Quando regressou à sua diocese, o arcebispo de Moscou encontrou o clero local e os cidadãos indignados com o que consideravam uma traição. Eles puseram o recém-chegado atrás das grades e elegeram um sucessor que defendesse a independência dos costumes ortodoxos. A maioria das Igrejas de tradição grega também rejeitou o acordo, entretanto os imperadores de Bizâncio o subscreveram. Parecia que os monarcas, os principais responsáveis pela defesa da ortodoxia, tinham se vendido à heresia.

O que se passava no Império Bizantino era importante para Moscou, pois os russos, embora tivessem ressurgido ao se libertar do jugo mongol, permaneciam sob a influência de Constantinopla. No fim do século X, o fundador do primeiro Estado russo documentado solicitou religião e esposa a Constantinopla. Tanto em política como em assuntos de estética, os modelos russos continuaram a ser bizantinos até o fim da Idade Média. Não surpreende que os russos, que tanto deviam à cultura bizantina, venerassem seus imperadores. Os turcos, que não tinham nenhuma obrigação para com Bizâncio e vilipendiavam o cristianismo, também os veneravam. Quando Ivã III governava o principado de Moscou, os turcos cercaram Bizâncio. O império se reduziu a escombros. A cidade ficou à mercê do sultão. Mas os vencedores contiveram o ataque, pois não queriam romper as tradições de um povo que seguia se qualificando de católico. Logicamente, havia sólidos motivos para manter a independência de Bizâncio. Os turcos podiam controlar as elites da cidade com ameaças e promessas. O imperador e patriarca podia garantir a lealdade dos súditos cristãos dos otomanos. Todavia, cada vez que os turcos cogitavam a extinção do império, algo misterioso em Bizâncio lhes atava as mãos.

Quando eles finalmente perderam a paciência, o golpe foi rápido e inevitável. A ascensão de Maomé II ao sultanato em 1451, aos dezenove anos, marcou o fim das recomendações de prudência. Incomodava-o o controle estrangeiro de uma praça-forte que dominava o estreito de Dardanelos, essencial para as comunicações do império. Ele se imaginava no lugar dos imperadores romanos. Todos os dispositivos criados pela perícia dos engenheiros do assédio prepararam a queda da cidade. Ergueram em ambas as margens um par de fortificações imensas, conhecidas respectivamente como o castelo da Europa e o da Ásia, para facilitar o acesso ao Bósforo. Transferiram para lá a artilharia mais pesada da história para derrubar as muralhas. Navios desmontados chegaram por terra para flanquear a resposta dos defensores. A Igreja bizantina se sujeitou a Roma a fim de obter ajuda latina, a qual chegou tarde demais e com relutância. Em última instância, o mero peso numérico foi decisivo. Os atacantes escalavam as gretas subindo nos corpos dos compatriotas mortos. O cadáver do último Constantino só foi identificado pelos emblemas da águia na sua armadura dos pés.

Já tinha havido outras aspirantes à condição de terceira Roma, mas todas abandonaram a corrida. Na metade do século XIII, o reino sérvio recém-evangelizado abrigava, em mosteiros fundados por reis em Sopoćani e Mileševa, algumas das pinturas mais puramente clássicas — ou seja, inspiradas nos modelos da Grécia e da Roma antigas — da Idade Média. Cerca de um século depois, o monarca sérvio Estêvão Duchan sonhava derrotar os turcos na conquista de Constantinopla e se autoqualificava, com orgulho e certo exagero, de "senhor de quase todo o Império Romano". Seu contemporâneo um pouco mais jovem, o tsar João Alexandre da Bulgária, reivindicou senhorio sobre "todos os búlgaros e gregos" e se fez retratar com botas escarlate — exclusividade dos imperadores — e um halo dourado. Um tradutor da sua corte, trabalhando numa versão de uma crônica bizantina, substituiu o nome de Constantinopla pelo da capital de João Alexandre, Tărnovo, e a denominou "a nova Constantinopla".[17] Mas as pretensões imperiais sérvia e búlgara se revelaram excessivamente ambiciosas. Ambos os reinos caíram nas mãos dos turcos.

Mesmo no último suspiro de Bizâncio, em 1452, quando a Igreja russa transgrediu a contragosto a tradição de deferência para com a diocese de Constantinopla — elegendo um patriarca próprio em reação à reaproximação bizantina da comunhão latina —, Basílio II sentiu-se na obrigação de se desculpar com o imperador: "Suplicamos a Vossa Sacrossanta Majestade que não nos culpeis por não nos havermos dirigido antes a Vossa Soberania. Isso se deveu a necessidades imperiosas, e não nos motivou o orgulho nem a arrogância".[18] Quando a cidade imperial caiu, a Rússia se sentiu órfã. Que pretendia Deus ao permitir que tal coisa acontecesse? Como Ele queria que a fé ortodoxa reagisse? Uma resposta evidente começou a ganhar aceitação no principado de Moscou: a responsabilidade pela preservação da ortodoxia devia ser transferida de Constantinopla para Moscou.

Ivã exigiu parte do legado de Bizâncio ao se casar com uma princesa bizantina. Curiosamente, a ideia talvez tenha sido do papa. Em 1469, quando o casamento foi proposto pela primeira vez, Ivã era um viúvo de 29 anos. Zoe — ou Sofia, como os russos a chamavam — era uma solteira de 24 anos, gorducha, mas bonita, que, segundo recordava o seu tutor, embora fosse "uma pobre indigente", encarnava o prestígio e o legado da dinastia imperial bizantina por ser sobrinha do último imperador de Bizâncio. Depois de fugir da invasão turca, vivia em Roma na qualidade de pupila e hóspede do papa Paulo II. Este ofereceu a mão de Sofia a Ivã, o que indica que Roma estava relativamente bem-informada acerca do que se desenrolava na Rússia. O pontífice sabia que Ivã dificilmente resistiria ao pedigree bizantino. Esperava que Sofia fizesse dele um aliado numa nova cruzada contra os otomanos e desse aos russos um exemplo deslumbrante de conversão da fé ortodoxa ao catolicismo. Mas, para ela, a longa viagem à Rússia foi um retorno espiritual que a reuniu à Igreja dos seus antepassados. Enquanto percorria o país, passando por

Pskov e Novgorod a caminho de Moscou, prestou culto com veneração em todos os lugares em que parou. Não se recusou a se rebatizar no rito ortodoxo antes de se casar em 1472, nem opôs resistência quando Ivã proibiu os membros do seu séquito de exibirem crucifixos em público.

Na década de 1470, Ivã passou — inicialmente de modo hesitante e pouco sistemático — a se chamar de "tsar" de todas as Rússias, em alusão ao título "césar" adotado pelos imperadores romanos.[19] Antes disso, os únicos mandatários que os moscovitas adularam com um título tão pomposo foram o monarca de Constantinopla e o cã da Horda de Ouro. Na década seguinte, o aumento das pretensões de Ivã ficou patente durante as negociações esporádicas com o Sacro Império Romano. Frederico III recebeu uma resposta desdenhosa quando propôs alçar Ivã da categoria de grande príncipe à de rei.

> Temos sido soberanos da nossa terra, pela graça de Deus, desde o princípio, desde os tempos dos nossos antepassados mais distantes. O nosso cargo, assim como o dos nossos ancestrais, emana de Deus, e a Deus pedimos que nos ajude, a nós e aos nossos filhos, a nos mantermos eternamente na mesma situação, isto é, na de soberanos da nossa terra; portanto, assim como antes não pretendemos que ninguém nos nomeasse, tampouco agora o desejamos.[20]

Quando Nikolaus Poppel propôs arranjar para que a filha de Ivã se casasse com o sobrinho de Frederico, o margrave de Baden, a reação de Ivã foi igualmente peremptória. "Não convém", foram as instruções dadas ao seu embaixador. A linhagem dos governantes do principado de Moscou era mais antiga que a dos Habsburgo. "Como um soberano tão magno podia entregar a filha a esse margrave?"[21] Quando, em 1493, em reação aos profetas que prenunciavam a iminência do fim do mundo, Zosima, o patriarca de Moscou, reformou o calendário, ele aproveitou a oportunidade para reinventar a figura do "piedoso Ivã, amante dos cristãos" como o "novo tsar Constantino", em alusão ao primeiro imperador cristão, fundador de Constantinopla. Moscou, prosseguia, era a "nova cidade de Constantinopla, o que equivale à Nova Roma". Pouco depois, distribuiu-se no principado de Moscou uma genealogia falsa, segundo a qual a dinastia remontava ao tempo de um lendário irmão de Augusto, o primeiro imperador de Roma. Numa obra dedicada a Ivã III ou ao seu filho, um monge devoto chamado Filofei, do território limítrofe de Pskov, proclamou Moscou "a Terceira Roma", depois da própria Roma e de Constantinopla. A primeira tinha sucumbido à heresia. Os turcos

> usaram cimitarras e machados para derrubar as portas da segunda Roma [...] e aqui, agora, na nova Roma, a terceira, o vosso poderoso império é a Santa Igreja Apostólica Sinodal, que resplandece até os confins do universo da fé ortodoxa cristã com mais resplendor que o sol no céu. Piedoso tsar, que o vosso Estado saiba que todos os impérios ortodoxos da fé cristã fundiram-se num só, o vosso. Sois o único tsar de todo o universo cristão.[22]

Filofei denominou a ortodoxia "sinodal" para diferenciá-la do catolicismo, que exaltava o papa acima de todos os bispos.

Ao endossar a ideia da terceira Roma, Ivã se apropriou de uma linha propagandística que, originalmente, parece ter sido elaborada em Novgorod para exaltar o bispo da cidade como rival do de Moscou. Em 1484, Ivã rejeitou o bispo eleito pelo clero de Novgorod, afirmando que a cidade tinha recebido um hábito branco de Roma por ordem de Constantino, o primeiro imperador romano, como sinal de que, "na terceira Roma, que há de ser a Rússia, a Graça do Espírito Santo será revelada".[23] Já próximo do fim do seu reinado, Ivã adotou um novo emblema: o da águia bicéfala que, copiada fosse de Bizâncio, fosse do Sacro Império Romano, era um motivo imperial inconfundível.

Ele reconstruiu Moscou para lhe conferir uma grandeza digna do seu novo status imperial e, talvez, com o fim de embelezá-la para o apocalipse esperado para 1492. A capela do novo palácio do arcebispo de Moscou foi dedicada à túnica de Nossa Senhora — uma relíquia que muitas vezes protegera Constantinopla antes da sua queda em 1453. Não podia haver um símbolo mais claro de que Moscou tinha adotado a santidade anterior de Constantinopla. Outros prédios contribuíram para o embelezamento geral daquela que continuava a ser uma cidade de aspecto modesto, construída principalmente com madeira. O Kremlin adquiriu formidáveis muros de tijolo. Agostino Fioravanti — um dos engenheiros italianos importados por Ivã — erigiu a catedral da Assunção com uma pedra resplandecente para comemorar a conquista de Novgorod. Na década de 1480, a catedral da Assunção proporcionou um espaço de oração ao tsar, ao passo que o palácio do arcebispo adquiriu uma nova e suntuosa capela. Outros técnicos italianos construíram uma nova sala de audiências para Ivã, o Palácio das Facetas.

Ao desposar uma mulher de Roma e mandar chamar arquitetos da Itália, Ivã transportou o Renascimento para o leste. Estabeleceu uma tendência que chegou à Hungria em 1476, quando o rei Matias Corvino se casou com uma princesa italiana, abandonou as plantas góticas com que ia construir o seu novo palácio e o remodelou com linhas italianas à imitação de um dos textos de arquitetura mais célebres da Antiguidade: a descrição de Plínio, o Jovem, da sua vila rural. Um dos humanistas italianos contratados pelo rei foi explícito quanto ao modelo do edifício. "Quando lerdes que os romanos criaram obras fabulosas que comprovam a sua magnificência", disse ele a Matias, "não permitais, príncipe invencível, que as suas edificações superem as vossas [...] Revivei uma vez mais a arquitetura dos antigos."[24] O rei também montou uma biblioteca clássica muito invejada. Durante as duas gerações seguintes, o gosto renascentista dominou as cortes da Polônia e da Lituânia. A repugnância pelo catolicismo tornou a Rússia um ambiente intransigente com a cultura latina de qualquer espécie, mas Ivã demonstrou que pelo menos a fronteira cultural era permeável.

Ele foi o responsável por transformar a Rússia num Estado imperial irrefreável que, desde então, teve um papel importantíssimo na política global. No seu reinado, a extensão dos domínios nominalmente sujeitos a Moscou aumentou de 15 mil para 600 mil quilômetros quadrados. Ivã anexou Novgorod e rompeu as fronteiras de Cazã e da Lituânia. Suas prioridades estavam no oeste. Definiu a liderança da Rússia na religião ortodoxa. Traçou uma fronteira nova com a Europa e, embora excluísse o catolicismo, abriu a Rússia para as influências culturais do Ocidente. Livrou-se do jugo dos mongóis e inverteu o sentido da supremacia imperialista na Eurásia. Dali por diante, os pastores das estepes da Ásia Central passariam a ser vítimas frequentes do imperialismo russo em vez de forjadores de um império em detrimento da Rússia. Em todos esses aspectos, a influência das realizações de Ivã perdurou e contribuiu para configurar o mundo em que vivemos, no qual a Rússia parece titubear à beira do Ocidente, ao qual nunca chega a ser completamente alheia, mas ao qual se nega até a exaustão a ser assimilada. Porém, a consequência mais assombrosa do seu reinado para a história posterior do mundo costuma passar inadvertida: a abertura para o leste, para aquela que na sua época se denominava "a Terra das Trevas", ou seja, a Rússia ártica e a Sibéria, que, de todos os territórios coloniais conquistados pelos imperialistas europeus nos séculos XVI e XVII, é o único em que o império sobrevive até hoje.

Lá, no nordeste, os exércitos de Ivã se embrenharam num território desconhecido, por uma rota explorada pelos missionários no século anterior, seguindo o rio Vym no rumo de Pechora. O objetivo desse avanço na Terra das Trevas era tomar o controle do fornecimento de peles boreais — esquilo e marta-zibelina —, cuja demanda era imensa na China, na Ásia Central e na Europa. A zibelina era ouro negro, e, para o Império Russo, as peles tinham o mesmo significado da prata para a Espanha e das especiarias para Portugal. Em 1465, 1472 e 1483, Ivã mandou expedições para muito além dos confins do império de Novgorod, a Perm e ao Ob, com o propósito de impor tributo em peles às tribos que lá viviam. A invasão mais importante foi a de 1499, quando se fundou a cidade de Pustozersk na foz do rio Pechora. Em pleno inverno, 4 mil homens atravessaram o Pechora de trenó, dirigindo-se ao Ob, de onde voltaram com mil prisioneiros e uma enorme quantidade de peles. O embaixador de Ivã em Milão afirmou que seu senhor recebia um tributo anual em peles equivalente a mil ducados. A região continuou envolta em lendas. Em 1517, quando foi emissário do imperador do Sacro Império Romano em Moscou, Sigmund von Herberstein colheu algumas histórias de gigantes monstruosamente inchados, mulheres sem língua, "mortos-vivos", peixes de cara humana e "a Velha de Ouro do Ob". No entanto, em comparação com a situação anterior, os novos contatos haviam transformado o conhecimento que os russos tinham do território boreal e da Sibéria.

Parte da sensação que essa nova aventura causou em Ivã pode ser detectada no testamento que ele deixou ao morrer. As leis de sucessão do principado de Moscou eram vagas. Por isso o pai de Ivã travara prolongadas guerras com os primos. Ivã encarcerou dois dos seus irmãos. Para evitar rebeliões, todos os governantes do principado de Moscou deixavam um testamento legando territórios e rendas aos herdeiros. As conquistas de Ivã tornaram seu testamento um documento particularmente extenso, repleto de comunidades exóticas e fronteiras remotas. Depois de dedicar páginas às muitas comunidades arrebatadas à Lituânia e em meio a uma lista de privilégios e possessões dos principados russos independentes absorvidos pelo de Moscou, inclusive os territórios que Ivã confiscou dos próprios irmãos, o documento passa a se ocupar das fronteiras orientais e do vasto e desconhecido império constituído com a conquista de Novgorod. Nele figuram os mordovianos, habitantes pagãos das florestas que falavam uma língua finlandesa e ocupavam as vertentes dos Urais e a fronteira estratégica ao longo do limite setentrional de Cazã. Menciona igualmente as terras dos seus vizinhos, os udmurtos, por ele subjugados em 1489. Fala na "terra de Vyatka" — mas não no seu povo outrora indômito. Esses pastores das planícies setentrionais tentaram conservar a independência alternando sua lealdade entre russos e mongóis. Quando perdeu a paciência, Ivã os invadiu com uma força avassaladora, executou seus dirigentes, levou milhares de habitantes de Vyatka para o cativeiro e repovoou o território com russos confiáveis. Também enumera à exaustão os territórios de Novgorod, com dezoito lugares elevados à categoria de cidade e as cinco províncias em que se dividiu o território, as quais se estendiam pelo norte até o mar Branco e, para além das terras coloniais de Novgorod, até o vale do Dvna setentrional ou seus afluentes de caudal muito variável, conhecidos como Forest Lop e Wild Lop. Também se concede algo a Pskov, muito embora continuasse a ser uma cidade-estado soberana, aliada de Ivã, mas à margem do império.

E, nas páginas do testamento, brilham as fontes e recompensas do seu sucesso. Depois de deixar para vários herdeiros cofres de tesouro lacrados, e o restante para seu sucessor, ele enumera as ninharias do império:

> [...] rubis, safiras e outras pedras preciosas, pérolas e todo tipo de vestimenta ornada com pedras preciosas, cinturões e correntes de

> ouro, vasilhas douradas e prateadas e de cerâmica, e ouro e prata, peles de zibelina, sedas e diversos outros pertences, sejam quais forem, assim como o que contiverem as arcas da minha alcova, ícones e cruzes douradas, e ouro e prata e outros pertences, e tudo quanto estiver sob a custódia do meu mordomo [...] e dos secretários do palácio, vasilhas de prata, dinheiro e outras possessões

e uma infinidade de artigos semelhantes aos cuidados de outros funcionários e nos palácios provinciais, "meus tesouros e riquezas, onde quer que se encontrem".[25]

O ano de 1492 foi decisivo para o reinado, não só porque o mundo não acabou como também porque, com a morte de Casimiro IV, nasceu um mundo novo para a Rússia. Seus filhos repartiram a herança. A única potência capaz de desafiar o principado de Moscou na vasta arena imperial entre a Europa e a Ásia se dissolveu. A fronteira entre a ortodoxia e o catolicismo oscilou muito nos séculos seguintes, mas nunca se afastou excessivamente das linhas traçadas nos tratados que Ivã e seu filho estabeleceram com o herdeiro de Casimiro. O principado de Moscou acabaria se transformando na Rússia, o Estado que ocupa ostensivamente a região na atualidade. A Rússia conseguiu avançar para o leste, para a Terra das Trevas, e começou a transformar os grandes bosques e a tundra num império que desde então lhe pertence.

7. "Aquele mar de sangue"
Colombo e a conexão transatlântica

12 de outubro: Colombo desembarca no Novo Mundo

O episódio parece incrível, mas não deixa de ser irresistível. Quando Fernando e Isabel entraram em Granada, só um dos partidários que lotavam o acampamento foi incapaz de se alegrar com a vitória. Depois de vários anos fazendo o impossível para obter o patrocínio dos monarcas, Cristóvão Colombo acabava de ser informado de que um comitê de especialistas havia rejeitado a sua proposta de tentar atravessar o oceano ocidental. E, abandonando às comemorações, ele partiu desconsolado, consciente de que sua petição tinha malogrado definitivamente.

Depois de um dia de viagem pelos caminhos, um emissário real o alcançou e o mandou voltar imediatamente à tenda real, nas cercanias da cidade vencida. Como nos melhores milagres, alguém mudara de opinião de uma hora para outra. Colombo deu o primeiro passo da sua viagem transatlântica no lombo de uma mula, rumo a Granada.

Parece uma versão romanceada de um fato verídico. A história, no entanto, contém os melhores relatos que a ficção não pode superar. O que aconteceu a Colombo na realidade é muito mais interessante que qualquer uma das lendas de heroísmo que sua vida gerou.

A proposta de Colombo nada tinha de original. No século XV, fizeram-se várias tentativas de explorar o Atlântico, contudo a maioria delas se condenava ao fracasso por partir de dentro do cinturão de ventos do oeste, presumivelmente porque os exploradores se angustiavam com a falta de uma rota de retorno garantida. Mapas raros e documentos isolados permitem reconstruir os minúsculos avanços naquele lento progresso. Em 1427, registrou-se num mapa uma travessia, em tudo o mais desconhecida, realizada por um piloto português chamado Diogo de Silves, que determinou pela primeira vez, de forma aproximada, as proporções relativas das ilhas do arquipélago dos Açores. Entre 1452, quando foram descobertas as mais ocidentais, e 1487, quando o flamengo Fernão Dulmo, tal como Colombo, foi incumbido de partir em busca de "ilhas e continentes" no oceano, sobrevivem pelo menos oito delegações portuguesas cujas travessias objetivaram explorar os recessos do Atlântico. Entretanto, não se sabe de nenhuma que tenha acrescentado algum progresso. Elas partiam dos Açores, onde os ventos do oeste as açoitavam e as devolviam ao ponto de partida. Em 1492, em Nuremberg, os amigos e patrocinadores de Martin Behaim propunham a mesma plataforma de lançamento para o seu jamais realizado sonho de atravessar o Atlântico.

A julgar por esses precedentes, a travessia do Atlântico, além de impraticável, até muito recentemente parecia pouco promissora em termos de lucro. Até a década de 1480, a exploração do Atlântico gerou poucos benefícios, com exceção da ilha da Madeira, que, na metade do século XV, se tornou um importantíssimo contribuinte de impostos para a Coroa portuguesa graças às plantações de cana-de-açúcar. A esperança dos exploradores de estabelecer contato direto com as fontes do ouro da África Ocidental revelou-se ilusória, embora tenha aumentado a disponibilidade de ouro a preços relativamente baixos em virtude da expansão do comércio com os reinos indígenas. Esse comércio produziu outros artigos vendáveis nos mercados europeus — sobretudo a partir de 1440, um número cada vez maior de escravos, que os bandidos portugueses também capturavam à força. Porém, mesmo para esses traficantes, os mercados eram limitados, pois as grandes plantações repletas de escravos, como as que posteriormente se multiplicariam em partes do continente americano, mal existiam na Europa, onde os escravos continuavam empregados notadamente no serviço doméstico. As ilhas Canárias, por sua vez, atraíram grandes investimentos porque produziam uma abundância de tinturas naturais e pareciam oferecer possibilidades de exploração do açúcar; mas seus habitantes resistiram ferozmente à invasão dos europeus, e a conquista foi demorada e custosa.

Não obstante, a situação mudou em 1480. O comércio do açúcar da Madeira sofreu uma expansão repentina que mantinha ocupados sessenta ou setenta navios por ano. Ao mesmo tempo, em 1484, iniciou-se o refino do açúcar nas ilhas Canárias. Em 1482, graças ao novo porto de São Jorge de Mina, na faixa meridional da protuberância ocidental do continente africano, grandes quantidades de ouro começaram a chegar à Europa. Na mesma década, os portugueses entraram em contato com o reino dos congos; as viagens concebidas para contornar o extremo sul da África enfrentavam correntes adversas que não davam trégua, mas também indicavam que naquela região meridional do Atlântico sopravam ventos do oeste que talvez levassem ao oceano Índico. Durante aquela década, os registros portuários de Bristol, na Inglaterra, mostram que a produção de mercadorias do Atlântico norte não deixou de aumentar, entre as quais a de peixe salgado, marfim de morsa e derivados de baleia. Os comerciantes ingleses e flamengos de Bristol e dos Açores ficaram atentos às oportunidades de investimento. No fim da década, não havia dúvida de que os investimentos no Atlântico podiam gerar dividendos. Começava a ficar mais fácil levantar fundos para novos empreendimentos, sobretudo entre os banqueiros italianos de Lisboa e Sevilha.

No entanto, apesar de o clima empresarial ser cada vez mais favorável a um novo ataque aos problemas da navegação no Atlântico, era difícil encontrar o homem certo para executar a tarefa. Só um insensato ou um explorador novato haveria de querer progredir na navegação atlântica. Para ir muito além dos Açores, era preciso assumir um risco que nenhum aventureiro anterior se dispusera a enfrentar: o de navegar com vento de popa.

Um dos fatos extraordinários da história da exploração marítima é que a maior parte dela foi realizada contra o vento. Para os marinheiros modernos, isso parece estranho a ponto de contrariar a intuição, mas fazia muito sentido para a maioria dos navegantes do passado: simplesmente porque os exploradores do desconhecido precisavam ter certeza de que encontrariam uma rota de retorno. Um vento adverso na travessia de ida garantia a passagem de volta. Para romper com os padrões e partir com o vento a favor, o explorador tinha de ser muito ignorante ou estar absolutamente desesperado.

Filho de um tecelão genovês que tinha uma família numerosa, vociferante e exigente, Cristóvão Colombo era as duas coisas. Todos os Cristóvãos Colombos inventados por fantasiosos historiadores catalães, franceses, galegos, gregos, de Ibiza, judeus, maiorquinos, poloneses, assim como outros mais absurdos se possível for, são criações nascidas de um interesse temporal e geralmente inspiradas pelo desejo de fornecer um herói imaginário ou adequado à causa de determinada nação ou comunidade histórica; ou, o que costuma ser ainda mais frequente, à de algum grupo imigrante disposto a granjear uma consideração especial nos Estados Unidos. As provas da origem genovesa de Colombo são esmagadoras; quase nenhuma outra figura da sua categoria ou distinção deixou nos arquivos um rastro documental tão nítido. A modéstia dos seus antecedentes torna sua vida inteligível, pois o que o impeliu a se tornar explorador foi o desejo de fugir do mundo em que nasceu, que limitava muito suas possibilidades de ascensão.

Para um arrivista com ambições como as de Colombo, só havia três caminhos para subir na escala social: a guerra, a Igreja e o mar. Ele certamente cogitou os três: quis que um de seus irmãos seguisse a carreira clerical e imaginou a si próprio como "um capitão de cavalheiros e conquistas". Mas a navegação marítima era uma alternativa natural, especialmente para um jovem de uma comunidade costeira tão determinada como a de Gênova. Lá eram abundantes as oportunidades de emprego e lucro.

As leituras de Colombo contribuíram para instalar na sua imaginação os planos de aventuras marítimas. Os livros de geografia em que seus biógrafos tanto insistem tiveram pouca ou nenhuma importância. Ele só começou a lê-los na maturidade, e a maior parte das provas de que tenha estudado textos dessa área é de data posterior às expedições. Pelo contrário, na juventude e nos anos de formação da vocação exploradora, lia o equivalente do século xv à atual literatura barata: romances de cavalaria marinheira e vidas de santos eivadas de sensacionalismo. Entre as vidas de santos leu o antigo relato de Brandão, o Navegador, que partiu da Irlanda numa barca e encontrou o paraíso terrestre; ou a lenda de são Eustáquio, que sofreu com dignidade enquanto sondava os mares à procura da sua família. O enredo cavalheiresco clássico sempre começava com um herói que atravessava um mau momento: exatamente a ideia que Colombo tinha de si nas súplicas autocomiserativas que brotavam da sua pena. Muitas vezes, o herói era vítima de um menoscabo injusto: ser um enjeitado de linhagem real ou um descendente de nobres despojado dos seus direitos de sangue. As fantasias mais frequentes de Colombo sobre os antepassados nobres que ele se atribuía, ou a sua afirmação absurda de que "não sou o primeiro almirante da minha família", lembram essa tradição.[1]

Em muitos romances cavalheirescos mais populares da época, para ser aceito pelo mundo o herói passava por proezas marinheiras, no transcurso das quais ele navegava até terras exóticas, encontrava uma ilha ou um reino remoto, lutava com gigantes, monstros e pagãos para conquistá-lo e acabava se tornando seu governador. O desfecho mais frequente era o casamento do herói com uma princesa. Cervantes satirizou essa tradição no *Dom Quixote*, quando pôs na boca de Sancho Pança a petição de que d. Quixote lhe desse

> o governo da ilha [...] que, por grande que seja, me sinto com forças para administrá-la, e tão bem como outro que tenha governado ilhas no mundo [...] Se vossa senhoria pudesse me dar um tiquinho do céu [...] eu o receberia com mais boa vontade que a maior ilha do mundo.[2]

Por vezes, a vida real reflete esse tipo de arte. Já no começo do século XV, o infante d. Henrique, um príncipe português que ficou injustamente conhecido como "o Navegador", muito embora não tivesse realizado mais que poucas e breves viagens marítimas, era leitor de literatura cavalheiresca e astrologia: combinação fatídica para uma autopercepção racional. Embora fosse o caçula da dinastia, aspirava a ser rei e reuniu, pagando um preço altíssimo, um séquito de malfeitores e foragidos, aos quais chamava de "cavalheiros e fazendeiros". Inicialmente, eles ganhavam a vida sobretudo com a pirataria e depois, pouco a pouco, com incursões furtivas em busca de escravos por toda a costa africana, onde denominavam seus adversários "selvagens dos bosques" — os selvagens eram criaturas peludas que costumavam enfrentar os senhores nos romances de cavalaria, nos quadros ou nas esculturas. Apesar dos reiterados esforços, não conseguiram conquistar um reino para d. Henrique nas ilhas Canárias, a maioria das quais, naquela época, continuava nas mãos de aborígines vestidos de peles que pastoreavam ovelhas, tinham um modo de vida tribal e cujas únicas armas eram literalmente paus e pedras. Com esse tipo de empreendimento infesto, os seguidores de d. Henrique mantinham uma pantomima cavalheiresca; faziam-se chamar por nomes tirados de romances como o de Lancelote ou Tristão da Ilha, trocavam promessas e, às vezes, conseguiam ser admitidos numa ordem de cavalaria, a Ordem de Cristo, cujo líder era o grão-mestre nomeado pelo rei português.

O rufião que atendia por Tristão da Ilha era um paladino da ilha da Madeira, cenário de um romance popular amoroso e cavalheiresco escrito aproximadamente cem anos antes de d. Henrique mandar seus homens colonizá-la. Lá, Tristão viveu o romance implícito no seu nome arturiano e exigia juramento de vassalagem dos assassinos que chegavam à sua ilha. Não há incidente que reflita melhor o teor da sua vida do que uma curiosa transgressão das convenções cavalheirescas em 1452. Diogo de Barrados, um cavaleiro a serviço de Henrique, tinha se exilado em Madeira, onde atendia Tristão no seu domicílio como serviçal, rendendo-lhe "honra e vassalagem". Desde os tempos de Artur e Lancelote, os senhores sempre se viam às voltas com atribulações sexuais entre suas donzelas e os criados domésticos. Nesse caso, Diogo se aproveitou da sua posição para seduzir a filha de Tristão. A cena — laconicamente mencionada num indulto real — em que Tristão decepa as partes pudendas do infrator e o joga nas masmorras transporta-nos a um estranho mundo que combina cavalaria e barbárie.

Entre os seguidores de Henrique, Bartolomeu Perestrelo foi um cuja vida emulava a trajetória de uma novela de cavalaria. Seu avô, um mercador e aventureiro de Piacenza, seguia os conselhos emitidos por gurus especializados da Itália do seu tempo. "Para o oeste, jovem", aconselhavam os consultores profissionais da época: para a península Ibérica, subdesenvolvida e pujante. Uma vez estabelecida em Portugal, a família Perestrelo ascendeu à corte quando as irmãs mais velhas de Bartolomeu se enfiaram no leito do arcebispo de Lisboa, que se serviu das duas como amantes simultaneamente. Servir na casa de d. Henrique levou Bartolomeu a se tornar marinheiro e a assumir o comando da ilhota desabitada de Porto Santo, próxima de Madeira, colonizada por Henrique, em parte utilizada como base de operações na África e nas ilhas Canárias, com a esperança de fundar povoações açucareiras. Ser "governador de alguma ínsula" em Portugal talvez não fosse uma boa posição para empreender uma trajetória profissional a partir das margens da aceitação social, mas conferiu a Bartolomeu status no seu pequeno mundo e o direito nominal de ser membro da nobreza.

Cristóvão Colombo conhecia bem a história de Bartolomeu, pois se casou com sua filha. Na década de 1470, ele se dedicava à compra de açúcar para uma família de comerciantes genoveses que faziam o trajeto entre o Mediterrâneo oriental e a costa africana do Atlântico. Quando ia à ilha de Porto Santo, colhia informação do mundo de d. Henrique e lá conheceu Filipa — provavelmente uma das poucas mulheres da nobreza suficientemente pobre, marginalizada e, no momento de casar, já bastante madura para ter de levar a sério um pretendente tão miserável. Ao mesmo tempo, Colombo começou a se familiarizar com os ventos e as correntes do Atlântico africano. Adquiriu suficiente experiência de navegação naquele oceano para se inteirar de dois fatos essenciais: que, na latitude das ilhas Canárias, havia ventos do leste e, mais ao norte, ventos do oeste. Portanto, estavam presentes os elementos para fazer a viagem de ida e volta com sucesso.

Se deixarmos de lado as lendas difundidas depois da sua morte e a narração que ele mesmo ofereceu para se engrandecer, podemos reconstruir o processo pelo qual Colombo elaborou seu plano. Não dispomos de provas sólidas de que tivesse algum tipo de projeto anterior a 1486; só o excesso de confiança em fontes não confiáveis leva muitos historiadores a acreditar na sua existência em data anterior. Por outro lado, o plano nunca esteve bem definido na sua imaginação. Como um bom vendedor, ele o modificava conforme o interesse da sua clientela. A alguns interlocutores, propunha achar ilhas novas; a outros, procurar um suposto "continente desconhecido" que, de acordo com algumas fontes fornecidas pela literatura antiga, se estendia no outro extremo do Atlântico; diante de outros propugnava a busca de uma rota mais curta para ter acesso à China e às valiosas mercadorias do Oriente. Os historiadores se enredaram tentando eliminar as contradições. No entanto, na realidade, a solução do "mistério" do destino proposto por Colombo é simples: ele o alterava o tempo todo. A certeza e a tenacidade que a maior parte dos historiadores lhe atribui eram um mito em que ele mesmo acreditou e que seus primeiros biógrafos consagraram. O Colombo adamantino forjado pela tradição precisa ser reconstruído em mercúrio e opala.

Na verdade, o que lhe importava não era tanto aonde ir, e sim, do ponto de vista social, conseguir chegar. Quando ele escreveu, como diríamos hoje em dia, para "confirmar os termos do contrato" com os patrocinadores, expressou com clareza os objetivos que considerava os mais importantes:

> que daqui por diante eu me chame Dom e seja Almirante-mor do Mar Oceano e Vice-rei e Governador perpétuo de todas as ilhas e terra firme que eu descobrir e ganhar e de todas as que, daqui por

diante, forem descobertas e ganhas no Mar Oceano, e que me suceda o meu filho mais velho e seus herdeiros e, desde então, de geração a geração para todo o sempre.[3]

Essas linhas manifestam a síndrome de Sancho Pança, o afã de vanglória nos moldes das novelas de cavalaria. As negociações com patronos potenciais na corte, que lhe facilitariam os meios e a autorização para empreender uma tentativa de travessia transatlântica, iam acompanhadas de petições extravagantes de status de nobreza e recompensas generosas.

A ambição social desalojava os outros objetivos. Restava pouco espaço para os motivos que os biógrafos tradicionalmente lhe atribuem: a curiosidade científica e o fervor religioso. Ele se orgulhava — não muito no começo e quase nada antes da primeira viagem, mas cada vez mais à medida que envelhecia — de contar que a experiência o levara a conhecer fatos que não se encontravam nos livros. Isso dificilmente se pode considerar uma prova de que Colombo antecipasse os valores empíricos da ciência moderna; trata-se, na verdade, de um reflexo das discussões com céticos cultos que desprezavam suas teorias sobre geografia, geralmente toscas. A religião foi se avivando nele. As experiências extraordinárias e penosas da exploração transatlântica fizeram — como costumam fazer os traumas — com que se voltasse para Deus. Então, vencido pela amargura e a desilusão, encontrou refúgio na profecia, no misticismo e em certos extremos de afetação piedosa, como se apresentar na corte acorrentado e com um áspero hábito de monge. Mas o jovem Colombo não dava nenhuma mostra de religiosidade. Tinha a cabeça dura e cheia de cálculos.

Foi influenciado pelos monges franciscanos que com ele travaram amizade na sua casa de Palos, na costa atlântica de Castela. Eram da chamada vertente "espiritual" da ordem, que valorizava mais o espírito de são Francisco do que as regras e o regulamento da ordem. Sua ânsia de evangelizar e a fé urgente em que o mundo ia acabar em breve, que impulsionavam a sua vocação, semearam na mente de Colombo conceitos que pouco a pouco adquiriram relevância. No início da década de 1490, para sustentar seus planos, ele começou a incorporar à sua retórica algumas das imagens prediletas dos monges. Passou a defender o encontro com os povos pagãos e sua conversão como uma das finalidades da exploração atlântica. E — sendo corretas suas recordações posteriores — sugeriu a Fernando e Isabel que os lucros da viagem proposta por ele fossem empregados na conquista de Jerusalém, obra que, segundo as profecias franciscanas, estava reservada para o "Último Imperador do Mundo" e consistia em um dos acontecimentos com que Deus prepararia a humanidade para o apocalipse. De acordo com Colombo, os monarcas sorriram ao escutá-lo. Os historiadores costumam entender como um sorriso de ceticismo, mas na verdade foi de prazer. Como herdeiro das profecias apocalípticas que, havia séculos, rondavam os reis de Aragão, Fernando adorava se imaginar o Último Imperador do Mundo.

Zarpar fez uma diferença crucial na vida religiosa de Colombo. Para as pessoas da Idade Média, o mar era território de Deus; os ventos representavam sua respiração; e as tempestades, seus dardos e flechas. Tal como são Francisco na pobreza, Colombo no meio do mar dependia inteiramente de Deus. Suas alusões à religião começaram a assumir um ar de solenidade e profundidade inédito. Aliás, parece que, até então, ele mais explorava a religiosidade alheia do que a vivia na própria carne.

No fim da década de 1480, as dificuldades de Colombo para arranjar patrocínio não se deviam apenas às suas exigências desatinadas. Nenhum dos objetivos que ele propugnava soava convincente para a maioria dos especialistas. Era bem possível que houvesse novas ilhas no Atlântico. Tantas já tinham sido encontradas que parecia razoável supor a existência de outras. Porém, novas ilhas mais longínquas que as Canárias e os Açores não seriam tão lucrativas, mesmo que fossem adequadas ao cultivo da cana-de-açúcar ou de outro produto muito procurado. A possibilidade de achar um continente desconhecido — as Antípodas, como o chamavam os geógrafos — parecia remota. O saldo da antiga tradição geográfica a descartava. E, mesmo que existissem terras, era difícil vislumbrar os benefícios que trariam em comparação com as explorações abertas por uma nova rota das mercadorias da Ásia e dos mares orientais. Por último, a ideia de que as naus pudessem chegar à Ásia pela travessia do Atlântico se afigurava rigorosamente impraticável. O mundo era demasiado grande. Desde os cálculos de Eratóstenes no fim do século III a.C., os eruditos do Ocidente sabiam em linhas gerais o quanto ele era grande. A Ásia estava tão longe da Europa por uma eventual rota ocidental que nenhum navio da época seria capaz de completar a travessia. As provisões se esgotariam e a água potável apodreceria quando ainda faltasse percorrer milhares de milhas.

Mas, no curso das décadas de 1470 e 1480, um pequeno grupo de expertos começou a alimentar a possibilidade de que Eratóstenes tivesse se equivocado e a Terra fosse um planeta menor do que se acreditava. O leitor há de se lembrar da história de Martin Behaim, o cosmógrafo de Nuremberg que, em 1492, confeccionou o globo terrestre mais antigo de que dispomos para mostrar como o mundo era pequeno. Entre seus correspondentes, figurava Paolo Toscanelli, cujo prestígio como cosmógrafo deslumbrava a sua Florença natal e que escreveu para a corte portuguesa instando-a a empreender sem demora a tentativa de chegar à China pelo Atlântico. Antônio de Marchena, um astrônomo franciscano muito destacado na corte de Castela, que se tornou um dos melhores amigos e apoiadores de Colombo, subscrevia essa opinião.

Sob a influência desses teóricos, Colombo começou a deixar de lado os romances de cavalaria para escrutar os livros de geografia em busca de provas de que o mundo era pequeno. Interpretando mal grande parte dos dados que encontrou e tergiversando o resto, ele apresentou uma estimativa fantasticamente reduzida do tamanho: pelo menos 20% menor. Também alegou que a tradição subestimara a extensão real do leste da Ásia. E concluiu que "em poucos dias" era possível chegar navegando da Espanha até a costa oriental da Ásia.[4]

Assim, depois de muitos fracassos e mudanças de enfoque, o projeto que ele finalmente conseguiu vender foi o de uma travessia para o oeste em direção à China, talvez com uma escala no Japão ou "Cipango", como chamavam esse território desde que Marco Polo o situou, de forma exagerada, 2400 quilômetros mar adentro a partir da China. Segundo sua versão das últimas negociações com os patronos, Colombo frisou a evidência histórica de que, desde tempos remotos, os mandatários da China — que ele designava pelo título de "grande cã", adotado por uma dinastia destronada em 1368 — escreviam para os papas manifestando interesse pelo cristianismo. A piedade religiosa envolvia a promessa dos benefícios comerciais e políticos por ele anunciados em outros tempos. Empregando o termo "Índia" para se referir à Ásia, de acordo com o uso da época, ele prosseguiu:

> E Vossas Altezas decidiram enviar-me [...] às ditas regiões da Índia para ver os ditos príncipes e os povos e as terras e a disposição delas e tudo, e a maneira que se possa ter para a conversão deles à nossa santa fé, e ordenaram que eu não fosse por terra ao Oriente, por onde se costuma andar, mas pelo caminho do Ocidente, por onde até hoje não sabemos ao certo se alguém chegou a passar.[5]

Fernando e Isabel apoiaram o plano? Nenhum documento os comprometia com o objetivo fixado por Colombo. A encomenda fazia referência unicamente a "ilhas e terras firmes do mar oceano". Os monarcas lhe deram cartas vagamente endereçadas "ao Sereníssimo Príncipe, nosso amigo dileto", as quais Colombo pretendia firmemente apresentar ao governante da China. Entretanto, Fernando e Isabel estavam preocupados com os benefícios que Portugal vinha granjeando com a exploração atlântica. O país vizinho tinha acesso ao ouro proveniente do outro lado do Saara e estava explorando rotas para o oceano Índico. Além das ilhas Canárias, Castela não obtivera recursos adicionais no exterior. Quando ficou claro que era possível financiar o projeto de Colombo sem nenhum custo direto para o rei e a rainha (o velho disparate segundo o qual Isabel empenhou suas joias para custear as despesas de Colombo é outro mito), tudo parecia indicar que não havia nenhum motivo para impedi-lo de se fazer à vela e ver o que acontecia.

Os principais investidores na viagem (um grupo de banqueiros italianos radicados em Sevilha e algumas autoridades das cortes de Castela e Aragão) já haviam participado do financiamento de uma série de expedições de conquista das ilhas Canárias e tinham condições de monitorar os benefícios da empresa transatlântica. As três pequenas naus e seus tripulantes procediam do porto de Palos de la Frontera, graças à colaboração de Martín Alonso Pinzón, um armador local que foi o piloto e um rival potencial de Colombo na travessia. Martín Alonso assumiu o comando de *Niña*; seu irmão Vicente Yáñez foi designado o capitão de *Pinta*, e a nau capitânia, *Santa María*, ficou sob os cuidados de Colombo... que, a partir de então, fez questão de ser chamado de "o almirante" com certa grandiloquência. Ao equipar *Niña* com uma vela quadrada para que ficasse exatamente igual aos outros dois navios, os comandantes da expedição demonstraram sua confiança em que navegariam com vento de popa durante toda a travessia que os aguardava.

Escolheram as ilhas Canárias como ponto de partida. Os motivos são óbvios, ainda que Colombo nunca os tenha explicitado. O arquipélago contava com o porto de San Sebastián de la Gomera, o mais ocidental de que uma frota espanhola podia zarpar. A latitude equivalia à que quase todos os cartógrafos calculavam ser a de Guangzou, o porto mais famoso do mundo chinês. Partindo de Gomera no dia 6 de setembro, aproaram devidamente ao oeste. O plano era continuar avançando até dar com terra.

Entretanto, era algo mais fácil de dizer do que de fazer. No hemisfério Norte, os navegantes experimentados podiam manter o rumo orientando-se pela observação do céu a olho nu, em um ângulo de elevação constante com o sol do meio-dia enquanto houvesse luz, e com a estrela Polar à noite. Colombo se dizia capaz de fazê-lo sozinho — mas, tendo em conta o seu hábito de se louvar sem razão, seria imprudente dar crédito às afirmações. Uma história provavelmente originada numa das narrações de Colombo das próprias proezas reflete como ele utilizava os instrumentos de navegação. Em 24 de setembro, depois de uma série de falsos avisos de terra à vista, os tripulantes mais descontentes começaram a resmungar entre si que era "uma grande loucura e que eram homicidas de si mesmos por arriscarem a própria vida a fim de acompanhar a maluquice de um estrangeiro que se dispunha a morrer para vir a ser um grande senhor".[6] Se era isso que a tripulação pensava, ela estava certa. "Vir a ser um grande senhor" era o principal estímulo de Colombo. Alguns marinheiros achavam que "o melhor era jogá-lo no mar à noite, se ele teimasse em seguir adiante, e dizer que caiu ao observar a estrela Polar com o seu quadrante ou astrolábio". A história evoca muito a do cientista excêntrico praticando em desajeitada solidão suas técnicas modernas ao mesmo tempo que lutava para se equilibrar numa coberta bamboleante, as mãos ocupadas com artefatos astronômicos de difícil manejo.

Em princípio, o quadrante e o astrolábio são fáceis de usar para determinar a latitude. Trata-se de fixar a Polar pela mira estreita que há numa vareta unida a uma armação e ler a latitude a partir do ponto correspondente numa escala adjunta. Na prática, a técnica é pouquíssimo confiável numa superfície instável. Derrotado pelo vaivém do navio — como qualquer um que tentasse usar o instrumental de navegação naquela época —, Colombo nunca utilizou aquela valiosa tecnologia com precisão. Pelo contrário, confiava num modo menos vistoso e mais tradicional de manter o rumo. Ele dispunha de um exemplar do almanaque do navegante comum, que tabulava a latitude de acordo com as horas de luz. Durante a noite, registrava o tempo mediante um método tradicional, observando a passagem das Guardas junto à estrela Polar da constelação da Ursa Menor. No dia 30 de setembro, por exemplo, ele contabilizou uma noite de nove horas de duração, o que lhe rendia o dado de quinze horas de luz solar. Depois calculou a latitude correspondente consultando uma tabela. Durante toda a travessia, os erros que registrou coincidiram exatamente com os equívocos da tabela. Os instrumentos não passavam de um embuste, e ele os esgrimia como a varinha de um mágico, para desviar a atenção do seu público do que realmente estava acontecendo.

Uma gravura que ilustra uma das primeiras edições do primeiro diário de viagem de Colombo capta bem a imagem que ele queria transmitir: solitário na sua nau, manipula o cordame, como se não houvesse mais ninguém para fazer esse trabalho pesado; ele representa o paradigma do herói solitário e sem amigos, um triunfo da determinação natural. Colombo era prisioneiro da angústia do isolamento e de um temor muito próximo da paranoia à perfídia dos que o cercavam. Era um estranho em companhia de qualquer um, um forasteiro excluído das lealdades quase tribais que dividiam a tripulação: os bascos, que se amotinavam juntos; e os homens de Palos, que deviam lealdade ao clã dos Pinzón.

Quatro outros temas dominaram as memórias de viagem que Colombo escreveu posteriormente: os falsos avisos de terra à vista, que minavam o moral da tripulação; o medo de não conseguir encontrar ventos que os levassem de volta para casa, de modo que eles continuariam a ser arrastados para o oeste; a tensão que aumentava entre os pilotos e entre estes e a tripulação; e as dúvidas já perceptíveis do próprio Colombo, que o afligiam cada vez mais à medida que a expedição passava dias e dias sem avistar terra.

Ele procurava sinais — os remoinhos e o voo baixo das aves — e começou, implicitamente, a comparar aquela travessia com a viagem da arca de Noé, pois apreciava — ou talvez imaginasse — a visita de "aves terrestres cantoras" ao seu barco. As alusões bíblicas se multiplicavam. No dia 23 de setembro, ele anotou "um mar alto, que nunca se viu igual, salvo no tempo dos judeus quando fugiram do Egito atrás de Moisés".[7] Aflorava em Colombo a convicção cada vez mais firme de que tinha uma espécie de pacto pessoal com Deus; quando voltou à Espanha, ele tinha se tornado um visionário, sujeito à ilusão periódica de que uma voz divina lhe falava diretamente.

Colombo não tardou a reconhecer intimamente as dúvidas com relação à distância a que se encontrava das Índias: poucos dias depois de partir de Gomera, começou a falsificar o diário de bordo, diminuindo o número de milhas nas cifras que transmitia aos homens. Como tendia a superestimar a distância nos seus cálculos, o diário falso era mais fiel do que o que ele anotava para si. Seu espírito otimista e a suposição de que o oceano devia estar salpicado de ilhas suscitavam constantemente a esperança de avistar terra em breve. O mais leve indício — uma chuva casual, a passagem de um pássaro, um suposto rio — provocava expectativas condenadas a serem frustradas. Em 25 de setembro, ele declarou ter certeza de que estava passando entre ilhas. Embora não tivesse se sentido seguro a ponto de virar e ir procurá-las, inscreveu-as na sua carta de navegação. Entrementes, estava tão preocupado com a angústia da tripulação que se alegrou ao topar com vento adverso. "Eu precisava muito desse vento contrário", escreveu, "porque agora a tripulação acredita que nestes mares sopram ventos para voltar à Espanha."[8]

No fim da primeira semana de outubro, quando a paciência devia ser artigo muitíssimo valorizado em toda a frota, Colombo e Pinzón se reuniram para ter uma entrevista acrimoniosa. Se os cálculos de Colombo estavam corretos, eles já deviam ter encontrado terra àquela altura. Martín Alonso exigiu mudança de curso para o sudoeste, onde esperava que ficasse o Japão. Inicialmente, Colombo se recusou, alegando que era "melhor ir primeiro à terra firme". Mas sua resistência foi passageira. No dia 7 de outubro, atraído pelos recursos usados pelos marinheiros perdidos — o voo das aves e a forma das nuvens — ou talvez convencido pela ameaça de um motim, desviou o rumo para o sudoeste. Em 10 de outubro, os homens "não aguentavam mais". A crise passou naquela mesma noite. No dia seguinte, aumentou o número de detritos flutuantes e, ao anoitecer, todo mundo parecia antecipar com emoção a chegada a terra. Durante a noite, Colombo afirmou depois, ele "teve certeza de estar próximo à terra. Disse que o primeiro que anunciasse ver terra receberia um casaco de seda, sem contar as outras recompensas que os reis tinham prometido".[9]

Às duas horas da madrugada de sexta-feira, 12 de outubro, depois de cinco semanas de viagem, um marinheiro trepado no cordame da nau de Martín Alonso soltou o grito de "Terra à vista!". O sinal combinado — um tiro de canhão pequeno — ressoou, e os três navios reagiram com louvores a Deus. Para decepção do vigia, Colombo reclamou a recompensa para si, alegando ter visto uma luz em terra na noite anterior. A cobiça não explica esse egoísmo tão assombrosamente injusto. Colombo — no papel cavalheiresco que se atribuía — tinha de ser o primeiro a avistar terra, como o herói exemplar de uma versão espanhola do romance de Alexandre, no qual este se faz ao mar rumo à Índia e "E assim falou Alexandre, de todos o primeiro,/ Que tinha visto terra antes que qualquer marinheiro".[10]

Considerando os desvios não registrados, as distorções das variações magnéticas e a pouca confiabilidade dos fragmentos que restaram do diário de bordo, é impossível reconstruir a rota de Colombo com certeza. Por conseguinte, não sabemos com exatidão que terra ele avistou. Suas descrições de lugares e trajetos geralmente são muito vagas e eivadas de contradições para merecer confiança. Os relatos de viagem são altamente imaginativos, quase poéticos, e os leitores que os interpretam ao pé da letra ficam exaustos com o esforço de lhes dar coerência. A única coisa que se sabe ao certo da primeira ilha com que ele entrou em contato ao chegar ao Caribe é que era pequena, plana, fértil, salpicada de charcos e bem protegida por um recife, tendo no centro uma lagoa, como a chamou Colombo, e uma pequena língua de terra ou península no lado oriental: formava um porto natural praticável. Podia ser qualquer ilha das Bahamas ou do conjunto insular de Turcas e Caicos. Segundo Colombo, os indígenas se chamavam guanaanis. Ele a batizou com o nome de San Salvador. A ilha atualmente conhecida como Watling parece ser a que melhor se encaixa na sua descrição.

A julgar pelo material remanescente, o que mais o impressionou foram os indígenas. Esse dado não reflete necessariamente as prioridades de Colombo, pois seu primeiro editor, cujos excertos dos documentos do explorador são praticamente tudo de que dispomos da descrição que ele fez da sua primeira viagem, tinha obsessão pelos "índios" do Novo Mundo. Selecionou tudo que lhes dizia respeito e excluiu, talvez, boa parte do que não se referia a eles. A narração do encontro, tal como nos chegou, suscita quatro temas.

Primeiro, Colombo sublinha a nudez das pessoas que encontrou. Para alguns leitores daquele tempo, a nudez tinha conotações negativas, como hoje em dia pode acontecer nos Estados Unidos, onde ela parece inseparável do medo escabroso de excessos sexuais. Alguns clérigos da Baixa Idade Média eram obcecados pelo pavor a certos hereges denominados "adamitas", os quais supostamente acreditavam viver num estado de inocência constante, o que manifestavam andando pelados, pelo menos nas suas congregações, nas quais, segundo diziam, se entregavam a orgias de promiscuidade. A seita parece ter existido apenas nas mentes mais exaltadas. Todavia, os transtornos desse tipo não abundavam tanto quanto nos nossos dias. Quase todos os contemporâneos de Colombo tinham uma imagem favorável da nudez. Para os humanistas de orientação clássica, ela representava um tipo de inocência silvestre que os poetas da Antiguidade associavam à "idade de ouro". Para os franciscanos, a fonte da maior parte das influências religiosas importantes de Colombo, a nudez era um sinal de submissão a Deus: o próprio são Francisco se desnudara para proclamar sua vocação. É provável que grande parte dos leitores da época inferisse que os nativos que Colombo encontrou eram "homens naturais", livres dos avanços e corrupções da civilização.

Em segundo lugar, Colombo comparou reiteradamente os ilhéus com os canarinos, os negros e as raças humanoides monstruosas que a imaginação popular supunha que povoavam as regiões inexploradas da Terra. O propósito da comparação era mais estabelecer aspectos doutrinários que transmitir uma ideia de como eram os ilhéus: conforme uma tese da época de Aristóteles, as pessoas que viviam em latitudes semelhantes se pareciam, como os canarinos e os negros africanos; tinham um aspecto físico normal, não monstruoso, e, por conseguinte — de acordo com um lugar-comum da psicologia medieval —, eram plenamente humanas e racionais. Essa circunstância as habilitava a se converter ao cristianismo.

Terceiro, Colombo insistia na bondade natural daquela gente. Caracterizou-a como criaturas ingênuas, absolutamente pacíficas, não corrompidas pela cobiça material — aliás, mais bondosas graças à pobreza — e com um traço de religião natural não canalizada para orientações consideradas "antinaturais", como a idolatria. Consequentemente, os "índios" de Colombo eram um exemplo moral para os cristãos. A imagem lembra muito a longa série de pagãos exemplares da literatura medieval, cuja bondade se interpretava como um reproche para os cristãos perversos.

Por último, Colombo estava à procura de provas de que os indígenas eram comercialmente exploráveis. À primeira vista, isso parece contradizer o elogio que faz das suas qualidades morais, porém muitos dos seus comentários eram ambivalentes. O fato de os indígenas desconhecerem a guerra consolidava suas credenciais de inocência, mas os tornava mais fáceis de conquistar. Sua nudez podia evocar uma situação idílica, no entanto, para as mentalidades mais céticas, também a selvageria e a semelhança com os animais. Sua falta de tino comercial demonstrava que eram ao mesmo tempo puros e fáceis de enganar. Suas faculdades racionais serviam, simultaneamente, para que fossem reconhecidos como humanos e explorados como escravos. A atitude de Colombo era ambígua, embora não necessariamente matreira. Sem dúvida, ele ficou dividido entre atitudes opostas em sua percepção dos nativos.

Colombo passou o período entre 15 e 23 de outubro reconhecendo pequenas ilhas. Seus comentários indicam que ele sentia — ou disso queria se convencer — que, aos seus olhos, os nativos estavam se tornando mais civilizados ou pelo menos mais astutos. Em determinado lugar, sabiam desenvolver uma negociação; noutro, as mulheres usavam uma vestimenta muito sumária; num terceiro, as casas eram acolhedoras e limpas. Por meio de uma linguagem de sinais ou da interpretação das expressões dos nativos, multiplicavam-se os indícios de que havia um sistema de governo maduro, dirigido por um rei. Ainda que não se saiba onde situar essas ilhas no mapa do Caribe, elas ocupam um lugar importante no mapa mental de Colombo: estavam alinhadas e conduziam à sonhada "terra muito proveitosa".[11] Na sua imaginação, a primeira peça de ouro de que lhe falaram, no dia 17 de outubro, tornou-se um exemplo de cunhagem de algum grande príncipe.

Essa mesma tensão gerada por expectativas cada vez maiores afetou sua percepção do mundo natural. Ele afirmou ter visto plantas híbridas que não podiam existir. Apontou a abundância de lentisco onde não havia. Especulou com tinturas, drogas e especiarias que confessava não poder identificar. Navegou pelo Caribe sequestrando ou seduzindo guias nativos para que acompanhassem as naus. As ilhas se uniam por uma rede comercial de canoas e os navegantes locais tinham um mapa mental detalhado, o qual, numa viagem posterior, foi fornecido por alguns deles por meio de um esboço de uma planta com feijão e seixos.

No entanto, do ponto de vista de Colombo, as perspectivas comerciais pareciam desalentadoras. Uma das gravuras que ilustram seu primeiro diário impresso mostra o que ele procurava: a sotavento de uma das ilhas que descobriu, vê-se uma valiosa galera mercante, enquanto mercadores de turbante e túnica orientais trocam curiosidades com os indígenas na praia. A cena era fabulosa, entretanto Colombo tinha esperança de que essas perspectivas se abrissem ante seus olhos na realidade, como prova de que ele estava perto das prósperas economias da Ásia. Mas, pelo contrário, parecia ter deparado com um obstáculo situado cronologicamente na Idade da Pedra, no qual ninguém manufaturava nenhum produto para o qual ele pudesse encontrar mercado.

Pelo menos na imaginação, Colombo estava se aproximando de países civilizados e de transações lucrativas. Ao se acercar de Cuba em 24 de outubro, presumiu que estava prestes a encontrar o Japão ou a China. Quando lá chegou, refugiou-se em descrições vagas que pouco refletiam a realidade. Tudo era sumamente doce e belo. À medida que se evidenciava que os habitantes eram pobres e sócios comerciais improváveis, ele começou a advogar a evangelização como justificação alternativa da sua empresa. Esboçou a imagem de uma Igreja purificada, povoada de seres inocentes e imaculados. Pensou então em escravizá-los para compensar a falta de outros bens mercantis — o que era típico de Colombo, para quem nunca foi difícil alimentar ideias incompatíveis.

Decepcionado com Cuba, tentou abandonar a ilha, mas ventos adversos frustraram várias tentativas. Contudo, Martín Pinzón conseguiu partir sozinho e ficou isolado quase até o fim da expedição. Como era de esperar, Colombo desconfiou que o seu segundo a bordo fosse desleal e estivesse em busca de algum benefício pessoal. No dia 4 de dezembro, finalmente conseguiu sair de Cuba e deu com La Hispaniola. Por dois motivos, era a ilha mais importante que ia encontrar. Primeiro, produzia importantes quantidades de ouro. O metal precioso era um elemento decisivo na missão de Colombo; sem ouro, era quase totalmente certo que, ao regressar, ele soçobraria no ridículo e no ostracismo. Em segundo lugar, a ilha abrigava uma cultura indígena com riqueza e prosperidade suficientes para impressionar os espanhóis. Colombo pôde estabelecer relações amistosas com alguns nativos, ou pelo menos nisso acreditou, e fixar no seu território a pretensa localização de uma futura colônia.

Na parte desse relato que chegou até nós, ele menciona escassamente a superioridade material da civilização das ilhas. Mas as sofisticadas obras de cantaria e carpintaria, os espaços cerimoniais, os campos de jogo marcados com pedras, os colares, os pen-

A nudez e o pudor dos indígenas simbolizam a inocência, enquanto o rei da Espanha observa o desembarque de Colombo. Extraído de uma versão versificada do relato de Colombo.

dentes e as estilizadas estátuas de pedra, os tronos de madeira finamente talhada e a elaborada joalheria pessoal — tudo contribuiu para convencê-lo de que La Hispaniola era seu melhor achado até então, o que oferecia o ambiente mais promissor e abrigava os habitantes mais engenhosos. "Aqui só falta", escreveu ele aos monarcas, "estabelecer a presença espanhola e mandá-los fazer o que se quiser [...] Pois eles são bons para ser comandados e trabalhar e semear e fazer tudo quanto for necessário, e construir vilas e aprender a andar vestidos e a adotar os nossos costumes."[12] Nas percepções cambiantes que Colombo tinha dos povos, anunciavam-se todas as preocupações do futuro da Espanha no Novo Mundo. A perspectiva colonial no longo prazo desalojou os benefícios de curto prazo que ele imaginara inicialmente: os produtos exóticos, o lucro mercantil. Na Arcádia desigual que agora contemplava, os nativos seriam "civilizados" à imagem e semelhança dos espanhóis, e os colonos seriam tanto mestres como senhores. Os espanhóis podiam sugar como as sanguessugas, construir como as abelhas ou estender uma rede de captura como as aranhas. Nem Colombo nem seus sucessores resolveram as contradições.

Para compreender o estado mental febril que dele se apoderou, é necessário um voo de imaginação: como seria estar isolado naquele que ele chamava de "mar de sangue", a milhares de quilômetros de casa, cercado de perigos desconhecidos, desconcertado por um meio inusual, para o qual a leitura e a experiência não haviam equipado, nem a ele nem a seus homens, e rodeado pelo balbuciar e os gestos ininteligíveis dos guias cativos? Em tais circunstâncias, não surpreende que a capacidade de compreensão da realidade claudicasse. Inicialmente, Colombo não se inclinava a acreditar nas histórias dos nativos, segundo as quais eles eram caçados por inimigos canibais (embora fossem essencialmente verdadeiras). No entanto, dentro de algumas semanas, ele mesmo se pôs a entreter fantasias muito mais atrevidas: de ilhas povoadas por amazonas e homens calvos, da inimizade de Satanás, "que desejava impedir a viagem", ou a proximidade do lendário Preste João (de acordo com a lenda medieval, um potentado cristão que vivia nas profundezas da Ásia e desejava se unir a uma cruzada do Ocidente).

Nessa situação, Colombo afirmou ter tido uma revelação súbita. Na véspera de Natal, sua nau capitânia ficou à deriva. De início, ele pensou em culpar a negligência de um marinheiro preguiçoso que, contrariando ordens, deixou o leme nas mãos de um garoto. No dia seguinte, depois de refletir, passou a ver os fatos de modo muito diferente, como o resultado da traição dos "homens de Palos", que tinham começado por lhe dar um navio imprestável e acabaram se mostrando incapazes de mantê-lo longe das rochas. A maldade da tripulação parecia ter sido ordenada pela Providência com a mesma certeza que a de Judas. "Foi uma grande ventura", escreveu, "e o desígnio expresso de Deus o barco ter encalhado ali." O fato o obrigou a abandonar alguns dos seus homens; uma guarnição que, ele esperava, se transformaria na semente da colônia. Os restos do navio e a tripulação satisfariam as necessidades do momento. Como por milagre, os destroços da nau forneceram "tábuas para delas fazer toda a fortaleza e mantimentos de pão e vinho para mais de um ano e sementes para plantar e a barca do navio e um calafate e um carpinteiro e um bombardeiro e um toneleiro".[13]

A catástrofe redirecionou os pensamentos de Colombo para a Europa. Tinha colhido muitas amostras de ouro, de chili picante, boatos sobre a existência de pérolas e alguns espécimes humanos na forma de indígenas sequestrados para serem exibidos na corte. Descobrira o abacaxi, o fumo — "umas folhas secas que devem ser coisa muito apreciada entre eles", embora ainda não soubesse para que serviam —,[14] a canoa e a rede, um presente da tecnologia caribenha para o mundo em geral e os marinheiros em particular. Embora não tivesse chegado à China nem ao Japão, dizia ele consigo, pelo menos descobrira "uma maravilha"; talvez o reino de Sabá ou então a terra de que os reis magos partiram com seus presentes de ouro e fragrâncias.

Em 15 de janeiro, Colombo encontrou ventos favoráveis para empreender a viagem de volta. Curiosamente, começou aproando ao sudeste, mas logo alterou para aquilo que decerto sempre esteve nos seus planos: rumar para o norte, rastreando o oceano à procura dos ventos do oeste com os quais estava familiarizado desde as suas primeiras experiências de navegação atlântica. Tudo correu bastante bem até o dia 14 de fevereiro, quando ele enfrentou uma tempestade terrível, que desencadeou a primeira de uma longa série de intensas experiências religiosas que se repetiriam toda vez que se defrontava com uma crise grave na vida. Tão grande era a certeza expressa por Colombo de ter sido escolhido por Deus que, hoje em dia, seria considerada indício de desequilíbrio mental. Deus o tinha poupado com fins divinos; salvara-o dos inimigos que o cercavam; "e havia muitas outras coisas grandemente prodigiosas que Deus levara a cabo nele e através dele".[15] Depois de se refugiar nos Açores, chegou à Espanha via Lisboa, felicitando-se pela sua maravilhosa libertação. Lá teve três entrevistas com o rei de Portugal — um curioso incidente que despertou suspeitas quanto às suas intenções. Martín Pinzón, de quem a tormenta o havia separado, chegou quase ao mesmo tempo, exausto do esforço da viagem. Morreu antes de apresentar um relatório aos monarcas. Colombo ficou com o terreno totalmente livre.

As opiniões sobre a proeza de Colombo estavam divididas. Um cosmógrafo da corte qualificou-a de "viagem mais divina que humana". Mas foram poucos os comentaristas que endossaram o parecer do navegante. Este precisou insistir em que tinha chegado à Ásia ou dela se acercara; as recompensas prometidas pelos monarcas dependiam de que tivesse cumprido a palavra nesse aspecto. Entretanto, no entender da maioria dos expertos, era impossível que tivesse chegado à Ásia ou se aproximado dela: o mundo era demasiado grande para isso. O mais provável era que tivesse descoberto novas ilhas atlânticas, como as Canárias. Talvez tivesse tropeçado nas "Antípodas" — opinião que muitos geógrafos humanistas sustentavam com alegria. "Levantai os espíritos!", escreveu um deles. "Oh, venturosa façanha! Sob os auspícios dos meus reis começou a se conhecer o que esteve oculto desde o princípio da criação até o presente!"

Como se soube depois, isso estava mais próximo da verdade: de fato, lá havia um hemisfério até então desconhecido. Numa viagem subsequente, Colombo se deu conta de que descobrira, efetivamente, o que ele chamou de "outro mundo". Mas seu contrato com os monarcas estava vinculado à promessa de uma rota curta para a Ásia, e ele foi obrigado a perseverar que a tinha cumprido para poder cobrar a recompensa. Os exploradores que conferiram sua viagem em anos posteriores daquela mesma década demonstraram que a rota de Colombo levava a uma vasta região de território contínuo sem nenhuma das características, povos e produtos que os europeus esperavam encontrar na Ásia. Porém, continuaram à procura de uma rota ocidental para o Leste. Os mapas do século XVI geralmente subestimam a extensão do continente americano e do oceano Pacífico. Suas verdadeiras dimensões só afloraram muito paulatinamente no transcurso dos séculos XVI e XVII.

A maior parte dos presentes que Colombo levou consigo tinha certo atrativo exótico: indígenas cativos, papagaios, espécimes de uma flora até então desconhecida... mas nada obviamente explorável. Não obstante, ele obtivera uma pequena quantidade de ouro comerciando com os nativos. E afirmava ter chegado perto das minas das quais provinha o metal. Ora, do ponto de vista dos monarcas, isso já bastava para que valesse a pena empreender outra viagem para lá. Colombo partiu no dia 24 de setembro de 1493.

Dessa vez, escolheu uma rota muito mais ao sul que a anterior a Dominica, nas Pequenas Antilhas, a qual demonstrou ser o caminho mais curto e rápido para atravessar o Atlântico. Uma vez de volta ao Caribe, a imagem que ele tinha dos seus descobrimentos se esfacelou. Em primeiro lugar, as histórias de canibalismo se revelaram horripilantemente verdadeiras quando os exploradores se viram diante dos preparativos de uma festa antropófaga na ilha a que Colombo deu o nome de Guadalupe. Depois, o que era ainda mais sinistro, ao chegar a Hispaniola, ele descobriu que os índios haviam massacrado a guarnição lá deixada — o que mais dizer acerca dos "índios" tão inofensivos e dóceis? Em seguida, quando Colombo estava se esforçando para construir um assentamento, o clima se revelou fatal. Aquele que ele elogiara como idealmente saudável mostrou-se insuportavelmente úmido. No começo, seus homens se inquietaram, mas não tardaram a se rebelar. Havia relatórios — ou eram depois maquiados? — segundo os quais se ouviam gemidos espectrais e se viam tenebrosas procissões de homens decapitados a saudarem, com ar lúgubre, os colonos famélicos pelas ruas.

As decepções encobriam um feito assombroso. Entre as duas viagens, quando atravessou o oceano em 1492 e em 1493, Colombo estabeleceu as rotas de ida e volta mais práticas e exploráveis do Atlântico, ligando o cinturão densamente povoado do Velho Mundo, que se estendia desde a China e atravessava o sul e o sudoeste da Ásia até abranger o Mediterrâneo, ao umbral das regiões mais ricas e povoadas do Novo Mundo.

Outros exploradores se açodaram a explorar aquela novidade. Consequentemente, os anos da década de 1490 foram decisivos para o empenho europeu em chegar ao resto do mundo pelo oceano. Em 1496, outro aventureiro italiano, financiado por comerciantes de Bristol e pela Coroa inglesa, descobriu uma rota direta pelo Atlântico Norte, utilizando os ventos primaveris variáveis no trajeto de ida e ventos do oeste no de volta; a rota, no entanto, não era inteiramente fiável e não evoluiu muito durante mais de cem anos, a não ser para o acesso à pesca de bacalhau de Terra Nova. Entrementes, as missões portuguesas enviadas ao Índico pelas rotas tradicionais investigaram se esse oceano era de fato cercado por terra. Em 1497-8, uma iniciativa comercial portuguesa fomentada pela Coroa e provavelmente financiada por banqueiros florentinos procurou aproveitar os ventos do oeste do Atlântico para chegar ao oceano Índico. Seu comandante, Vasco da Gama, virou para o leste prematuramente e teve de lutar muito para contornar o cabo da Boa Esperança. Em todo caso, conseguiu atravessar o oceano Índico e chegar a Calicute, um porto em que abundava a pimenta. A viagem seguinte, em 1500, usou a rota direta sem maiores complicações. Enquanto isso, decepcionados com a conduta cada vez mais errática de Colombo, Fernando e Isabel cancelaram o monopólio de que ele desfrutava e abriram a navegação do Atlântico para seus rivais. Em 1498, Colombo demonstrou efetivamente a natureza continental das suas descobertas; antes que a década chegasse ao fim, as viagens posteriores realizadas pelos concorrentes confirmaram o fato e traçaram o perfil litorâneo do Novo Mundo desde as estreituras do istmo centro-americano até bem ao sul do equador; com toda probabilidade, pelo menos até 35 graus mais ao sul.

Esse avanço da década de 1490, que inaugurou rotas marítimas comerciais diretas e de longa distância entre a Europa, a Ásia e a África, parece repentino; mas é compreensível diante do pano de fundo da lenta evolução da tecnologia e do conhecimento europeus e da aceleração dos benefícios obtidos com a exploração atlântica na década anterior. Ele significou algo além disso? Há muito tempo os historiadores europeus tentam explicá-lo alegando que a Europa tinha algo especial — algo de que os europeus dispunham e de que os outros careciam, o que explicaria por que as rotas que circundavam o planeta para unir o Velho Mundo ao Novo e o oceano Índico ao Atlântico foram descobertas por empresas europeias, e não pelas de exploradores de outras culturas.

A tecnologia é uma esfera de indagação imprescindível. Por exemplo, seria impossível para os exploradores permanecer muito tempo no mar ou voltar para casa de destinos desconhecidos sem que se houvessem aperfeiçoado os tonéis de armazenamento de água e desenvolvido técnicas de navegação adequadas. A maior parte das ajudas técnicas da época, no entanto, parece completamente inadequada a esses fins. Para se orientar em águas desconhecidas, os navegantes dependiam do mero acúmulo de conhecimentos e saberes práticos. A inépcia de Colombo com o quadrante e o astrolábio sugere uma conclusão adicional: se essa tecnologia fosse decisiva, os marinheiros chineses, muçulmanos e indianos, que dispunham de ferramentas semelhantes vários séculos antes, teriam chegado mais longe muito antes que qualquer um dos seus homólogos europeus.

O ofício dos carpinteiros de navios era misterioso, santificado pelas imagens sagradas a que se associavam os barcos: a arca da salvação, a barca agitada pela tempestade ou a nau dos loucos. Em parte por isso, era uma profissão tradicional em que as inovações costumavam ser lentíssimas. Pouco a pouco, durante os séculos XIV e XV, as escolas atlântica e mediterrânea de estaleiros intercambiaram métodos de fabricação de cascos. Os carpinteiros do Atlântico e do norte da Europa construíam naves para mares difíceis. O critério principal era a durabilidade. Via de regra, armavam o casco tábua por tábua, estendendo-as para que se sobrepusessem por toda a sua longitude, e, a seguir, fixavam-nas com pregos. Os construtores mediterrâneos preferiam começar pela armação. Depois pregavam as tábuas por cima, uma junto à outra. O método mediterrâneo era mais econômico. Requeria menos madeira e muito menos pregos; uma vez construída a armação, podia-se confiar a maior parte do trabalho restante a mão de obra menos especializada. Assim, a construção de navios que se iniciava com a armação se estendeu por toda a Europa até se transformar, no século XVI, no método habitual em todos os lugres. Contudo, como se supunha que as naus iam carregar muito peso, suportar guerras ou mares em condições extremas, continuou valendo a pena investir no método robusto de tábuas superpostas.

Os navios que transportaram os primeiros exploradores do Atlântico tinham casco arredondado e velas quadradas: bons para navegar com vento e, por conseguinte, para traçar rotas de ida a partir da península Ibérica com os alísios que sopram do nordeste e retornar via Açores com os ventos do oeste do Atlântico Norte. Contribuíram para isso algumas melhoras na manobrabilidade graças a minúsculos avanços adicionais nos cordames. No século XV, na costa da África Ocidental, apareceram cada vez com mais frequência barcos dotados de pelo menos uma vela triangular — e às vezes com duas ou três suspensas sobre compridas vergas amarradas com corda a mastros com um ângulo de inclinação muito agudo relativamente à coberta. Esses navios, chamados de "caravelas", podiam navegar muito cingidos ao vento contrário, fazendo manobras em espaços bem mais reduzidos que um navio convencional quando tentavam abrir caminho através dos alísios sem precisar fazer grandes desvios para o sul; geralmente, as caravelas só podiam manter um rumo de trinta graus contra o vento. Foram úteis em todo o litoral africano, porém não contribuíram muito para a navegação transatlântica. Colombo descartou o aparelho triangular de um dos seus barcos em favor das velas quadradas tradicionais.

Se a tecnologia é incapaz de explicar o que aconteceu, a maior parte dos traços culturais apresentados continua explicando muito pouco, tanto por não serem exclusivos da costa da Europa Ocidental quanto por não passarem de falsificações ou não estarem disponíveis no momento oportuno. A cultura política de um sistema de concorrência entre Estados era a mesma no sudeste da Ásia e em algumas regiões da Europa que em nada contribuíram para a exploração. Em todos os continentes, os exploradores do mundo moderno operavam entre Estados em expansão e rivais ansiosos por emulá-los. O cristianismo tinha menos propensão para o comércio do que o islamismo ou o judaísmo, entre outras religiões que valorizam a vida comercial como meio de alcançar a virtude. A tradição de curiosidade científica e empirismo era tão poderosa no islã e na China quanto na imagem que temos da Baixa Idade Média (embora seja verdade que, posteriormente, se observou uma cultura científica diferenciada na Europa e em algumas regiões do Novo Mundo colonizadas pelo velho continente). O fervor missionário é um vício ou uma virtude muito difundida, e, a despeito de quase todos os nossos manuais de história o ignorarem, tanto o islamismo como o budismo viveram uma expansão extraordinária em territórios e comunidades novos ao mesmo tempo que o cristianismo no período que consideramos a Baixa Idade Média e a aurora da modernidade. O imperialismo e a violência não são vícios exclusivos dos brancos. Nós vimos provas de uma única característica da cultura europeia que, sem dúvida, transformou a região num território singularmente favorável à proliferação de exploradores. Estes estavam impregnados da idealização da aventura. Muitos compartilhavam o nobre éthos aristocrático do seu tempo ou se esforçavam para encarná-lo: o código cavalheiresco. Seus navios eram corcéis cobertos de xabraques de cores vistosas, e eles singravam as ondas como ginetes.

A penetração no Atlântico fez parte de um fenômeno mais vasto: "a ascensão do Ocidente", "o milagre europeu" — a elevação das sociedades ocidentais à supremacia na história do mundo moderno. Graças ao deslocamento da concentração do poder e das fontes de iniciativa tradicionais, os antigos núcleos como China, Índia e parte do islã transformaram-se em periferia, e a antiga periferia, na Europa Ocidental e no Novo Mundo, passou a ocupar lugar central. Mas, ao que parece, o salto dos europeus para a hegemonia marítima global resultou não da superioridade europeia, e sim da indiferença dos outros e da negligência dos rivais potenciais nesse âmbito. O esforço marítimo otomano foi extraordinário para os padrões da época. Todavia, os estreitos o obstruíram em todas as direções. O acesso aos oceanos a partir do Mediterrâneo central, do golfo Pérsico e do mar Vermelho se dava por canais estreitos que o inimigo podia vigiar facilmente. Em outras regiões do mundo, das quais nos ocuparemos a seguir, as oportunidades eram limitadas ou foram desprezadas. A Rússia — situada na sua maior parte e irremediavelmente diante de um oceano de gelo, apesar do heroísmo dos monges que colonizaram ilhas do mar Branco no século XV — concentrou a atenção na expansão terrestre. A atividade naval chinesa foi abortada no século XV, provavelmente em consequência do triunfo dos mandarins confucionistas na corte, que detestavam o imperialismo e desprezavam o comércio. Na maior parte das outras regiões do mundo, as civilizações tinham chegado ao limite das viagens marítimas com a tecnologia disponível ou estavam imobilizadas pelos ventos ou cercadas pelo próprio retraimento. Para entender a oportunidade da Europa, convém analisar as regiões potencialmente rivais. Podemos começar acompanhando a trajetória imaginária de Colombo rumo à China e ao mundo do oceano Índico, ver o que estava acontecendo por lá em 1492 e nos anos imediatamente anteriores e posteriores.

8. “Entre os salgueiros que cantam”

A China, o Japão e a Coreia

Suzhou, décimo quinto dia do sétimo mês: Shen Zhou pinta uma experiência mística

Quando não conseguia dormir, o pintor acendia uma vela para ler. Mas a leitura nunca lhe devolvia o sossego. Numa noite de verão de 1492, adormeceu com o rumor da chuva. De repente, uma rajada de vento frio tornou a deixá-lo em estado de vigília.

A chuva tinha cessado. Ele se levantou, vestiu-se e abriu um livro, como de costume, à luz trêmula da vela. Mas, como estava muito cansado para ler, simplesmente se sentou e ficou em silêncio absoluto sob uma lua quase apagada, com os postigos escancarados para que o ar refrescado pela chuva entrasse. Acocorado numa banqueta baixa, passou o resto da noite assomado à escuridão do acanhado pátio da sua casa com o olhar distraído. Pelo que recordava na manhã seguinte, ficou sentado “calmamente, sem fazer nada”.

Pouco a pouco, começou a reparar nos sons. Em algum lugar, o vento fazia o bambu sussurrar de leve. De vez em quando, os cães rosnavam. Os tambores dos guardiões marcavam a passagem das horas. Quando a alva despontou e a luz do dia começou a se propagar, o pintor ouviu um sino distante. Tomou consciência de sensações que ele geralmente reprimia e das pequenas experiências que dão realce à vida e não se podem encontrar nos livros. Começou a receber do mundo as imagens que tanto se esforçava para refletir nos quadros: percepções verazes que vão além das aparências e atingem o âmago da natureza das coisas. Todos os sons e cores lhe pareceram novos.

"Golpeiam em uníssono o ouvido e o olho", disse ele, "nítida e maravilhosamente para vir a fazer parte de mim."

Ele não só registrou a experiência por escrito como a traçou com tinta preta e colorida num pergaminho destinado a ser lastreado e pendurado numa parede. A pintura existe até hoje. No centro da composição, o pintor é uma figura minúscula e alquebrada, envolta numa bata fina e com um coque no alto da cabeça de resto calva. Na mesa ao seu lado, a luz tênue da vela gasta começa a fumegar. Fora, o resplendor anuviado do amanhecer revela a imensidão da natureza, que torna o pintor ainda mais insignificante na sua frágil morada. Árvores altas e de raízes grossas se erguem ao céu, as escarpas ascendem e as montanhas pontiagudas formam o pano de fundo. Mas toda a energia da natureza parece concentrada naquele homenzinho diminuto que ocupa o centro, sem o perturbar.

Ao concluir o pergaminho, estampou nele seu nome: Shen Zhou. Tinha 65 anos e era um dos pintores mais célebres da China. Rico por mérito próprio, gozou de um privilégio quase exclusivo entre os pintores de todo o mundo naquela época. Podia se furtar aos caprichos dos mecenas e pintar o que bem entendesse.[1]

Ao mesmo tempo, no outro extremo do mundo, outro indivíduo com tendências místicas e acostumado a tresnoitar tentava imaginar como era a China. Cristóvão Colombo ia para lá. Pelo menos, era o que esperava; ou o que dizia.

Shen Zhou representou a sua vigília noturna neste esboço, no qual se retrata apequenado pela natureza, assim como numa longa narração em prosa.

Enquanto Shen Zhou buscava a calma e refletia com serenidade, Colombo não conseguia resistir à inquietude e atuava numa região do mundo violenta e instável. Os leitores do capítulo anterior hão de se lembrar da sua história. Pobre, mas ambicioso, de recursos modestos e perspectivas limitadas, ele tentou por todos os meios ingressar num mundo de abastança e grandeza: experimentou alistar-se na guerra; pensou em fazer carreira na Igreja; esforçou-se em vão para acumular fortuna na atividade de mercador de pouca monta, transportando açúcar e borracha por todo o Mediterrâneo e a zona oriental do Atlântico. Vimos que se casou, ao que parece não por amor, com a filha de um aristocrata de segunda classe, o que tampouco lhe serviu de meio para ascender muito na escala social. Modelara a sua existência de acordo com a ficção e havia tentado emular a vida dos heróis dos romances populares do século XV: um romance de cavalaria marinheiro.

Enfim, enquanto ele procurava alguém de posses que financiasse a iniciativa de empreender uma travessia de descobrimentos, ocorreu-lhe a ideia de propor um atalho para a China pelo oeste, através do oceano, "por onde", dizia, "até hoje não sabemos ao certo se alguém passou". As dúvidas o atormentavam. Ninguém sabia a que distância ficava a China, mas os geógrafos europeus tinham certeza de que o mundo era muito vasto para que os frágeis barcos da época pudessem rodeá-lo, dadas as limitações para armazenar comida fresca e água potável. Todo mundo dizia que a China ficava tão longe que Colombo e sua tripulação, caso lá chegassem, estariam mortos quando o navio atracasse. Mas, para quem vivia fugindo do fracasso e da pobreza, parecia valer a pena correr o risco. Os banqueiros de Sevilha — cidade da costa atlântica espanhola em plena expansão — que o apoiaram não tiveram de arriscar muito. E, se Colombo conseguisse levar a cabo a façanha que prometia, os lucros seriam deslumbrantes.

Um dos inspiradores da empresa de Colombo, o geógrafo florentino Paolo Toscanelli, havia esboçado as possibilidades:

> [O] número de mercadores que se fazem ao mar na China é tão elevado que, numa única cidade portuária aristocrática, ultrapassa o de todos os outros comerciantes do mundo [...] Os ocidentais deviam procurar uma rota para lá chegar, não só pelas riquezas

> imensas que nos aguardam em forma de ouro e prata, todo tipo de joias e especiarias jamais conhecidas, como também pelos sábios, filósofos e hábeis astrólogos da China.[2]

Os europeus não sabiam muito da China, entretanto sabiam que era o maior e mais rico mercado, a economia mais produtiva e o império mais poderoso do mundo. Afora isso, as informações detalhadas de que dispunham eram desatualizadas. Até uns cem anos antes, o contato com a China tinha sido bastante intenso. Mercadores e missionários iam e vinham pelas Rotas da Seda que atravessavam os desertos e montanhas da Ásia Central distribuindo artigos e propagando ideias por todo o continente e o mundo. Durante algum tempo, no século XIII e no início do XIV, era até possível tomar uma via rápida a cavalo pelas estepes europeias, a fabulosa, árida e ventosa campina que forma um arco quase ininterrupto desde as planícies da Hungria até o deserto de Gobi e as portas da China, atravessando a Mongólia. Os imperialistas mongóis unificaram todo o traçado, conquistaram o território chinês, policiaram as Rotas da Seda e favoreceram as comunicações em toda a extensão das terras que governavam.

Mas, em 1368, uma revolução na China expulsou os herdeiros dos mongóis e bloqueou os caminhos. A última missão europeia documentada à região havia percorrido a rota em 1390. Desde então, o silêncio sepultara aquele império remoto. A única descrição pormenorizada disponível na Europa era ainda mais antiquada, pois se tratava de uma compilação de Marco Polo elaborada no fim do século XIII. Como vimos, Colombo e seus contemporâneos ainda pensavam que o imperador da China fosse o grão-cã: um título mongol que nenhum mandatário chinês ostentava desde a revolução de 1368. Apesar da ânsia desmedida por todo tipo de artigos orientais, os europeus não sabiam praticamente nada da porcelana ou do chá, as exportações chinesas que transformariam o seu gosto dos séculos ulteriores.

No entanto, eles tinham razão quanto a uma coisa: o contato com a China podia oferecer-lhes oportunidades sem precedentes de enriquecer. Desde a época dos romanos, a Europa desejava irromper na zona comercial mais rica do mundo, porém sempre tivera de lutar com inconvenientes aparentemente insuperáveis. Ainda que conseguissem chegar à China ou aos outros mercados fabulosos e opulentos do oceano Índico e do litoral asiático, eles não tinham o que vender. Seu cantinho remoto e periférico da Eurásia era demasiado pobre. Como já lamentava um guia italiano do século XIV sobre o comércio chinês, os mercadores europeus com destino à China tinham de levar prata — mesmo arriscando empobrecer ainda mais a Europa ao transferir lingotes para o Oriente —, pois o mundo chinês não aceitava mais nada como pagamento. Na fronteira, eram obrigados a entregar a prata aos funcionários da aduana e em troca recebiam papel-moeda. Para os atrasadíssimos europeus, essa novidade pasmosa requeria explicações e garantias.

No século XV, embora os europeus ainda não o soubessem, a transformação da situação econômica da China e da Ásia Oriental em geral estava fazendo aflorar oportunidades novas, pois, na China, o valor da prata vinha aumentando de modo espetacular em relação aos outros mercados asiáticos à medida que declinava a confiança das pessoas na moeda de papel e de cobre. Quem levasse prata da Índia e do Japão, onde era relativamente barata, para a China, onde era possível trocá-la por ouro ou bens em condições favoráveis, acabava acumulando uma fortuna. Se conseguissem chegar de barco aos portos orientais, os europeus podiam se beneficiar com o saldo.

As novas circunstâncias criaram as condições para que a história do mundo se desenvolvesse de outro modo, nunca visto.

O plano de Colombo de chegar à China fazia parte de uma dinâmica potencialmente capaz de transformar o mundo e, em última instância, de pôr em contato as economias do Oriente e do Ocidente, integrando-as num sistema global único. Uma rota para os mercados orientais daria aos ocidentais acesso a tesouros com os quais eles antes só podiam sonhar e lhes permitiria reduzir as distâncias com as economias mais ricas e os Estados mais poderosos que até então dominavam o mundo.

Colombo, no entanto, nunca chegou à China. Na sua primeira viagem, topou com as ilhas do Caribe e deformou o nome dos seus habitantes — transformou "caniba" em "povo do cã" —, fantasiando uma suposta proximidade do Oriente. Quando regressou à Espanha, os gravadores ilustraram as informações que ele trouxe acerca daquela gente nua e pobre com imagens de comerciantes chineses fazendo negócio no litoral. Em 1493, de volta a Cuba, Colombo a circum-navegou parcialmente e fez a tripulação jurar que não se tratava de uma ilha, e sim de um promontório do continente chinês. Nas viagens posteriores, mesmo depois de perceber que se achava em "outro mundo", continuou alimentando a esperança de que a China estivesse perto, no outro extremo de um estreito ainda a ser descoberto ou à volta de um cabo fora do seu alcance.

Se tivesse chegado ao seu objetivo, o que encontraria?

A China era o que havia de mais parecido com uma potência mundial na época: maior e mais rica que todos os seus possíveis competidores juntos. A diferença no volume da população era decisiva. Os dados então colhidos eram fragmentários e enganosos, pois milhões de habitantes conseguiam esconder sua existência do Estado para evitar pagar impostos e ser obrigados a trabalhar. O país dispunha dos métodos de recenseamento mais sofisticados do mundo, mas a cifra de menos de 60 milhões de habitantes proposta pelos estatísticos do império em 1491 sem dúvidas era muito subestimada. Talvez sua população fosse de aproximadamente 100 milhões, ao passo que a totalidade da europeia mal chegava à metade disso. A envergadura do mercado e a escala da produção condiziam com o nível demográfico. A economia mastodôntica do império apequenava a de qualquer outro Estado. Seus imensos excedentes de riqueza deformavam a economia de todos os territórios que a ele recorressem para travar relações comerciais, desde a Europa, a Ásia e o oceano Índico até o Japão. A China produzia uma quantidade tão grande de qualquer coisa que era baixíssima sua demanda de bens importados. Em todo caso, os artigos de luxo que importava, sobretudo as especiarias, as ervas aromáticas, a prata e (o mais problemático) os cavalos de guerra, que nunca eram suficientes, chegavam a um preço proibitivo para os compradores dos outros cantos do mundo.

Temos acesso a um instantâneo da China daquela época, mas, obviamente, não de fontes ocidentais. Um funcionário coreano naufragou na costa chinesa em 1488 e, quando ficou detido no país enquanto as autoridades investigavam sua situação, anotou suas experiências e observações. Os compatriotas coreanos não acreditaram no relato que ele foi obrigado a fazer na corte em 1492. Sem dúvida, o conhecimento dos clássicos confucionistas e a admiração pela cultura chinesa o influenciaram. Mesmo assim, o diário que Ch'oe Pu redigiu na sua longa viagem desde a costa até a capital pelo canal e depois de volta à Coreia por terra constitui um registro único e vívido de um observador muito perspicaz, que descreveu — segundo um editor do século XVI — "o oceano, as montanhas, os rios, os artigos, as pessoas e os costumes sempre cambiantes que presenciou durante todo o trajeto".[3] No seu entender, os chineses reconheciam a Coreia como "uma terra de protocolo e moralidade",[4] uma terra como a deles, na qual havia gente com que se podia lidar. Mas a falta de familiaridade com os estrangeiros suscitava surpresa e desconfiança. Em quase todos os encontros que Ch'oe Pu manteve, seus anfitriões começaram pensando mal dele; tomavam-no por um pirata japonês ou um espião estrangeiro. Às vezes, durante a luta para provar sua identidade, ele sentia que "teria sido mais simples morrer no mar".[5] Não falava chinês, porém se fazia entender escrevendo com os caracteres que a Coreia tomara emprestados da China. Até mesmo os interlocutores mais cultos ficavam desconcertados com a novidade que ele representava. "Por que", perguntou-lhe um deles numa conversa típica, "se os vossos carros têm eixo da mesma largura e os vossos livros, os mesmos caracteres que os da China, a vossa língua não é a mesma?"[6]

Mesmo assim, Ch'oe Pu estava disposto a admirar a China e encontrou uma infinidade de elementos em que basear seu fascínio. Conheceu ladrões tão amáveis que lhe devolveram a sela roubada. Quando mostrava seus certificados, os funcionários manifestavam respeito pela boa qualificação que ele obtivera nos exames de admissão à administração da Coreia.[7] Quando seu grupo foi a pé para o norte, partindo do remoto encrave costeiro de Zhejiang, onde seu barco sofreu o acidente, os funcionários chineses se prontificaram com uma eficácia extraordinária, inclusive com um toque de informalidade. Acompanhados por uma escolta militar, inicialmente em oito liteiras, depois num barco pela grande rede de rios e canais da China, eles avançaram com esforço, mesmo nas piores condições climatológicas. "As leis da China são rigorosas", informou o responsável pela guarnição a Ch'oe Pu, que queria parar ante a iminência de uma tempestade. "Se houver a menor demora, nós seremos castigados"; e tinha razão. Quando eles chegaram a Hangzhou, ao cabo de pouco menos de quinze dias na estrada e tendo descansado só um, sua dedicação foi recompensada com uma sessão de chibatadas por terem demorado tanto. A lei era injusta, mas era assim. Na China, as leis serviam para dissuadir, em consonância com um princípio confucionista: os castigos deviam ser rigorosamente dissuasivos para que nunca fosse necessário impô-los.

Ch'oe Pu aprovou esse princípio e, em geral, a boa organização do Estado. Os historiadores ocidentais dedicaram muito tempo a discussões absurdas para determinar qual foi o "primeiro Estado moderno"; uns o situam na Inglaterra, outros na França ou no império espanhol, e alguns nos Países Baixos ou até na Lituânia. Mas a China já vinha mostrando havia vários séculos que possuía os elementos considerados essenciais: soberania interna, um governo centralizado, administradores nomeados pelo centro, um sistema administrativo homogêneo, uma legislação, uma moeda e um sistema de pesos e medidas uniformes, rapidez de comunicações no interior e uma burocracia escolhida em função dos méritos, que tornava desnecessário delegar o poder local ou regional aos aristocratas. Os candidatos às magistraturas provinciais — funcionários que representavam o imperador, aplicavam a lei, faziam cumprir a lei, arrecadavam impostos e supervisionavam as medidas de segurança — eram escolhidos mediante um exame de conhecimentos dos clássicos do confucionismo, no qual tinham de redigir textos que comprovassem sua capacidade de reunir argumentos a favor e contra diferentes proposições e escolher entre eles em função de critérios morais e práticos. No fim do século XV, os funcionários tinham de enviar uma autoavaliação de seis em seis anos, e os que apresentassem as qualificações mais baixas recebiam uma inspeção dos superiores, que colhiam as queixas de qualquer um que afirmasse ter sido tratado de maneira injusta.

O que mais impressionou Ch'oe Pu foi a riqueza da China. Até mesmo nas regiões selvagens e propensas à malária que teve de atravessar no começo, ele descobriu que "as pessoas prosperavam e as moradias eram esplêndidas". Sua descrição de Suzhou destila a inveja de quem contempla vitrines com os olhos arregalados, impressionado com "todas as riquezas da terra e do mar, com sedas finas, tules, ouro, prata, joias, artesanato e arte, mercadores poderosos e ricos". Os mercados se multiplicavam como as estrelas e os barcos proliferavam como as nuvens. A vida era suntuosa. Ao sul do rio Yangtze, onde "as torres sobressaem a outras torres e os barcos se acumulam formando uma fileira ininterrupta de proas e popas", Ch'oe Pu descobriu uma riqueza incomparável e uma civilização exemplar em que "até os meninos de aldeia, os barqueiros e os marinheiros sabem ler".[8] Partes do norte e do oeste do país pareciam menos prósperas, pois havia muitas casas baixas com telhado de junco e assentamentos menos numerosos. Aos olhos preconceituosos de Ch'oe Pu, era maior a influência bárbara naquelas regiões, que se fazia sentir na atitude violenta de alguns habitantes. Entretanto, de modo geral, a China satisfez as expectativas do visitante; a imagem que ele desenhou é a de uma terra florescente sob o regime benévolo de uma elite confucionista altruísta.

Ele estava correto quanto ao poder da burocracia. A China já era um Estado moderno, com uma classe de funcionários recrutados — na teoria — em todos os âmbitos da sociedade, em função de um mérito comprovado mediante um exame de conhecimentos dos clássicos do confucionismo. O imperador não podia viver sem eles. Em períodos no fim do século XIV e no XV, os imperadores tentaram dispensar, ignorar ou substituir os funcionários por uma elite rival qualquer — por exemplo, os eunucos da corte, os mandachuvas do exército ou o clero budista ou taoista. Mas os mandarins venceram em todas as disputas pelo poder. Havia vezes em que se declaravam em greve; em outras, intimidavam os imperadores apenas com sua superioridade intelectual. Eles emergiam de cada nova crise com uma sensação reforçada de que eram indispensáveis.

Apesar do poder da burocracia, outras fontes mostram que o Estado não tinha facilidade para tributar a riqueza da China com eficácia ou de transformá-la num poderio militar efetivo. Nenhuma província pagava integralmente sua cota fiscal. No fim do século XV, algumas eram incapazes de arrecadar o suficiente para pagar suas guarnições. A partir de 1490, a fome devastou a região de Xenzi, produtora de chá, e os agricultores destinaram seus bens à compra de grãos. Na década de 1490, muitas unidades militares já contavam com menos de 15% do seu efetivo oficial. Ao mesmo tempo que o exército definhava por falta de dinheiro, a escassez de cavalos deixava-o relativamente paralisado.

Segundo uma tradição consagrada pelo tempo, o Estado trocava chá por cavalos com os pastores da Ásia Central. Os melhores espécimes chegavam do outro lado do deserto e das montanhas, da região de Fergana, que atualmente se estende pelo Uzbequistão, o Quirguistão e o Tadjiquistão. Entrementes, as guerras da Ásia Central pelo controle de Fergana interromperam o comércio de cavalos e puseram em perigo a segurança da própria China. Em 1492, os chineses pensaram que tinham negociado a paz entre os reinos em guerra, mas o candidato chinês para o disputado trono de Fergana foi sequestrado quando estava a caminho de assumir essa posição. A muito custo, os chineses tiveram de recrutar forças para empreender uma expedição punitiva. Em 1497, conseguiram impor seu candidato, mas a guerra continuava fazendo estragos, e a capacidade da China de intervir de forma efetiva gradativamente definhou.

O imperialismo dos Ming também fraquejava na fronteira meridional: nos primeiros tempos da dinastia, a China não hesitava em interferir na política dos Estados do sudeste da Ásia para garantir que o poder ficasse nas mãos de regimes por ela aprovados. Mas, na década de 1480, quando o governante do Vietnã tomou a iniciativa de incorporar o Sudeste Asiático ao seu império, a China se limitou a emitir uma leve reprovação, confirmando os valores confucionistas, manifestando respeito aos países que pagavam tributos, preocupando-se com seus súditos e "mostrando indignação". A exibição militar teve um papel importante para compensar a falta de medidas de força efetivas. Ch'oe Pu foi convidado a ver "milhares de armas e escudos" enfileirados nas muralhas de Yueh-ch'i (Xinjiang) em meio a "uma infinidade de estandartes" e ao estrondo de gongos e tambores.[9]

Por outro lado, a leitura nas entrelinhas mostra que o sistema político descrito por Ch'oe Pu sofria de imperfeições notáveis. Aparentemente, a China era um Estado moderno exemplar, com uma burocracia e um judiciário selecionados pelo mérito, qualificados pela educação e o exame, nomeados e remunerados pelo governo. Na prática, contudo, nunca havia dinheiro suficiente para financiar o sistema. A família imperial representava um fardo monumental para o erário. Todos os descendentes vivos do fundador da dinastia, filhos de esposas e concubinas oficiais, que costumavam ser numerosas, viviam de pensão do Estado; e o primeiro imperador Ming teve 26 filhos. O número de familiares que vivia à custa do império aumentava exponencialmente. Um príncipe tinha 94 filhos. Os funcionários eram pagos em grãos e, quando o déficit ou os custos de conversão transformavam seus vencimentos em dinheiro, era raro receberem mais que uma parte insignificante do que lhes cabia — às vezes, não mais que 5% do valor fixado. Não que os salários fossem muito generosos. Na prática, os funcionários tinham de ser ricos, corruptos ou as duas coisas. Às vezes, Ch'oe Pu tinha de recorrer ao suborno para evitar a custódia policial. Seu diário mostra que os funcionários manipulavam os informes que mandavam para a corte a fim de poupar o imperador de notícias ruins. Todos os dados sobre pirataria, banditismo, distúrbios rurais e negligência administrativa tinham sido excluídos dos documentos que o coreano viu compilados. Alguns funcionários faziam, deliberadamente, com que os náufragos passassem por piratas japoneses com vistas a receber a recompensa oferecida.

Portanto, o ideal chinês de manter o poder político longe dos ricos não se materializava na realidade. Além disso, embora a elite confucionista fosse uma suposta meritocracia, não faltavam indícios da existência de todos os vícios que afligem as aristocracias. O sistema de exames garantia que os funcionários compartilhassem a mesma formação e atitude. O fato de a maioria deles ter de ascender por categorias de serviço idênticas às que davam acesso ao trono lhes conferia um sólido esprit de corps. Unia-os a veneração dos valores confucionistas. Eles compartilhavam a convicção de que a direção dos assuntos do Estado era, ao mesmo tempo, um privilégio e uma responsabilidade. Defendiam seus privilégios econômicos e sociais tradicionais, que os imperadores procuravam restringir periodicamente — sobretudo a isenção de algumas modalidades de impostos para eles e seus familiares. Constituíam uma classe composta por 10 mil indivíduos com uma percepção notavelmente homogênea de si próprios e um ciúme profundo de qualquer intruso que com eles pretendesse disputar o poder. Sentiam-se particularmente incomodados pelas minorias religiosas que aspiravam ao poder e à influência na corte: os budistas, suspeitos de querer acumular riqueza para tomar o poder, e os taoistas, cuja religião arcana eles desprezavam por considerá-la uma miscelânea de magia e fraude.

Também estavam em jogo questões filosóficas, pois, para os confucionistas, os deuses representavam uma influência remota e benfeitora desde que o imperador cumprisse os ritos que, na teoria, contribuíam para manter a harmonia entre o céu e a terra. Já budistas e taoistas não acreditavam que o Universo fosse tão fácil de manejar e se esforçavam muito para alcançar a virtude e até para sobreviver num mundo natural abarrotado de espíritos desfavoráveis. O islamismo, que chegara à China pouco depois da morte do profeta Maomé, ainda era insignificante do ponto de vista numérico, mas contava com uma quantidade relativamente grande de seguidores entre os eunucos da corte. Estes rivalizavam com os mandarins burocratas para ocupar cargos de poder, pois eram dependentes do imperador e não enfrentavam os conflitos de interesse nem as ambições políticas que a posteridade incorpora.

Ainda que os eunucos, os budistas e os taoistas sempre discordassem da classe dominante confucionista, outros setores da elite colaboravam de forma excepcional. No passado, os comerciantes e os mandarins geralmente conflitavam por causa do desprezo dos sábios pelos valores comerciais. Vislumbravam-se, porém, sinais de aproximação. A rigor, os comerciantes não podiam gravar inscrições comemorativas nas sepulturas porque constituíam a camada mais baixa da sociedade, inferior até mesmo aos camponeses e aos artesãos. Segundo a máxima de princípios do século XVI, "a pequena nobreza sabe se orientar para o estudo, o campesinato sabe se dedicar à agricultura, e os comerciantes, com seu fervor pelo comércio, não vão além da sua condição".[10]

Mas a riqueza é capaz de contornar as convenções, como demonstra o caso de Wang Zheng, um dos homens mais ricos da China, que, herdeiro de uma fortuna, acumulou outra com o negócio de cereais. Quando morreu, aos setenta anos, teve o privilégio de poder inscrever um epitáfio longo, lisonjeiro e, mesmo assim, informativo. Como qualificar-se de comerciante seria uma afronta, ele se autodenominou "sábio desempregado", pois tinha cultivado hábitos de estudo desde a infância. "As matérias que seu coração mais apreciava", dizia a lápide, "eram a caligrafia antiga e contemporânea e o desenho a tinta." Embora afirmasse detestar a sua profissão e a tivesse abandonado assim que pôde para se dedicar a atividades altruístas — a filantropia e a função oficial de secretário de um magistrado —, foi hábil nos negócios a ponto de adquirir uma coleção de arte em que "os melhores quadros, na verdade, não tinham preço". Ele depositou todas as suas aspirações nos filhos, os quais prestaram exame de admissão à administração e fizeram carreira oficial.[11] Há registro de casos semelhantes entre os comerciantes de sal de Yangzhou. Quando um dos mais bem-sucedidos deles, Fan Yenfu, se aposentou, na metade da década de 1490, os funcionários locais entregaram-lhe uma recopilação de escritos acadêmicos, sinal de que lhe atribuíam idêntica relevância nos valores que todos eles consideravam próprios da elite.

Em certos aspectos, fazia tempo que os imperadores da dinastia Ming tinham se transformado nos principais forasteiros ao enfrentar o establishment confucionista. Enquanto se esforçava para equilibrar as forças das facções religiosas confrontadas, a dinastia governante decidiu chamar-se "Ming" num desafio ao confucionismo, pois o nome era um epíteto budista. Referia-se à época "brilhante" pressagiada na divindade lendária Maitreya, que, segundo uma das variantes do budismo, presidiria o fim do mundo. Embora os imperadores posteriores dificilmente conseguissem fugir aos valores confucionistas adquiridos na educação cortesã, a tensão existente no momento da fundação da dinastia Ming persistia. Os imperadores frequentemente tentavam reduzir a força com que a classe administrativa se agarrava ao poder, no entanto sempre fracassavam. Em diversas ocasiões, procuraram fortalecer o clero budista ou taoista para contrabalançar a influência dos mandarins. Em 1486, 1120 monges ocupavam cargos oficiais na corte.

Para contrariedade da classe dos funcionários, os imperadores empregavam milhares de eunucos; na década de 1480, eles eram tão numerosos quanto os mandarins a serviço do império. Ch'oe Pu ficou surpreso com a quantidade de eunucos no poder; na Coreia, queixou-se, eles só serviam para varrer o palácio e levar recados.[12] Na China, porém, encarregavam-se de muitos departamentos oficiais, entre os quais o temível órgão de segurança interna, o chamado Arsenal do Ocidente, criado em 1477 para capturar e punir os suspeitos de traição. Todavia, a confiança depositada nos mandarins para que exercessem os cargos da administração provincial e dos tribunais de justiça se mostrou inelutável. Ademais, em geral, no século XV, os imperadores tendiam a viver pouco e herdavam dos pais e avós conselheiros mandarins "de barba branca".

No fim do século XV, a corte imperial chinesa ficou paralisada por uma reação favorável ao poder político da classe dos mandarins — algo parecido com uma revolução confucionista. Em grande medida, isso se deveu a uma mudança no topo do poder: a ascensão de um imperador meticulosamente formado no fervor confucionista e profundamente conivente com sua elite. Contudo, em parte também era uma reação ao crescimento espetacular do número, da riqueza e da força dos inimigos dos confucionistas nos reinados precedentes. Confucionistas, budistas e taoistas se odiavam mutuamente. Um juiz que acusou o monge favorito do imperador anterior de ser "um vagabundo inútil tirado do mercado" foi espancado, rebaixado e deportado. Outros críticos confucionistas dos monges receberam o mesmo tratamento. Em 1476, 100 mil sacerdotes budistas se ordenaram. No ano seguinte, o imperador determinou que, daquela data em diante, as cerimônias de ordenação seriam realizadas somente de vinte em vinte anos. O governo também tentou endurecer os requisitos para a ordenação nas hierarquias budista e taoista. O escândalo estourou quando a venda de certificados de ordenação — por exemplo, 10 mil para arrecadar fundos para aliviar a fome em Shaanxi em 1484 — inflacionou os números. Os certificados estavam em branco. Os compradores só precisavam preenchê-los com seu nome. "A menos que adotemos as medidas oportunas", informava um funcionário preocupado em 1479, "nas piores situações, eles podem se reunir nas montanhas e florestas para planejar atos criminosos; e, em situações menos graves, podem difundir boatos para alarmar a população. Em qualquer caso, o prejuízo que causam nunca é pequeno."[13]

A inflação do clero budista prosseguiu com mais 200 mil ordenações em 1486. Naquele mesmo ano, porém, um novo imperador subiu ao trono. Zhu Yutang, que veio a ser o imperador Hongxi, aspirava a ser um príncipe confucionista perfeito. Ordenou a execução ou a expulsão dos adivinhos que proliferavam na época do seu antecessor e enxotou da corte mais de mil monges budistas e taoistas. Restabeleceu ritos abandonados, a leitura dos textos confucionistas, o estudo do direito e a reforma das instituições jurídicas. Embelezou o templo de Confúcio de Qufu com um pavilhão literário. Em 1497, quando um incêndio destruiu algumas instituições taoistas de Beijing, um dos principais ministros do imperador zombou abertamente: "Se eles tivessem força sobrenatural, não seriam protegidos por ela? O céu despreza semelhante imundície".[14] Qixao, o monge budista que ocupou o cargo informal de favorito no reinado anterior, foi acusado de apropriação indébita de fundos do Estado e de tráfico de afrodisíacos. Decapitaram-no em 1488.

Em todo caso, na prática, muitos fios teciam a vida espiritual da corte, e era difícil extirpar completamente o taoismo e o budismo. O imperador ainda confiava na aplicação da magia taoista à medicina. Favorecia os pintores que glorificavam o conhecimento, mas os heróis confucianos nunca monopolizaram a temática dos artistas. Ao que parece, o favorito pessoal do imperador representava uma opção assombrosa: um bêbado excêntrico de Nanquim chamado Wu Wei. Como muitos outros mandarins empobrecidos, Wu tornou-se pintor porque sua família não tinha condições de custear sua formação acadêmica nem de conseguir-lhe um emprego na burocracia imperial. Seu pai tinha dilapidado a fortuna da família em experimentos de alquimia — prática à qual um taoista era capaz de se entregar, mas que um bom confucionista trataria de evitar. Talvez fugindo da vergonha, Wu cultivou certa fama de boêmio ao desdenhar mecenas, frequentar prostíbulos e exibir um virtuosismo

Na pintura de Wu Wei, um lendário santo taoista contempla o mar pisando o milagroso báculo que lhe servirá de balsa.

insolente: pintava obras-primas tão embriagado que não parava em pé, às vezes usando as mãos em vez de pincéis ou besuntando o papel ou a seda com talheres. Quando usava o pincel, agarrava-o e empunhava-o com força e insolência, como se quisesse esfaquear e rasgar a superfície com pinceladas diagonais. O resultado era surpreendentemente brilhante. Mas, apesar dos delitos contra o decoro e da elaboração de muitas obras taoistas piedosas para clientes monásticos, Wu sabia agradar um patrono confucionista.

Para entender o atrativo que ele representava, convém comparar a sua obra com a do seu contemporâneo e veterano Shen Zhou. As montanhas de Shen se erguem imponentes, as árvores se sobressaem, o próprio ar das suas obras parece vibrar com uma energia cósmica apreciável. Os feitos e as vidas humanas se reduzem a pontinhos sumidos na imensidão. Sua obra mais célebre foi pintada em 1487 e atualmente faz parte do acervo do Museu do Palácio Nacional de Taipé. Conhecida pelo título *Pensamentos chuvosos*, a pintura recorda o gosto e as circunstâncias que se manifestam na experiência mística induzida pela chuva com a qual iniciamos este capítulo. Ele percebeu que a experiência humana é incompleta até que, graças a algum poder imperceptível, venha a fazer parte da própria pessoa. Até esse momento, talvez o sino e o tambor emudeçam e a beleza da paisagem permaneça invisível. Os sons e a visão se desvanecem no ar. Porém, quando se registram na mente humana, a memória e a arte se perpetuam. O pintor chamou essa força transmutativa de "vontade".

"Os sons desaparecem, as cores se apagam; mas a minha vontade, ao absorvê-los, persiste. Que é isso que chamamos de vontade? Afinal, está dentro ou fora de mim? Existe nos objetos externos ou nasce por causa deles?"[15]

No sossego da sua vigília, na interpenetração mística com o resto da natureza, quando o seu ser se entregou e se fundiu com os estímulos que o rodeavam, ele percebeu a resposta.

> Como é fabuloso o poder de levantar-se no meio da noite! Devíamos purificar o nosso coração e sentar-nos a sós, à luz de uma vela nova e resplandecente. Com essa prática, conseguimos sondar os princípios subjacentes aos acontecimentos, às coisas e às elaborações mais sutis da mente [...] Com isso, sem dúvida, alcançaremos a compreensão.[16]

Em outra ocasião, ele registrou "num momento casual de júbilo" a noite que passou conversando com um amigo, sob a chuva.

> *Ao pintar um quadro na chuva, eu tomo emprestado o seu tesouro de umidade.*
> *Escrevendo poemas à luz de uma vela, passamos a longa noite.*
> *Ao amanhecer, ao sol, abrimos a porta; o frescor primaveril se difundiu.*
> *À beira do lago me deixas entre os salgueiros que cantam.*[17]

O verdadeiro tema é o mundo encharcado de chuva. O quarto em que os artistas permanecem sentados capta a atenção do espectador porque resplandece com a luz, mas sua envergadura é insignificante, e nós a percebemos sem matizes. A chuva domina a composição, filtrando-se até mesmo no papel em que desliza o pincel molhado de Shen Zhou, salpicando o ar com gotas esponjosas, jorrando dos altos matagais e dos bosques densos que eclipsam a casa frágil do pintor, turvando as montanhas sombrias e ameaçadoras que se veem ao fundo.

Wu Wei, pelo contrário, não pintava as pessoas como fragmentos de uma paisagem ou pingos minúsculos de um cosmos que tudo envolve. Na sua obra, a humanidade quase sempre predomina. Ainda que situasse os personagens em paisagens muito amplas, ele sempre os mostrava maiores e mais ativos do que as figuras habituais de Shen Zhou. Quando pintava sábios, fazia com que presidissem a composição, como se dominassem a natureza graças ao poder da reflexão e aos recursos do conhecimento. Não raro, seus sábios despontam perfilados com clareza, ao passo que as árvores, mais esquemáticas, e as colinas que os cercam parecem mais tênues.

A despeito de nunca ter monopolizado os valores chineses, o confucionismo dominou tanto a cultura cortesã como a da elite administrativa do fim do século XV. De acordo com a opinião mais generalizada, o império já era grande o suficiente para o propósito que perseguia. Abrangia tudo quanto havia de importante debaixo do céu. Podia satisfazer suas necessidades com recursos próprios. Se os "bárbaros" fora de suas fronteiras tivessem a sabedoria de reconhecer a superioridade da China, de venerar o imperador, de pagar tributos e adotar os costumes chineses, isso seria bom para os interesses dos estrangeiros. Entretanto, a melhor maneira de atraí-los era o exemplo, não a guerra. O Estado devia defender suas fronteiras, mas não derramar sangue nem dilapidar riquezas para alargá-las.

No começo do século XV, quando as disputas entre as facções afastaram os confucionistas do poder, durante um breve período a China deu a impressão de ser capaz de realizar um esforço importante para fundar um império marítimo que chegasse inclusive até o outro extremo do oceano Índico. O imperador Yongle (cujo reinado se prolongou de 1402 a 1424) tentou de maneira muito agressiva estabelecer contato com os territórios alheios ao império. Imiscuiu-se na política dos vizinhos meridionais da China no Vietnã e atraiu os japoneses para o comércio. A manifestação mais espetacular daquela nova política orientada para o exterior foi a carreira do almirante e eunuco muçulmano Zheng He. Em 1405, ele dirigiu a primeira de uma série de expedições marítimas cuja finalidade tinha sido objeto de um prolongado debate sem solução entre os sábios, mas que foi concebida, pelo menos em parte, para exercer o poder político em torno das praias do oceano Índico. Substituiu governantes inaceitáveis em Java, na Sumatra e no Sri Lanka, fundou um Estado títere no estreito de Malaca, importantíssimo do ponto de vista comercial, e cobrou tributos de Bengala. Fez uma exibição do poder chinês nada menos que em Jidá, na costa árabe do mar Vermelho, e em portos importantes da África Oriental, chegando pelo sul até a ilha de Zanzibar. "Os países que existem além do horizonte e dos confins da Terra", anunciou com certo exagero, "tornaram-se nossos súditos."[18] Reabasteceu o zoológico imperial com girafas, avestruzes, zebras e rinocerontes (todos considerados feras propiciatórias de boa sorte) e atualizou os conhecimentos chineses de geografia.

As viagens de Zheng He podem ser consideradas uma iniciativa imperial? A finalidade oficial era procurar um aspirante fugitivo ao trono chinês — mas tal missão não teria requerido expedições em tão vasta escala nem a destinos tão remotos. Os chineses chamavam suas naus de "barcos do tesouro" e sublinhavam o que eles denominavam "arrecadação de tributos". (Nos lugares mais distantes que a frota de Zheng He visitou, o que acontecia se parecia mais com um intercâmbio.) Talvez estivessem envolvidos objetivos comerciais. Quase todos os lugares em que ele esteve eram relevantes para o comércio chinês havia algum tempo. Em parte, as viagens eram missões científicas: Ma Huan, o intérprete de Zheng He, intitulou seu livro sobre o tema *Exploração geral das costas do oceano* e aprimorou os mapas; outro fruto das expedições foi a melhora dos dados relativos a plantas, animais e povos das regiões visitadas. No entanto, até certo ponto, deixar uma bandeira como sinal é sempre um ato de demonstração de poder ou pelo menos de prestígio. E a intervenção agressiva que Zheng He fez em alguns lugares, aliada ao tom das inscrições comemorativas que deixou, demonstra que a extensão ou o reforço da imagem e da influência chinesas faziam parte do projeto.

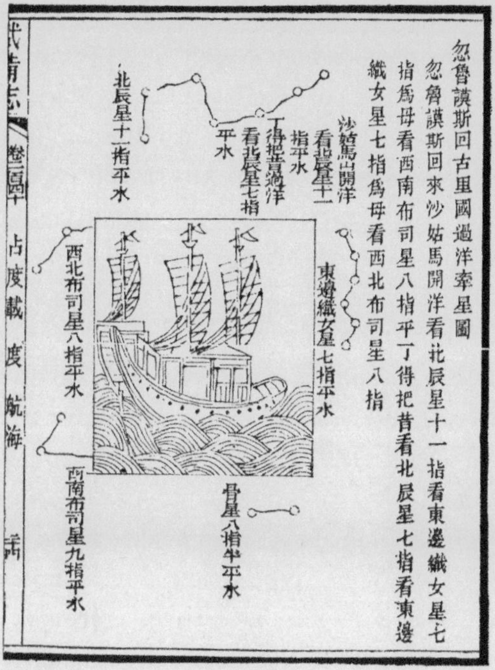

Uma das cartas celestes elaboradas por Ma Huan em viagem com Zheng He entre o golfo Pérsico e Calicute.

É difícil entender o que mais justificaria o investimento colossal que o Estado fez nessa empresa. As expedições de Zheng He adquiriram uma envergadura esmagadora. Seus navios eram muito maiores que os de qualquer Marinha europeia da época. Acredita-se que a primeira expedição incluiu 62 juncos das maiores dimensões jamais construídas, mais um total de 225 navios de apoio e 27 780 homens. A julgar pelo tamanho de uma madre do leme descoberta recentemente, os barcos justificavam a descrição atemorizadora exposta em diferentes comentários da época, pois talvez tenham chegado a deslocar mais de 3 mil toneladas: trata-se de um volume dez vezes superior ao das maiores embarcações da Europa de então. A sétima viagem — provavelmente a que chegou mais longe — navegou 12618 milhas. Cada viagem durava em média mais de dois anos. Formularam-se afirmações absurdas acerca das realizadas por Zheng He. As embarcações da sua frota não ultrapassaram os limites do oceano Índico — muito menos descobriram a América ou a Antártida.

Em todo caso, suas façanhas demonstram claramente o potencial da China de ser o centro de um império marítimo de vasto alcance. Rigorosamente, não se tratava de viagens para descobrir novas rotas. Como vimos, os comerciantes chineses conheciam havia séculos as rotas comerciais do oceano Índico que atravessavam os mares da Ásia até chegar à África Oriental. No início do século XIII, Zhao Rugwa elaborou um guia prático para os viajantes comerciais no Sudeste Asiático e na Índia. Sem dúvida, se as iniciativas contassem com forte apoio, não faltariam oportunidades de ampliar as perspectivas mercantis. Os bens comerciais da região eram muito lucrativos; entre eles, havia especiarias, madeiras nobres aromáticas, medicamentos valiosos e derivados de animais exóticos. No entanto, os motivos para enviar os "barcos do tesouro" transcendiam o comércio. Zheng He estava comprometido com o que hoje chamaríamos de "missões patrióticas" destinadas a impressionar com o poderio chinês a população dos portos visitados e, ao regressar, intimidar os súditos do imperador com objetos exóticos que os chineses consideravam atributos de povos remotos.[19] O pretexto oficial das suas missões — no qual, como hoje, pouca gente acreditava — era perseguir um ex-imperador foragido que se supunha escondido em território estrangeiro. As considerações estratégicas envolvidas eram evidentes. Zheng He interferiu ativamente na política de alguns portos do sudeste da Ásia que eram importantes para o comércio e a segurança da China. Pouco tempo antes, na Ásia Central, surgira um império potencialmente hostil chefiado pelo turco Timur, conhecido no Ocidente como Tamerlão; é possível que a apreensão tenha levado os chineses a procurar aliados e informações relevantes nas regiões limítrofes da nova ameaça. Fossem quais fossem os motivos das expedições, uma das suas consequências foi a consolidação do conhecimento que os chineses tinham das rotas seguidas por Zheng He, assim como a recopilação de mapas práticos e recomendações de navegação úteis.

O almirante era um eunuco muçulmano descendente de mongóis. Todos os seus antecedentes marcavam-no como um estranho na elite acadêmica confucionista que dominava a vida política chinesa. O fato de o imperador tê-lo designado, em 1403, para comandar a primeira força-tarefa oceânica foi um triunfo para quatro facções cortesãs ligadas entre si, cujos interesses colidiam com os valores confucionistas. Em primeiro lugar, o lobby comercial interessado em mobilizar apoio naval para os mercadores chineses no oceano Índico. Junto com os comerciantes, outro grupo de pressão favorável ao imperialismo queria renovar o programa de agressões imperialistas patrocinado pela dinastia anterior, ao qual se opunham os confucionistas, para quem o império devia se expandir, caso fosse necessário, por meios pacíficos e atraindo os "bárbaros" para sua órbita. Havia ainda o sempre poderoso lobby budista, cuja pretensão era de que, em vez de financiar grupos confucionistas céticos ou anticlericais, o Estado destinasse verbas a outros projetos, talvez vendo nisso uma oportunidade de disseminar a fé sob a tutela oficial da expansão imperial.

As viagens serviram para que a China exibisse efetivamente seu potencial como plataforma de lançamento de um império voltado para o mar: a eficiência e a produtividade dos seus estaleiros e a capacidade de preparar expedições de uma força avassaladora e mandá-las percorrer distâncias imensas. Os encontros de Zheng He com seus adversários demonstraram inequivocamente a superioridade chinesa. Na primeira expedição, ele enfrentou um corsário chinês que fundara um Estado bandido próprio em Srivijaya, que tinha sido a capital da Sumatra durante algum tempo. Os piratas foram aniquilados, e seu rei, enviado à China para ser executado. Na terceira viagem, o rei cingalês do Sri Lanka tentou atraí-lo a uma armadilha com o propósito de se apoderar da sua frota. Os chineses dispersaram suas forças, tomaram a capital, deportaram-no para a China e instalaram um aspirante no lugar. Na quarta expedição, um chefe da Sumatra que se recusou a colaborar no intercâmbio de presentes para render tributo foi dominado, capturado e finalmente executado.

De todas as intervenções políticas de Zheng He, talvez a mais relevante, em razão das consequências de longo prazo, tenha sido a tentativa de estabelecer um reino títere dos chineses para controlar o comércio do estreito de Malaca, um gargalo essencial na rota habitual entre a China e a Índia. Ele decidiu promover Parameswara, um chefe bandoleiro que, expulso do próprio reino, consolidou uma praça-forte no território pantanoso hoje conhecido por Malaca, no litoral malásio. Em 1409, Zheng He lhe conferiu selo e túnica reais. Parameswara viajou à China para render tributo em pessoa e estabeleceu uma relação clientelista com o imperador; o patrocínio dos chineses transformou sua modesta praça-forte num empório muito extenso e rico.

A percepção que Zheng He tinha do próprio papel parece ter combinado um impulso imperial com a inspiração pacífica do comércio e do conhecimento. A inscrição de uma estela por ele erigida em 1432 começava em tom patrioteiro: "Na unificação dos mares e continentes, a dinastia Ming vai ainda mais longe que a Han e a Tang [...] Os países de além do horizonte e dos confins da Terra tornaram-se nossos súditos". Era um exagero, mas ele acrescentou um toque de verossimilhança por deferência aos comerciantes e geógrafos: "Por longe que estejam, é possível calcular a sua distância e traçar as rotas que a eles conduzem".[20] Um dos frutos das suas viagens foi uma "exploração geral das costas do oceano". Sobrevivem cópias das cartas náuticas graças ao fato de terem sido reproduzidas numa obra impressa em 1621. Assim como as cartas europeias do mesmo período, são mais diagramas de rumos que tentativas de realizar um mapa em escala. As vias anotadas com rumos de bússola indicam rotas entre portos importantes e acrescentam uma representação visual das orientações de navegação registradas por Zheng He, as quais adotam a forma "siga tal ou qual rumo durante tal ou qual número de guardas". Todos os portos aparecem marcados com a respectiva latitude, segundo a elevação da estrela Polar acima do horizonte, cuja verificação foi feita por Zheng He mediante "planisférios celestes": tiras de ébano de diferentes larguras que, situadas a uma distância fixa do rosto do observador, serviam para medir com exatidão a distância que separava uma estrela do horizonte.

Mas o esforço naval chinês não podia se prolongar. Os historiadores têm discutido muito os motivos pelos quais ele foi abandonado. Pelo menos uma parte da resposta está clara. A elite de sábios detestava as aventuras marítimas e as facções que a apoiavam, tanto que, quando retomaram o poder, os mandarins destruíram quase todos os registros de Zheng He com a intenção de apagá-los da memória. Além disso, as fronteiras terrestres chinesas tornaram-se inseguras à medida que o poder dos mongóis voltou a ganhar força. A China teve de se afastar do mar para enfrentar a nova ameaça. O Estado nunca retomou a expansão marítima. O crescimento do comércio e a colonização chinesa do Sudeste Asiático ficaram por conta dos mercadores e dos imigrantes. A China, o império mais bem-dotado para o imperialismo marítimo, desistiu. Em consequência, potências menores, inclusive as europeias, aproveitaram as oportunidades no mar a que o poderio chinês havia renunciado. O arquipélago de Ryūkyū pôde se unificar e formar um empório próspero para o comércio da China e do Japão com o Sudeste Asiático. Sho Shin o governou a partir de 1477. Desarmou os senhores da guerra, enviou administradores à China para que se formassem nos princípios confucionistas e impôs a paz no interior.

Em muitos aspectos, a retirada da participação nas custosas aventuras em terras distantes foi mérito dos administradores chineses. Quase todas as potências que empreenderam esse tipo de expedição e tentaram impor seu regime em países remotos tiveram motivos para se arrepender. Como vimos, os valores confucionistas priorizavam o bom governo do território nacional. Os "bárbaros" só se submeteriam ao regime chinês se enxergassem os benefícios de fazê-lo. Tentar coagi-los ou sujeitá-los mediante uma derrota era desperdiçar recursos. Ao consolidar um império centrado no seu território e se retirar do imperialismo marítimo, os governantes chineses garantiram a longevidade do Estado. Todos os impérios marítimos fundados no mundo nos últimos quinhentos anos desmoronaram. A China continua presente.

O diário de Ch'oe Pu reflete os sucessos e as limitações do "*soft power*" dos confucionistas chineses, que é como a teoria política moderna o qualificaria. O visitante coreano tinha conhecimento das disputas e dos preconceitos mútuos entre os confucionistas e os budistas de seu país. Era um confucionista tão devoto e respeitoso dos ritos dos defuntos que se negava a renunciar ao luto mesmo quando fazê-lo podia evitar que sua vida corresse perigo, como na ocasião em que seus companheiros temiam uma matança — fosse nas mãos dos bandidos que não se deixavam intimidar pela presença do uniforme oficial de Ch'oe Pu, fosse nas dos camponeses chineses que poderiam tomar os coreanos por piratas japoneses. Ele se recusou a orar num santuário junto a um rio, pois o considerava uma superstição, embora fosse aconselhável respeitar os costumes locais. Desprezava e execrava o budismo. Denunciou a futilidade das orações dos monges e se alegrou muito ao saber da secularização dos mosteiros, já que "os templos abolidos se transformam em casas do povo, os budas destruídos se transformam em receptáculos e as cabeças outrora calvas agora têm cabelo e integram as fileiras do exército".[21]

Ch'oe Pu se dirigia aos seus anfitriões chineses com uma adulação bem calculada, mas que também refletia preconceitos tradicionais da elite coreana: a vontade de mostrar deferência à China e a ansiedade de imitar os chineses. Ele reconhecia que

> no céu não há dois sóis. Como pode haver dois imperadores sob o mesmo céu? O único propósito do meu rei é servir o seu país com devoção.[22] [...] Ainda que a minha Coreia fique do outro lado do mar, como o seu modo de vestir e a sua cultura são idênticos aos da China, não pode ser considerada um país estrangeiro. Menos ainda com a unificação do Grande Ming [...] sob o mesmo teto. Todos os que vivem sob o céu são meus irmãos; como se podem discriminar as pessoas por causa da distância? Isso é particularmente certo no caso do meu país, que serve respeitosamente a corte celestial e paga tributos sem falhar. O imperador, por sua vez, nos trata de forma meticulosa e nos atende com benevolência. A sensação de segurança que ele transmite é perfeita.[23]

Ch'oe Pu aprendeu a construir uma azenha que viu na China porque "será útil para os coreanos dos tempos vindouros". Mas, quando os interrogadores lhe faziam perguntas sobre inteligência militar, respondia com evasivas. Quando lhe perguntaram qual era a distância até a Coreia, ele a exagerou. Quando os funcionários quiseram saber como a Coreia tinha conseguido repelir as tentativas anteriores de conquista por parte dos chineses, ele esquivou-se da pergunta para realçar a fortaleza do seu país.[24]

Naquele tempo, a Coreia atravessava um momento de recuperação do confucionismo parecido com o que vivia a China — se bem que mais frágil. Depois de um período de verdadeira dependência de conselheiros budistas e generoso patrocínio dos seus templos no reinado anterior, o soberano real de Ch'oe, Sŏng-jong, que subiu ao trono em 1470, restaurou o confucionismo tal como o imperador Hongxi fez na China. Mas, ao visitar a Coreia, os dignitários chineses se surpreenderam com aquela terra exótica e bárbara, mais notável pelas diferenças com a China do que pelas semelhanças que os coreanos tanto se empenhavam em estabelecer. Em 1487, chegou à Coreia um embaixador procedente da corte do novo imperador da China. "Os ministros", informou ele,

> usam grampos no cabelo e ficam plantados feito íbis à espera de alguma coisa, enquanto os velhos e os jovens se reúnem em colinas para ver [...] Os leões de pedra descansam sob o sol que nasce no mar. Sentam-se em frente à porta de Kwang-wha olhando para o leste e para o oeste, alçando-se como as torres, maravilhosamente lavrados.[25]

Na sala de audiência, viu acrobatas com máscaras de leão ou de elefante num palácio pintado de vermelho com vitrais verdes.[26] O grau de hospitalidade à hora de comer o impressionou: bandejas de cinco camadas de pão com mel, biscoitos de mel e farinha em pilhas de trinta centímetros de altura, sopa de arroz, conserva de pepino, soja, vinho de arroz com aroma e sabor superiores aos do vinho de painço chinês, vitela, cordeiro, nozes, tâmaras, salsichas de carne de cordeiro, peixe e raízes de lótus para combater o mau hálito.[27]

Ele ministrou conferências sobre o confucionismo para os coreanos, provavelmente irritando seus anfitriões. "Nós proclamamos as cerimônias do Livro da Primavera e do Outono, que diz: 'Os diversos Estados devem primeiro cuidar da retidão do homem individual'."[28] No longo prazo, as conferências não tiveram grande utilidade. Chong-jik, o ministro que implantou a política de revitalização dos cerimoniais na Coreia, faleceu em 1492. Depois da morte do rei, em 1494, seu sucessor inverteu essa política, ordenou a exumação e a decapitação do cadáver de Chong-jik, bem como perseguiu e mandou para o exílio outros confucionistas destacados, inclusive Ch'oe Pu.

O Japão — o outro país com que Colombo esperava travar relações comerciais — não tinha condições sequer de cogitar tomar a iniciativa de chegar ao resto do mundo. Ch'oe Pu, que tanto admirava a China, tinha pouco respeito pelo Japão. Na sua opinião, as riquezas desse país eram para os coreanos como "o gelo para um inseto estival".[29] Mas os problemas do Japão não eram essencialmente econômicos. Com duas ou três safras anuais de arroz, exportava grande quantidade de cobre, espadas, enxofre e madeira de sapão para a China. Por motivos que ninguém conseguiu explicar inteiramente, o país usava a moeda chinesa cunhada com cobre próprio. O tamanho e a distribuição das cidades — concentradas, como sempre na história do Japão, no abarrotado território central do sul da ilha de Honshu e do norte da de Quiuxu — sugerem que a produção rural era copiosa e que os sistemas de comércio e comunicação distribuíam com eficácia grandes quantidades de alimento. Kyoto teria 200 mil habitantes antes que estourasse a ruinosa guerra civil do fim da década de 1460. Tennoji, na província de Kawachi, e Hacata, no norte de Quiuxu, tinham população superior a 30 mil. Mais de vinte outras cidades contavam com mais de 10 mil pessoas.

Os problemas do Japão eram políticos. Não obstante encarassem a China como modelo, na prática, os estadistas japoneses administravam o país de modo muito diferente. O imperador era uma figura sagrada e isolada, e uma espécie de vice-rei hereditário conhecido como xógum poupava-o das vulgaridades da política. O controle de Kyoto assegurava rendas fabulosas para o governo dos xóguns, que podiam se dar ao luxo de desprezar o restante do país. O poder provincial era delegado ou usurpado pelos senhores da guerra como preço da paz. Mas, nas mãos de uma casta guerreira, a paz sempre é precária. Tentando esquecer "as provanças deste mundo", o poeta Shinkei descreveu as consequências:

> Até mesmo no seio dos clãs mais poderosos rebentavam disputas egoístas entre senhor e criado, e em meio à soldadesca, com a morte de grande número de homens de diversas patentes. E, embora eles combatessem dia e noite, opondo forças entre si nos seus diversos territórios, o resultado nunca era decisivo em parte alguma.[30]

Enquanto as disputas da aristocracia descambavam para a violência, os membros da classe militar conhecida como samurai faziam causa comum com os camponeses oprimidos pela necessidade de dinheiro dos senhores da guerra. Juntos, eles formaram alianças defensivas que irromperam numa rebelião. Segundo o poeta e sacerdote Ikkyu, que foi um propagandista do xogunato, eram "demônios de cara vermelha, inflamada de sangue fervente [...] que transformaram a cidade num covil de ladrões e intimidaram as pessoas com o saqueio e a pilhagem. E assim aconteceu de as pessoas se cansarem, a capital caiu em ruínas e nada restou das miríades de costumes dos homens civilizados".[31] A partir do fim da década de 1430, as províncias orientais viveram mergulhadas em guerra constante. "Quando os meses se transformavam em anos, milhares pereciam, o corpo rasgado pela espada porque os homens se arrojavam uns sobre os outros, presas da loucura, e mesmo assim as lutas não davam mostra de cessar." As tentativas de um xógum reformista de reafirmar a autoridade central acabaram quando ele foi assassinado em 1441. Seguiram-se quinze anos de interregno efetivo, enquanto os sucessores eram menores de idade. Ao chegar à maioridade, o xógum Yoshimasa fez o possível para recuperar o poder. Em 1482, fracassadas todas as tentativas, ele escreveu que os daimiôs, termo com que se designavam os senhores da guerra, "fazem o que bem entendem e não obedecem a ordens. Isso significa que não pode haver governo".[32]

Em 1461 houve uma seca

> por causa da qual não crescia nem um tufo de grama nos campos de todo o país. Milhares de pessoas da capital e das aldeias, da classe alta e da baixa, perambulavam famintas, mendigando nas valetas, ou simplesmente ali ficavam sentadas até cair e morrer. É impossível dizer quantos milhares pereciam num único dia. O mundo se transformara num inferno de espíritos famélicos a desfilar diante dos meus olhos.[33]

Em 1467, os dois senhores da guerra mais poderosos chegaram às vias de fato, aparentemente pela sucessão no xogunato, e foram obrigados a fugir quando seus exércitos saquearam a capital. "Todos, nobres e plebeus, ficaram à mercê da confusão extrema e se dispersavam em todas as direções, voando mais depressa que as flores em meio a um furacão, que as folhas vermelhas sob as árvores sacudidas pelas rajadas. A capital se transformou num verdadeiro inferno." O poeta Ichijō Kaneyoshi fugiu de uma devastação tão absoluta que "só algumas camadas de nuvens cobrem as ruínas", enquanto os bandidos espalhavam o conteúdo da sua biblioteca — "a morada de centenas de estudiosos [...] que se vinham transmitindo havia mais de dez gerações".[34] Os dez anos imediatamente posteriores foram os mais destrutivos da longa história de guerras civis do Japão.

"Como é terrível", escreveu o poeta Shinkei, "ter nascido nos últimos dias de uma era tão absolutamente degenerada." Para ele, as calamidades pareciam "pressagiar a destruição do mundo".[35] Os moralistas atribuíam tudo à indiferença e aos excessos das classes governantes, ou ao estilo de vida imperturbável do xógum, ou à suposta influência das mulheres na corte, ou à corrupção dos ministros.

Não obstante, ainda que degradem a moral e destruam vidas, as guerras podem estimular a arte. Ocorria um renascimento,[36] com pintores e poetas de olhos voltados para meio milênio antes, à procura de modelos e talvez para se evadirem. Quando as guerras languesciam, os combatentes competiam na elaboração de poemas chineses. O xógum Yoshimasa se entregava à poesia enquanto o Japão ardia. Seu caráter deixou perplexos todos os historiadores que tentaram se aproximar honestamente da sua figura. Ele tratava os acontecimentos da época como se não fossem responsabilidade sua. Nos primeiros anos da guerra, sua poesia expressava um otimismo que beirava a indiferença:

> *Triste apesar da esperança,*
> *ainda acredito que a paz*
> *se restabelecerá de algum modo.*
> *Mesmo que tudo seja tão confuso,*
> *Não desespero do mundo.*[37]

Em seguida, mostrava-se pessimista, quase até o desespero, mas com acentuadas marcas de egoísmo.

> *"Que mundo mais triste!",*
> *todos dizem a mesma coisa, mas*
> *eu sou o único,*
> *incapaz de controlá-lo,*
> *cujo pesar continua aumentando.*[38]

Sua vida parece uma sucessão de evasões. Ele tinha uma variedade impressionante de virtudes: gabava-se de possuir um juízo infalível para selecionar artistas. Exibia uma capacidade esplêndida de organizar concursos de poesia. Demonstrava uma sagacidade considerável para identificar os problemas do governo. Mas dava as costas para toda e qualquer tarefa desagradável: refrear a cobiça da esposa, reprimir a prodigalidade do filho ou castigar as ousadias dos senhores da guerra. Simplesmente ignorava o estrondo das guerras ao seu redor, refugiando-se, em primeiro lugar, num círculo de admiração artística mútua na capital e, depois, delegando por completo as responsabilidades do governo a partir do seu retiro no campo para, enfim, dar o passo definitivo: ordenar-se monge zen.

Seu esbanjamento certamente contribuiu para desencadear a dissolução do Estado pelo aumento paulatino dos impostos, que deixava os camponeses na miséria e privava o governo central de um exército. Pelo menos, no entanto, pode-se dizer a seu favor que grande parte dos gastos se destinava às artes. Enquanto ocupou o poder, ele foi um construtor e reformador compulsivo de palácios. Quando se retirou da vida pública, sua vila na encosta de uma colina acabou se parecendo com a dos Médici: um centro em que se reuniam artistas e intelectuais para representar peças, conceber poemas, praticar a cerimônia do chá e combinar perfumes, pintura e conversa. Às vezes, os senhores da guerra trocavam tempo da batalha ou da construção do Estado nas províncias próximas pela participação nas tertúlias. Yoshimasa construiu no terreno um suposto pavilhão revestido de papel de prata e decorado com "plantas raras e pedras curiosas",[39] obra iniciada em 1482 e concluída três anos depois da sua morte, em 1493. Para cobrir as despesas, o governo mandou recrutar mão de obra no contingente cada vez menor de latifundiários leais das províncias. Ao se retirar da vida pública, Yoshimasa aumentou a sua renda dedicando-se privadamente à exportação de cavalos, espadas, enxofre, biombos e leques para a China, negócio que lhe rendia livros e dinheiro vivo.[40] Tudo isso demonstra que a vida de mercador não denigria nem mesmo um antigo xógum e que os distúrbios não interromperam o comércio.

Em certos aspectos, as artes da época parecem mostrar uma curiosa indiferença para com as guerras. Kano Masanobu pintava murais com rios chineses e budistas ilustres num estilo inspirado nos modelos chineses. Os críticos e pintores Shinkei Geiami e seu filho Soami extraíram obras fantásticas do pincel dos seus discípulos, como o audaz Kenko Shokei. Mas, em última instância, a arte era inseparável da política bélica, pois os senhores da guerra pagavam muito por ela e o mecenato do xógum estava longe de ser desinteressado.

Suspeita-se que Yoshimasa empregava artistas porque, pelo menos em parte, eram mais baratos que os soldados e mais eficazes na função de propagandistas. Por exemplo, a patronagem do teatro nô era tradicional na casa do xógum, representando obras heroicas e vinculando os xóguns a indivíduos de um passado às vezes mítico; o pai de Yoshimasa estava assistindo a uma peça teatral quando foi assassinado. Como tinha de manter seus vínculos em todo o reino, Yoshimasa deu ordem de iniciar uma atividade comercial desenfreada com retratos que se distribuíam entre os santuários provinciais, nos quais eles eram utilizados para alimentar lealdades como fragmentos ou relíquias de si mesmo.[41] Yoshimasa, porém, elevou a arte a uma categoria nova, o equivalente japonês dos "ritos e a música" que Confúcio prescrevera como essencial à saúde do Estado chinês.[42]

Nem todos sucumbiram ao patrocínio de Yoshimasa. Sesshu Toyo, o paisagista que trabalhava com tinta, visitou a China em 1467 depois de ter passado anos copiando quadros chineses. Serviu unicamente casas provinciais e se recusou a pintar para Yoshimasa com uma desculpa caracteristicamente chinesa: não convinha que um simples sacerdote pintasse um "palácio dourado".[43] Esse tipo de discrepância ou exigência era inusitado. O gosto de Yoshimasa servia de inspiração para adornar as elites e os comerciantes que tentavam ascender na escala social. Os líderes provin-

Tranquilidade, tristeza e reflexão em plena guerra civil: Sogi compondo versos com seus colegas literatos junto ao túmulo de um amigo sob a lua cheia.

ciais o imitavam convidando poetas, pintores e sábios para que engrandecessem seus palácios com arte e conhecimentos. Uma teoria outrora popular acerca da origem do Renascimento italiano atribuía os investimentos em cultura ao espírito de tempos difíceis: quando as guerras reduzem as oportunidades de ganhar dinheiro com o comércio, os capitalistas o dilapidam em obras de arte. Algo parecido há de ter acontecido no Japão nos longos anos de guerra civil a partir do fim da década de 1460. O medo — muitas vezes concretizado — de que os incêndios frequentes na capital destruíssem bibliotecas valiosas suscitou um entusiasmo febril por copiar manuscritos. A fuga de sábios e artistas da capital contribuiu para propagar o gosto urbano por todo o país. Os senhores da guerra competiam para contratar os serviços de poetas e pintores.[44] Yamaguchi, por exemplo, transformou-se numa "pequena Kyoto", agraciada pela presença de artistas célebres.

É pertinente mencionar as perambulações de Shinkei. Em 1468, ele abandonou a capital e foi para o leste a fim de pôr o seu prestígio de sábio budista a serviço de um dos participantes das guerras civis. Passou a maior parte dos quatro anos seguintes atendendo convites de nobres para dirigir soirées poéticas nos seus castelos e acampamentos, procurando por todos os meios, como ele dizia, "aliviar o coração dos guerreiros e do populacho rude e ensinar-lhes o caminho da sensibilidade humana em todas as épocas remotas".[45] A primavera o afligiu: "Até as flores são mato de fibras reviradas".[46]

As aventuras de outro poeta famoso são um bom exemplo dos apuros por que passavam os artistas em tempos de guerra civil. Sogi viajava amiúde entre as cortes provinciais atendendo convites de candidatos a mecenas. No entanto, em 1492, permaneceu na capital para educar aristocratas nos clássicos do período Heian, uma época quase meio milênio anterior. Tinha 73 anos. Sua vontade de viajar vinha diminuindo, contudo, naquele verão, ele fez uma excursão ao campo para visitar Yukawa Masaharu, um senhor da guerra sem muita importância, porém com aspirações literárias. A sequência de poemas que ele escreveu para seu patrono começa com uma oração pela perpetuação da casa, na qual compara os descendentes de Masaharu com um grupo de brotos de pinheiro: "[Q]ue cresçam até ser mais altos ainda". Mas "a lei", também escreveu, "já não é como antes".[47] A piedade desapareceu.

Quem o escutará?
O templo soa nas colinas,
Lá ao longe.

Apesar das orações de Sogi para que fosse poupado na batalha que ia travar, Masaharu apoiou o lado errado no conflito. Um ano depois da visita do poeta, o destino do senhor da guerra estava em ruínas. Ele desapareceu dos documentos a partir de 1493.

Surpreendentemente, esse renascimento floresceu em condições de insegurança que podiam ter paralisado a cidade de Kyoto, na qual nunca houve soldados leais suficientes para manter a ordem entre os bandos rivais que infestavam a cidade e entre os exércitos de senhores da guerra que costumavam sitiá-la. Quando estes abandonaram as ruínas em 1477, os delinquentes tomaram o seu lugar. No leste do país, a guerra prosseguia com todo o ímpeto.

À medida que o conflito se intensificava, o Japão foi se dissolvendo em Estados hostis. Hoso Soun, um líder autoproclamado e que se tornou conhecido em razão de seus esforços, demonstrou como fazê-lo. Tendo adquirido reputação a serviço de outros senhores da guerra, levantou-se por conta própria e atraiu muitos seguidores graças à sua destreza. Em 1492, conquistou a península de Izu e a transformou em base de operações a partir da qual se propunha estender seu governo a todo o país. Em 1494, obteve o controle da península tomando a fortaleza de Odiwara, que dominava o acesso a Izu, fazendo-se passar por chefe de um grupo de caçadores de veados. Ele nunca teve força suficiente para ir além da província vizinha de Sagami, mas sua carreira foi típica da época, na qual dezenas de novos senhores da guerra entravam em cena, fundavam novas dinastias e instauravam o que, na realidade, eram pequenos Estados independentes. Ao mesmo tempo, as comunidades camponesas organizavam as próprias forças armadas, às vezes em colaboração com os senhores da guerra.

Não obstante a China tivesse abandonado suas aspirações imperiais e o Japão, desintegrando-se pela ineficácia política, ainda não as cultivasse, a força subjacente da economia dos dois paí-

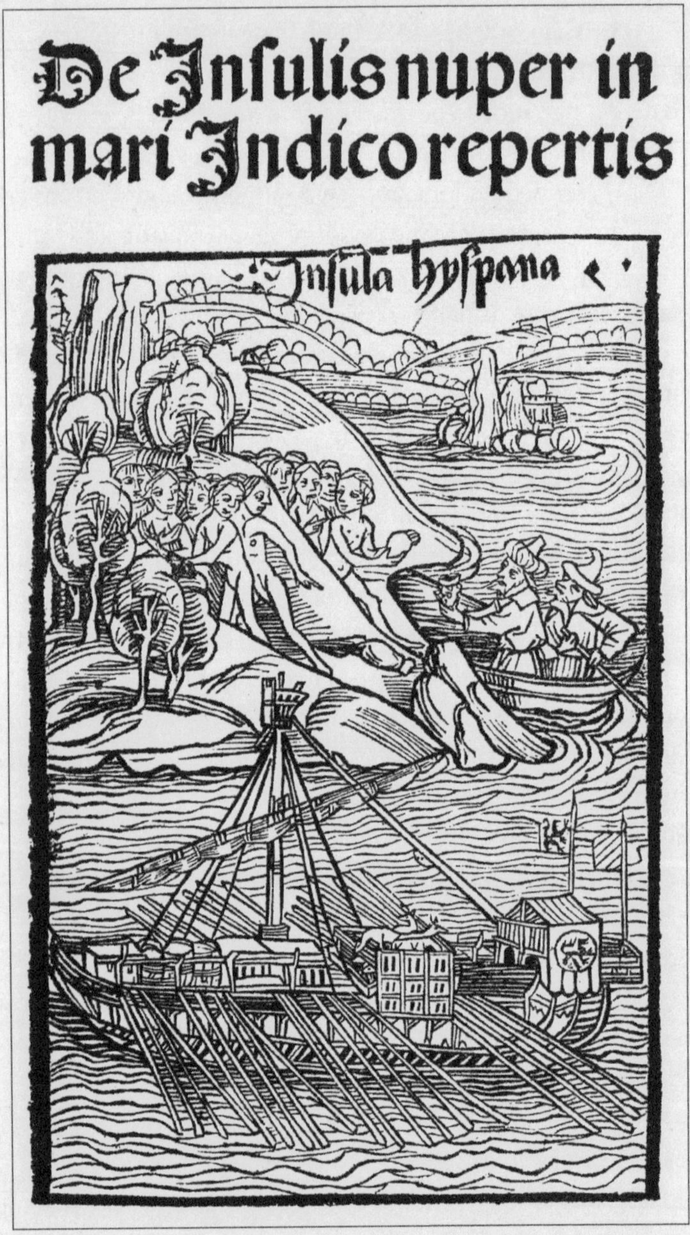

Uma das primeiras edições do primeiro relato de Colombo mostra os mercadores orientais que ele esperava encontrar comerciando com os índios de La Hispaniola.

ses continuou sólida, e a pujança e o dinamismo da sua vida cultural eram espetaculares.

Em outras partes do mundo muito distantes entre si, das quais nos ocuparemos adiante, a expansão se desdobrava como molas propulsoras. Sem dúvida, iniciava-se uma era de expansão, mas, na realidade, se tratava de um fenômeno de expansão mundial, não, como afirmam alguns historiadores, de expansão europeia. O mundo não esperou passivamente que o crescimento europeu se produzisse para transformá-lo como que tocado por uma varinha mágica. Outras sociedades já estavam fazendo sua magia, transformando Estados em impérios e culturas em civilizações. Algumas das sociedades mais dinâmicas e em mais rápida expansão do século XV estavam nas Américas, no sudoeste e no norte da Ásia e na África subsaariana. Efetivamente, em termos de expansão territorial e eficácia militar contra adversários, alguns impérios africanos e americanos sobrepujavam qualquer Estado da Europa Ocidental.

O oceano Índico, que a China se absteve de controlar — "os mares de leite e manteiga", como as antigas lendas indianas qualificavam as águas que banhavam o litoral asiático —, ligava as economias mais ricas do mundo e abrigava o comércio mais suntuoso da Terra. Constituía uma região fechada em si, unificada pelos ventos monçônicos e isolada do resto do mundo por zonas tormentosas e distâncias intransponíveis. A pergunta mais importante para o futuro da história do planeta era: quem controlaria as rotas comerciais, caso houvesse alguém capaz de controlá-las, agora que os chineses se haviam retirado? Na década de 1490, essa questão ainda estava sem resposta. Mas o oceano Índico também era um espaço de intercâmbio cultural intenso, transmutativo, com consequências que o mundo ainda está vivendo e para as quais nos voltaremos a seguir.

9. "Os mares de leite e manteiga"

O contorno do oceano Índico

19 de janeiro: Nur ad-Din Abd ar-Rahman Jami morre em Herat

A historiografia convencional se desenvolve num ambiente muito carregado e sofre certa falta de ventilação. No transcurso da era da navegação — isto é, durante quase todo o passado documentado —, os ventos e as correntes fixaram os limites do possível no âmbito das comunicações e dos intercâmbios culturais a longa distância. A maior parte dos exploradores potenciais preferia navegar contra o vento, presumivelmente porque, tendo feito descobertas ou não, convinha voltar para casa. Por exemplo, os fenícios e os gregos — que povoaram o extremo oriental do Mediterrâneo — exploraram toda a extensão das suas águas abrindo caminho contra os ventos dominantes. No Pacífico, os polinésios colonizaram os arquipélagos dos mares do Sul, desde Fiji até a ilha de Páscoa, empregando o mesmo método.

Quase sempre, porém, os sistemas de vento fixos inibem a exploração. Os ventos constantes não incentivam ninguém a tentar aproveitá-los como via de acesso a mundos novos. Ou sopram em

O mapa do mundo da Crônica de Nuremberg *ilustra a suspeita, derivada de Ptolomeu, de que o oceano Índico era totalmente cercado por terra.*

contramarcha, e nesse caso os navegantes nunca vão muito longe com as velas, ou sopram em popa, o que impede que os aventureiros voltem para casa. Os sistemas monçônicos, pelo contrário, nos quais os ventos dominantes são sazonais, estimulam a navegação de longa distância e as viagens de exploração, pois os navegantes sabem perfeitamente que o vento mudará e, seja qual for o lugar a que os tenha arrastado, há de levá-los de volta.

Muito me entristece pensar nos meus antepassados, na terra natal da minha família, o noroeste da Espanha, olhando para o Atlântico sem muita vontade de nele incursionar durante centenas ou talvez milhares de anos, sem nunca se aventurar mar adentro — arriscando-se, quando muito, à pesca ou à navegação de cabotagem. Mas os ventos os prendiam como borboletas na caixa de um colecionador. Dificilmente eles podiam imaginar a sensação do vento soprando um ano num sentido e outro no sentido contrário, alternando-se ora pela frente, ora pelas costas. É o que acontece no litoral asiático, onde prevalece a monção. Acima do equador, os ventos do nordeste predominam no inverno. Quando essa estação chega ao fim, a direção dos ventos se inverte. Durante quase todo o resto do ano sopram continuamente do sul e do oeste, como que absorvidos pelas terras asiáticas quando o ar se aquece e sobe pelo continente.

Ao programar as viagens para aproveitar as mudanças previsíveis na direção do vento, os navegadores podiam se lançar ao mar com a certeza de que um generoso vento favorável os ajudaria a partir e outro, não menos generoso, os traria de volta. Ademais, no oceano Índico, em comparação com outros mares navegáveis, a confiabilidade da estação das monções oferecia a vantagem adicional de um avanço rápido em ambas as direções. A julgar pelos documentos antigos e medievais remanescentes, uma travessia transmediterrânea de leste a oeste, com vento contrário, durava entre cinquenta e setenta dias. Com a monção, um navio podia atravessar todo o oceano Índico em menos tempo, entre Palembang, na ilha de Sumatra, e o golfo Pérsico. Bastavam três ou quatro semanas em qualquer dos dois sentidos para, partindo da Índia, chegar a um porto do golfo Pérsico.

Em 1417, um embaixador persa a caminho da Índia chegou em menos tempo. Abd er-Razzaq ia para o reino de Bisnaga, no sul da Índia. Havia muitos territórios hostis no caminho para que ele se aventurasse por terra. Seu barco zarpou com atraso no temível e tempestuoso período do fim do verão, quando o calor abrasador do interior da Ásia suga o ar do oceano com uma urgência feroz. Os comerciantes que deviam acompanhar o embaixador desistiram da empreitada gritando "em uníssono que a temporada de navegação terminara e que quem se fizesse ao mar a partir de então era o único responsável pela própria morte". O medo e o enjoo deixaram Abd er-Razzaq três dias fora de combate. "Meu coração estava em cacos, feito vidro", lamentou ele, "e a minha alma se cansou de viver." Mas o sofrimento foi recompensado. O navio foi de Ormuz a Calicute, o famoso empório da pimenta da costa de Malabar, em apenas dezoito dias.[1]

O oceano Índico é cheio de perigos. As tormentas o açoitam, em especial no mar Arábico, no golfo de Bengala e no cinturão mortal, de clima habitualmente espantoso, que se estende por todo o oceano a uns dez graus de latitude sul. Nos contos antigos de Simbad, abundam os naufrágios. Mas a previsibilidade de que um vento os levaria de volta para casa o transformou durante séculos — ou talvez milênios — no ambiente mais favorável do mundo para as viagens de grande distância antes que tivesse início a história contínua das travessias do Atlântico e do Pacífico. A monção libertou os navegantes no oceano Índico e transformou o litoral asiático no berço das economias mais ricas e dos Estados mais espetaculares do mundo. Foi isso que atraiu os europeus e os vizinhos pobres da Ásia para o leste, e foi esse o motivo pelo qual Colombo e tantos outros predecessores, contemporâneos e sucessores procuraram uma rota navegável que os levasse ao que eles chamavam de Índias.

No século XV, a principal fonte de transformações na região foi a demanda mundial crescente e, portanto, a produção de especiarias e ervas aromáticas, principalmente a pimenta. A China dominava o mercado e era responsável por bem mais que a metade do consumo global; mas a Europa, a Pérsia e o mundo otomano passaram a absorver quantidades cada vez maiores. O crescimento demográfico também contribuiu para isso; no entanto, o aumento da demanda de especiarias parece tê-lo excedido em muito. Como explicamos no capítulo 1, a ideia de que os cozinheiros usassem as especiarias para disfarçar o gosto da carne estragada é absurda. Em termos gerais, os produtos alimentícios eram mais frescos no mundo medieval do que nas sociedades urbanizadas e industrializadas modernas, e havia métodos de conservação confiáveis para tudo o que não era consumido fresco. Também se alegou uma mudança no gosto, embora não haja evidências disso. O que tornava as especiarias desejáveis era a predileção por sabores fortes, tão persistente que, na atualidade, está se recuperando à medida que a gastronomia mexicana, indiana e de Sichuan se globalizam. O auge das especiarias fez parte de uma melhora malcompreendida na situação econômica da Eurásia. Na China, em especial, o aumento da prosperidade tornou mais acessíveis condimentos caros à medida que as turbulências que levaram os Ming ao poder se atenuaram e o império se instalou num longo período de relativa paz e estabilidade interna.

Uma das consequências foi a expansão da produção de especiarias em novos territórios. A pimenta, tradicionalmente produzida na costa malabar da Índia, e a canela, antes restrita ao Sri Lanka, se alastraram pelo sudeste da Ásia. No século XV, a pimenta se transformou num produto importantíssimo da Malásia e da Sumatra. A cânfora, a madeira de sapão e de sândalo, o benjoim e o cravo ultrapassaram seus centros de produção tradicionais. No entanto, em toda a região seguia existindo especialização suficiente para garantir lucros enormes para os comerciantes e transportadores, e os principais mercados do Sudeste Asiático continuaram a crescer.

Durante esse breve período do início do século XV, no reinado do imperador Yongle, quando as frotas chinesas patrulhavam o oceano Índico, a China deu a impressão de estar tentando controlar pela força o comércio e até a produção de especiarias. O imperador mostrava um apetite insaciável por conquistas. Talvez por ser um usurpador com muita coisa para provar, estava disposto a pagar quase qualquer preço pela glória. Desde a época em que se apoderou do trono, em 1402, até a morte, 22 anos depois, ele travou uma guerra quase incessante nas fronteiras chinesas, sobretudo nas frentes mongol e anamesa. Disseminou pelo menos 72 missões por todos os territórios acessíveis do outro lado da fronteira da China. Enviou prata ao xógum do Japão (que já a tinha em grande quantidade) e estátuas de Buda e oferendas de pedras preciosas e sedas ao Tibete e ao Nepal. Intercambiou embaixadas reticentes com os potentados muçulmanos da Ásia Central. Investiu reis na Coreia, em Malaca, em Bornéu, em Sulu, em Sumatra e no Ceilão. Muito provavelmente, esses contatos remotos lhe custaram mais em presentes do que lhe renderam naquilo que os chineses chamavam de "tributos": ocapis vivos de Bengala, elefantes brancos do Camboja, cavalos e concubinas da Coreia, tartarugas e macacos brancos do Sião, quadros do Afeganistão, enxofre, lanças e couraças de samurai do Japão. Mas eram ocasiões magníficas de exibição, o que conferiu prestígio a Yongle na sua corte e, talvez, certa sensação de segurança.[2]

As missões mais grandiosas e caras se realizaram por mar. Entre 1405 e 1433, sete expedições patrióticas formidáveis percorreram o oceano Índico sob o comando do almirante Zheng He. Como já vimos, a envergadura do seu esforço foi enorme, mas, em muitos aspectos, as consequências culturais foram mais profundas que o impacto político. As viagens duravam, em média, dois anos cada. Ao todo, eles visitaram pelo menos 32 países do litoral oceânico. As três primeiras, realizadas entre 1405 e 1411, chegaram tão somente à costa malabar, a principal fonte de abastecimento de pimenta do mundo, com excursões por todo o litoral do Sião, da Malásia, de Java, da Sumatra e do Sri Lanka. Na quarta viagem, de 1413 a 1415, os navios visitaram as Maldivas, Ormuz e Jidá e colheram enviados de dezenove países.

Quando a frota retornou, a presença de uma girafa entre os tributos recebidos por Zheng He causou mais sensação do que a chegada dos embaixadores. Nunca se tinha visto criatura semelhante na China. Zheng He a adquiriu em Bengala, aonde ela chegara como uma curiosidade a mais numa coleção palaciana resultante dos vínculos comerciais existentes no oceano Índico. Os cortesãos chineses atribuíram instantaneamente origem divina à criatura. Segundo uma testemunha ocular, o animal tinha "corpo de veado, rabo de boi e um chifre carnoso e sem osso, com manchas luminosas como uma neblina vermelha ou púrpura. Anda majestosamente e todos os seus movimentos são rítmicos". Extasiado por tê-la confundido com o lendário *qilin* ou unicórnio, esse mesmo observador afirmou que "a sua voz harmoniosa ressoa como um sino ou um flautim".

O animal oferecia garantias de benevolência divina. Shen Du, o artista responsável por retratá-lo, e cujo desenho sobreviveu até os nossos dias, escreveu alguns versos para contar como a girafa foi recebida na corte:

> Os ministros e o povo se reuniram para contemplá-la, e sua alegria era sem-fim. Eu, vosso servo, ouvi dizer que, quando um sábio possui a virtude da benevolência extrema, a ponto de iluminar até os recantos mais escuros, então um *qilin* aparece. Isso mostra que a virtude de Vossa Majestade se iguala à dos céus. Suas bênçãos misericordiosas se propagaram por todos os confins, de modo que os vapores harmoniosos emanaram um *ch'ilin*, como uma bênção infinita para o Estado durante miríades de anos.[3]

Na quinta viagem, que se prolongou de 1416 a 1419, acompanhando aos seus países os enviados que visitaram a China, Zheng He reuniu uma variedade prodigiosa de animais exóticos para a coleção imperial: leões, leopardos, camelos, avestruzes, zebras, rinocerontes, antílopes e girafas, assim como um bicho misterioso: o *touou-yu*. Os desenhos mostram uma criatura parecida com um tigre branco de manchas pretas, ao passo que as descrições escritas a caracterizam como um "animal honrado" incapaz de pisar na relva, rigorosamente vegetariano e que só aparecia "durante o reinado de um príncipe de benevolência e sinceridade absolutas". Também havia muitas "aves estranhas". Uma inscrição registrou: "Todas elas esticavam o pescoço e olhavam com prazer, batendo as patas no chão, assustadas e temerosas". Não era uma descrição das aves, e sim do êxtase dos cortesãos. Na verdade, na opinião de Shen Du, "chegam todas as criaturas que prenunciam boa sorte".[4] Em 1421, a sexta viagem partiu com o objetivo principal de reconhecer a costa oriental da África, com visitas a Mogadíscio, Mombaça, Melinde, Zanzibar e Quíloa, entre outros lugares. Depois de um intervalo provocado provavelmente pelas mudanças no equilíbrio de forças entre as facções da corte ocorridas com a morte do imperador Yongle em 1424, a sétima viagem, que durou de 1431 a 1433, retomou o contato com os territórios árabes e africanos já visitados por Zheng He.[5]

A estupefação mútua foi o resultado de contatos numa escala anteriormente inimaginável. No prefácio do seu livro sobre as viagens, Ma Huan, um intérprete da frota de Zheng He, recordou que, na juventude, ao contemplar as estações do ano, os climas, as paisagens e as pessoas de terras distantes, ele se perguntava com grande surpresa: "Como é possível que existam tantas disparidades no mundo?".[6] Suas viagens com o almirante eunuco o convenceram de que a realidade era ainda mais estranha. O aparecimento, nos portos do Oriente Próximo, de juncos chineses com cargas de preciosos objetos exóticos causava sensação. Um cronista da corte egípcia descreveu o entusiasmo suscitado pela notícia da chegada daqueles navios ao litoral de Adem e da intenção da frota chinesa de fundear no ancoradouro mais próximo possível de Meca.

Depois disso, não houve mais viagens. Pelo menos parte do contexto da decisão de abortar as missões de Zheng He está clara.

O sistema de exames e a eliminação gradual de outras formas de recrutamento para o serviço público tiveram consequências graves. Os sábios e os cavalheiros restabeleceram o monopólio do governo, com sua indiferença pela expansão e desprezo pelo comércio. Nas décadas de 1420 e 1430, o equilíbrio de forças na corte se alterou a favor dos burocratas e em detrimento de budistas, eunucos, muçulmanos e mercadores que haviam apoiado Zheng He. Quando o imperador Hongxi subiu ao trono, em 1424, um dos seus primeiros atos foi cancelar a viagem seguinte de Zheng He. Ele reabilitou os altos funcionários confucionistas destituídos pelo seu predecessor e restringiu o poder das demais facções. Em 1429, o orçamento dos estaleiros sofreu um corte que quase os extinguiu completamente. As fronteiras terrestres da China estavam ficando inseguras à medida que o poder dos mongóis voltava a crescer. A China devia se afastar do mar e prestar atenção à nova ameaça.[7]

As consequências para a história do mundo foram profundas. A expansão ultramarina da China ficou circunscrita às migrações extraoficiais e, em boa medida, ao comércio clandestino com pouco ou nenhum incentivo ou proteção imperial. No entanto, isso não freou a colonização nem o comércio chineses. Pelo contrário, a China continuou a ser a economia comercial mais dinâmica e a fonte mais prolífica do mundo de colonos no estrangeiro. Oficialmente, "nem mesmo uma tábua flutuava" para fora da China. Na prática, a proibição surtiu um efeito modesto. A partir do século XV, os colonizadores chineses do Sudeste Asiático fizeram contribuições essenciais para a economia de todos os lugares em que se estabeleceram, e suas remessas para a China foram importantes para o enriquecimento do país. A tonelagem dos navios que frequentavam os portos chineses durante esse mesmo período decerto igualava ou superava a do resto do mundo no seu conjunto. Mas, com exceção das ilhas próximas da China, a hostilidade do Estado à expansão marítima não diminuiu enquanto durou o império. A China nunca forjou um vasto império global como fizeram as nações litorâneas do Atlântico. Um observador do mundo no século XV certamente prognosticaria que os chineses se adiantariam a todos os povos no descobrimento das rotas transoceânicas que sulcaram o mundo e na inauguração do imperialismo marítimo em terras longínquas. Nada disso, porém, se materializou, e o campo permaneceu livre para que os exploradores da Europa, muito menos promissores, inaugurassem as rotas que circundaram o mundo.

Naturalmente, não foi uma decisão unilateral tomada na China que determinou o destino do mundo. A renúncia chinesa ao imperialismo marítimo se inscreve num amplo contexto de influências que ajuda a explicar as vantagens obtidas no longo prazo na "corrida espacial" global pelos povos europeus voltados para o Atlântico. Essas influências podem ser consideradas, em parte, ambientais e, em parte, econômicas. Os limites das navegações de Zheng He dão uma pista das influências ambientais que transcendiam o alcance das monções. É difícil sair do oceano Índico. Mesmo as embarcações capazes de fazê-lo sem riscos, atravessando o cinturão de tormentas rumo ao Atlântico e contornando a África Meridional, têm de enfrentar ventos fortes que as empurram contra a costa da atual província sul-africana de KwaZulu-Natal, transformada, nos séculos XVI e XVII, num famoso cemitério dos navios que se aventuravam naquelas águas. Com certeza, era lá que ficava o lugar chamado Ha-pu-erh nos mapas elaborados a partir das viagens de Zheng He, para além do qual, de acordo com as anotações, as naus não avançavam em razão da ferocidade das tempestades. No seu flanco oriental, a costa asiática é cercada pelos mares do Japão convelidos por ciclones e pela imensidão do Pacífico.

Para empreender viagens em mares tão hostis, os navegantes do Índico precisariam de um grande incentivo. O oceano Índico era uma arena de atividade comercial tão intensa e com tanta riqueza que seria um desatino os povos indígenas procurarem mercados ou fornecedores em outro lugar. Os comerciantes do norte ou do centro da Ásia, ou da Europa ou do interior da África, chegavam ao oceano como suplicantes, geralmente desprezados pela sua pobreza, e enfrentavam dificuldade para vender os produtos que traziam dos respectivos países.

A indiferença dos chineses pelo resto do mundo não provinha de nenhuma deficiência tecnológica nem da falta de curiosidade. Aos seus navios seria perfeitamente possível visitar a Europa ou as Américas, se eles assim desejassem. Aliás, os exploradores chineses provavelmente contornaram o cabo da Boa Esperança, navegando do leste para o oeste, a intervalos, durante a Idade Média. Um mapa chinês do século XIII representa a África aproximadamente com sua forma verdadeira. Um cartógrafo veneziano da metade do século XV relatou ter avistado um junco chinês ou talvez javanês ao largo do sudoeste da costa africana.[8] Mas não tinha sentido persistir nessas iniciativas: elas levavam a regiões que não produziam nada que fosse do interesse da China. Embora as provas de que navios chineses atravessaram o Pacífico para chegar à América sejam, na melhor das hipóteses, muito duvidosas, é tecnicamente possível que o conseguissem. Em todo caso, uma vez mais, seria um despropósito insistir em tais viagens ou tentar estabelecer contato sistemático com o outro lado do oceano. Lá não vivia nenhum povo com que os chineses quisessem negociar.

Em menor medida — porém mesmo assim suficiente —, essas considerações se aplicam aos outros povos marítimos do oceano Índico e do leste e sudeste da Ásia. Os árabes, as comunidades de comerciantes suaílis, os persas, os indianos, os javaneses e os outros povos ilhéus da região, bem como os japoneses, dispunham da tecnologia necessária para explorar o mundo, mas a abundância de oportunidades comerciais no seu próprio oceano os mantinha ocupadíssimos. Aliás, o problema, se houvesse, era a escassez de embarcações em relação à escala da demanda do comércio inter-regional. Por esse motivo, no longo prazo, eles costumavam receber bem os intrusos vindos da Europa no século XV, que, não obstante fossem truculentos, exigentes, bárbaros e muitas vezes violentos, acrescentavam suas embarcações à frota existente no oceano e, portanto, contribuíam para o incremento geral da riqueza. Assim, paradoxalmente, a pobreza favoreceu os europeus, obrigando-os a procurar alhures devido à escassez de oportunidades econômicas no seu território.

O oceano Índico não era desconhecido dos europeus. A ideia generalizada de que Vasco da Gama foi o primeiro a penetrá-lo profundamente quando contornou o cabo da Boa Esperança em 1498 é um erro grosseiro. Os mercadores italianos lá comerciavam com frequência na Baixa Idade Média. Geralmente, atravessavam os impérios Otomano e Persa nos raros interstícios provocados pela guerra e a hostilidade religiosa. Ou então, o que era mais frequente, empreendiam uma longa e árdua viagem Nilo acima a partir de Alexandria para, então, continuar por terra em caravanas de camelos desde a primeira ou a segunda catarata até a costa do mar Vermelho, onde, depois de esperar a mudança de sentido da monção, embarcavam com destino a Adem ou Socotorá. Não era recomendável tentar chegar ao mar Vermelho mais ao norte devido aos grandes perigos que isso impunha à navegação.

A maior parte dos aventureiros ocidentais que singraram o oceano Índico só é conhecida por referências documentais isoladas. Os comerciantes raramente registravam suas experiências por escrito. Mas dois relatos detalhados do século XV sobrevivem: o primeiro é de Niccolò Conti, que chegou até Java e retornou à Itália em 1444, e o segundo, do seu colega florentino Girolamo di Santo Stefano, que empreendeu uma viagem comercial igualmente longa na década de 1490. Conti conhecia um pouco o Oriente Próximo por ter sido mercador em Damasco, de modo que preferiu viajar por terra pela Pérsia a fim de chegar ao golfo Pérsico e embarcar rumo a Cambaia, no golfo de Cambaia. Santo Stefano usou a outra rota principal. Acompanhado do sócio Girolamo Adorno, remontou o Nilo e se uniu a uma caravana com destino ao mar Vermelho. Atravessou o oceano a partir de Maçuá, um porto na época controlado pelos etíopes.

Ao retornar, Conti pediu absolvição papal por ter abjurado o cristianismo no Cairo para salvar a vida da esposa e dos filhos, que o acompanhavam na viagem. Em Roma, pôde melhorar o conhecimento dos geógrafos acerca do Oriente, ao acrescentar glosas derivadas da experiência às tradições disponíveis, parte das quais provinha de textos às vezes obscuros, transmitidos desde a Antiguidade clássica, e às vezes de afirmações duvidosas de viajantes e pseudoviajantes, como Marco Polo, de quem os eruditos tendiam a duvidar. Os intercâmbios de conhecimento geográfico constituíam a conversa nos momentos de ócio dos delegados do Conselho de Florença em 1439 e despertaram muito interesse pelos novos descobrimentos; era um momento ideal para compartilhar revelações. Conti contou a sua história a um humanista florentino que a registrou como um relato moralmente edificante das idas e vindas do destino.

A convenção estabelecida pela obra de Conti foi a da "inconstância da fortuna". Ao narrar sua experiência do oceano Índico em 1499, Santo Stefano também reclamou muito da má sorte e se entregou a sentenciosas reflexões sobre a "viagem catastrófica" que lhe coube sofrer "por causa dos meus pecados". Se tivesse conseguido eludir tal sofrimento, ele poderia se aposentar com as riquezas que resvalaram entre seus dedos durante a carreira de mercador nas Índias e evitar ficar à mercê da miseri-

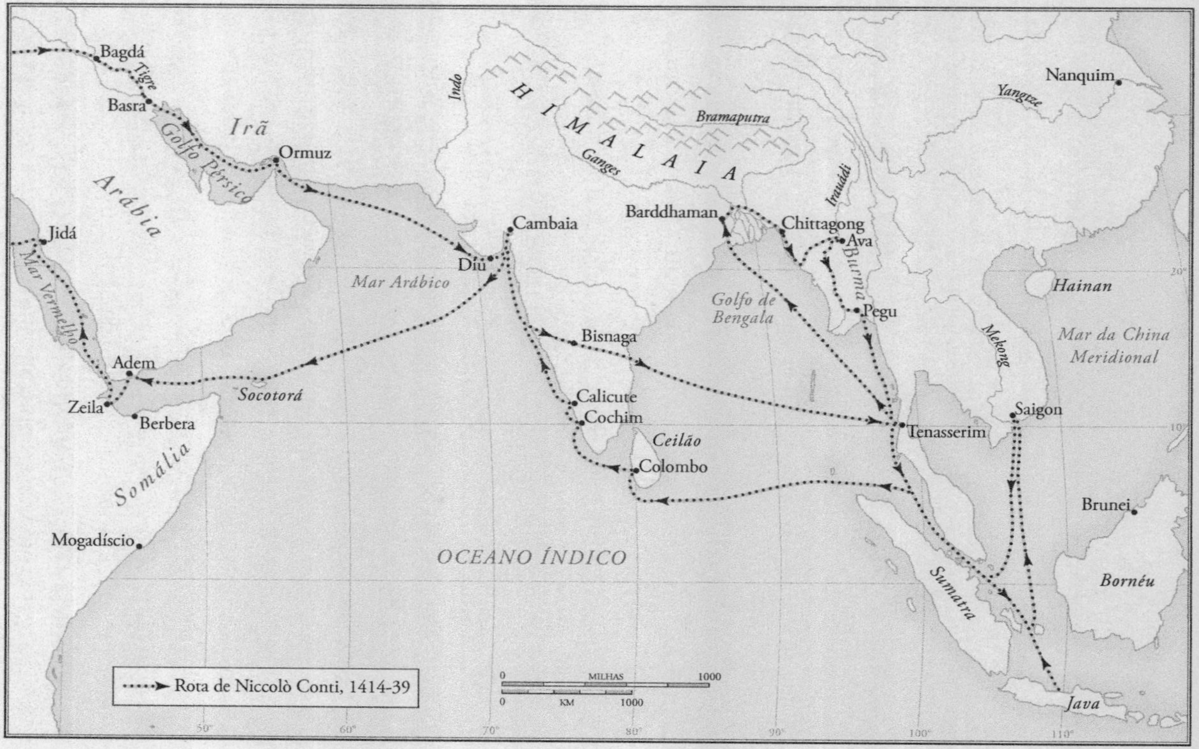

O oceano Índico com a rota de Niccolò Conti.

córdia dos patronos — o óbvio subtexto da sua obra. "Mas quem pode contrariar a fortuna?", perguntou-se retoricamente, para concluir com "agradecimento infinito a Deus Nosso Senhor por me preservar e me mostrar grande misericórdia".[9] Ele e Adorno tanto avançaram no Oriente que chegaram ao empório comercial de Sumatra e de lá partiram para Pegu, na Birmânia, aparentemente com a intenção de se dedicar ao comércio de pedras preciosas. Fazer negócio naqueles confins era terrivelmente demorado. Em Sumatra, quando eles estavam retornando, um governante local lhes confiscou a carga, inclusive os valiosos rubis que traziam da Birmânia. Adorno morreu em 1496, "depois de 55 dias de sofrimento" em Pegu, e "seu corpo foi sepultado numa igreja em ruínas que ninguém frequentava".[10]

Nas Maldivas, tentando voltar para casa com as poucas riquezas que salvara nas suas aventuras, Santo Stefano passou seis meses à espera de que o sentido da monção mudasse. Quando isso finalmente aconteceu, provocou tanta chuva que sua embarcação, desprovida de coberta, afundou sob o peso da precipitação; "quem sabia nadar se salvou, e os outros se afogaram".[11] Depois de passar um dia inteiro flutuando agarrado aos destroços, o comerciante foi resgatado por um navio que passava. Nenhuma história de marinheiro ficaria completa sem um naufrágio e um salvamento espetacular, mas, embora Santo Stefano enfeitasse a verdade, também conseguiu, como Conti, transmitir grande quantidade de informações representativas sobre a percepção que os ocidentais tinham do oceano Índico e das terras que o margeavam.

Mercadores que eram, tanto Conti como Santo Stefano naturalmente inventariavam todo tipo de bens comerciais nos lugares a que chegavam e tinham um interesse especial pelas especiarias e as ervas aromáticas. Santo Stefano descreveu a secagem dos grãos verdes de pimenta em Calicute, a profusão de canela no Sri

Lanka, a disponibilidade de pimenta em Sumatra, a localização da madeira de sândalo em Coromandel. A descrição de Conti da produção de óleo aromático a partir das bagas de canela no Sri Lanka reflete uma observação pessoal (ao passo que suas pretensas observações parecem extraídas de leituras). Ele informou que em Sumatra havia cânfora e dúrios ("o gosto varia, como o do queijo"[12]). Especialistas em pedras preciosas, os dois viajantes sempre queriam saber onde "nasciam" rubis, granadas, zircões e diamantes. Também mostravam certo interesse por informações de importância militar. Santo Stefano atentou à criação de elefantes para uso bélico e corroborou a afirmação de Conti segundo a qual o governante de Pegu mantinha nos seus estábulos 10 mil exemplares destinados à guerra.

Eram observações de caráter prático. Mas os autores pareciam perder a cabeça quando sucumbiam à atração dos artigos exóticos. Lotavam suas narrações de descrições de maravilhas inverossímeis — os mexericos de viajantes que os leitores da época chamavam de "mirabilia". Não se esperava que alguém acreditasse neles, mas os leitores os exigiam. Em torno do oceano Índico, Conti e Santo Stefano descreveram um mundo sem pé nem cabeça, no qual o assassinato era um ato moral, as serpentes voavam, os monstros capturavam peixes lançando raios magnéticos irresistíveis no litoral e os mineiros usavam abutres e águias para catar diamantes.[13] Alguns relatos ecoam histórias do corpus de Simbad, o Marujo, e devem ser considerados uma prova de que os autores realmente tinham conhecimento de primeira mão do Oriente.

O gosto do sensacionalismo era mais visível na obsessão dos viajantes pelo sexo. Santo Stefano dedicou muito espaço à poliginia e à poliandria. Contou que os indianos "nunca se casam com uma virgem" e entregavam suas prometidas a desconhecidos para que as deflorassem "durante quinze ou vinte dias" antes do casamento. Conti enumerou escrupulosamente os haréns dos grandes governantes e elogiou o sangue-frio da esposa capaz de cometer *suti*, isto é, atirar-se na pira funerária do marido. Encontrou na Índia bordéis tão numerosos e tão sedutores com seus "doces perfumes, bálsamos, lisonjas, beleza e juventude" que os indianos "são muito dados à vida licenciosa", ao passo que a homossexualidade masculina "é desconhecida por ser supérflua".[14] Em Ava, na Birmânia, as mulheres zombaram de Conti por ter o pênis pequeno e lhe recomendaram adotar um costume local: introduzir por baixo da pele até uma dezena de pepitas de ouro, prata ou bronze, mais ou menos do tamanho de uma avelã, "e com esses enxertos e a inchação do membro, as mulheres têm os mais requintados prazeres". Conti rejeitou o conselho porque "não queria que sua dor servisse de fonte de prazer para os outros".[15]

Ao todo, os relatos dos mercadores falavam num mundo de abundância e civilidade. Segundo Conti, numa tradução feita no reinado de Elisabete I, além do Ganges, as pessoas "são iguais a nós nos costumes, na vida e na organização política; pois têm casas suntuosas e arrumadas, e todos os seus barcos e móveis são limpíssimos: elas gostam de viver como nobres, evitam toda vilania e crueldade, tanto as pessoas educadas como os comerciantes ricos".[16] Mas, se havia uma coisa de que as civilizações do Oriente careciam, eram embarcações adequadas para atender à enorme demanda da sua economia altamente produtiva e do seu vigoroso comércio. Santo Stefano ficou encantado com os navios atados com corda que o transportaram pelo mar Vermelho e o oceano Índico. Reparou no sistema de anteparos que dividia o casco das embarcações em compartimentos estanques. Contudo, embora as embarcações fossem bem desenhadas, bem construídas e pilotadas com engenho, nunca eram suficientes para transportar toda a carga existente.

Consequentemente, na década de 1490, o oceano Índico estava à beira de um futuro novo, no qual os intrusos europeus tirariam proveito de todas aquelas vantagens. Para que esse futuro se realizasse, os europeus precisavam penetrar o oceano com seus navios. Como careciam de artigos para vender, tiveram de achar outro modo de fazer negócio: os fretes e o transporte eram seus melhores recursos. Sem embarcações próprias, visitantes como Conti e Santo Stefano ficavam reduzidos a meros mascates. Porém, a região do oceano Índico era tão rica e produtiva, tão forte em demanda e tão abundante em provisões que podia absorver muito mais carga do que a existente na época. Qualquer europeu capaz de levar navios para a região podia ganhar uma fortuna.

Só havia uma maneira de fazê-lo: contornar o extremo sul da África. Mas era possível uma viagem tão longa e perigosa? Os navios da época estavam à altura da exigência? Podiam carregar víveres e água suficientes? Em todo caso, não se sabia ao certo se a aproximação do oceano Índico por ali proporcionava uma rota. O geógrafo mais respeitado da época era o alexandrino do século II Cláudio Ptolomeu. A sua *Geografia*, que se tornou o livro preferido sobre a matéria no Ocidente quando o texto ficou amplamente disponível no começo do século XV, informava que o oceano Índico era todo cercado de terra e inacessível por mar. Os mapas-múndi feitos para ilustrar suas ideias — e havia muitos naquele tempo — mostravam que o Índico era um vasto lago limitado ao sul por uma comprida língua de terra que nascia no sudeste da África e se ondulava para lamber os confins do leste da Ásia. A riqueza lendária da Índia e das ilhas das especiarias estava encerrada no seu bojo, como joias numa caixa-forte.

Embora fosse completamente errônea, essa visão era compreensível. Os mercadores do oceano Índico restringiam-se às rotas mais confiáveis, alimentadas pelas previsíveis monções que lhes garantiam uma viagem de ida e volta para a maior parte dos destinos comerciais da costa da Ásia e do leste da África. Havia poucos motivos para se aventurar dez graus mais ao sul, onde o cinturão de tormentas cerca o mar, ou para correr os riscos apresentados pelo litoral meridional de Moçambique, no qual as tormentas jogam os navios contra a costa. Na região, não havia nenhum parceiro comercial potencial nem oportunidades pelas quais valesse a pena enfrentar tais perigos. Do interior do sistema monçônico, as rotas de entrada e saída pareciam efetivamente inavegáveis.

Em compensação, essas restrições não coibiam quem tentasse se aproximar pelo Atlântico. Em 1487, o explorador português Bartolomeu Dias conseguiu contornar a duras penas o cabo das Tormentas. Presume-se que o rei de Portugal o tenha rebatizado de cabo da Boa Esperança num exercício de propaganda descarada. Mas a esperança era fraca; as tempestades, fortíssimas. Para além do cabo, Dias topou com uma corrente adversa e com perigosas costas contra as quais o vento soprava com força. A rota do oceano Índico parecia continuar bloqueada. Dias tampouco tinha avançado o suficiente para provar que o oceano não era cercado de terra. A única coisa que conseguiu foi demonstrar que a viagem até o extremo meridional da África exigia muito esforço; para evitar a corrente contrária junto à costa ocidental africana, seus sucessores teriam de se afastar muito e se internar no Atlântico Sul — distanciando-se da sua pátria a águas bem mais arredadas da costa do que as que qualquer viajante havia singrado — até encontrar os ventos do oeste que os levariam a circundar o cabo.

Enquanto Dias explorava a rota marítima, a Coroa portuguesa enviou agentes por via terrestre até o oceano Índico para, seguindo as rotas tradicionais, colher informações importantes e, em particular, verificar se o oceano era aberto no sul. Quem comandou a tentativa foi Pero da Covilhã, um dos muitos nobres pobres, mas talentosos, que atravessaram várias vezes a tão permeável fronteira entre Portugal e Castela. Ele morou muitos anos em Sevilha, onde serviu a casa de um nobre castelhano, o conde (depois duque) de Medina-Sidonia. É possível que esse tenha sido

Os embaixadores portugueses enviados à Etiópia em 1530 deram com Corvilhã na corte do negus. O relato oficial etíope salienta o esplendor do "Preste João".

um valioso período de aprendizagem. O conde foi um dos investidores na conquista das ilhas Canárias e uma figura importante na pesca de atum e na indústria açucareira no Atlântico. Mas, em 1474, quando estourou a guerra entre os dois reinos, Covilhã voltou a Portugal para servir seu rei. Outras missões de natureza desconhecida — talvez de espionagem, talvez diplomáticas — levaram-no a cortes magrebinas, onde ele aprendeu árabe.

Mais ou menos na época em que Bartolomeu Dias zarpou para explorar a rota de acesso ao oceano Índico pelo Atlântico, Covilhã, acompanhado de Afonso de Paiva, partiu para remontar o Nilo e atravessar o deserto etíope até Zeila, à beira do mar Vermelho. Suas investigações levaram-no ao leste, a Calicute, e ao sul, talvez até Sofala, no longínquo litoral moçambicano — o empório a partir do qual se comerciava o ouro da África Oriental pelo oceano Índico. No fim de 1490, já estava de volta ao Cairo, de onde enviou ao seu país um informe sobre as descobertas que fizera. O documento não sobreviveu, mas provavelmente resumia os conhecimentos colhidos in loco: o oceano Índico era, sem dúvida, aberto para o sul. Então Covilhã se voltou para outro aspecto da sua missão: estabelecer contato diplomático com o governante da Etiópia, que não tardou a contratar seus serviços. Ele ainda estava lá quando a segunda missão portuguesa chegou, em 1520.

Os estrategistas portugueses acreditavam que o mandatário etíope fosse importante para seus planos de enviar navios ao oceano Índico, pois sabiam que seu reino era cristão e o identificavam com o "Preste João" — um potentado lendário, dono de riquezas supostamente fabulosas, que, havia três séculos e meio, os ocidentais procuravam de modo intermitente na esperança de encontrar um aliado contra o islã. Porque, entre a retirada dos chineses na década de 1430 e a chegada dos europeus na de 1490, o oceano Índico se transformou num lago muçulmano. A maioria dos territórios por ele banhados estava sob regime ou domínio islâmico e tinha uma população maometana importante, geralmente majoritária. Os mercadores muçulmanos — árabes, guzerates e persas — se encarregavam de grande parte do comércio que atravessava o oceano, muito embora os comerciantes hinduístas, jainistas e budistas também tivessem muita importância. As orientações de navegação mais recentes, nas quais os pilotos se baseavam, provinham do grande oceanógrafo muçulmano Ahmad ibn Majid, que copilou a sua descrição da costa oriental africana a partir de expedições de exploração pessoais. Seu prestígio cresceu a ponto de os marinheiros de Adem o considerarem um santo e rezarem pedindo-lhe proteção quando zarpavam em seus barcos.

Naturalmente, havia regiões impermeáveis ao islã, que era recebido com ceticismo em alguns círculos. Kabir de Varanasi foi um poeta de inclinações seculares.

Para te sentires poderoso, tu te circuncidas;
não concordo com isso, irmão. Se o teu Deus favorece a circuncisão,
por que não nasceste circunciso?

O ceticismo de Kabir também não poupava os hinduístas:

Se fazer uma trança te transforma em brâmane,
que há de fazer a esposa? [...] *Hinduísta, muçulmano,*
de onde vieram?[17]

O fanatismo foi mais eficaz que o ceticismo no estabelecimento dos limites da difusão do islã. Os hinduístas resistiam com tenacidade ao proselitismo muçulmano. No sul da Índia, o belicoso reino de Bisnaga proclamava a sua rebeldia com o próprio nome, que significa "cidade da vitória". Em 1443, impressionou um visitante muçulmano porque "a vista nunca viu nada igual", já que ficava dentro de um círculo de quase cem quilômetros de sete muralhas concêntricas. Os rajás de Bisnaga se autodenominavam "Senhores dos Oceanos Oriental e Ocidental". Segundo as máximas de um governante do início do século XVI,

> [um] rei deve melhorar os portos do seu país e, assim, fomentar o comércio para poder importar livremente cavalos, elefantes, pedras preciosas, madeira de sândalo, pérolas e outros artigos [...] Faz com que os mercadores de países estrangeiros distantes, que importam elefantes e bons cavalos, se apeguem a ti porque lhes

ofereces aldeias e habitações decentes na cidade, lhes concedes audiências diárias, lhes dás presentes e lhes permites obter lucros decentes. Assim, esses artigos nunca irão para os teus inimigos.[18]

Na prática, porém, a capital ficava muito longe do mar, e as províncias periféricas eram difíceis de controlar. Em 1485, o poder dos vizinhos de Bisnaga não só parecia ter freado a expansão do reino como chegava a ameaçar a sua própria existência. Os impostos dos empórios do litoral se exauriram quando as fronteiras retrocederam para o interior. Os senhores da guerra muçulmanos usurparam territórios fronteiriços. Por isso, um general frustrado, Saluva Narasimha, liderou um putsch e preparou o Estado para a guerra. O alívio foi passageiro. Com sua morte em 1491, a renovação das disputas pelo trono quase extinguiu o reino, até que, em 1492, outro general ambicioso, Narasa Nayaka, tomou o poder efetivamente, mas sem se proclamar rei. Graças a esses homens poderosos, o Estado sobreviveu de forma precária para retomar a expansão na geração seguinte.

O jihad era um dos meios de propagar e consolidar a atração do islamismo ou pelo menos o poder muçulmano. Os sultanatos agressivos justificavam a guerra invocando a religião. Em 1470, o mercador russo Afanásio Nikitin se referiu com pavor ao seu poderio militar e relatou algumas das suas incursões violentas em territórios hinduístas. A descrição que fez do que denominava "andanças pecaminosas" é distorcida pela renúncia à vocação do comércio — ele fazia questão de dizer que a pimenta e os têxteis da Índia não tinham valor — e pela culpa terrível que dele se apoderou em virtude dos compromissos e evasões da fé que foi obrigado a cometer para comerciar e inclusive para sobreviver nos reinos de governantes que se orgulhavam de ser muçulmanos fanáticos. Nikitin alega com frequência (excessiva) que se manteve fiel ao cristianismo, mas as evidências que ele mesmo oferece deixam claro que foi preciso renunciar à sua religião, pelo menos na aparência. O principal objetivo do livro que escreveu parece ser prevenir solenemente seus correligionários cristãos para que não comerciem com a Índia, pois arriscam perder a alma. Depois de muitos meses no sultanato de Bahmani, na região indiana do Decão, ele já não conseguia calcular a data da Semana Santa: "Nada tenho comigo; nem um livro sequer; os que eu trouxe da Rússia se perderam quando me roubaram. E esqueci a fé cristã e as festas cristãs e não sabia quando era a Páscoa nem o Natal [...] pois vivo entre os dois credos".[19]

Nikitin informou que os sultões de Bahmani comandavam um exército de 1 milhão de homens equipados com armas de fogo, inclusive um canhão pesado. A couraça do sultão tinha incrustações de ouro com safiras e diamantes. Seus conselheiros eram transportados pelas ruas em divãs de ouro. Ele ia acompanhado de centenas de elefantes encouraçados, cada qual levando um assento também encouraçado e com dossel, e avançava cercado de homens armados. O Estado, de fato, estava no apogeu de seu poderio. Por iniciativa do primeiro-ministro Mahmud Gawan, nas décadas de 1460 e 1470, a autoridade dos sultões aumentou a expensas dos nobres, e as fronteiras, à custa dos reinos vizinhos. Mas as campanhas realizadas tanto no interior como no exterior do sultanato causaram ressentimento e sobrecarregaram a força do Estado. Em 1482, o sultão mandou assassinar o ministro, alegadamente por "ter se atrevido a se interpor no nosso caminho e tentado unir suas forças às dos nossos inimigos".[20] Seu senhor não tardou a lhe fazer companhia na sepultura, deixando o trono para um menino de doze anos, Shihabu'd-din Mahmud. As subsequentes disputas pelo poder entre ministros e generais desencadearam matanças, provocaram uma rebelião popular e facilitaram a usurpação do poder pelos líderes provinciais e, enfim, a separação do reino. Em 1492, o reino de Bahmani estava em fase de cisão. Durante os dois anos seguintes, Shihabu'd-din reafirmou a sua autoridade com uma série de vitórias sobre subordinados recalcitrantes — mas não conseguiu senão adiar a dissolução.

A força do sultanato muçulmano de Guzerate chegou ao auge mais ou menos na mesma época. Mahmud Shah Begarha (1469-1511) arrebatou Champaner aos seus senhores hinduístas em 1484 e começou a reconstruir a cidade na grande escala ainda visível nas suntuosas ruínas de palácios, bazares, praças, jardins, mesquitas, poços de irrigação e tanques ornamentais. Havia oficinas que produziam sedas finas, têxteis e armas; autorizou-se a construção de templos hinduístas extramuros. O súdito mais poderoso do sultão, Meliqueaz, um ex-escravo russo famoso pela valentia e a destreza com o arco, chegou a Guzerate na década de 1480 no séquito de um amo que o deu de presente ao sultão. Liberto por bravura no campo de batalha — ou, em outra versão, por ter matado um falcão que defecou na cabeça do sultão —, recebeu a capitania de uma região que incluía um antigo assentamento portuário então em fase de recuperação graças aos predecessores imediatos de Meliqueaz, depois de séculos de mata acumulada. Ele transformou Diu num imponente empório fortificado e induziu os exploradores vindos do mar Vermelho, do golfo Pérsico, de Malaca, da China e da Arábia a utilizá-lo como via de acesso ao norte da Índia. Seu estilo de vida refletia o valor do comércio. Quando visitava o sultão, levava uma comitiva de novecentos cavalos. Empregava mil aguadeiros e oferecia aos convidados comida indiana, persa e turca em serviço de porcelana.

Na época, nenhum território da Índia podia se comparar com o sultanato de Delhi, nascido na tradição das muitas hegemonias fundadas pelas dinastias invasoras; mais do que um Estado, era uma maquinação, uma supremacia compartilhada por camaradas de uma etnia e membros do mesmo clã, todos eles rapinantes. Quando chegou do Afeganistão, o fundador Bahlul escreveu para a sua terra anunciando as riquezas da Índia e pedindo aos parentes que renegassem sua pobreza nativa e o seguissem. Eles vieram em massa — segundo os habitantes locais —, "como formigas ou lagostas". Mas as dimensões e a diversidade dos seus domínios e oportunidades não tardaram a levar Bahlul a procurar ajuda em outro lugar. Tinha 20 mil mongóis ao seu serviço. À medida que as fronteiras se ampliavam, tornou-se mais sensato e necessário empregar nativos — desde que fossem muçulmanos ou se dispusessem a vir a sê-lo.

O sucessor de Bahlul, Sikandar Lodi, que estava no trono em 1492, adotou rituais cortesãos autóctones e "favoreceu nobres e xeiques da Arábia, da Pérsia e de várias partes do Hindustão".[21] Seu avô materno era plebeu, um simples ourives, mancha que quase lhe custou o trono. No tocante a moral e costumes, Sikandar Lodi tinha normas elevadas e práticas rigorosas. Como todos os governantes maometanos da época, encarregou os cronistas de glorificarem-no exageradamente a ponto de comprometer a credibilidade, tanto que, por exemplo, justificavam "pelo bem da sua saúde" a derrubada de quem, na sua opinião, impunha a xaria com tanta intransigência. Sem dúvida, ele se eximia do cumprimento das próprias normas, inclusive da proibição de se barbear. Fazia milagres, dava ordens a gênios e possuía uma lâmpada mágica que o iluminava com a notícia de fatos ocorridos em lugares remotos.[22] Açoitava os nobres que estragavam uma partida de polo por causa de uma briga. Desviava as atenções eróticas de um xeique que o admirava em excesso chamuscando-lhe a barba.

Seu fanatismo chegava a repugnar seus próprios cronistas. Ele destruiu templos hinduístas, quebrou imagens, proscreveu ritos. Quando um xeique questionava a justiça de proibir os banhos sagrados dos hinduístas, o sultão, enfurecido, erguia a espada contra ele. Tinha vocação de conquistador; por esse motivo, chamava-se de Sikandar — a forma local do nome de Alexandre, o

Grande. Conseguiu anexar lugares longínquos como Bihar e Dholpur, mas deixou o Estado excessivamente grande e empobrecido. Despedaçou os ídolos hinduístas e distribuiu os pedaços entre os açougueiros muçulmanos para que os usassem para pesar a carne. Transformou os templos em mesquitas e madraçais. Queimou vivo um religioso hinduísta que disse que "o islamismo e o darma hinduísta são igualmente aceitáveis para Deus desde que professados com sinceridade". Ele arrasava templos com muita frequência e erigia mesquitas no lugar, como seu comportamento deixou claro em Mandrail, Utgir e Narwar. Promulgou decretos contra o costume hinduísta de tomar banho e fazer a barba para comemorar o festival de verão e ameaçou com a pena de morte aqueles que não o cumprissem.[23]

Não obstante, tanta agressão provavelmente contribuiu menos para disseminar o islamismo do que o proselitismo pacífico: a aculturação pelo comércio e o trabalho vagaroso, às vezes ingrato, dos missionários. Nos territórios que viriam a ser a Malásia e a Indonésia, assim como na África, a outra grande arena da expansão islâmica na época, os meios de propagação foram o "jihad das palavras".[24]

O comércio impulsionava o trânsito de exemplos vivos de devoção muçulmana entre as cidades e instalava muçulmanos em cargos como supervisores portuários, fiscais aduaneiros e agentes de déspotas monopolistas. Os Estados comerciais salpicavam a costa suaíli, mas a ideia convencional de que eles abrigavam povos navegantes é falsa. Durante gerações, os suaílis reagiram ao racismo dos senhores ocidentais cultivando uma imagem não africana e sublinhando suas ligações culturais e comerciais com a Arábia e a Índia. Depois da independência, alguns vizinhos do interior se vingaram tratando-os como colonos, mais ou menos como as comunidades interioranas da Libéria e de Serra Leoa tratavam os descendentes de escravos reassentados em

Monróvia e Freetown como uma elite estrangeira e devidamente ressentida. No Quênia, políticos demagogos ameaçaram expulsar os suaílis como se fossem forasteiros intrusos. Contudo, apesar de polvilhado de empréstimos do árabe, o suaíli é muito parecido com as outras línguas bantas. Os suaílis chegaram do interior à costa, talvez há milhares de anos, mas conservaram com a hinterlândia vínculos que nunca foram prejudicados pela sua atividade comercial com os visitantes do oceano Índico.

A localização no litoral das cidades suaílis pode dar a impressão equivocada a respeito da importância do mar para elas: essa localização se devia à proximidade da água doce, das rotas terrestres e das fontes de coral, com o qual tanto comerciavam, exatamente na mesma medida que em razão do acesso ao oceano. A elite costumava casar as filhas com os parceiros comerciais do interior, não com os visitantes temporários estrangeiros. Poucas cidades tinham bons ancoradouros. Mais da metade contava com portos ruins ou nem isso. A cidade de Gedi, com mais de dezoito hectares de área, muralhas de três metros de altura e um palácio de mais de trinta metros de largura, ficava a 6,5 quilômetros do mar. Os comerciantes suaílis percorriam o litoral e o interior a fim de adquirir ouro, madeira, mel, civetas, chifre de rinoceronte e marfim para vendê-los a árabes, indianos e guzerates, que os transportavam pelo oceano. Eram os atravessadores clássicos, aparentemente convencidos de que não valia a pena correr os riscos do comércio transoceânico enquanto os fregueses se dispusessem a frequentar seu litoral.

No início do século XVI, visitantes portugueses repararam na relação de amor e ódio entre os suaílis e os territórios interioranos. Por um lado, as duas regiões necessitavam uma da outra para comerciar; por outro, a inimizade religiosa entre os muçulmanos e os vizinhos pagãos os impelia a guerrear. Duarte Barbosa acreditou que fosse esse o motivo pelo qual os habitantes da costa tinham "cidades bem amuralhadas com pedra e argamassa, já que geralmente estão em guerra com os pagãos do interior".[25] O conflito também tinha causas materiais. Os suaílis precisavam de plantações para cultivar alimentos, obtidas à custa das comunidades interioranas, bem como de escravos que os servissem. Os povos do litoral e do interior alternavam incursões e exigências de tributo, além de comerciar regularmente. Quando chegaram, no começo do século XVI, os observadores lusitanos tiveram a impressão de que Mombaça, a maior cidade portuária suaíli, vivia atemorizada pelos vizinhos mozungulos, "selvagens" armados de dardos envenenados que "não tinham lei, nem rei, nem outro interesse na vida a não ser o roubo, o furto e o assassinato".[26] Mas, se o islã não era a verdadeira causa das hostilidades, pelo menos representava a desculpa mais frequente. A religião estava bem consolidada entre os suaílis urbanos depois de quase meio milênio de proselitismo dos mercadores que os frequentavam e dos sufis e os xeiques que às vezes chegavam nos seus navios. Já no início do século XIV, os visitantes muçulmanos costumavam elogiar sua ortodoxia. Provavelmente, só no século XVI, quando a pirataria portuguesa interrompeu o comércio do oceano Índico na costa suaíli, foi que o islamismo local começou a divergir da corrente principal.

Para algumas cidades, o oceano era fundamental. Quíloa era um dos maiores empórios suaílis porque a monção a tornava acessível para os comerciantes transoceânicos durante uma única estação. Os portos mais meridionais, como Sofala, embora ricos em ouro, só eram acessíveis depois de uma longa espera, geralmente em Quíloa, para que o vento mudasse. Parece que os mercadores de Guzerate raramente se davam ao trabalho de ir mais ao sul de Mombaça ou Melinde, onde os comerciantes se reuniam com produtos oriundos de toda a costa, inclusive de lugares distantes como Sofala. Os guzerates pagavam o que compravam com finos tecidos indianos de seda e algodão.

Na outra margem do oceano, no Sudeste Asiático, era mais difícil para o islã penetrar em territórios agrários com interesse muito limitado no comércio de longa distância. No local que viria a se chamar Indochina, o reino khmer era uma unidade autônoma que produzia arroz suficiente para alimentar seu povo. Os governantes nunca mostraram o menor interesse em negociar por conta própria, se bem que, perto da virada do século, tivessem mudado a capital para a atual Phnom Penh no aparente esforço de aumentar o controle sobre a renda gerada pelo comércio marítimo. O Vietnã — cultural e geograficamente próximo da China — adotou medidas ativamente hostis ao comércio ultramarino. Le Thanh Tong, que governou de 1460 a 1497, proibiu o desperdício de terras, dividiu os grandes latifúndios, colonizou regiões fronteiriças com prisioneiros e soldados desmobilizados e deu isenção fiscal a quem cavasse valas e plantasse amoreiras. Quase duplicou o tamanho do seu reino com a conquista de territórios no sul, deslocando a fronteira para além de Qui Nonh. Promulgou disposições que parecem demasiado perfeitas para ter sido postas em prática, determinando que todos os seus súditos fossem agrupados em ordem de graduação determinada por burocratas nomeados pela realeza. Espalhou por todo o país templos da literatura nos quais os aspirantes a mandarim podiam estudar as obras de Confúcio e se preparar para os exames de admissão à administração pública conforme o modelo chinês. Ao mesmo tempo que conferia poderes aos burocratas confucionistas e impunha um rigoroso código jurídico inspirado em Confúcio, Le Thanh Tong se aferrava à sensibilidade popular ao representar-se como a reencarnação de um ancestral heroico.

Os monarcas da região tinham muito a perder caso se convertessem ao islamismo: o temor inspirado pela reencarnação, o papel de antecessor do milênio budista ou de encarnação de uma divindade hinduísta, a custódia de relíquias sagradas para hinduístas e budistas. Por exemplo, Ramathibodi II, que subiu ao trono de Ayutthaya — o reino que viria a ser Sião — em 1491, envolveu-se em provas de poderes mágicos com os reis vizinhos. A realeza khmer baseava-se na ideia de que os monarcas eram budas ou encarnações de Shiva. Numa região de realeza divina e territórios agrários, era difícil para o islã obter um ponto de apoio firme: nem os mercadores nem os missionários podiam ter muita influência.

O mundo malásio, que flanqueava a Indochina e ficava do outro lado da costa, era mais permeável, pois lá não faltavam estados comerciais e tradições navegadoras. Como observou o sultão de Malaca em 1468, "para dominar os oceanos azuis, as pessoas devem se dedicar ao comércio, mesmo que seus países sejam estéreis".[27] Camões, que percorreu o Oriente e o exaltou nos seus versos no fim do século XVI, descreveu o mundo malásio com as seguintes palavras:

Mais avante fareis que se conheça
Malaca por empório enobrecido,
Onde toda a província do Mar Grande
Suas mercadorias ricas mande.

Dizem que desta terra co *as possantes*
Ondas o mar, entrando, dividiu
A nobre ilha Samatra, que já de antes
Juntas ambas a gente antiga viu.
Quersoneso foi dita; e, das prestantes
Veias de ouro que a terra produziu,
"Áurea", por epitheto *lhe ajuntaram;*
Alguns que fosse Ofir imaginaram.[28]

Os mercadores muçulmanos frequentaram a região durante muitos séculos sem que um só nativo aderisse ao islamismo. Alguns formaram comunidades em cidades portuárias. Depois chegaram os missionários: eruditos à cata de um mecenas que, en passant, aliviavam os muçulmanos da obrigação de fazer proselitismo; atletas espirituais em busca de exercício, ansiosos por desafiar os xamãs locais em competições de ostentação de ascetismo e poderes sobrenaturais. Em algumas regiões, foi essencial a contribuição dos sufistas, identificados com o tipo de animismo e panteísmo populares e para os quais "Ele está mais perto de nós do que as veias do nosso pescoço".[29] Os sufistas foram os missionários mais eficazes. Como em todas as histórias de conversão, é difícil distinguir relatos de milagres, inventados retrospectivamente para santificar os fatos, de provas reais, dignas de crédito. As lendas de conversão concebidas pelos sufistas são pouco fiáveis, em parte porque quase sempre se revestem do interesse particular de cada autor e, em parte, porque tendem a ser moldadas pelos lugares-comuns tradicionais.

Como é de esperar, as autobiografias sacras estão repletas de histórias de meninos que assaltam pomares e jovens que cometem pecadilhos e recebem a súbita visita das trevas para então, também subitamente, vislumbrar a luz. As questões fundamentais são as relacionadas com a nova definição que o conjunto da sociedade faz de si. Trata-se de um processo ainda pouco conhecido, pelo qual o termo "islã" passa a participar da autodesignação coletiva de comunidades inteiras, abrangendo uma infinidade de pessoas que nunca viveram uma experiência de conversão ou algo que o valha. A esse tipo de reorientação coletiva subjazem processos mais remotos, pelos quais o islã captura elites ou se torna parte da paisagem vital de determinada sociedade ou — se me for permitida mais uma metáfora — um fio do tecido da identidade social. Para a maioria da população da sociedade que acolhe a nova religião, isso geralmente envolve a recepção passiva de novas doutrinas e crenças, sem nenhum compromisso ativo.

Segundo a tradição, o primeiro governante a abraçar o islamismo no Sudeste Asiático, em Pasai, Sumatra, no fim do século XIII, recebeu a mensagem da fé num sonho. Depois convidou um religioso a completar a sua conversão. No século seguinte, outros territórios de Sumatra o imitaram, e na península da Malásia também havia Estados governados por muçulmanos. No início do século XV, o governante de Malaca adotou o islamismo. Desde o fim daquele século, as conversões se multiplicaram e difundiram mediante casamentos dinásticos ou por um processo semelhante à radiação, pelo qual os sufistas se abriam em leque a partir de cada núcleo a que chegavam. Malaca parece ter fornecido contingentes humanos para a conversão de Estados em Java, os quais, por sua vez, mais ou menos no começo do novo século, realizaram o mesmo trabalho com Ternate, nas ilhas Molucas, de onde os missionários avançaram pelas ilhas vizinhas. Os governantes provinciais garantiam o fluxo de renda para as cortes dos sultões desde que estes os deixassem exercer o poder tranquilamente. "Quanto a nós que administramos o território", observou um nobre numa crônica malaia, "que vos importa? [...] Fazemos o que julgamos que deve ser feito, pois o governante não se preocupa com as dificuldades que nós administradores encontramos. Só leva em conta os bons resultados que obtemos."[30]

Pouco antes de morrer em 1478, o catequista sufi Abu-al--Mewahib al-Shadili recopilou o que ele denominava as "máximas da iluminação": *Qawanin Hikam al-Ishraq*. Na sua opinião, os sufistas eram uma elite, e os outros, "povos nascidos do desvio e da inovação".[31] Todas as suas máximas começavam com um texto do Alcorão. A experiência mística era como a memória. Para viver "imerso no mar da unidade" com Deus, o místico precisava eliminar todo pensamento sobre os próprios atributos, concentrar-se na sua essência e, "ato seguido, desaparece a distância existente entre o místico e Deus".[32] Al-Shadili exortava a abandonar a inteligência, a razão, a experimentação e a autoridade,[33] a perder a consciência do Universo, a praticar a penitência permanente porque "o arrependimento dos homens comuns é um estado de ânimo passageiro". Os sufis podiam se aproximar da iluminação porque reconheciam o poder que o mal exercia sobre eles e a necessidade de se arrepender. O autor citava tanto o Evangelho como o Alcorão.[34]

Al-Shadili recomendava a vigilância como meio de identificação com Deus. "A ideia de ser sentinela da Verdade tomou conta do coração de um criado que estava sozinho entre os homens."

> Assim passou pelo coração e o pensamento de uma pessoa ansiosa um relance do esplendor e da beleza do amado, que a transformou em alguém parecido com quem foi enfeitiçado pela bruxaria dos babilônios; tudo isso aconteceu quando seus anelos e os rouxinóis da alegria ficaram soltos.

O autor se deixava levar pelas imagens do repertório místico comum a muitas culturas, mas perigoso no islã: comparar a experiência de Deus com o amor físico, a magia pagã e até a embriaguez. Uma experiência mística o arrebatou quando as árvores sussurraram:

Os ventos da união com eles sopraram ao amanhecer,
com rajadas de anseio no coração.
O ramo do amor agitou-se dentro de mim com alegria,
quando os frutos do amor caíram em toda parte.
Os sóis da união, com os seus raios penetrantes,
Atravessaram os véus protetores.
A clara alegria fulgurou sobre nós e iluminou
o rosto compassivo que dissipou toda culpa.[35]

Quando Colombo estava iniciando os preparativos para sua primeira viagem transoceânica, um dos maiores místicos da época morreu no atual Afeganistão. Nur ad-Din Abd ar-Rahman Jami era um poeta consumado: o último grande poeta persa, dizem alguns, e biógrafo de uma longa linhagem de sufistas. Na Ásia, a fama desse que foi um dos intelectuais mais elogiados da época era maior e mais profunda do que a alcançada por qualquer herói do Renascimento nos limites estreitos da cristandade. Os governantes do Império Otomano e os herdeiros dos cãs mongóis disputavam inutilmente seus serviços de conselheiro político: ele preferia uma vida dedicada à arte e à meditação. Algumas das suas obras foram traduzidas para o chinês e, nos duzentos anos seguintes, exerceram considerável influência sobre o misticismo budista e o muçulmano. Além de relatos das suas experiências místicas, ele escreveu uma exposição dos princípios místicos intitulada *Resplendores* (*Lawa'ih*). Os sentidos velavam a realidade. O eu era uma distração: "[P]rocura te esconderes", recomendava, "do teu próprio olhar".[36] O aprendizado era uma armadilha, juízo que muitos místicos franciscanos endossariam na Europa. "Como é possível que o amor", questionava ele, "emerja das dobras dos vossos livros?"[37] Ele concordaria com a maioria dos místicos ocidentais em outro aspecto: os místicos deviam precaver-se quanto à autocomplacência e transformar o amor em prática. Jami aconselhava: "Não julgues que o Real esteja à margem do mundo, pois o mundo se acha no Real, e no mundo o Real não é senão o próprio mundo".[38] Não obstante, as metas que reservava para si eram supramundanas. O mundo não era digno nem de ser contemplado. Ele o desprezava com um gesto de enfado — quase um sorriso de superioridade: "Estou farto de todo tipo de belezas temporais".[39] Tinha consciência de que a aniquilação significava o eclipse da consciência: "A aniquilação da aniquilação está incluída na aniquilação [...] Se tens consciência da ponta de um cabelo e falas no caminho da aniquilação, já abandonaste o caminho".[40] Até mesmo a religião era irrelevante para o místico, cujo "costume é a aniquilação e cuja regra é a pobreza". Uma vez alcançada a união com Deus, para que confraternizar com os mulás? As mesmas ideias ocorriam aos místicos cristãos.

Seu último poema imensamente longo era considerado sua obra-prima. *Yusuf e Zulaika*, uma abrasadora história de amor que contém uma doutrina concebida por Jami, embora não chegue a alterar abertamente o islamismo, é pessoal e toma certas liberdades assombrosas com o Alcorão. Parte do episódio alcorânico de Yusuf — o José bíblico — e a sedutora que ele encontra ao fugir dos irmãos truculentos e transforma-o num tratado sobre o amor como uma espécie de escada de Jacó, um meio de alcançar a união pessoal com Deus. O autor começa dirigindo-se aos leitores que buscam experiências místicas. "Vai embora e conhece o amor", aconselha. "Depois volta e pergunta-me." A união amorosa é um modo de conexão com Deus "que acelera o coração e inunda a alma de arroubo". Zulaika vê pela primeira vez o futuro amante numa imagem tão poderosa que a luxúria a impede de amá-lo verdadeiramente. Enquanto o mundo fica estupefato com o esplendor e a beleza dele, sua esposa se atormenta com reproches e deseja morrer. Se tivesse abraçado a forma interior em vez do corpo que a esconde, descobriria que o amor conjugal é um meio de ascensão até Deus.

Zulaika começa a vislumbrar as verdades do misticismo — as possibilidades de realização pessoal, mas a carnalidade se interpõe no seu caminho. Jami diz: "Enquanto o amor não tiver alcançado a perfeição, a única preocupação dos amantes é satisfazer o desejo [...] Espetavam de bom grado uma centena de espinhos no ser amado". Zulaika é obrigada a passar por uma série de purgações terríveis, que são como as etapas clássicas da ascensão mística: desespero, renúncia, cegueira, esquecimento. Suporta a reiterada rejeição de Yusuf e perde tudo o que outrora lhe importava — a riqueza, a beleza e a vista —; antes que os amantes possam se unir, ela percebe a verdade mística:

Na solidão em que morava o Ser sem sinal,
e enquanto todo o universo dormia ainda
escondido na abnegação, um Ser era
isento do "eu" ou do "tu" e arredado
de toda dualidade; a Beleza Suprema,
abstrusa a não ser para si mesma
e pela sua própria luz, mas dotada do poder de encantar
a alma de todos; escondida no invisível,
uma essência pura, livre do conhecimento do mal.[41]

O amor carnal fica despedaçado como um ídolo de barro. A verdadeira beleza de Yusuf surpreende uma vez mais a sua namorada, como uma luz tão deslumbrante que ele parece perdido nela.

Da beleza eterna, nascida
de reinos de pureza para iluminar
os mundos e todas as almas que neles moram.
Um fulgor Dela caiu sobre o universo
e sobre os anjos, e esse raio único
os deslumbrou até que seus sentidos se nublassem
como o céu num torvelinho. De modo diferente,
todos os espelhos o refletiram, e em toda parte
cantavam em seu louvor com renovadas harmonias.
Extasiado, o querubim entoou canções
de louvação. Os espíritos que sondam as profundezas
dos oceanos infinitos, nos quais nadam os céus
como pequenas barcas, clamaram com potente voz:
"Glória ao Senhor de todo o universo!".[42]

Eu desconfio que, hoje em dia, a maioria das pessoas acha difícil conceber o misticismo como algo moderno. Mas ele foi pelo menos uma via de acesso a uma das grandes mansões da modernidade: o realçamento do sentido do eu — o individualismo, às vezes roçando o narcisismo e o egoísmo, que relega a comunidade aos confins das nossas prioridades. Sem a ascensão do individualismo, seria difícil imaginar um mundo organizado economicamente pelo "interesse pessoal ilustrado" ou estruturado politicamente em torno da expressão "uma pessoa, um voto". Os romances modernos de autoconhecimento, a psicologia moderna, os valores ligados ao bem-estar pessoal, a angústia existencial e as egomanias da "geração do eu", tudo isso seria inconcebível. A libertação da abnegação precisou começar — ou pelo menos teve um dos seus pontos de partida — nas mentalidades devotas, pois, na Idade Média, as instituições religiosas eram os principais obstáculos para a realização pessoal. A atenção aos correligionários disciplinava o desejo. A busca coletiva da salvação minguava o poder dos indivíduos. A autoridade das convenções religiosas anulava o juízo individual. O misticismo foi um modo de fugir a essas restrições. Para os fiéis em relação direta com Deus, a religião institucional é desnecessária. Portanto, os místicos sufistas, católicos e ortodoxos, assim como os reformistas protestantes, estavam, de certo modo, comprometidos com um mesmo projeto: desatar as sinapses que os ligavam à energia divina; libertar-se para configurar a própria mentalidade; pôr o clero no seu devido lugar. Seja o que for a modernidade, a alta valorização do individual faz parte dela. O papel dos místicos na construção da modernidade tem sido desdenhado, mas, ao nos ensinar a prestar atenção ao nosso eu individual, eles nos ajudaram a nos tornarmos modernos.

10. "O quarto mundo"
As sociedades indígenas do Atlântico e do continente americano

6 de março: O jovem Montezuma celebra a tlacaxipehualiztli, *a festa primaveril da fertilidade, e presencia o sacrifício de prisioneiros: arrancam-lhes o coração e jogam os corpos do alto da escadaria do templo*

Em 1493, quando Colombo retornou da sua primeira viagem, ninguém sabia onde ele havia estado — muito menos o próprio Colombo. Conforme a imagem vigente do planeta, a Terra era uma ilha dividida em três continentes: a Europa, a Ásia e a África. A maioria dos sábios europeus duvidava da existência do que eles denominavam "uma quarta parte do mundo". (Por coincidência, alguns povos indígenas da América chamavam a terra que pisavam de "quarto mundo" — para distingui-la dos céus, das águas e das trevas subterrâneas.) Os geógrafos humanistas, que conheciam as especulações dos autores da Antiguidade, segundo as quais um continente "antípoda" ainda estava por ser descoberto, tatearam às cegas até chegar à conclusão correta sobre a descoberta de Colombo. Outros — mais atentos aos

Desenho do início do século XVII, de Guamán Poma, sobre a construção de uma ponte de corda supervisionada pelo inspetor de pontes inca, cujas orelheiras indicam que ele pertence à elite.

indícios — supunham que ele tinha simplesmente encontrado "mais uma ilha Canária", com mais um fragmento do arquipélago que os conquistadores espanhóis já estavam empenhados em incorporar aos domínios da Coroa de Castela. Um erro perdoável: os novos territórios descobertos ficavam na latitude das ilhas Canárias. Seus habitantes, de acordo com a descrição do próprio Colombo, eram "como os ilhéus das Canárias" na cor da pele e na cultura. Apesar da procura intensa por bens comerciais de valor, ele mesmo achou que as novas terras pareciam mais viáveis como fonte de escravos e área de plantação de cana-de-açúcar — tal como as Canárias.

A conquista dessas ilhas foi parte vital do contexto da época de Colombo. O arquipélago serviu de laboratório para as conquistas nas Américas: uma fronteira atlântica habitada por uma gente estranha e desconcertante, que parecia "selvagem" aos olhos dos europeus; um ambiente novo dificilmente adaptável ao estilo de vida daquele continente; uma terra em que se podiam plantar novos cultivos, que se podia explorar com uma nova economia de plantation, povoada por colonos e adaptada a pautas comerciais novas e mais amplas.

Nas Canárias, a conquista do mundo atlântico já estava em curso quando Colombo se lançou ao mar. O núcleo do círculo financeiro que pagou sua primeira viagem transatlântica se formou quando um consórcio de banqueiros sevilhanos e funcionários do Tesouro real se juntou para cobrir os custos da conquista da Gran Canária entre 1478 e 1483. O ponto de partida de Colombo foi o porto mais ocidental do arquipélago, San Sebastián de La Gomera, que só ficou totalmente seguro quando um Exército espanhol lá debelou a última resistência indígena em 1489. Foi somente em 1496 que os espanhóis deram por concluída a conquista das ilhas mais recalcitrantes.

Os nativos — que desapareceram totalmente na época da colonização devido à conquista, à escravidão, às doenças e à assimilação — eram os últimos descendentes dos habitantes pré-berberes do norte da África. Para se ter uma ideia de como eles eram, os equivalentes vivos mais parecidos são os imeraguen e os zenagas, povos de pescadores pobres e marginais que se aferram à faixa costeira do atual Saara e sobrevivem unicamente ocupando territórios que ninguém mais quer. Além das vantagens do isolamento, os ilhéus tinham — antes da chegada dos europeus — uma economia mista baseada no pastoreio e complementada pelo cultivo de cereais em minifúndios, com os quais preparavam o *gofio*, uma pasta feita com cereais tostados em pó misturada com leite, caldo ou água, prato que ainda é consumido nas ilhas, mas, ao que se sabe, não é apreciado em nenhum outro lugar. Eles fizeram do isolamento uma virtude, abandonando a navegação e mantendo minimamente o contato entre as ilhas, muito embora algumas delas possam ser vistas a partir das outras — mais ou menos como os antigos tasmanianos, os ilhéus de Chatham ou os de Páscoa, que escolheram viver em isolamento. Rejeitaram a tecnologia que chegou ao seu território como se quisessem se afastar deliberadamente do mundo, transformando-se em resíduos de uma era pretérita. No entanto, isolar-se do mundo tem inconvenientes. O contato com outras culturas estimula o que denominamos "desenvolvimento", ao passo que o isolamento leva à estagnação. A cultura material dos canários era rudimentar. Eles viviam em cavernas ou em cabanas toscas. Quando tiveram de enfrentar os invasores europeus, armavam-se unicamente de varas e pedras.

A ferocidade e o prolongado sucesso de sua resistência desmentem a ideia de que a superioridade da tecnologia europeia garantisse uma rápida vitória sobre povos "primitivos" e "selvagens". Os europeus mais intrépidos (individualmente) e os Estados europeus mais ambiciosos vinham empreendendo expedições intermitentes desde a década de 1330. Debilitaram algumas ilhas escravizando os prisioneiros capturados, mas só conseguiram consolidar uma presença duradoura no início do século XV, quando um esforço sistemático dos aventureiros da Normandia lhes proporcionou o controle das ilhas de Lançarote, Forteventura e El Hierro, as mais pobres e despovoadas. Os conquistadores estabeleceram colônias precárias, porém duradouras, que, depois de certa hesitação e mudança de titularidade entre as coroas da França, de Portugal e de Aragão, acabaram prestando lealdade a Castela.

Depois disso, a conquista voltou a se estagnar. As ilhas restantes repeliram muitas expedições de Portugal e Castela. Na metade do século XV, os Peraza — uma família da pequena nobreza sevilhana que adquirira o senhorio de algumas ilhas e reclamava o direito de conquista de outras — invadiram La Gomera, onde erigiram um forte e passaram a cobrar tributos dos nativos sem introduzir colonos europeus. As reiteradas rebeliões chegaram ao auge em 1488, quando os nativos executaram Hernán Peraza, o então senhor, obrigando a Coroa espanhola a mandar tropas para restaurar a ordem. Por vingança, os insurretos foram executados ou escravizados em massa, sem respeito a nenhuma lei, por "se rebelarem contra o seu senhor natural". Os espanhóis deixaram uma guarnição permanente na ilha. Entrementes, o tratamento dispensado aos nativos feriu as consciências mais sensíveis em Castela. Os monarcas incumbiram juristas e teólogos de investigar o caso. A comissão de inquérito recomendou libertar os escravos, e muitos deles retornaram ao arquipélago para ajudar a colonizar outras ilhas. Em todo caso, sua terra natal estava pronta para a transformação. Na década seguinte, os investidores europeus a destinaram à produção açucareira.

Fernando e Isabel, que ainda não tinham decidido empreender o esforço exaustivo de conquistar Granada, acharam que a intervenção valia a pena porque a rivalidade de Castela com Portugal aumentava a importância das ilhas Canárias. Fazia tempo que os castelhanos, ao entrar em águas africanas do Atlântico, suscitavam queixas entre os portugueses, mas a guerra de 1474-9, na qual Afonso V de Portugal disputou o trono de Castela com Fernando e Isabel, intensificou a atividade dos castelhanos. Os monarcas eram generosos quando se tratava de conceder licença para viagens piratas ou de contrabando. As companhias comerciais genovesas, que tinham filiais em Sevilha e Cádis e estavam de olho no comércio açucareiro potencial, interessavam-se muito por investir nesses empreendimentos. A principal ação da guerra foi em terra, no norte de Castela, se bem que acompanhada de uma "pequena

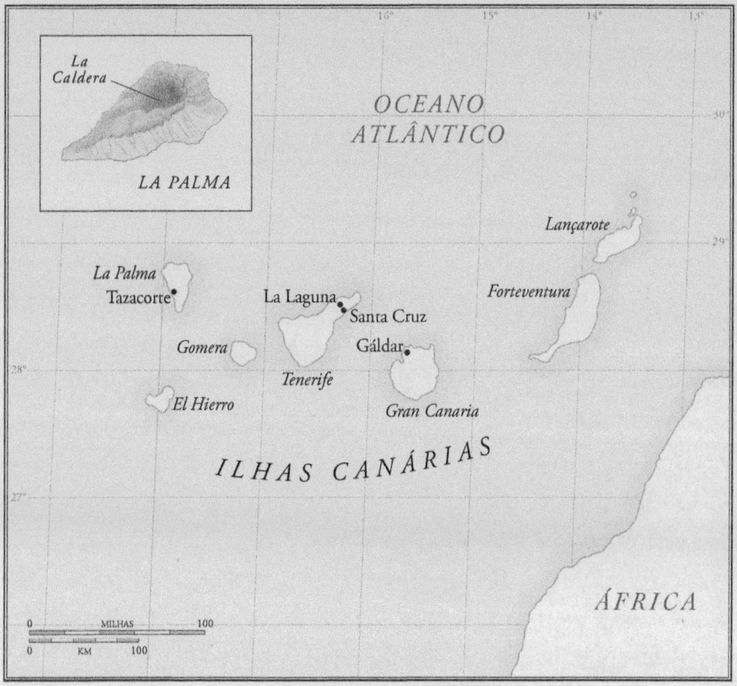

As ilhas Canárias.

batalha" naval em latitudes próximas das ilhas Canárias. Os corsários castelhanos irromperam no monopólio mercantil e escravista de Portugal na costa da Guiné. Os ataques dos portugueses ameaçaram os postos avançados dos castelhanos nas ilhas Canárias. Ficou evidente o valor das ilhas não conquistadas do arquipélago — Gran Canária, Tenerife e La Palma, que eram as mais extensas e economicamente promissoras. Quando os Reis Católicos enviaram tropas para retomar a conquista, em 1478, uma expedição portuguesa formada por sete caravelas já estava a caminho. A intervenção castelhana foi um ataque preventivo.

Outras razões de maturação mais lenta também influenciaram a decisão régia. Em primeiro lugar, além dos portugueses, os monarcas espanhóis tinham outros rivais com que se preocupar. Diego Herrera, um nobre sevilhano de segunda categoria com veleidades de conquistador, herdara o senhorio dos Peraza pelo casamento. Sua afirmação de que nomeara como vassalos seus nove "reis" ou caudilhos nativos de Tenerife e outros dois de Gran Canária era, no mínimo, exagerada. Ele assaltou as ilhas com a intenção de arrecadar tributos impondo o terror e, à maneira dos conquistadores potenciais que o precederam, tentou subjugá-las erigindo torreões intimidantes. Todavia, aquelas ilhas tão extensas, populosas e indômitas não sucumbiriam à iniciativa privada de um fidalgo de província. A conquista efetiva e a exploração sistemática exigiam grande concentração de recursos e investimentos vultosos, o que estava mais facilmente disponível na corte real.

Mesmo que Herrera fosse capaz de concluir a conquista, para os monarcas seria insensato permitir que o fizesse. Ele não estava à margem das intrigas com os portugueses e era um típico paladino truculento cujo poder nas regiões periféricas representava quase uma afronta para a Coroa. Praticamente desde que os primeiros conquistadores tomaram o poder nas Canárias, os reis e os senhores disputavam os limites da autoridade real nas ilhas. Aproveitando uma rebelião local contra a autoridade senhorial em 1475-6 — mais uma, inscrita no marco de muitas outras —, Fernando e Isabel decidiram impor sua suserania, em particular o elemento mais importante nela contido: o direito de ser a última instância de apelação em todas as colônias do arquipélago. Em novembro de 1476, eles mandaram abrir um inquérito sobre os fundamentos jurídicos do senhorio nas ilhas Canárias. Os resultados foram consagrados num acordo entre senhor e soberano em outubro de 1477: os direitos de Herrera eram incontestáveis, preservando-se o senhorio superior da Coroa; mas, "por algumas justas e razoáveis causas", que nunca se especificaram, o direito de conquista seria revertido a Fernando e Isabel.

Além dos motivos políticos para intervir nas ilhas, havia os de ordem econômica. Como sempre na história da intromissão dos europeus na costa africana do Atlântico, o acicate era o ouro. Segundo um cronista privilegiado, o rei Fernando estava interessado nas Canárias porque queria estabelecer comunicações com "as minas da Etiópia", nome genérico que designava a África na época.[1] Os portugueses lhe negavam o acesso às novas jazidas de ouro no sul da protuberância geográfica do continente africano, onde se estabeleceu a feitoria de São Jorge da Mina em 1482. Tal recusa deve ter estimulado a procura de fontes alternativas e ajuda a explicar a ênfase que os diários de Colombo davam à necessidade de ouro. Enquanto isso, o aumento da demanda de açúcar e tinturas na Europa tornou as Canárias dignas de serem conquistadas per se; as tinturas eram um dos produtos naturais do arquipélago, e os colonos europeus se encarregaram de introduzir a indústria em expansão do açúcar.

A conquista foi quase tão difícil sob os auspícios reais quanto sob os de Diego de Herrera. A resistência dos nativos foi parcialmente responsável. O financiamento e a força de trabalho mostraram-se esquivos. Um dos cronistas de Fernando e Isabel raramente mencionava as campanhas das Canárias sem se queixar das despesas. Posto que, ao se arrogar o direito de conquista, um dos objetivos dos Reis Católicos fosse excluir a iniciativa privada das ilhas e circunscrevê-las ao domínio "público", pouco a pouco eles foram obrigados a apelar para o que hoje chamaríamos de "parceria público-privada". Antes a guerra era financiada mediante a venda de indulgências, isto é, documentos emitidos pelos bispos em nome dos paroquianos para perdoar os pecados por eles cometidos neste mundo. Fernando e Isabel exigiram e exerceram o direito de vendê-las para custear guerras contra inimigos não cristãos. Mas, à medida que a guerra se prolongava e as rendas declinavam, eles permitiram que os possíveis conquistadores se financiassem. Cada vez mais, em vez de salários, os conquistadores passaram a receber a promessa de obter terras conquistadas. Em vez de reinvestir a parte dos butins correspondente à Coroa em outras campanhas, os monarcas concediam butins ainda não arrebatados aos conquistadores que captassem recursos de outras fontes. No fim do processo, empresas ad hoc financiaram a conquista de La Palma e Tenerife, cujos benefícios os conquistadores e seus avalistas compartilharam.

As ilhas teriam sido invencíveis, talvez, como observou um secretário real em alusão à Gran Canária, não fossem as divisões internas que os espanhóis souberam aproveitar. Durante os primeiros três anos da conquista da Gran Canária, os castelhanos, com poucos homens e abastecidos de forma inconstante, contentaram-se em saquear aldeias nativas. Como trabalhavam às soldadas e, por isso, tinham pouco incentivo para se apoderar do território, os recrutas das unidades da milícia urbana não se aproximavam dos redutos montanheses em que os canários se refugiavam para se defender. Pelo contrário, concentravam-se em terrenos planos ou montanhas baixas, onde podiam encontrar comida, não batalhas: as planícies em que os nativos plantavam seus cereais e as encostas a que mandavam suas cabras. Era uma estratégia de mera sobrevivência, não de vitória. Entre uma incursão e outra, os invasores ficavam nas paliçadas de Las Palmas, onde a inatividade alimentava a insurreição.

A chegada de Pedro de Vera na qualidade de governador militar inaugurou uma estratégia mais decidida. Ele organizou incursões anfíbias na quase inacessível costa ocidental. Erigiu uma nova paliçada — uma segunda frente — num lugar estratégico em Agaete, no noroeste. Sua primeira vitória importante deveu-se a um erro de cálculo dos líderes nativos, que enviaram suas forças à planície de Tamaraseite, nas proximidades de Las Palmas, para travar uma batalha convencional de resultados catastróficos. A se dar crédito à descrição da batalha deixada por um cronista, Pedro de Vera matou um dos seus principais adversários com as próprias mãos no que parece suspeitosamente um combate cavalheiresco ou homérico. No fim de 1480 ou começo de 1481, quando os nativos interromperam o combate para a semeadura, a trégua foi celebrada com um batismo em massa, ao qual muitos deles se submeteram de bom grado, sem necessariamente compreender o significado do sacramento.

Mesmo assim, alguns perceberam claramente que a cerimônia inaugurava uma nova fase nas suas relações com os espanhóis. Um grupo de chefes ou notáveis chegou à corte de Fernando e Isabel em maio de 1481. Os monarcas fizeram uma exibição muito oportuna de caridade cristã. Entregaram aos visitantes uma carta de privilégio, declarando que tinham posto o povo de Gran Canária "sob nossa proteção e defesa real, como cristãos que são", prometendo não escravizá-los e outorgar-lhes o direito de se deslocar e comerciar nos domínios castelhanos em condições de igualdade com os súditos nascidos em Castela. A partir desse momento, a lealdade aos reis e a adesão ao cristianismo aumentaram entre os nativos.

Nas campanhas seguintes, Pedro de Vera conseguiu eliminar facções rivais. Em 1482, a captura e a conversão de um dos chefes mais importantes, conhecido, segundo a tradição, como Tenesor Semidán, porém mais bem identificado pelo nome de batismo, d. Fernando Guanarteme, fortaleceram imensamente a autoridade de Vera, pois dom Fernando conseguiu convencer muitos compatriotas a se submeterem, principalmente na sua base de poder no norte da ilha.

Mas a vitória insistia em se mostrar esquiva. Decepcionado com a inacessibilidade dos insurgentes que resistiam nas montanhas do centro da ilha, entre perigosos caminhos de cabras e desfiladeiros abismais, Pedro de Vera adotou uma política de terror e terra arrasada. Queimou vivos aborígines inocentes para vingar a morte de soldados espanhóis. Os invasores se apoderaram de víveres e gado para negá-los ao inimigo. Pouco a pouco, coagidos por essa tática ou persuadidos por d. Fernando, os nativos se renderam. Alguns perderam a esperança e deram fim à luta com um suicídio ritual, jogando-se em precipícios profundíssimos.

Uns poucos seguiram opondo resistência com justificada confiança, pois ainda conseguiam vencer batalhas. No inverno de 1483, emboscados numa quebrada longínqua, destruíram um corpo de mercenários bascos utilizando a tática habitual: desencadear uma avalanche para sepultar a coluna inimiga. Vera reconheceu implicitamente que a força não se imporia enquanto os nativos pudessem escolher o campo de batalha. Recolheu-se em Las Palmas e convidou os adversários a firmar condições de paz honrosas. Embora alguns recalcitrantes continuassem a perambular pelo cimo das montanhas, no verão de 1483 a quase totalidade da ilha estava em paz. Enquanto isso, La Palma ostentava a fama de inconquistável, apesar do inconveniente de estar dividida entre vários grupos nativos hostis entre si. Os espanhóis os chamavam de "quadrilhas" e chegaram a identificar doze. A topografia variada da ilha, salpicada de microclimas, assegurava a existência de recursos suficientes e muito terreno quase invulnerável aos invasores. Independentemente das suas diferenças materiais, todos os grupos nativos tinham modo de vida idêntico, combinando o pastoreio de cabras com o cultivo do que os espanhóis identificavam como trigo para preparar o *gofio*. Os moledros indicavam os lugares sagrados, nos quais eles deixavam oferendas de carne e se reuniam para as competições esportivas, especialmente as de luta no estilo formal, quase dançante, que ainda hoje é popular nas ilhas Canárias. Livravam-se dos doentes incuráveis ou dos moribundos mais idosos mediante o que chamaríamos de "suicídio assistido": as vítimas eram abandonadas para aguardar a morte à entrada de uma gruta, com uma pele de cabra e uma tigela de leite que lhes servia mais de consolo que de alimento.

Em 1402, os aventureiros da Normandia tentaram subjugar a ilha e não conseguiram. Henrique, o Navegador, lançou reiteradas expedições. Todas fracassaram. Na metade do século XV, a família Peraza envidou o esforço mais infatigável de todos. Os nativos derrotaram seus exércitos e mataram Guillén Peraza, o jovem herdeiro no qual a família depositava as esperanças na geração seguinte. O incidente inspirou uma balada repleta de imagens cavalheirescas que mascaram a sórdida realidade das guerras dos Peraza:

Chorai, senhoras, valha-vos Deus,
Guillén Peraza ficou em La Palma,
A murcha flor da sua cara.
Guillén Peraza, Guillén Peraza,
Que é do teu escudo? que é da tua lança?
A tudo põe fim a mal-andança.[2]

La Palma continuou irredutível até que uma mulher interviesse. São tantas as histórias de mulheres instrumentais nas conquistas que chega a ser tentador ver nelas exemplos da tradição a distorcer a verdade. Mas o papel de Francisca Gazmira na conquista de La Palma deixou rastro documental em outros lugares, não só nos romances. Em 1491, quando estavam sitiando Granada, Fernando e Isabel receberam a notícia de que o governador e o clero de Gran Canária tinham escolhido uma escrava nativa piedosa, nascida em La Palma, com a intenção de fazê-la retornar à ilha numa missão de evangelização "para falar com os caudilhos e principais dos bandos da dita ilha, porque eles haviam mandado dizer que queriam ser cristãos e se encomendar ao senhorio de Suas Altezas".[3]

O fato de concederem autorização episcopal a uma missionária indígena leiga sugere que Francisca tinha um carisma excepcional, do qual podia fazer bom uso junto ao seu povo. Ela convenceu muitos compatriotas a passarem para o lado dos espanhóis. Voltou da ilha com quatro ou cinco chefes que vestiram roupa espanhola e foram batizados na catedral de Gran Canária. "E, depois que eles se tornaram cristãos", informaram as autoridades locais, "ela os devolveu à dita ilha de La Palma para que fizessem com que os membros das suas quadrilhas se tornassem cristãos sob o senhorio de Suas Altezas."[4] O governador ordenou que ninguém se atrevesse a escravizar um membro das comunidades afetadas, e as autoridades eclesiásticas invocaram uma bula do papa Eugênio IV, de 1434, proibindo a escravização dos nativos que desejassem se converter ao cristianismo e mantendo os termos do tratado de paz que os conversos de Francisca aceitaram.

O sucesso de Francisca deu aos invasores a oportunidade de pedir ajuda a aliados nativos e, enfim, tirar proveito das divisões existentes entre os aborígines. Já havia um aspirante a conquistador empenhadíssimo em obter financiamento para retomar o ataque à ilha. Alonso de Lugo tinha o perfil adequado ao trabalho. Não lhe faltava experiência. Havia lutado contra os mouros antes de participar da conquista de Gran Canária, onde desempenhou papel importante na captura de d. Fernando Guanarteme. Tinha o caráter adequado: implacavelmente cruel, incontrolavelmente ambicioso, resolutamente temerário, irrevogavelmente determinado. Era um empreendedor prudente que assumia riscos tanto por dinheiro como pelo desejo de alcançar a glória. Depois de pôr em funcionamento o primeiro engenho de açúcar em Gran Canária, percebeu que, apesar do declínio das oportunidades de escravização em La Palma, o clima e o solo eram adequados ao cultivo da cana-de-açúcar e prometiam lucro. Mas a guerra de Granada estava passando por uma fase crítica. O momento não era oportuno para a captação de recursos nem para o recrutamento de homens para aventuras em lugares mais distantes.

Segundo a lenda, Lugo estava vagando, desconsolado, pela catedral de Sevilha quando conseguiu o dinheiro para conquistar La Palma: ninguém menos que são Pedro apareceu disfarçado de um velho misterioso e jogou em suas mãos uma bolsa cheia de dobrões. A história representa uma tentativa esfarrapada de santificar uma conquista moralmente repulsiva. Os verdadeiros patrocinadores de Lugo eram do mesmo grupo de banqueiros particulares de Sevilha, alguns dos quais já tinham investido na empresa de Colombo.

O pequeno exército improvisado de Lugo chegou à costa ocidental da ilha no fim do verão de 1491 e recebeu as boas-vindas dos bandos catequizados por Francisca Gazmira. A se dar crédito a tradições posteriores, Mayantigo, que era ou aspirava a ser o "chefe dos chefes" da ilha, estava no comando dos colaboracionistas. Os termos do acordo que Lugo firmou com ele levam a crer que a aliança era mais incisiva que as anteriores. Haveria "paz e união" entre as partes. Mayantigo reconheceria os monarcas castelhanos e prestaria obediência a eles. Continuaria governando o seu bando, mas o faria em nome dos monarcas. Seu povo gozaria de todos os direitos e privilégios dos súditos castelhanos da Coroa. Como tantas campanhas ulteriores nas Américas, a guerra que se desencadeou foi um conjunto de lutas intestinas, nas quais os nativos se matavam entre si, deixando os espanhóis como os beneficiários do conflito e herdeiros das elites mortas ou desalojadas.

Com o reforço dos bandos cristãos, Lugo percorreu a costa da ilha em sentido horário, atacando as comunidades, que não faziam o menor esforço para opor uma resistência conjunta. Derrotou-as pouco a pouco antes de se recolher no seu quartel de inverno. O interior da ilha foi cenário de uma defesa mais feroz, pois lá a atividade vulcânica e a erosão se combinaram para criar uma imensa fortaleza natural — La Caldera, uma cratera em forma de caldeirão aos pés de pouco mais de três quilômetros de ladeiras íngremes com florestas muito densas. Era ocupada por um único povo chefiado por um líder encarniçadamente independente que a tradição chama de Tanausú. Os aliados nativos tiveram de carregar Lugo nos ombros para transportá-lo naquele terreno escarpado. Quando o primeiro ataque foi repelido, ele planejou o seguinte por um caminho ainda mais tortuoso: intransitável e, portanto, desguarnecido. Contudo, a habilidade de Tanausú nas escaramuças e emboscadas parecia insuperável.

Se acreditarmos no que assevera a única fonte documental remanescente, Tanausú poderia ter resistido indefinidamente se Lugo não o tivesse enganado ao atraí-lo a uma falsa negociação, na qual os espanhóis o derrotaram e dizimaram seus seguidores. O que se conta é que Lugo teria enviado um emissário nativo, Juan de La Palma, para oferecer os mesmos termos de submissão que os bandos cristãos haviam aceitado. Tanausú respondeu que só levaria as propostas em consideração se as forças de Lugo se retirassem do seu território. Depois disso, participaria de uma negociação na fronteira. Lugo concordou, mas sua sinceridade — caso ele tivesse alguma — estava eivada de desconfiança. Tanausú chegou atrasado à reunião, de modo que Lugo considerou o acordo nulo e inválido. E se levantou em armas. Quando atacantes e defensores se encontraram, os conselheiros de Tanausú recomendaram não retomar as negociações, porém — no que mais parece um lance literário que um relato fiel dos fatos — o caudilho rejeitou o conselho. Confiando na boa-fé de Lugo, dirigiu-se ao que pensava que seriam conversações, mas que na verdade era uma batalha. Aprisionado, Tanausú não pôde se suicidar do modo espetacular dos chefes canários anteriormente derrotados. Só lhe restou deixar-se morrer de fome.[5]

Aqui, excepcionalmente, a tradição da crônica parece se afastar da versão lendária dos acontecimentos. O texto remanescente data dos últimos anos do século XVI, quando frades de ânimo claramente revisionista reescreveram a história da conquista das Canárias. Queriam ajustá-la à imagem idealizada dos povos do Novo Mundo tal como a que se encontra exposta na obra do moralista dominicano Bartolomé de las Casas. Até sua morte, em 1567, esse crítico veemente do império bombardeou a corte real com uma infinidade de exemplos da arte do lobismo, louvando as virtudes naturais dos nativos e defendendo seus direitos. Sem dúvida, a versão que recebemos da morte de Tanausú é tão distorcida quanto as crônicas da época, o que reflete uma percepção saturada de literatura cavalheiresca. Mas a crueldade e a ousadia implacáveis são características incontestáveis de tudo quanto se sabe ao certo de Alonso de Lugo.

Talvez em virtude da sua antiga fama de rapacidade, as atividades de Lugo sofreram de escassez de financiamento e estorvos jurídicos com os patrocinadores. Em 1494, ele escapou por pouco da morte, durante uma tentativa de invadir Tenerife, ao cair numa armadilha perto da entrada do espetacular vale de Orotava. Em 1495, retornou com um exército mais numeroso e recrutou muitos nativos descontentes com a arrogância do líder da resistência, o caudilho de Taoro, a chefia mais rica de Tenerife. Uma batalha travada numa planície próxima de La Laguna favoreceu a cavalaria e os besteiros espanhóis; porém, mesmo depois de ter vencido, Lugo se sentiu inseguro e se encerrou em seu quartel de inverno. Fez uma investida muito cautelosa na primavera de 1496 e descobriu que uma doença misteriosa havia exaurido e enfraquecido os nativos. Foi a primeira de uma série de epidemias que provocaram uma catástrofe demográfica comparável, na pequena escala da ilha, às que mais tarde devastariam o Novo Mundo. A marcha triunfal de Lugo por aquela que estava se tornando uma terra devastada levou o chefe de Taoro ao suicídio ritual à maneira já conhecida dos combatentes espanhóis. Por incrível que pareça, nenhum cronista registrou o acontecimento, mas o lugar em que o caudilho morreu acabou se transformando num ponto de referência célebre e, nos anos seguintes, figurou em muitos documentos de concessão de terras. As comunidades que continuavam em armas se renderam poucas semanas depois, e em junho de 1496 Lugo pôde fazer com que os respectivos dirigentes desfilassem perante os monarcas na corte.

Talvez não seja exagero dizer que, se não fossem as casualidades que tornaram as ilhas Canárias um domínio castelhano, o Novo Mundo podia não ser predominantemente espanhol. Os ventos oceânicos fazem do arquipélago a escala ideal para a viagem de ida, quase diretamente na trajetória dos ventos alísios que levaram os imperialistas à América. No início do século XVII, Filipe IV qualificou as ilhas de "a possessão mais importante que tenho", graças à sua localização estratégica que domina os ventos do Atlântico.

A conquista das Canárias foi o aprendizado imperial da Espanha. Lá se anteciparam os principais problemas: grandes distâncias, ambientes desconhecidos, terrenos espetacularmente abruptos, culturas inquietantes do ponto de vista intelectual e moral e povos hostis que os espanhóis tiveram de dividir para conquistar. À luz dessas semelhanças, o contraste aparente com o curso dos conflitos desencadeados no Novo Mundo parece incompreensível. As Canárias eram pequenas e escassamente povoadas por defensores cuja tecnologia bélica era rudimentar. Mas foi necessário quase um século para subjugar o arquipélago, e cada uma das ilhas resistiu a sucessivas expedições com tenacidade e eficácia surpreendentes. No entanto, o cômputo das conquistas na América aumentou com vertiginosa celeridade. Na maior parte do Caribe, cada vez que os espanhóis queriam conquistar uma ilha, faziam-no com relativa facilidade e rapidez, aplicando mais ou menos ao pé da letra as lições das Canárias. Colombo ceifou a vida dos adversários indígenas da colonização de Hispaniola numa campanha de poucos meses em 1496. Dali por diante, a resistência se restringiu ao que, na realidade, eram operações de guerrilha na selva e nas montanhas altas. A conquista das ilhas vizinhas — Porto Rico, Cuba, Jamaica — seguiu um padrão semelhante.

No continente americano, os conquistadores enfrentaram sociedades densamente povoadas e extraordinariamente ricas, capazes de enviar milhares de homens bem-armados ao campo de batalha, em ambientes hostis aos espanhóis, que ocupavam uma posição muito menos favorável que seus compatriotas nas ilhas Canárias: estavam muito mais longe de casa e de qualquer esperança de receber reforço. Não obstante, a Espanha deu a impressão de engolir quase de um só trago os impérios asteca e inca, que, à primeira vista, pareciam inimigos invencíveis. As explicações convencionais — que os espanhóis eram intrinsecamente superiores, que foram confundidos com deuses anunciados em oráculos, que sua tecnologia foi decisiva, que as doenças minaram a capacidade de resistência do inimigo ou que solaparam a moral dos indígenas — são falsas. Entretanto, um breve exame dos domínios asteca e inca por volta de 1492 ajuda a explicar como semelhante debacle foi possível.

Ambos os impérios faziam parte de um mundo rico fora do alcance de Colombo. O Caribe é um mar difícil de atravessar. Em média, no século XVI, para ir de Santo Domingo a Veracruz, na costa do México, os comboios espanhóis demoravam quase o dobro do tempo necessário para atravessar a totalidade do Atlântico. Mais de uma geração depois de Colombo ter atravessado pela primeira vez o golfo do México em 1502, os pilotos espanhóis continuavam tentando entender o regime das correntes. Em 1527, os pilotos da expedição de Pánfilo de Narváez ainda não tinham obtido êxito; partindo de Cuba para o México, acabaram navegando para trás, pois noite após noite a corrente do Golfo os fazia retroceder imperceptivelmente. Quando chegaram ao suposto destino, estavam na costa ocidental da Flórida.

Em todo caso, Colombo teve oportunidade de vislumbrar o que havia nas terras do continente. Em 1502, enquanto percorria o istmo americano na sua baldada procura de uma passagem para o Pacífico, avistou uma canoa comercial muito carregada que demonstrava a existência, nas redondezas, de sociedades ricas o bastante para trocar seus excedentes. Era um sinal de que povos ricos e visivelmente "civilizados" que ele procurava desde que chegara ao Novo Mundo realmente existiam e viviam não muito longe dali.

De fato, as grandes civilizações se estendiam, quase continuamente, só interrompidas pelo mar, por toda a Eurásia, o norte da África, a Mesoamérica e a América andina como um cinturão a cingir o mundo. Mas o cinturão ainda estava desafivelado. As Américas permaneciam isoladas. Devido à disposição das terras e à direção das correntes marinhas, era difícil para os habitantes explorar o próprio hemisfério e conhecer as outras civilizações nele existentes. Os astecas e os incas praticamente nada sabiam uns dos outros. Atualmente, os especialistas menosprezam as comparações entre essas duas grandes potências hegemônicas por acharem suas diferenças mais interessantes e — para a maioria das pessoas — mais surpreendentes do que as semelhanças. Vale, contudo, começar com uma avaliação das semelhanças.

Ambas ocupavam altitudes elevadas com as correspondentes vantagens e desvantagens: a defensibilidade dos refúgios de montanha, a moderação do clima das grandes elevações nas regiões tropicais, a riqueza — que só as montanhas muito escarpadas podem conferir — de vários ecossistemas diferentes concentrados num espaço reduzido em diversas altitudes e em encostas e vales com relações contrastantes com o sol e o vento. Nas duas regiões, as proteínas animais eram relativamente escassas em comparação com os padrões do Velho Mundo: não havia grandes quadrúpedes; as espécies domesticáveis produtoras de carne eram poucas e de pequeno porte. Ainda que por motivos diferentes, tanto os astecas como os incas dependiam muito do milho e o tratavam como um alimento sagrado.

Paradoxos semelhantes marcavam a tecnologia dos dois povos. Ambos erigiam construções monumentais de pedra sem ter desenvolvido o arco. Ambos comerciavam e percorriam grandes distâncias sem fazer uso da roda. Ambos preferiam paisagens urbanas que simbolizassem a ordem cósmica, rigorosamente geométricas e simétricas. Ambos só lidavam com metais moles e desprezavam o ferro. Ambos eram impérios adventícios erigidos com uma rapidez assombrosa, em poucas gerações, a partir de pequenos governos regionais. Ambos abrangiam uma diversidade ambiental extraordinária — muito superior a qualquer coisa que os europeus podiam conseguir ou mesmo imaginar — e ambos dependiam, para a sua coesão e talvez para sua sobrevivência, da capacidade de transportar produtos entre as ecorregiões a fim de atenuar as épocas de escassez, garantir uma variedade de suprimento e burlar a seca e a fome. Ambos enfrentavam populações súditas ou subjugadas ressentidas e rebeldes. Ambos praticavam rituais religiosos que exigiam sacrifícios humanos e, portanto, precisavam de métodos de guerra e governo concebidos para fornecer vítimas. Ambos viviam num estado de guerra de alcance crescente e, por conseguinte, de custo cada vez maior, sem saber como arcar com as consequências. E, por volta de 1492, ambos estavam no apogeu ou muito perto dele: o seu período de expansão mais acelerada e de maior segurança.

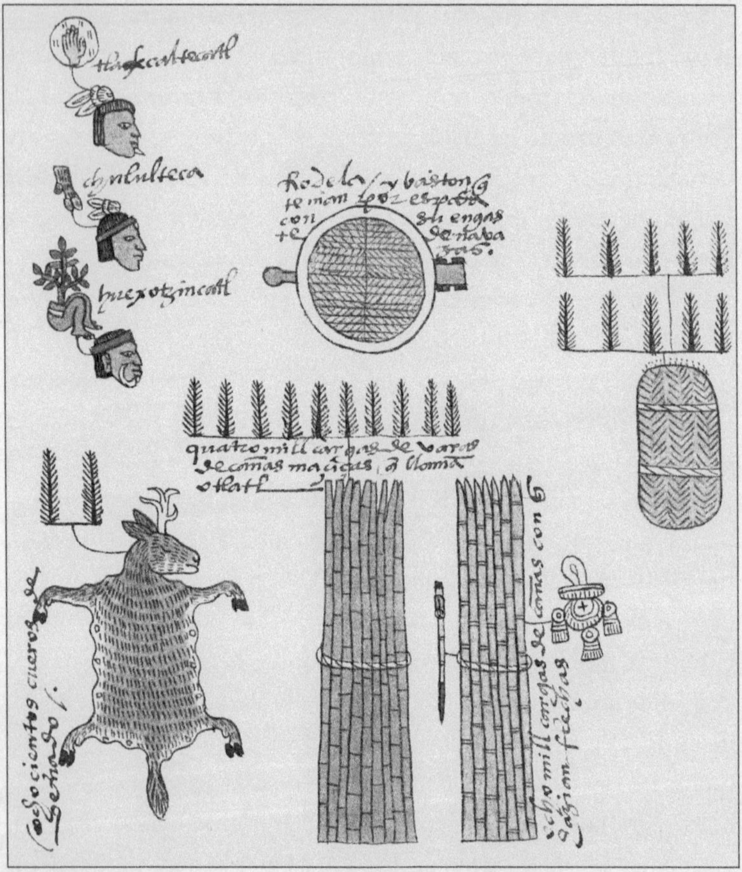

Detalhe dos tributos cobrados por Tenochtitlán, como peles de veado e "canudos de fumar", das comunidades montanhesas implacavelmente hostis de Tlaxcala e Huexotzinco.

"Asteca" é um termo vago alusivo a um grupo de comunidades que cooperavam para dominar a zona central do México. Os estudiosos nunca chegaram a um acordo sobre quem nele incluir. O termo raramente aparece em fontes anteriores ao século XVIII, e é duvidoso que antes disso alguém se considerasse asteca; os astecas se autodenominavam "mexica" — um substantivo plural em náuatle, a língua que eles compartilhavam com muitos outros povos do centro do México — ou se referiam a si próprios como membros das suas comunidades particulares, as pequenas cidades-estado que ocupavam o espaço superpovoado do altiplano. A melhor perspectiva para compreender o seu mundo é a que nos oferece um lugar inconfundivelmente asteca, que na linguagem atual consideramos a "capital": a cidade-estado hegemônica de Tenochtitlán, situada onde hoje fica a Cidade do México, no centro do que então era um lago imenso.

Tenochtitlán também ocupava o centro de uma complexa rede de intercâmbio de tributos que se estendia por toda a Mesoamérica. De uma centena de Estados recebia carne, têxteis, artigos de luxo e vítimas para os sacrifícios humanos, arrecadando muito mais do que desembolsava. É difícil ter uma ideia clara de como era a cidade, pois os espanhóis que a conquistaram na década de 1520 a arrasaram e sepultaram sob outra nova, conforme a estética europeia. Mesmo o lago desapareceu sob a expansão da capital do México. No entanto, esse lago determinava o modo de vida de Tenochtitlán. Dava-lhe segurança, mas — em combinação com a altitude vertiginosa que congelava muitas colheitas importantes — dificultava a agricultura. Em 1519, os aventureiros espanhóis viram pela primeira vez o mercado de Tenochtitlán e o descreveram com admiração e assombro. Porém, quase toda a fabulosa variedade de artigos expostos era proveniente de outros lugares, transportada em canoas a remo ou nas costas de carregadores humanos — pois não havia bestas de carga — pelos caminhos elevados que ligavam a cidade a outras nas ilhas vizinhas e na margem do lago.

A população imensa — atualmente incalculável, a não ser por conjeturas, mas em geral avaliada entre 50 mil e 100 mil pessoas — levou os espanhóis a comparar Tenochtitlán com as maiores cidades europeias: essa concentração de seres humanos não podia ser autossuficiente; os *tenochca*, os habitantes de Tenochtitlán, dedicavam-se à guerra e ao comércio. A altura e a dispersão dos enormes templos e palácios de pedra que circundavam as praças centrais davam uma medida do seu sucesso. Erguidos no alto de elevadíssimas pirâmides escalonadas, os templos dominavam a silhueta da cidade. Ao vê-los de longe pela primeira vez, os espanhóis acharam-nos fabulosos e aterrorizantes, como os bastilhões do castelo de um ogro de conto de fadas, ao mesmo tempo lúgubres e espalhafatosos, cobertos de imagens de deuses monstruosos e sacrifícios humanos em que predominavam os vermelhos telúricos e os azuis aquáticos. Ao se acercar, eles tiveram uma impressão ainda mais desconcertante: os degraus cruelmente escarpados estavam manchados do sangue dos sacrifícios humanos.

A obliteração das cidades indígenas significa que a impressão que temos delas não são realmente nossas: nós as vemos pelos olhos assustados dos seus primeiros visitantes. Mas as muitas obras de arte asteca de menor envergadura que restaram ostentam uma sensibilidade que os ocidentais modernos conseguem entender com simpatia e com a qual podem até se identificar. Nesse sentido, o contraste entre a arte asteca e a inca não podia ser maior. A visão de mundo refletida na arte inca é dolorosa e inflexivelmente abstrata. Os tecelões e ourives moldavam e endireitavam as formas humanas e animais. Os têxteis e os relevos encarnam uma imaginação indomável, na qual linhas retas e ângulos agudos encerram cada imagem como as grades e paredes de uma prisão. Há menos naturalismo na arte inca que na do islã ortodoxo, em que prevalece tradicionalmente a estética abstrata. Os incas registravam dados e talvez literatura em quipos, o que provavelmente constitui um mecanismo de notação simbólica tão eficaz quanto o que denominamos escrita — mas esse método exclui as imagens ricas e vívidas que fluíam da mente asteca para as páginas até dos seus registros mais prosaicos.

A arte mais característica dos astecas — na qual eles sobressaíam e com a qual introduziram novos requintes na tradição mesoamericana — era a escultura de vulto. As peças mais atraentes para o observador moderno são as de pequeno porte, elaboradas com muito realismo por respeito pela natureza, da qual eles eram meticulosos observadores. Um casal sentado — de certo modo humano, mas com traços simiescos —, abraçado, troca olhares de cabeça inclinada, o que sugere afeto subitamente questionado. Uma serpente de boca escancarada e olhar maligno desenrola preguiçosamente uma comprida língua bífida. Um macaco dançarino personifica o vento, com a barriga inchada pelas flatulências que encerra, e o modo como levanta o rabo parece indicar que está soltando uma. Um coelho se estira, nervoso, por ter farejado comida ou perigo, com o focinho erguido ou enrugado para evocar movimento.[6]

A autoimagem imperial dos *tenochca* salta claramente aos olhos nas páginas vividamente ilustradas dos documentos dos seus arquivos, ou das cópias ou resumos feitos pouco depois da conquista espanhola. Os registros mais espetaculares estão reunidos num livro provavelmente escrito no começo da década de 1540 para um vice-rei espanhol que queria informar a Espanha sobre os níveis de tributação, os direitos de conquista e as estruturas de governo provincial desenvolvidas pelos astecas antes da chegada dos espanhóis. A compilação nunca chegou ao seu destino. Piratas franceses capturaram o navio em que ela viajava. O geógrafo do rei da França o roubou e, em 1580, o vendeu a um espião inglês que esperava dele extrair alguma informação sobre as vulnerabilidades da monarquia espanhola. Um erudito filólogo inglês primeiro o cobiçou, depois dele se apropriou na esperança de aprender alguma coisa sobre o sistema de escrita dos astecas. O documento, conhecido como *Códice Mendoza*, acabou na biblioteca da Universidade de Oxford, onde as imagens que o iluminam continuam brilhando com as vistosas cores dos pigmentos indígenas.

A primeira página ilustrada revela um dos mitos favoritos dos *tenochca* sobre si mesmos. Representa a fundação de Tenochtitlán, supostamente em 1324 ou 1325, recordando o lugar alagado em que ficava, repleto de plantas aquáticas, e as cabanas achatadas, frágeis, com telhado de sapé, anteriores aos grandes templos, palácios e praças de pedra que glorificavam a Tenochtitlán imperial. O seu fundador lendário, Tenoch, cujo nome evidentemente provinha do da cidade, assim como o de Rômulo derivava do de Roma, aparece com o rosto enegrecido pelo pigmento sagrado, cercado pelos seus nove acompanhantes, cada qual identificado por um glifo. Por exemplo, Ozmitl significa "pé furado" na língua dos astecas, e, à guisa de explicação, no documento aparece um pé atravessado por uma flecha à altura do tornozelo, com uma linha a uni-lo ao retrato de Ozmitl.

Uma águia rampante domina a cena. Ainda que outras evidências nos permitam ter certeza de que se trata de obra de um pintor nativo, o modo como ele desenhou a águia, com as asas abertas e as garras estendidas, deve algo às convenções da heráldica europeia, como se o desenhista quisesse equiparar o poder dos seus antepassados ao das potências europeias, que também adotavam o símbolo da águia: os romanos, obviamente, ou a dinastia dos Habsburgo, que na época governava grande parte da Europa, inclusive a Espanha, e reclamava domínio sobre o resto. Para os *tenochca*, a imagem da águia lembrava a história da ave que levou Tenoch ao seu ninho na ilha, onde um figo-da-índia nascia de uma rocha: um sinal dos deuses para que lá fundasse a sua cidade. Na imagem, a águia está empoleirada no glifo de Tenochtitlán: um cacto frutescente (chamado *nochtli* em náuatle) e uma pedra (*tetl* na mesma língua). Perto dela, há um altar cheio de caveiras igual aos utilizados pelos astecas para exibir os crâ-

Imagem, no Códice Mendoza, *do lendário herói popular Tenoch quando, orientado por uma águia, encontra Tenochtitlán numa ilha incrivelmente montanhosa e cercada de lagos.*

nios putrefatos dos cativos sacrificados, assim como os ossos sangrentos das vítimas da própria águia empilhados ao redor da sua morada. Os *tenochca* se consideravam águias. Ornamentavam os escudos com bolas de penas de águia e enfeitavam os petrechos com valiosas plumas dessa ave. Alguns membros da elite se fantasiavam de águia nos rituais importantes, inclusive o da guerra, e recebiam tributo em forma de águias vivas de alguns povos submetidos. A cidade era o seu ninho, e eles a manchavam de sangue e a adornavam com ossos.

Na América do Norte, a maioria dos mitos sobre a origem dos nativos apresenta a população como brotada da terra, cujo direito de ocupação remonta ao princípio dos tempos. Os astecas não se viam assim. Autoproclamavam-se migrantes vindos de outros lugares, e seus direitos eram de conquista. Contavam duas histórias alternativas do seu passado. Numa delas, eles eram chichimecas, um povo de cães outrora nômade e selvagem, que remontou ao vale do México rumo aos desertos do norte e sobreviveu como vítima dos moradores lá estabelecidos desde tempos imemoriais, suportando sofrimentos que exigiam vingança. Na segunda versão do mito, eles eram descendentes dos toltecas, a população hegemônica anterior, cujo território se estendia ao sul, onde as ruínas da grande cidade de Tula jaziam abandonadas havia séculos. A rigor, os dois relatos são contraditórios, mas transmitem uma mensagem coerente: passado guerreiro, origem desconhecida e destino imperial.

Tenochtitlán não teria sobrevivido e muito menos forjado um império sem uma ideologia fundada na violência. Situava-se cerca de 2200 metros acima do nível do mar, uma altitude em que as plantas essenciais que alimentavam a forma de vida dos mesoamericanos nunca cresceriam. Lá era impossível cultivar o algodão, do qual, no fim do século XV, Tenochtitlán consumia centenas de milhares de fardos por ano para confeccionar a roupa do dia a dia e fabricar as couraças acolchoadas que amorteciam as lâminas e as pontas de flecha dos inimigos. O cacau, que os mesoamericanos moíam para obter a infusão rica em teobromina com que a elite se embriagava nas festas e rituais, é um cultivo de terras baixas que só dá em climas quentes. Os *tenochca* dragavam meticulosamente o leito do seu lago e o juncavam de "jardins flutuantes" em que plantavam abóbora, milho e feijão. Porém, mesmo esses alimentos cotidianos não podiam ser cultivados em quantidade suficiente para aquela próspera comunidade lacustre. Somente o saqueio em grande escala era capaz de resolver os problemas logísticos derivados da necessidade de manter a cidade alimentada e vestida.

À medida que se ampliava o alcance da hegemonia asteca, crescia também a demanda de artigos de luxo. Centenas de milhares de carregadores chegavam com cargas de tributos exóticos procedentes das planícies e florestas quentes, das costas ou de outras terras altas longínquas: penas de quetzal e peles de onça; conchas raras do golfo do México; jade e âmbar; borracha para o jogo de bola, que, como as justas na Europa, era um ritual aristocrático fundamental; copal para incenso; ouro e cobre; cacau; peles de veado e fumo, que os espanhóis chamavam de "perfumes que usam para a boca". A vida da elite e os rituais de que a cidade dependia para se congraçar com os deuses teriam ruído sem o abastecimento regular desses produtos. O afluxo de tributos era, ao mesmo tempo, a força e a fraqueza de Tenochtitlán: a força porque mostrava o vasto alcance do poder da cidade; a fraqueza porque, se o fluxo de tributos cessasse, como aconteceria logo depois que os espanhóis chegaram e ajudaram a incitar os povos submissos contra o império, a cidade soçobraria e passaria fome.

Nos anos próximos de 1492, nada disso parecia se avizinhar: decerto era inconcebível. Ahuitzotl tornou-se o asteca mais destacado em 1486. Em 1487, na consagração de um novo templo situado no seu núcleo palaciano de Tenochtitlán, calcula-se que o número de cativos sacrificados tenha ultrapassado 20 mil. O inventário de seus tributos, realizado após sua morte, em 1502, creditou-lhe a conquista de 45 comunidades: 200 mil quilômetros quadrados. No reinado do seu sucessor, Montezuma II, que ainda reinava em Tenochtitlán quando chegaram os conquistadores, enumeram-se 44 comunidades, mas o impulso nunca diminuiu. Os exércitos de Montezuma iam e vinham do rio Pánuco, no norte, na costa do golfo do México, entravam pelo istmo e avançavam ao sul até a distante Xonocozco, na atual fronteira entre o México e a Guatemala. Os espanhóis não encontraram um império esgotado nem um Estado corroído pela insegurança ou com o moral abalado. Pelo contrário, é difícil imaginar um grupo de conquistadores mais dinâmico, agressivo e seguro de si do que o formado pelos astecas.

Para suas vítimas, a experiência da conquista provavelmente foi mais um choque breve e intenso do que um trauma duradouro. O fato de muitas comunidades aparecerem repetidamente como conquistas nos pergaminhos preservados pelos astecas para registrar quem lhes devia tributo leva a crer que muitas das denominadas "conquistas" eram incursões punitivas contra contribuintes recalcitrantes. O glifo da conquista é um templo em chamas, o que indica que a derrota era uma fonte de desgraça para os deuses locais. Um dos aspectos mais assombrosos da cultura mesoamericana pré-colombiana é que a população venerava um mesmo panteão em todo o território cultural dominado pelos astecas e para além dele. De modo que talvez o culto de divindades comuns se tenha propagado com a guerra. Porém, nada mais mudava na cultura dos vencidos.

Em regra, as elites existentes mantinham-se no poder se pagassem tributos. Nos lugares do mundo asteca em que sobreviveram registros, as dinastias governantes no momento em que os espanhóis assumiram o poder remontavam sua genealogia à época dos seus heróis e fundadores divinos, numa sequência ininterrupta de muitas centenas de anos. Raramente Tenochtitlán introduzia os próprios funcionários ou instalava guarnições. No início da época colonial, os espanhóis, que estavam empenhadíssimos em procurar precedentes indígenas do seu estilo de governo com a intenção de passar por continuadores, e não por destruidores, da tradição local, só conseguiram encontrar 22 comunidades diretamente governadas por Tenochtitlán, e na maioria dos casos tratava-se de conquistas recentes ou praças-fortes fronteiriças, o que sugere que o governo direto, quando ocorria, era um recurso transitório e provisório.

Portanto, a hegemonia de Tenochtitlán não era a de um império no sentido moderno do termo. Quando eu lecionava História da Mesoamérica na universidade, passei muitos anos procurando uma palavra neutra para descrever o espaço dominado pelos astecas. Fiquei satisfeitíssimo quando me ocorreu denominá-lo com o vago termo alemão *Grossraum*, que significa literalmente "espaço grande". Mas minha alegria se desvaneceu quando reparei, em primeiro lugar, que os estudantes não conseguiam entender o que eu queria lhes transmitir e, em segundo, que adotar um termo de uma cultura totalmente alheia à asteca era uma evasiva absurda. Podemos chamá-la perfeitamente daquilo que era: um sistema de tributos de uma complexidade sem igual.

A complexidade fica patente nas listas de bens que enchem os documentos dos arquivos pré-colombianos do Estado *tenochca*. Para Tenochtitlán, não havia tributário mais importante que o vizinho mais próximo da cidade, Tlatelolco, que se achava numa ilha adjacente de um lago compartilhado. Sua proximidade estratégica era perigosa e sua lealdade, essencial. Aliás, Tlatelolco foi o único aliado que, sem nunca abandonar Tenochtitlán, lutou até o fim durante o sítio de 1521, quando os espanhóis, mediante intimidação ou negociação, já haviam afastado de Tenochtitlán todas as outras comunidades aliadas e submetidas. Condignamente com sua importância suprema, Tlatelolco recebeu um tratamento especial dos ilustradores do *Códice Mendoza*. Em vez de usar um mero glifo para fazer referência à cidade, eles dedicaram muito espaço a uma descrição minuciosa das suas famosas torres gêmeas: a pirâmide dupla que adornava a praça central, reputadamente a mais alta do mundo asteca. Também mostraram o chefe conquistado de Tlatelolco, que os *tenochca* chamavam de Moquihuixtl, atirando-se, bêbado, do alto da escadaria do templo, entregue ao desespero. Mais digno de nota do que o modo de representar a cidade era o tributo que recolhiam — inclusive grandes quantidades de algodão e cacau, que já não podiam ser cultivados em Tlatelolco nem em nenhum outro lugar da região. Tudo indica, pois, que Tlatelolco recebia tributos de terras mais distantes e os transferia a Tenochtitlán.

Outras cidades privilegiadas pela hierarquia imperial arrecadavam e intercambiavam tributos de modo semelhante. Conquanto encimasse o sistema, Tenochtitlán não estava inteiramente isenta do intercâmbio. Anualmente, em batalhas simuladas, participava de uma troca ritual de guerreiros para o sacrifício com Tlaxcala, uma comunidade situada no outro extremo da cadeia de montanhas a sudeste. As condições do intercâmbio favoreciam a cidade hegemônica, e Tlaxcala também aparecia arrolada como pagadora de outras formas de tributo, como peles de veado, cachimbos e armações de cana para o transporte de bens às costas dos carregadores. Mas o sistema assinalava Tlaxcala como especial. Quando os espanhóis chegaram, os tlaxcaltecas os examinaram, deram-lhes as boas-vindas, aliaram-se a eles, usaram-nos contra seus inimigos na região e lhes forneceram mais homens e material para o assédio de Tenochtitlán do que qualquer outro grupo.

A queda da vizinha cidade de Tlatelolco ante os conquistadores tenochca (*1473*), *com a morte espetacular do recém-deposto governante Moquihuixtl.*

No mundo asteca, o poder era policêntrico, esquivo e exercido através de intermediários. A tradição historiográfica tem apresentado a hegemonia inca como diametralmente oposta: altamente centralizada, sistemática e uniforme. Sem dúvida, o imperialismo inca era diferente do asteca, mas não como se costuma supor. A obra teatral de Peter Shaffer *A caçada real ao sol*, de 1964, a melhor dramatização da história da conquista do Peru, reflete a sabedoria recebida numa brilhante passagem de diálogo. Sob o olhar onividente do inca supremo, o que simboliza o alcance do seu serviço de inteligência, os espanhóis interrogam os nativos sobre a natureza do império e ficam sabendo que sua organização é global, inflexível e irresistível. A população não se divide em comunidades naturais díspares, e sim em unidades administrativas de 100 mil famílias. O Estado controla todo o alimento e o vestuário. Todo mês, o povo se une para levar a cabo as tarefas fixadas para a estação: arar, semear ou consertar telhados. As obrigações com o Estado dominam todas as fases da vida. O governante interrompe o diálogo para explicar: "Dos nove aos doze anos protegereis as colheitas. Dos doze aos dezoito, cuidareis dos rebanhos. Dos dezoito aos 25, lutareis por mim, Atahualpa Inca".

A imagem é atraente, mas equivocada. O sistema inca não era centralizado. Não se parecia com o "socialismo de Estado" retratado pela obra de Shaffer, escrita na época da Guerra Fria. Pelo contrário, para atender cada caso, o império mantinha relações diferenciadas com quase todas as comunidades submetidas.

A visão do poder inca destruindo a diversidade do império pela força foi uma invenção dos primeiros historiadores coloniais. Alguns eram clérigos ou conquistadores. Exageravam o poder dos incas para adular os espanhóis que os derrotaram e os santos que supostamente os ajudaram nessa empreitada. Outros criadores do mito foram os próprios descendentes dos incas, que engrandeciam os antepassados fazendo-os parecer iguais ou superiores aos forjadores de impérios europeus. Por exemplo, Garcilaso de la Vega, o autor mais versado no tema no século XVI, cujo livro sobre seus ancestrais foi publicado oitenta anos depois da chegada dos espanhóis ao Peru, era filho de uma princesa inca. Teve vida de *señorito*, como dizem os espanhóis, a encarnação da afetação da nobreza na cidadezinha andaluza de Montilla, que era pequena e remota o suficiente para que ele se tornasse o mais importante personagem local. Uma ideia do seu status na localidade é dada pela quantidade de afilhados que tinha. Para Garcilaso, os incas eram os romanos da América, cujo império perfeitamente estruturado ostentava todas as qualidades da ordem, da organização, da destreza militar e do gênio construtor que seus contemporâneos europeus admiravam nas descrições que faziam da Roma antiga.

Ocorre, porém, que os modelos romanos são praticamente inúteis para compreender como os incas eram. A melhor maneira de fazê-lo é através das ruínas dos Estados e civilizações que povoaram os Andes antes deles. Entre os séculos VII e X, a metrópole de Huari, situada a 2700 metros de altitude no vale de Ayacucho, precedeu e, em alguns aspectos, prefigurou o império inca. No centro da cidade havia quartéis, dormitórios e cozinhas comunitárias para a elite guerreira, ao passo que uma população trabalhadora de 20 mil almas se congregava ao seu redor. Algumas cidades-satélite do vale a imitavam, decerto por serem colônias ou comunidades súditas. A julgar pelas evidências semelhantes provenientes de outros lugares, a influência e o poder de Huari se estendiam a centenas de quilômetros, em meio a montanhas e desertos, até Nazca. A zona de Huari se superpunha ao vale de Cusco, a pátria dos incas, e a lembrança das suas realizações continuava poderosa.

Terra adentro, em zonas montanhosas mais altas, na região que por fim se tornou o objetivo do imperialismo inca, encontram-se as ruínas da cidade de Tiahuanaco, próxima do lago Titicaca, com um imponente sortimento de templos, pátios submersos, portas triunfais, relevos assustadores, monólitos derruídos e fortificações intimidantes. Disperso em mais de dezesseis hectares, a uma altitude superior à de Lassa, no Tibete, era um território literalmente situado nas nuvens, mais de 3600 metros acima do nível do mar. Batata era o principal alimento. Nenhuma outra cultura era viável tão perto das neves eternas. Para cultivar os tubérculos, a população construía plataformas de pedras e os enterrava na camada superficial do solo de argila e limo. Para regá-los e protegê-los das mudanças bruscas de temperatura, cavava canais ao seu redor desde o Titicaca. Os batatais se estendiam a mais de catorze quilômetros a partir da margem do lago, com uma produção de 30 mil toneladas por ano. O Estado armazenava quantidades imensas e transformava a safra em *chuño*, uma substância pouco apetitosa em termos gastronômicos, mas vital, elaborada à base de batatas liofilizadas no clima dos picos andinos. Tiahuanaco era, obviamente, uma empresa imperial. Para abastecê-la de batatas e proteger-se das epidemias, os habitantes tinham de conquistar campos de cultivo a altitudes mais baixas, nos quais podiam cultivar quinoa e *choclo*, isto é, milho.

Os incas fizeram praticamente o mesmo que seus predecessores em Hauri e Tiahuanaco, só que em escala muito maior, em todo o território cultivável por eles denominado Tawantinsuyú (em quíchua, "as quatro regiões"), que compreendia os Andes e as encostas das montanhas até chegar ao litoral e às florestas. Eles praticavam o imperialismo ecológico, trocando produtos de zonas climáticas diferentes e, ocasionalmente, deslocando comunidades inteiras por centenas de quilômetros a fim de ajustar a oferta de mão de obra às necessidades do império.

Grande parte do mundo inca se assentava em altitudes demasiado elevadas para o milho, mas sua predileção pela planta beirava a obsessão. Eles transferiam sistematicamente populações inteiras para os vales mais adequados ao seu cultivo. Acumulavam-no em armazéns situados em terrenos mais altos que as zonas de cultivo, onde podiam alimentar os exércitos, os peregrinos e os postos avançados reais ao mesmo tempo que produziam cerveja de milho para fins rituais. Estavam comprometidos com o que hoje chamaríamos de patrocínio estatal da ciência, pois desenvolviam novas variedades de cultivo adaptadas a terrenos situados a grandes altitudes.[7] A cultura do milho não era necessariamente a mais indicada nem do ponto de vista ambiental, nem do nutricional. Os incas o preferiam não só por motivos utilitários: o milho era sagrado para eles, assim como o trigo da Eucaristia o é para os cristãos, talvez de uma maneira que os outros ingredientes habituais nos Andes não podiam ser, como a batata ou a batata-doce, porque eram excessivamente familiares.

Os incas também precisavam de produtos das terras baixas. Diferentemente do milho, a coca alimentava uma vida de ordem superior. Para as elites, para as quais estava reservada, ela facilitava o acesso a outros âmbitos da imaginação e estimulava os rituais. Enquanto a cerveja de milho, a bebida dos plebeus, embriagava, a coca inspirava. O vale de Urubamba se especializou na produção de coca no arco formado pelos rios Torontoy, Yanatile e Paucartambo,[8] no qual os incas importavam mão de obra proveniente das terras baixas dos dois lados das montanhas. O algodão e a pimenta eram ainda mais essenciais que a coca: o primeiro para vestir, o segundo para temperar os alimentos e animar a vida. A pimenta crescia bem às margens do rio Vilcanota, ao norte de Cusco, e era um dos produtos pelos quais, no começo do século XVI, o inca supremo Huayna Capac estabeleceu a sua vila em Yucay. O mel e as penas exóticas para a vestimenta das elites eram artigos igualmente produzidos pela floresta. Embora menosprezassem a floresta por considerá-la um lugar selvagem e incômodo, os incas se adaptaram a ela. Aliás, quando os espanhóis os expulsaram das terras altas, os mandatários incas se refugiaram na selva e levaram uma vida suntuosa, na nova e esplêndida capital de Vilcabamba, até que os espanhóis descessem e a incendiassem em 1572, liquidando o último governo inca independente.

O significado no nome dos incas é, de certo modo, mais fácil de compreender que o dos astecas. Pelo menos era o termo que eles empregavam em referência a si próprios. Inicialmente — talvez até meados do século XV —, a palavra denotava um membro de um grupo do vale de Cusco definido pelo parentesco. Mas passou a se aplicar a membros escolhidos de uma elite mais ampla que, no fim do século, vivia ao longo da cordilheira dos Andes e nas suas imediações, do norte do Equador ao centro do Chile. Em parte — e aqui é inevitável o paralelismo com os romanos —, a extensão do alcance do nome foi uma estratégia de Estado, como a ampliação progressiva do rótulo "cidadão romano". Os governantes incas outorgavam o status de inca aos súditos do núcleo territorial do império, enviavam-nos a províncias distantes e admitiam nas suas fileiras as elites colaboracionistas dos territórios conquistados.

Em certos aspectos, os incas empreenderam intervenções assombrosamente despóticas na vida dos povos do império, sobretudo na forma de matanças e deportações em massa. O terror era um órgão do governo. Quando, em data incerta, os incas conquistaram o reino rival de Chimú, além de arrasar quase totalmente a sua principal cidade, Chanchán, eles transladaram a totalidade da população. Dizia-se que, poucos anos antes da chegada dos espanhóis, o inca Huayna Capac afogou 20 mil guerreiros *cañaris* no lago Yahuarcocha. O mesmo governante recrutou 100 mil trabalhadores — se é que se podem levar em consideração as estimativas da era colonial — para construir seu palácio de verão e transferiu 14 mil pessoas para o vale de Cochabamba, alguns oriundos de lugares longínquos como o Chile, para fornecer mão de obra a novos empreendimentos agrícolas. Quando os espanhóis capturaram Atahualpa, o inca supremo que seria sequestrado e executado, havia 15 mil pessoas no seu acampamento, as quais foram tiradas à força dos seus lares no norte do Equador e transladadas para outros assentamentos. Um censo realizado pelos espanhóis em 1571 mostrou que a população de Cusco incluía os filhos e netos de pelo menos quinze grupos étnicos diferentes, os quais tinham sido transferidos pelos incas para supervisionar atividades econômicas recém-criadas, sobretudo as manufaturas têxteis que antes constituíam especialidades regionais. Entre os trabalhadores de Yucay, onde Huayna Capac tinha uma residência, havia pelo menos quarenta grupos distintos.[9] De acordo com os historiadores coloniais, 6 mil ou 7 mil famílias eram escolhidas para estabelecer assentamentos novos toda vez que incorporavam mais um território ao império. Em Moho, quando os espanhóis anunciaram a queda do império, toda a população se levantou e tomou o caminho de volta para casa, de onde os incas a tinham arrancado. As políticas de reassentamento impostas não objetivavam a homogeneização cultural; pelo contrário, eles exigiam que os imigrantes preservassem sua língua e seus costumes e os proibiam de se misturar com as comunidades vizinhas.

O poder sobre o ambiente se igualava ao poder sobre a vida humana. Os incas mantinham uma rede de quase 30 mil quilômetros de estradas pavimentadas, com equipes de corredores capazes de percorrer 240 quilômetros diários nas vias favoráveis. Entre Huarochirí e Jauja, atravessavam desfiladeiros montanhosos a mais de 5 mil metros de altitude. As postas balizavam o sistema a altitudes de quase 4 mil metros. Lá os trabalhadores eram recompensados com banquetes e doses analgésicas de cerveja de milho. Lá os exércitos encontravam refrigério. Pontes prodigiosas uniam os caminhos. A famosa Huaca-cacha ("Ponte Sagrada") tinha 76 metros de comprimento e, suspensa por cabos da grossura do corpo de um homem, se estendia no alto da garganta do rio Apurímac, em Curahuasi. As estradas sulcavam o império, conferindo-lhe uma uniformidade que impressionou os viajantes espanhóis dos primeiros tempos da era colonial e contribuiu para dar a impressão de que os incas eram uma cultura homogeneizadora e centralizadora cuja rede de comunicações se assemelhava a um conjunto de ganchos a conter o império num só molho. E eles tinham o que poderíamos chamar de estilo característico — um tipo de arquitetura que dava forma às postas dos caminhos, aos armazéns, aos quartéis e aos santuários construídos ao longo das estradas e nos confins do império: o hábito de marcar o território com edificações que proclamassem a sua presença ou passagem era uma tradição aprendida com Huari e Tiahuanaco. De modo semelhante, contribuíram para disseminar o uso do seu idioma, o quíchua, desde os núcleos territoriais das regiões central e setentrional dos Andes — ainda que provavelmente já fosse uma língua franca de uso comercial.

As estradas serviam não só para acelerar as ordens do inca e transportar seus exércitos como também para unir lugares sagrados. A gestão da paisagem sagrada dos Andes — a manutenção dos santuários e a promoção de peregrinações — fazia parte do valor que o império acrescentava às vidas que se desenvolviam à sua sombra. Os rituais codificavam relações políticas difíceis de entender para os ocidentais atuais — eram muitas e das mais diversas formas, cada qual adequada às tradições das populações envolvidas. Os incas conservavam em Cusco, como reféns, as imagens das divindades locais e regionais de todo o império e as açoitavam, literalmente, quando os povos guardiões dos seus santuários deixavam de pagar tributo ou de cumprir a obrigação de prestar serviço. As linhas sobre as quais se traçava o mapa dos caminhos geralmente se irradiavam de Cusco como os raios do sol, unindo os santuários do cimo das montanhas e os lugares de peregrinação. Em Cusco, mil escribas marcavam seus lugares sagrados, seus calendários e seus rituais dando nós comemorativos nos quipos usados pelos incas para registrar dados.

Uma das evidências mais assombrosas ficou registrada entre os checas, um povo do vale de Huarochirí, entre Cusco e o litoral. Conforme eles recordavam a sua história no fim do século XVI, em certa ocasião num passado mítico, um inca supremo acossado pelos inimigos pediu ajuda aos guardiões de todos os santuários do mundo inca. O manuscrito representa as negociações em forma de diálogo entre os deuses, que viajaram de liteira aos lugares de reunião. Talvez a diplomacia se desdobrasse assim mesmo. Os incas reuniam regularmente seus antigos governantes mumificados para que compartilhassem uma refeição — os subalternos se encarregavam de consumi-la — e conversassem por intermédio de xamãs profissionais. A presença de imagens divinas nas negociações santificava os acontecimentos; e a convenção segundo a qual as palavras pronunciadas provinham da mente dos deuses, não dos seus porta-vozes humanos, adicionava certa distância diplomática aos intercâmbios e liberdade à discussão. Mas, neste caso, nenhum dos deuses provinciais apoiou o inca, a não ser Pariacaca, o senhor epônimo da montanha para o qual os checas iam orar, que se ofereceu para transformar as pedras em guerreiros — pois essa era a imagem que os incas usavam regularmente para aludir ao sucesso no recrutamento. A única coisa que o deus exigiu em troca foi que os incas oferecessem sacrifício dançando anualmente junto ao seu santuário.

O que os checas conseguiram ao impor esse ritual aos aliados? Em certo nível, a dança era simbólica e mostrava que o deus dos checas podia dar ordens aos incas e que a relação daquele povo com as dinastias de Cusco não era de mera submissão. Em outro nível, tratava-se de uma questão de certa utilidade prática. Garantia que o inca supremo estivesse disponível para consultas com regularidade e que as obrigações de hospitalidade se renovassem indefinidamente. O acordo era importantíssimo para os checas. Por essa razão, eles o recordavam e o registraram. O motivo para se colocar do lado dos espanhóis na guerra para derrubar os incas era o descumprimento, pelos governantes de Cusco, da promessa sagrada de realizar a dança anual.

O casamento também ajudava a dar coesão ao império. Os monarcas incas tomavam esposas de todo Tawantinsuyú para atrair os serviços dos seus parentes — prática que os espanhóis imitaram a fim de obter benefícios — e transformá-los em reféns e, assim, garantir o bom comportamento das respectivas comunidades. Huayna Capac tinha 6 mil esposas para ajudar a assegurar a lealdade das comunidades súditas. Sua mãe chegara à corte inca proveniente de uma região limítrofe com o atual Equador. Quando seus parentes nobres ameaçaram deixar de lhe prestar serviço, Huayna Capac pegou o corpo mumificado — ou talvez uma estátua — da mãe e lhe pediu que se dirigisse a eles e os dissuadisse — o que a morta fez por intermédio de um xamã nativo.[10] Há outras provas procedentes do povo huayllacano, que vivia em cidades próximas de Cusco. Eles se lembravam de uma época em que uma das suas princesas se casou com um inca supremo. Mas a amizade com os incas se encerrou quando permitiram que ela e o filho fossem tomados reféns por inimigos que viviam nas imediações, com os quais os incas então estabeleceram uma nova aliança baseada em outro casamento. Quando os huayllacanos tentaram consertar a situação mediante uma bem-sucedida conspiração para assassinar o descendente, os incas se vingaram dilacerando-os numa batalha, matando e desterrando seus dirigentes e se apropriando de grande parte do seu território.[11]

Os resultados do costume matrimonial eram equívocos. Os incas supremos engendravam uma prole imensa de êmulos que absorviam gastos, conspiravam pelo poder e acabavam assassinados quando um deles se saía bem na disputa pelo trono. A política de serralho desfigurava a vida cortesã, na qual as conversas de alcova geralmente eram sobre política. Como ocorria na mesma época no Império Otomano, no outro extremo do mundo, as concubinas favoritas usavam o acesso privilegiado ao governante supremo para manipular a patronagem e até interferir na sucessão; no fim do século XV, em parte para coibir essa modalidade de corrupção, os incas supremos passaram a se casar com as próprias irmãs carnais e a limitar o direito de sucessão à descendência dessas uniões impecavelmente reais.

Os tributos eram o cimento do império. Na cerimônia de coroação de um novo inca supremo, centenas de crianças de todas as comunidades súditas eram estranguladas em sacrifício e enterradas com uma infinidade de outras oferendas das províncias: lhamas, conchas raras do litoral, obras de arte de ouro e prata e vestes suntuosas, inclusive mantos de pele de morcego confeccionados em Puerto Viejo e Tumbes. Grupos de vítimas sacrificiais partiam de Cusco, com crianças no seu séquito, e percorriam distâncias superiores a 2 mil quilômetros para reiterar as oferendas nos santuários importantes de todo o império.[12] Chegavam vasilhas, tecidos, calçados, escravos e coca, além de alimentos, pessoas e objetos para o sacrifício. Em Huancayo, no vale de Chillún, os incas recrutavam uma parte de tudo o que lá se produzia: coca, pimenta, erva-mate para o chá, aves secas, frutas e lagostins. Quantidades fabulosas de ouro serviam para "plantar" espigas de milho douradas nos jardins dos incas e revestir os templos de Cusco de ouro e prata. Segundo o relato estupefato de um espanhol, no jardim do Templo do Sol de Cusco, "a terra era de pedaços de ouro e estava habilmente plantada com troncos de milho de ouro". Não admira que os incas não se tenham surpreendido quando os conquistadores espanhóis exigiram um quarto repleto de ouro como resgate de Atahualpa.

Assim como a hegemonia asteca dependia da expansão contínua para alimentar o crescimento de Tenochtitlán e as exigências da sua elite esbanjadora, Cusco, com uma classe dominante cada vez mais numerosa, precisava do impulso da conquista para continuar avançando indefinidamente. Segundo Pedro Pizarro, "a maior parte dos habitantes servia os mortos".[13] Dizia-se que estes "comiam do bom e do melhor no reino". A expansão era necessária para prover de domínios cada sucessiva múmia do inca supremo. O sistema gerava uma instabilidade potencialmente fatídica no coração do império: na corte, amplas facções rivais controlavam os próprios recursos e podiam apoiar candidatos rivais a ocupar o poder. As consequências incluíam instabilidade no núcleo e atrito nas fronteiras. O ritmo da expansão havia diminuído quando os espanhóis chegaram, e a violência e o trauma dos conflitos de sucessão sacudiam e debilitavam o Estado.

Nada é certo na cronologia andina pré-colombiana. O missionário jesuíta Bernabé Cobo, que no início do século XVII muito se esforçou para compreender o passado do Peru, achava que isso se devia ao fato de os incas serem indiferentes à cronologia. Ele se queixava porque, quando lhes perguntavam uma data qualquer, os nativos respondiam vagamente "Faz muito tempo". Mas eles tinham, sim, um senso de cronologia e o expressavam de modo ininteligível para os europeus, associando os fatos entre si, contabilizando gerações e calculando épocas de extensão temporal desigual, identificadas pelo nome de governantes autênticos ou lendários. Portanto, não há registros suficientemente confiáveis que justifiquem datar os acontecimentos em anos concretos, no entanto, uma ou duas gerações antes da chegada dos espanhóis o reino inca estava se expandindo rapidamente. Suas conquistas daquela época integraram a maior parte dos povos sedentários dos Andes a um sistema único que quase chegava ao rio Biobío, no sul. De acordo com a cronologia tradicional, o inca Túpac Yupanqui ocupava o trono em 1492. Segundo as memórias de cronistas espanhóis e indígenas escritas nos primeiros anos do período colonial, ele foi o conquistador inca que comandou a expansão territorial máxima. Seu pai, Pachacuti, iniciara o projeto de construção do império que levaria o Estado inca a deixar de ser uma potência regional do vale de Cusco e imediações para abranger o Equador e a Bolívia atuais, além do litoral do Peru. Túpac Yupanqui ampliou as conquistas até englobar quase todos os povos sedentários da era da cultura andina e, conforme diziam, explorou os mares em busca de "ilhas de ouro" para incorporá-las ao império.

Enquanto isso, o mundo procurado por Colombo — que, como ele mesmo dizia, "Alexandre trabalhou para conquistar" — mostrava-se esquivo. Mas outro o aguardava, um mundo de riqueza mais fácil de explorar que a da Ásia e do oceano Índico, situado do outro lado do Atlântico e do Caribe, muito além do seu alcance. Como se comprovou depois, a zona densamente povoada que se estendia do leste da Ásia à Europa e ao norte da África não cessava à beira do oceano. Na Mesoamérica e na região andina, nas terras habitadas pelos povos conhecidos como astecas e incas e em suas imediações, havia redutos de densos assentamentos e vida urbana, com os quais não se tinha contato. A rota que Colombo informou levou a Europa até eles e até seu ouro, sua prata e seus milhões de habitantes produtivos. Além daqueles lugares e nas ilhas caribenhas que balizavam a rota, havia um imenso território inexplorado que podia ser adaptado à exploração agropecuária e a uma economia potencial de plantation que enriqueceria o Ocidente.

A incorporação do continente americano — dos seus recursos e oportunidades — levaria a Europa a deixar de ser uma região pobre e marginal para se transformar num viveiro de hegemonias globais potenciais. Podia não ter sido assim. Se os conquistadores chineses tivessem se interessado pelo continente americano, hoje nós o consideraríamos parte do "Oriente", e é provável que a linha internacional de data dividisse o oceano Atlântico.

Epílogo
O mundo em que vivemos

A história não tem rumo. Ziguezagueia e vacila, rodopia e caracoleja, mas nunca mantém a mesma direção por muito tempo. Os seres humanos nela imersos tentam lhe atribuir um destino. Contudo, cada qual empurra numa direção diferente, busca um objetivo distinto, e uns tendem a anular a influência dos outros. Quando as tendências duram um breve período, às vezes nós as atribuímos a "personagens predestinados", a "forjadores da história", a grandes movimentos — coletivamente heroicos ou míopes —, a imensas forças impessoais ou a leis do desenvolvimento social ou da mudança econômica: a luta de classes, por exemplo, ou o "progresso", o "desenvolvimento" ou alguma outra modalidade de História com H maiúsculo. Mas, geralmente, um acontecimento aleatório e indetectável é responsável por desencadear uma grande mudança. A história é um sistema que lembra a climatologia: o bater de asas de uma borboleta pode desencadear uma tempestade.

Como não tem rumo, a história tampouco tem pontos de inflexão. Ou melhor, tem tantos que talvez fosse preciso soltar um tornado para ordená-los.

Às vezes, porém, as mutações aleatórias têm efeitos duradouros na história, como ocorre na evolução. Embora geralmente não seja um bom modelo para compreender a história, a evolução, em certos aspectos, oferece analogias úteis. Nela, uma mutação biológica repentina, imprevisível e sem causa cruza com as mudanças lentas, mas demolidoras, que transformam os ambientes. Alguma coisa funciona durante certo tempo — um corpo grande e rastejante, uma cauda preênsil, um crânio maior —, e eis que uma nova espécie floresce durante algum tempo até se transformar num fóssil. Mudanças semelhantes ocorrem nas comunidades humanas. Um grupo ou sociedade adquire uma feição peculiar cuja origem em geral não conseguimos explicar cabalmente. E vive um período de notório sucesso que costuma acabar em catástrofe ou em "declínio e queda", quando a sociedade muta num sentido insustentável, ou o ambiente — cultural ou climático — muda, ou a população de outro lugar qualquer se beneficia de uma mutação ainda mais vantajosa. Nós sondamos o passado à procura desses momentos de mutação na tentativa de identificar as convulsões aleatórias que parecem imitar fugazmente o caos. É como olhar para um sismógrafo em busca da primeira sacudida.

As linhas do desenho atual são bastante chamativas. Nós vivemos num mundo em explosão demográfica. A hegemonia ocidental (que os Estados Unidos exercem praticamente sozinhos e sem muitas probabilidades de mantê-la muito mais tempo aos custos atuais) plasma o mundo com as intercomunicações globais e uma interdependência econômica planetária cada vez maior. Outros aspectos que provavelmente todos podemos perceber são a pluralidade cultural e as tensões que ela gera, a competição entre valores religiosos e seculares — com a consequente incerteza intelectual —; as guerras culturais que ameaçam se transformar em "choques de civilizações"; a renovação tecnológica acelerada, a superabundância de informação, a urbanização frenética, o consumo desordenado, as diferenças de riqueza cada vez maiores, as caras mas eficazes prioridades médicas e a angústia ecológica. As coisas mais parecidas com valores universais de que dispomos — à parte, talvez, a obsessão pela saúde — são as diversas modalidades de individualismo que favorecem algumas tendências generalizadas — por exemplo, formas de governo representativo, direitos humanos codificados ou economia liberal. Ao mesmo tempo, o nosso mundo é formado de povos indecisos que mudam de rumo sem muito senso de orientação coerente, oscilando entre vício e antídoto. As guerras se alternam com a rejeição à guerra. Gerações distanciadas dos pais criam filhos para que sejam seus amigos. Períodos de excessiva planificação social e econômica intercalam-se com épocas de desregulamentação frenética. As pessoas fartas de permissividade "voltam para o essencial".

Este mundo já parece condenado à extinção. O poder ocidental segue os passos dos dinossauros que o precederam. Os Estados Unidos — a última sentinela da supremacia ocidental — estão em relativo declínio, desafiados pelo sul e o leste da Ásia. O pluralismo parece cada vez mais um caminho da confrontação em vez de uma panaceia para a paz. As tendências demográficas em escala mundial provavelmente estão se invertendo. O capitalismo parece ter fracassado e hoje é estigmatizado como ganância. Uma reação contra os excessos individuais está levando o mundo a se refugiar em valores coletivos. O medo do terrorismo suprime direitos; o temor da recessão econômica solapa a liberdade de mercado. Os níveis de consumo e urbanização simplesmente são insustentáveis em face da mudança ambiental. A sociedade do descartável está a caminho da lata de lixo. As pessoas que sentem que a "modernidade" está acabando proclamam a "era pós-moderna".

No entanto, este mundo condenado ainda é jovem: à primeira vista, 1492 parece ser um ponto demasiado distante para nele buscar a origem do mundo em que vivemos. Só no século XVIII a população começou a crescer de forma realmente explosiva em escala mundial. Os Estados Unidos nem existiam antes de 1776 e só se tornaram uma superpotência solitária na década de 1990. O pacote de ideias que associamos ao individualismo, ao secularismo e às garantias constitucionais de liberdade só se formou de fato no movimento que denominamos "Iluminismo" na Europa Ocidental do século XVIII e em algumas regiões do continente americano; e, mesmo naquele momento, teve de batalhar para sobreviver ao banho de sangue da Revolução Francesa e à traição do romantismo.

Quase todas as outras características do nosso mundo mal se podiam discernir antes do século XIX, quando a industrialização alimentou os impérios ocidentais e possibilitou uma economia autenticamente global. Grande parte do quadro intelectual com que estamos familiarizados no presente era nova no início do século XX: a primeira era da relatividade, a mecânica quântica, a psicanálise e o relativismo cultural. O individualismo teve de travar guerras com o coletivismo. A democracia, confrontada com os totalitarismos, só conseguiu uma vitória de aparência sólida quando o século XX estava chegando ao fim. Só nos últimos quarenta anos, aproximadamente, o ambientalismo surgiu como uma poderosa ideologia de alcance mundial. Em parte, a ciência e a tecnologia que configuram o nosso modo de pensar e viver e os nossos temores característicos são de origem mais recente: as armas nucleares, as microtecnologias informáticas, a genética do DNA, as técnicas — tão em moda hoje em dia — de controle das doenças e os métodos de produção de alimentos que dão de comer ao mundo. Esses pontos de partida súbitos, novos e acelerados lembram-nos que a "modernidade" — que, tendo em conta a variedade de termos mais ou menos equivalentes, é o modo como cada geração se descreve a si própria — não começa nunca, mas se renova perpetuamente.

Em todo caso, é uma falácia supor que a origem seja sempre remota ou que os fatos históricos são como as grandes espécies animais — com uma linhagem ancestral — ou as grandes árvores, com raízes muito profundas. Para os que têm a minha idade ou mais, uma das lições do nosso tempo é que as mudanças ocorrem repentina e imprevisivelmente. Súbito, um passado com uma trajetória muito longa dá marcha a ré. Os que chegamos à meia-idade — que ainda nem vimos o fim do prazo de uma vida ordinária — fomos testemunhas do desmoronamento do Império Britânico, do fim da Guerra Fria, do encerramento das divisões da Europa numa união "cada vez mais estreita" e do colapso do bloco soviético. As identidades nacionais supostamente autóctones se transformaram. Por exemplo, os ingleses — o povo da minha mãe —, que meu pai descrevia, depois da Segunda Guerra Mundial, como donos de uma fleuma e uma mentalidade tão bem enroladinhas como seus guarda-chuvas, tornaram-se irreconhecíveis: sentimentalistas e exibicionistas como quaisquer outros. A fleuma virou paixão. Os espanhóis — o povo do meu pai — também mudaram, e em menos tempo ainda. Os valores da austeridade, o quixotismo e o catolicismo dogmático, furibundo e intenso que eu conheci na infância se esfumaram; sucumbiram aos encantos do consumismo e do aburguesamento. A Espanha já não é diferente, como os slogans turísticos diziam antigamente. Quase todas as comunidades sofreram mudanças de personalidade igualmente radicais.

As estruturas baseadas na classe e no sexo são hoje irreconhecíveis em comparação com as da minha infância. Os costumes — geralmente o ingrediente mais estável das sociedades que os adotam — se metamorfosearam. Os homossexuais podem adotar filhos, uma inovação que a geração dos meus pais nunca teria imaginado. O papa rezou numa mesquita. Quase todas as manhãs nos proporcionam um despertar como o do personagem Rip van

Winkle, que acordou num mundo transformado depois de passar vinte anos dormindo. Eu luto para entender a linguagem dos meus alunos: já não compartilhamos as mesmas referências culturais, nem conhecemos as mesmas histórias, nem reconhecemos os mesmos ícones. Quando verifico, na sala de aula, quais são as obras de arte que temos em comum, parece que nunca assistimos sequer aos mesmos filmes, nem conhecemos os mesmos jingles. As mudanças mais abruptas e desconcertantes são as ambientais: uma calota polar derretendo, mares secando, florestas tropicais diminuindo, cidades abarrotadas, buracos na camada de ozônio ou espécies se extinguindo num ritmo sem precedentes. O mundo em que vivemos parece ter sido feito no tempo de uma vida. É tão mutante, tão volátil, que chega a ser estranho situar a sua gestação há aproximadamente meio milênio e datá-la de 1492.

No meu entender, a grande mudança que superou a disciplina de História no decorrer da minha vida é o fato de os historiadores praticamente termos abandonado a busca das origens no longo prazo. Aquilo que chamávamos de *longue durée* veio abaixo como um telescópio antes em ordem. Quando queremos explicar o declínio e a queda do Império Romano, já não fazemos como Edward Gibbon no seu clássico sobre a matéria nem voltamos para a época dos imperadores antoninos (que iam muito bem); preferimos dizer que as migrações no fim do século IV e no começo do V provocaram uma crise repentina e incontrolável. Quando tentamos explicar a guerra civil inglesa da década de 1640, já não retrocedemos, como Macaulay, até a tradição supostamente localizável da "floresta germânica", nem mesmo ao presumível "auge do Parlamento" ou da "burguesia" do fim da Baixa Idade Média e da época dos Tudor, mas enxergamos o governo inglês pressionado até o limite por uma guerra com a Escócia iniciada apenas quatro anos antes da ruína. Para explicar a Revolução Francesa, já não fazemos como Tocqueville na sua insuperável história nem examinamos o reinado de Luís XVI, mas consideramos decisiva a situação financeira no decênio de 1780. Para compreender a irrupção da Primeira Guerra Mundial, já não fazemos como Albertini nem culpamos as deficiências do sistema diplomático do século XIX — que, aliás, foi eficiente na preservação da paz —, mas responsabilizamos o desmoronamento relativamente repentino do sistema nos anos imediatamente anteriores ao conflito, ou inclusive a inalterabilidade dos horários dos trens de 1914, que, segundo a teoria notoriamente sedutora de A. J. P. Taylor, uma vez iniciada a mobilização das tropas, a tornou irreversível.

Não obstante, durante muito tempo, a vocação dos historiadores foi a de recuar no tempo em busca da origem antes não detectada daquilo que é mais visível em cada época. Com uma unanimidade espantosa, a busca da origem da maior parte dos traços característicos do mundo moderno leva aos séculos XV ou XVI e à Europa. A maioria dos manuais continua apontando para uma mudança por volta do ano de 1500, que inaugura um volume ou um capítulo novo. Alguns ainda enxergam nesse momento o começo do mundo moderno. Os historiadores — mesmo os que reprovam a periodização tradicional — chamam, em termos muito genéricos, os séculos anteriores a 1800 de "aurora da modernidade".

Os movimentos intelectuais que denominamos Renascimento e Reforma, por exemplo, foram associados à reivindicação ou à suposição de que eles possibilitaram os desenvolvimentos sociais, políticos, culturais e científicos modernos. O trabalho dos exploradores e conquistadores europeus em todo o planeta constitui um ponto de partida convincente da história do imperialismo e da globalização modernos. A data considerada nos livros didáticos como "o início da modernidade" era 1494, quando uma invasão francesa da Itália teria desencadeado as influências do Renascimento e começado a disseminá-las por toda a Europa.

Alguns autores dizem ter reconstituído a história das feições presumivelmente constitutivas do pensamento moderno, como o ceticismo, o secularismo, o ateísmo, o capitalismo e até mesmo a ironia a partir da tradição judaica medieval, e alegam que a absorção dessas ideias pela corrente principal europeia se iniciou com a conversão forçada dos judeus espanhóis ao cristianismo.[1] Essas afirmações, embora falsas, são sugestivas no contexto atual, porque o maior número de conversões ocorreu quase certamente em 1492, quando todos os judeus que se recusaram a se batizar foram expulsos dos reinos espanhóis.

Portanto, datar a origem do mundo moderno nas imediações de 1500 representa uma longa tradição. Eu rejeito as ideias que apoiam esse costume. No ferro-velho da história, os acontecimentos de pretensa transcendência cósmica são desmantelados até se reduzirem a uma série de fatos de relevância local ou individual. Aquelas que antes pareciam revoluções que sacudiram o mundo são hoje reclassificadas de transições. Por exemplo, quase tudo o que se afirmou acerca do Renascimento e da Reforma acabou se revelando equivocado. As presumíveis consequências para o nosso mundo — o deísmo, o secularismo e o ateísmo, o individualismo e o racionalismo; a ascensão do capitalismo e o declínio da magia, a revolução científica e o sonho americano ou a origem das liberdades civis e os deslocamentos no equilíbrio de forças mundial — parecem menos convincentes com o passar do tempo. Nos últimos anos, o revisionismo e o pensamento crítico foram soltando, um a um, os elos dessa cadeia de consequências.

Em todo caso, em termos globais, o Renascimento e a Reforma foram fenômenos de pequena escala. O Renascimento resultou, em parte, de uma polinização cruzada entre o islã e o Ocidente. Não foi um "revival clássico" único, e sim a acentuação de uma ininterrupta automodelagem ocidental inspirada na Grécia e na Roma antigas. Aproximou só um pouco o Ocidente do secularismo: a maior parte da arte e do conhecimento era de inspiração sacra e estava sob o controle clerical. Não era "científico": havia um feiticeiro para cada cientista. A Reforma não foi uma revolução: a maioria dos reformistas era social e politicamente conservadora e seus movimentos faziam parte de uma tendência geral, entre os mais devotos da cristandade, à comunicação de uma forma de cristianismo mais sentida e comprometida com os setores sociais e as regiões do mundo até então não catequizados ou catequizados inadequadamente. O trabalho dos reformadores não inaugurou o capitalismo, nem subverteu a magia, tampouco promoveu a ciência. O imperialismo ocidental, apesar de ter começado de forma conspícua em 1492, não foi um fenômeno transformador do mundo antes do século XVIII ou XIX.

Não obstante, o mundo mudou, sim, em 1492. Os acontecimentos daquele ano começaram a alterar o equilíbrio e a distribuição do poder e da riqueza em todo o globo, lançando aos oceanos as comunidades da Europa Ocidental, fortalecendo pela primeira vez o Estado russo e antecipando (ainda que, logicamente, não ocasionando) o declínio da Ásia marítima e das potências tradicionais do oceano Índico e dos seus mares adjacentes. Até a década de 1490, qualquer observador bem-informado e objetivo reconheceria sem hesitar que aquelas regiões eram a pátria das culturas exploradoras mais dinâmicas e bem-equipadas do planeta, com um histórico impressionante de realizações no longo prazo e a longa distância. Naquela década profética, os rivais da Europa Ocidental deram um salto adiante, ao passo que as potências que podiam tê-los freado ou superado permaneceram inertes.

No extremo ocidental do oceano Índico, por exemplo, os otomanos viviam confinados ou limitados pela sua situação geográfica. De modo semelhante, o Egito dos mamelucos trocava embaixadas com Guzerate, exercia algo parecido com um protetorado no porto de Jidá e fomentava o comércio com a Índia pelo mar Vermelho; mas, dada a hostilidade dessas águas à navegação, o Egito estava mal situado para proteger o oceano contra os intrusos infiéis. A Abissínia parou de se expandir depois da morte do negus Zara Yaqob em 1468; a derrota diante dos vizinhos muçulmanos em Adel, em 1494, fez com que as esperanças de recuperação se dissipassem; o objetivo passou a ser a sobrevivência. A Pérsia enfrentava uma crise prolongada, da qual a região só sairia no século seguinte, reunificada pelo menino profeta Ismael. O comércio árabe abrangia o oceano Índico desde o sul da África até os mares da China, sem necessidade de recorrer à força das armas para se proteger ou se promover. No sul da Arábia, a aspiração a um império marítimo surgiria mais tarde, talvez à imitação dos portugueses, mas ainda não havia nenhum sinal dela.

Enquanto isso, na região central do oceano Índico, nenhum Estado indiano tinha interesse ou energia excedente para dedicar à expansão de longo alcance. O reino de Bisnaga mantinha relações comerciais com toda a Ásia marítima, porém carecia de frota própria. A cidade que sediava a corte passou por uma reurbanização espetacular no reinado de Narasimba, na década de 1490, mas o Estado deixara de se expandir, e a dinastia de Narasimba estava condenada à extinção. Ao mesmo tempo, a Delhi de Sikandar Lodi, priorizando tradicionalmente o interior, adquiriu uma nova província em Bihar, contudo o sultão deixou para os herdeiros um território demasiado extenso que, uma geração depois, caiu facilmente nas mãos de invasores do Afeganistão. Guzerate tinha uma Marinha mercante enorme, mas lhe faltavam ambições políticas de longo alcance. Seu poderio naval destinava-se a proteger o comércio, não a impô-lo aos outros. Naturalmente, havia uma infinidade de piratas. Por exemplo, no início da década de 1490, partindo de um esconderijo na costa ocidental do Decão, Bahadur Kan Gilani aterrorizou as frotas e, durante algum tempo, assumiu o controle de portos importantes, inclusive Dabul,

Goa e Mahimn, perto da atual Bombaim.[2] Mas nenhum Estado da região se sentia tentado a explorar novas rotas ou inaugurar o imperialismo marítimo.

Mais a leste, como vimos, a China havia se retirado da política naval ativa e não a retomou. No Japão, em 1493, o xógum ficou sitiado em Kyoto enquanto os senhores da guerra dividiam o império entre si. O sudeste da Ásia vivia entre impérios: a fase agressiva da história de Majapahit fazia parte do passado; o imperialismo tai e o birmanês ainda estavam subdesenvolvidos e, em todo caso, nunca tiveram ambições marítimas. Houvera impérios marítimos no passado da região: Srivijaya no século VII, a Java da dinastia Sailendra no VIII, o Chola no XI e o rei Hayam Wuruk de Majapahit no século XIV — todos tentaram impor monopólios sobre determinadas rotas. Entretanto, na época em que os europeus irromperam no oceano Índico contornando o cabo da Boa Esperança, nenhuma comunidade indígena tinha necessidade ou urgência de explorar mais, e não existia na região nada parecido com o imperialismo marítimo praticado por Portugal e, mais tarde, pelos holandeses.

Em suma, a conquista do Atlântico pela Europa coincidiu com a cessação da exploração e das iniciativas imperiais em outras regiões. Isso não significou que o mundo se transformasse de forma instantânea nem que o equilíbrio de riqueza e poder se deslocasse rapidamente para o que hoje denominamos Ocidente. Pelo contrário, o processo que se iniciava era longo e doloroso e foi interrompido por muitos contratempos. Mas se iniciara. E as comunidades da margem do Atlântico que o desencadearam — sobretudo as da Espanha e de Portugal — mantiveram o ímpeto e prolongaram o seu predomínio na exploração pela maior parte dos três séculos seguintes. A abertura de uma rota de ida e volta viável entre a Europa e as regiões produtivas das Américas garantiu que o equilíbrio global de recursos se inclinasse, no longo prazo, a favor do Ocidente. O equilíbrio da distribuição global do poder e da riqueza mudaria. O ano de 1492 foi decisivo no preparo dessa mudança ou em sua concretização.

Em 1492, com uma subitaneidade extraordinária depois de dezenas — talvez centenas — de milhões de anos de evolução divergente, o intercâmbio ecológico global tornou-se possível: pela primeira vez desde a fragmentação de Pangeia, o fato de as formas de vida passarem a poder saltar oceanos fez mais para moldar o ambiente moderno do que qualquer outro acontecimento anterior à industrialização. Os eventos de 1492 asseguraram o futuro do cristianismo e do islamismo como religiões mundialmente disseminadas e contribuíram para fixar seus limites aproximados.

Embora o oceano Índico tenha deixado de ser um lago muçulmano, o islã se aferrou tenazmente à maior parte das suas margens. Por natureza, o islamismo não pode ser tão flexível como o cristianismo. Ele é consciente e explicitamente um modo mais de vida que de fé; exceto na disciplina matrimonial, seu código é mais rigoroso, mais exclusivo e mais exigente com os conversos do que o cristianismo. Exige que os fiéis saibam árabe o suficiente para recitar o Alcorão. Seu regime alimentício é desconhecido na maior parte das culturas. Alguns aspectos da cultura global emergente dos nossos dias são particularmente inóspitos: o capitalismo liberal, o consumismo, o individualismo, a permissividade e o feminismo abriram caminho com relativa facilidade na cristandade; o islã parece repleto de anticorpos empenhados em rejeitá-los. Talvez tenha chegado ao limite da sua capacidade de adaptação. O budismo, a terceira grande religião global, obteve até agora um grau modesto de difusão, mas estabeleceu credenciais plenamente flexíveis, subsistindo junto ao xintoísmo no Japão e contribuindo para o ecletismo da maior parte da religião chinesa. Jamais arrebatou sociedades inteiras fora da Ásia Oriental, Central e do Sudeste, porém demonstra capacidade de fazê-lo no presente, ganhando conversos no Ocidente e até disputando regiões hinduístas da Índia. Enquanto isso, o hinduísmo, apesar dos mil anos de quiescência sem vocação de proselitismo, agora também se mostra capaz de obter um número importante de conversos no Ocidente e talvez tenha o potencial de vir a ser a quarta religião mundial.

Além dos acontecimentos que remodelaram o mundo, nós vislumbramos outros que representam vívidos instantâneos de mudanças ainda em curso: a ascensão do misticismo e da religião pessoal, a transformação da magia em ciência; a propagação e a complexidade cada vez maiores das redes comerciais e de intercâmbio cultural; o aumento da produtividade e da população — ainda muito desigual até o século XVIII — na maior parte do mundo; o recuo dos nômades, pastores e coletores; a autoridade e o poder crescentes dos Estados a expensas de outras instâncias de poder tradicionais, como as aristocracias e as hierarquias clericais; o realismo com que artistas e cartógrafos contemplavam o mundo; ou a sensação de um "mundo pequeno" em que cada parte é acessível a todas as outras.

Assim, de certo modo, os profetas da cristandade que pressagiaram o fim do mundo em 1492 tinham razão. O apocalipse foi adiado, mas os acontecimentos daquele ano puseram fim ao mundo com o qual as pessoas estavam familiarizadas e deram uma nova feição ao planeta, mais "moderna", se se quiser, mais familiar para nós, é claro, do que era para os habitantes da Idade Média ou da Antiguidade. O mundo que os profetas conheciam estava desaparecendo e um novo começava a ganhar forma — o mundo em que vivemos.

Notas

1. "ESTE MUNDO É PEQUENO" [pp. 7-37]

1. L. Pastor, *History of the Popes*. St. Louis: B. Herder, 1898, v. 5, p. 371.

2. F. Fernández-Armesto, *So You Think You're Human?*. Oxford: Oxford University Press, 2004, v. 3.

3. Mc, 13,12-26; Mt, 24; Lc, 21.

4. Ap, 15,7.

5. Bacharel Palma, *Divina retribución sobre la caída de España*. Org. de J. M. Escudero de la Peña. Madri, s.p., 1879, p. 91.

6. C. Colombo, *Cristóbal Colón: Textos y documentos completos*. Org. de C. Varela. Madri: Alianza, 1984, p. 36.

7. G. Ledyard, "Cartography in the Traditional East and Southeast Asian Societies". In: J. B. Harley e D. Woodward (Orgs.). *History of Cartography*. Chicago: University of Chicago Press, 1994, v. 2, liv. 2, pp. 244-9.

8. Cit. in: C. G. Gillespie, *Dictionary of Scientific Biography*. Nova York: Scribner, 1970-80, v. 2, p. 351.

9. P. Freedman, *Out of the East: Spices and the Medieval Imagination*. New Haven: Yale University Press, 2008, pp. 3-4.

10. G. J. Samuel, *Studies in Tamil Poetry*. Madras: Mani Pathippakam, 1978, pp. 62-72.

11. F. B. Pegolotti, *La pratica della mercatura*. Org. de A. Evans. Cambridge, Massachusetts: Medieval Academy of America, 1936.

12. E. G. Ravenstein, *Martin Behaim, His Life and His Globe*. Londres: G. Philip & Son, 1908, p. 39.

13. Ibid., p. 39.

14. D. L. Molinari, "La empresa colombina y el descubrimiento". In: R. Levee (Org.). *Historia de la nación argentina*. Buenos Aires: Academia Nacional de la Historia, 1939, v. 2, pp. 320-7.

15. Alcorão 2:189.

16. G. L. Burr, *The Witch Persecutions*. Filadélfia: University of Pennsylvania Press, 1902, pp. 7-10; M. Summers, *The Geography of Witchcraft*. Whitefish: Kessinger Publishing, 2003, pp. 533-6.

2. "PARA CONSAGRAR A ESPANHA A SERVIÇO DE DEUS..." [pp. 38-67]

1. Alonso de Santa Cruz, *Crónica de los Reyes Católicos*. Org. de J. de M. Carriazo, 1951, v. 1, pp. 41-3.

2. J. Goñi Gaztambide, "La Santa Sede y la reconquista de Granada". *Hispania Sacra*, Madri: Instituto de Historia/ Centro de Ciencias Humanas y Sociales, v. 4, pp. 28-34, 1951.

3. I. Suárez Fernández e J. de Mata Carriazo Arroquia, *Historia de España*. Madri: Espasa Calpe, 1969, v. 17, pt. 1, pp. 409-52.

4. "Historia de los hechos de Don Rodrigo Ponce de León, marqués de Cádiz". In: *Colección de documentos inéditos para la historia de España*. Madri: Real Academia de la Historia, 1893, v. 116, pp. 143-317. A citação provém da p. 198.

5. R. Carande e J. de Mata Carriazo (Orgs.), *El tumbo de los Reyes Católicos del Concejo de Sevilla*. Sevilha: Universidad Hispalense, 1968, v. 3, p. 193; L. Suárez Fernández e J. de Mata Carriazo Arroquia, *Historia de España*, v. 17, p. 433.

6. D. de Valera, Epístola XXXIV. In: M. Penna (Org.). *Prosistas castellanos del siglo XV*. Madri: Atlas, 1959, v. 1, p. 31.

7. M. A. Ladero Quesada, *Las guerras de Granada en el siglo XV*. Madri: Ariel, 2002, p. 49.

8. Suárez e Mata, *Historia de España*, v. 17, p. 888.

9. F. Fernández-Armesto, *Ferdinand and Isabella*. Londres: Weidenfeld, 1974, p. 89.

10. *The Diary of John Burchard*. Org. de A. H. Mathew. Londres: Francis Griffiths, 1910, v. 1, pp. 317-9.

11. F. Fernández-Armesto, *Ferdinand and Isabella*, p. 95.

12. L. P. Harvey, *The Muslims in Spain, 1500-1614*. Chicago: Chicago University Press, 2005, p. 33.

13. Ibid., p. 47.

14. D. de Valera, "Doctrinal de príncipes". In: M. Penna (Org.). *Prosistas*, p. 173.

15. Ver B. F. Weissberger, *Isabel Rules: Constructing Queenship, Wielding Power*. Minneapolis: University of Minnesota Press, 2004, p. 135.

16. H. de Pulgar, "Crónica de los Reyes de Castilla Don Fernando e Doña Isabel". In: C. Rosell (Org.). *Crónicas de los Reyes de Castilla*. Madri: Biblioteca de Autores Españoles, 1878, v. 3, pp. 255-7.

17. E. Pardo Canalís, *Iconografia del rey católico*. Saragoça: Institución Fernando el Católico, 1951.

18. Tradução do original em latim in: A. Alvar Ezquerra, *Isabel la católica, uma reina vencedora, uma mujer derrotada*. Madri: Temas de Hoy, 2002, p. 316.

19. D. Clemencía, *Elogio de la reina católica doña Isabel*. Madri: Real Academia de la Historia, Madri, 1820, pp. 355-7.

20. P. K. Liss, *Isabel the Queen*. Nova York: Oxford University Press, 1992, p. 24.

21. F. de Pulgar, *Letras*. Org. de J. Domínguez Bordona. Madri: Espasa Calpe, 1949, p. 151.

3. "VEJO CAVALEIROS SE APROXIMANDO" [pp. 68-105]

1. N. Davis, *Trickster Travels: In Search of Leo Africanus*. Londres: Faber and Faber, 2007, pp. 145-7.

2. H. A. R. Gibb e C. Beckingham (Orgs.), *The Travels of Ibn Battuta*. Cambridge: The Hakluyt Society, 2001, v. 4, pp. 317-23.

3. Ibid., p. 333.

4. J. Matas i Tort e E. Pognon (Orgs.), *L'atlas catalã*. Barcelona: Diàfora, 1975, p. 4.

5. Gibb e Beckingham, *Travels*, v. 4, p. 335.

6. Leo Africanus, *The History and Description of Africa*. Org. de R. Brown. Londres: The Hakluyt Society, 1896, v. 3, p. 827.

7. N. Levtzion e J. F. P. Hopkins (Orgs.), *Corpus of Early Arabic Sources for West African History*. Princeton, Nova Jersey: Markus Wiener Publishers, 2000, p. 82.

8. Ibid., pp. 76-85 e 107-12.

9. Ibid., p.119.

10. T. Insoll, *The Archaeology of Islam in Sub-Saharan Africa*. Cambridge: Cambridge University Press, 2003.

11. Leo Africanus, *History and Description*, v. 3, p. 824.

12. Ibid., p. 825.

13. Ibid., v. 1, p. 156.

14. L. Kaba, *Sonni Ali-Ver*. Paris: ABC, 1977, p. 77.

15. Ibid., p. 79.

16. E. N. Saad, *Social History of Timbuktu*. Nova York: Cambridge University Press, 1983, p. 42.

17. S. M. Cissoko, *Tomboctou et l'empire songhay*. Dacar: Les Nouvelles Éditions Africaines, 1975, p. 55.

18. Ibid., p. 57.

19. Saad, *Social History*, p. 45.

20. I. B. Kake e G. Comte, *Askia Mohamed*. Paris: ABC, 1976, p. 58.

21. Ibid., p. 60.

22. Ibid., p. 68.

23. Leo Africanus, *History and Description*, v. 3, pp. 833-4.

24. F. Fernández-Armesto, *Before Columbus*. Londres: Folio Society, 1986, p. 194.

25. Ibid., p. 195.

26. J. Thornton, "The Development of an African Catholic Church in the Kingdom of Kongo, 1491-1750". *Journal of African History*, v. 25, n. 2, pp. 147-67, 1984.

27. S. Axelson, *Culture and Confrontation in Lower Congo*. Estocolmo: Gummesson, 1970, p. 66.

28. A. Brásio, *Monumenta missionaria africana*. Lisboa: Agência Geral do Ultramar, 1952, v. 1, pp. 266-73.

29. Ibid., pp. 294-323 e 470-87.

30. F. Alvares, *The Prester John of the Indies*. Org. de C. Beckingham e G. Huntingford. Cambridge: The Hakluyt Society, 1961, pp. 303-4 e 320-1.

4. "NENHUMA VISÃO TÃO DEPLORÁVEL" [pp. 106-38]

1. A. Bernáldez, *Historia de los Reyes Católicos*. Madri: Atlas, 1953, pp. 617-53.

2. Id. *Memoria del reinado de los Reyes Católicos*. Org. de M. Gómez Moreno e J. de Mata Carriazo. Madri: Consejo Superior de Investigaciones Científicas, 1962, pp. 96-101.

3. F. Fita, "El martirio del santo niño". *Boletín de la Real Academia de la Historia*. Madri: Real Academia de la Historia, v. 11, pp. 12-3, 1887.

4. *Libro de Alborayue*, apud J. Pérez, *History of a Tragedy: The Expulsion of the Jews from Spain*. Urbana: University of Illinois Press, 2007, p. 69.

5. Y. Baer, *History of the Jews in Christian Spain*. Filadélfia: The Jewish Publication Society, 1966, v. 2, p. 527.

6. Pérez, *History of a Tragedy*, p. 79.

7. Ibid., p. 90.

8. R. Conde y Delgado de Molina, *La expulsión de los judíos de la Corona de Aragón: documentos para su estudio*. Saragoça: Institución Fernando el Católico, 1991, pp. 95-6.

9. P. León Tello, *Los judíos de Ávila*. Ávila: Institución Gran Duque de Alba, 1963, pp. 91-2; L. Suárez Fernández, *Documentos acerca de la expulsión de los judíos*. Valladolid: Consejo Superior de Investigaciones Científicas, 1964, pp. 391-5.

10. Pérez, *History of a Tragedy*, p. 86.

11. F. Fernández-Armesto, *Before Columbus*, p. 201.

12. Bernáldez, *Memorias*, p. 113.

13. Leo Africanus, *History*, v. 2, p. 419.

14. Ibid., pp. 424, 443 e 447-8.

15. Abraham ben Solomon, apud D. Raphael (Org.), *The Expulsion 1492 Chronicles*. North Hollywood: Carmi House Press, 1992, p. 175.

16. Leo Africanus, *History*, v. 2, pp. 453 e 461.

17. Ibid., p. 477.

18. Raphael, *Expulsion 1492 Chronicles*, p. 87.

19. Davis, *Trickster Tales*, p. 137.

20. V. J. Cornell, "Socioeconomic Dimensions of Reconquista and Jihad in Morocco: Portuguese Dukkala and the Said Sus, 1450-1557". *International Journal of Middle East Studies*, Nova York: Cambridge University Press, v. 22, n. 4, pp. 379-418, nov. 1990.

21. Cit. in: Davis, *Trickster Tales*, p. 32.

22. Raphael, *Expulsion 1492 Chronicles*, pp. 23 e 115.

23. H. Beinart, *The Expulsion of the Jew from Spain*. Oxford: Littman Library, 2002, p. 279.

24. Bernáldez, *Memorias*, p. 113.

25. Konstantin Mihailovc, *Memoirs of a Janissary*, cit. in: H. W. Lowry, *The Nature of the Early Ottoman State*. Albany: Suny Press, 2003, p. 47.

26. G. Necipoğlu, *Architecture, Ceremonial and Power: The Topkapi Palace in the Fifteenth and Sixteenth Centuries*. Nova York: Architectural History Foundation; Cambridge, Massachusetts: MIT Press, 1991, p. 8.

27. S. Shaw, *The Jews of the Ottoman Empire and the Turkish Republic*. Londres: Macmillan, 1991, pp. 30 e 32.

28. Lowry, *Early Ottoman State*, p. 48.

29. Shaw, *Jews of the Ottoman Empire*, p. 33.

5. "SERÁ QUE DEUS ESTÁ ZANGADO CONOSCO?" [pp. 139-75]

1. E. Armstrong, *Lorenzo de' Medici*. Londres e Nova York: Putnam, 1897, pp. 308-9.

2. Ibid., p. 314.

3. J. Burchard, *At the Court of the Borgia*. Org. de G. Parker. Londres: Folio Society, 1963, p. 412.

4. Lorenzo de' Medici, *Lettere*. Org. de M. Mallet. Florença: Barbèra, 1990, v. 6, p. 100.

5. L. Martines, *Abril Blood*. Oxford, Nova York: Oxford University Press, 2006, pp. 214-20.

6. Ibid., pp. 221-3.

7. E. B. Fryde, "Lorenzo de' Medici's Finances and their Influence on his Patronage of Art". In: ______. *Humanism and Renaissance Historiography*. Londres: Hambledon Press, 1983, pp. 145-57.

8. J. Thiem et al. (Orgs.), *Lorenzo de Medici: Selected Poems and Prose*. University Park: Pennsylvania State University Press, 1991, p. 67. Tradução modificada.

9. L. Polizzotto, "Lorenzo il Magnifico, Savonarola and Medicean Dynasticism". In: B. Toscani (Org.). *Lorenzo de' Medici: New Perspectives*. Nova York: Peter Lang, , 1993, pp. 331-55.

10. F. W. Kent, *Lorenzo de' Medici and the Art of Magnificence*. Baltimore: John Hopkins University Press, 2004, esp. p. 91; J. Beck, "Lorenzo il Magnifico and his Cultural Possessions". In: Toscani (Org.). *Lorenzo de' Medici: New Perspectives*, p. 138.

11. L. Martines, *Scourge and Fire: Savonarola and Renaissance Italy*. Londres: Jonathan Cape, 2006, pp. 12-4. Tradução modificada.

12. D. Beebe et al. (Orgs.), *Selected Writings of Girolamo Savonarola: Religion and Politics, 1490-8*. New Haven, Connecticut: Yale University Press, 2006, p. 27.

13. Ibid., p. 72.

14. Ibid., pp. 68-9.

15. Ibid., p. 73.

16. G. Savonarola, "Prediche ai Fiorentini". In: C. Varese (Org.). *La letteratura italiana*. Milão: Garzanti, 1955, v. 14, p. 90.

17. S. Meltzoff, *Botticelli, Signorelli and Savonarola: Theology and Painting from Boccaccio to Poliziano*. Florença: L. S. Olschki, 1987, p. 53.

18. Beebe et al., *Selected Writings*, p. 72.

19. Burchard, *At the Court of the Borgia*, v. 1, pp. 372-3.

20. Y. Labande-Mailfert, *Charles VIII: Le vouloir et la destinée*. Paris: Fayard, 1986, pp. 27-8.

21. J. d'Arras, *Mélusine*. Org. de C. Brunet. Paris: Brunet, 1854, p. 121.

22. I. A. Corfis (Org.), *Historia de la linda Melosina*. Madison: Hispanic Seminary of Medieval Studies, 1986, cap. 23, p. 54.

23. Labande-Mailfert, *Charles VIII*, p. 17.

24. Ibid., p. 101; A. Denis, *Charles VIII et les italiens: Histoire et mythe*. Genebra: Librairie Droz, 1979, p. 23.

25. Labande-Mailfert, *Charles VIII*, pp. 110-6.

26. Pietro Martire d'Anghiera, *Opus epistolarum*, 1670, pp. 67-8.

27. L. Pastor, *History of the Popes*, p. 366.

28. Ibid., pp. 469-70.

29. Meltzoff, *Botticelli, Signorelli and Savonarola*, p. 80.

30. P. Schaff, *History of the Christian Church*. Nova York: Scribner, 1910, v. 6, p. 68.

31. Beebe et. al (Orgs.), *Writings of Girolamo Savonarola*, p. 137.

32. S. dell'Aglio, *Il tempo di Savonarola*. Tavarnuzze: Galuzzo, 2006, p. 204.

6. RUMO À "TERRA DAS TREVAS" [pp. 176-209]

1. G. Bezzola, *Die Mongolen in abendländisches Sicht*. Berna e Munique: Francke,1972.

2. J. J. Saunders, "Matthew Paris and the Mongols". In: T. A. Sandquist e M. R. Powicke (Orgs.). *Essays in Medieval History Presented to Bertie Wilkinson*. Toronto: University of Toronto Press, 1969, pp. 116-32.

3. F. Fernández-Armesto, "Medieval Ethnography". *Journal of the Anthropological Society of Oxford*, Oxford: University of Oxford/ Institute of Social & Cultural Anthropology, v. 13, n. 3, p. xiii, 1982.

4. J. Fennell, *The Crisis of Medieval Russia*. Londres e Nova York: Longman, 1983, p. 88.

5. R. C. Howes, *The Testaments of the Grand Princes of Moscow*. Ithaca: Cornell University Press, 1967, p. 295.

6. D. Ostrowski, *Muscovy and the Mongols*. Cambridge e Nova York: Cambridge University Press, 1998, pp. 144-55.

7. R. Mitchell e N. Forbes (Orgs.), *The Chronicle of Novgorod 1016-1471*. Hattiesburg: Academic International, 1970, pp. 9-15.

8. R. Cormack e D. Glaser (Orgs.), *The Art of Holy Russia*. Londres: Royal Academy of Arts, 1998, p. 180.

9. Y. Slezkine, *Arctic Mirrors*. Ithaca: Cornell University Press, 1991, pp. 33-4.

10. J. L. B. Martin, *Medieval Russia*. Cambridge e Nova York: Cambridge University Press, 1995, p. 288.

11. M. Isoaho, *The Image of Aleksandr Nevsky in Medieval Russia*. Leiden e Boston: Brill 2006, p. 173.

12. J. Fennell, *Ivan the Great of Moscow*. Londres: Macmillan, 1963, p. 41.

13. Ibid., p. 43.

14. Ibid., pp. 46 e 55.

15. Ibid., p. 59.

16. G. Alef, *Rulers and Nobles in Fifteenth-century Muscovy*. Londres: Variorum Reprints, 1983, item 5, p. 54.

17. F. Fernández-Armesto, *Millennium*. Londres: Bantam, 1995, p. 124.

18. D. Obolensky, *Byzantium and the Slavs*. Crestwood, Nova York: St. Vladimir's Seminary Press, 1994, p. 185.

19. Alef, *Rulers and Nobles*, item 9, p. 8.

20. Fennel, *Ivan the Great of Moscow*, p. 121.

21. Alef, *Rulers and Nobles*, item 9, p. 7.

22. Ibid., item 5, p. 25; Ostrowsky, *Muscovy and the Mongols*, p. 226.

23. Isoaho, *The Image of Aleksandr Nevskiy*, p. 292.

24. R. Feuer-Toth, *Art and Humanism in Hungary in the Age of Mathias Corvinus*. Budapeste: Akadémiai Kiadó, 1990, p. 97.

25. Howes, *Grand Princes of Moscow*, pp. 267-98.

7. "AQUELE MAR DE SANGUE" [pp. 210-43]

1. F. Fernández-Armesto, *Columbus*. Londres: Duckworth Publishers, 1996, p. 2.

2. Miguel de Cervantes, *Dom Quixote de la Mancha*. São Paulo: Penguin-Companhia, 2012, v. 1, p. 127; v. 2, p. 362 .

3. C. Varela (Org.), *Cristóbal Colón: textos y documentos completos*. Madri: Alianza, 1984, pp. 15-6.

4. F. Fernández-Armesto, *Columbus on Himself*. Londres: Folio Society, 1992, p. 43.

5. Ibid., p. 16.

6. B. de las Casas, *Historia de las Indias*. Cidade do México: Fondo de Cultura Económica, 1951, v. 1, p. 189.

7. Varela, *Cristóbal Colón*, pp. 23-4.

8. F. Fernández-Armesto, *Columbus on Himself*, p. 56; Varela, *Cristóbal Colón*, pp. 22-4.

9. Varela, *Cristóbal Colón*, pp. 27-30.

10. F. Fernández-Armesto, "Colón y los libros de caballería". In: C. Martínez Shaw (Org.). *Colón*. Valladolid: Junta de Castilla y León, 2006.

11. Varela, *Cristóbal Colón*, pp. 83-4.

12. Ibid., pp. 97-101.

13. S. E. Morison, *Journals and Other Documents on the Life and Voyages of Christopher Columbus*. Nova York: Heritage Press, 1963, pp. 216-9.

14. Las Casas, *Historia de las Indias*, v. 1, p. 313.

15. F. Fernández-Armesto, *Columbus on Himself*, p. 95.

8. "ENTRE OS SALGUEIROS QUE CANTAM" [pp. 244-85]

1. J. Cahill, *Parting at the Shore: Chinese Painting of the Early and Middle Ming Dynasty*. Nova York: Weatherhill, 1978.

2. G. Uzielli, *La Vita e i tempi di Paolo dal Pozzo Toscanelli*. Raccolta Colombiana. Roma: Reale Commissione Colombiana, 1894, v. 5, pp. 571-2.

3. J. Meskill (Org.). *Ch'oe Pu's Diary: A Record of Drifting Across the Sea*, Tucson: University of Arizona Press, 1965, p. 22.

4. Ibid., p. 50.

5. Ibid., p. 52.

6. Ibid., p. 53.

7. Ibid., p. 65.

8. Ibid., pp. 63 e 93-4.

9. Ibid., p. 65.

10. D. Twitchet e F. W. Mote (Orgs.), *The Cambridge History of China*. Cambridge: Cambridge University Press, 1998, v. 8, pt. 2, p. 699.

11. I. A. Sim, "The Merchant Wang Zhen, 1424-1495". In: K. J. Hammond (Org.). *The Human Tradition in Premodern China*. Wilmington, Delaware: Scholarly Resources, 2002, pp. 157-64.

12. Meskill, *Ch'oe Pu's Diary*, p. 107.

13. Twitchet e Mote, *The Cambridge History of China*, p. 920.

14. Ibid., p. 878.

15. Cahil, *Parting at the Shore*, p. 90.

16. Ibid., p. 90.

17. Ibid., p. 89.

18. J. Duyvendak, "The True Dates of the Chinese Maritime Expeditions in the Early Fifteenth Century", *T'oung Pao*, v. 34, pp. 399-412, 1938.

19. R. Finlay, "The Treasure Ships of Zheng He", *Terrae Incognitae*, v. 23, pp. 1-12, 1991.

20. Duyvendak, "Chinese Maritime Expeditions", p. 410.

21. Meskill, *Ch'oe Pu's Diary*, pp. 8 e 146.

22. Ibid., p. 57.

23. Ibid., p. 65.

24. Ibid., p. 93.

25. *Transactions of the Royal Asiatic Society, Korean Branch*, v. 2, p. 36, 1902. Tradução modificada.

26. Ibid., p. 37.

27. Ibid., pp. 36 e 39-40.

28. Ibid., p. 38.

29. Meskill, *Ch'oe Pu's Diary*, p. 65.

30. E. Ramirez-Christensen, *Heart's Flower: The Life and Poetry of Shinkei*. Stanford: Stanford University Press, 1994, p. 20.

31. D. Keene, *Yoshimasa and the Silver Pavilion: The Creation of the Soul of Japan*. Nova York: Columbia University Press, 2003, p. 70.

32. Ibid., p. 5.

33. Ramirez-Christensen, *Heart's Flower*, pp. 20-4.

34. D. Keene (Org.), *Travelers of a Hundred Ages*. Nova York: Holt, 1989, p. 211.

35. Ramirez-Christensen, *Heart's Flower*, p. 20.

36. K. A. Grossberg, *Japan's Renaissance: The Politics of the Muromachi Bakufu*. Ithaca: Cornell University Press, 2001.

37. Keene, *Yoshimasa and the Silver Pavilion*, p. 69.

38. Ibid., p. 117.

39. Ibid., p. 88.

40. Grossberg, *Japan's Renaissance*, p. 62.

41. Q. E. Phillips, *The Practices of Painting in Japan, 1475-1500*. Stanford: Stanford University Press, 2000, p. 148.

42. Keene, *Yoshimasa and the Silver Pavilion*, p. 164.

43. Ibid., p. 107.

44. Phillips, *The Practice of Painting in Japan*, p. 3.

45. Ramirez-Christensen, *Heart's Flower*, p. 155.

46. Ibid., p. 152.

47. D. Carter, *The Road to Komatsubara: A Classical Reading of the Renga Hyakuin*. Cambridge, Massachusetts: Harvard University, Council on East Asian Studies, 1987, pp. 117 e 143.

9. "OS MARES DE LEITE E MANTEIGA" [pp. 286-323]

1. R. H. Major (Org.), *India in the Fifteenth Century*. Londres: The Hakluyt Society, 1857, pp. 7-13.

2. S.-S. H. Tsai, *Perpetual Happiness: The Ming Emperor Yongle*. Seattle: University of Washington Press, 2001, pp. 178-208.

3. J. Duyvendak, "The True Dates of the Chinese Maritime Expeditions in the Early Fifteenth Century", *T'oung Pao*, Leiden e Boston: Brill, v. 34, pp. 399-412, 1938; T. Filesi e D. Morison (Orgs.), *China and Africa in the Middle Ages*. Londres: Frank Cass, 1972, pp. 57-61.

4. Duyvendak, "Chinese Maritime Expeditions", pp. 399-406.

5. L. Levathes, *When China Ruled the Seas*. Nova York: Scribner, 1994.

6. Ma Huan, *The Overall Survey of the Ocean's Shores*. Org. de J. R. V. Mills, Cambridge: The Hakluyt Society, 1970, pp. 69, 70 e 179.

7. E. L. Dreyer, *Early Ming China*. Stanford: Stanford University Press, 1982, p. 120.

8. Kuei-Sheng Chang, "The Ming Maritime Enterprise and China's Knowledge of Africa Prior to the Age of Great Discoveries", *Terrae Incognita*, v. 3, n. 1, pp. 33-44, 1971.

9. Major, *India in the Fifteenth Century*, p. 10.

10. Ibid., p. 6.

11. Ibid., p. 8.

12. Ibid., p. 9.

13. Ibid., p. 30.

14. Ibid., p. 23.

15. Ibid., p. 11.

16. N. M. Penzer (Org.), *The Most Famous and Noble Travels*. Londres: The Argonaut Press, 1929, p. 169.

17. C. E. B. Asher e C. Talbot, *India Before Europe*. Nova York: Cambridge University Press, 2006, p. 107.

18. Ibid., p. 77.

19. Major, *India in the Fifteenth Century*, p. 18.

20. H. Khan Sherwani, *The Bahmanis of the Deccan*. Nova Delhi: Munshiram Manoharlal, 1985, p. 238.

21. A. Wink, *Al-Hind: The Making of the Indo-Islamic Worlds*. Leiden: Brill Academic Publishers, 2004, v. 3, p. 136.

22. A. Halim, *History of Lodi Sultans of Delhi and Agra*. Delhi: Idarah-I-Adabiyat-I-Delhi, 1974, pp. 108-13.

23. Ver, porém, K. S. Lal, *Twilight of the Sultanate*. Delhi: Munshiram Manoharlal Publishers, 1963, pp. 191-4.

24. M. N. Pearson, "The East African Coast in 1498: A Synchronic Study". In: A. Disney e E. Booth (Orgs.). *Vasco da Gama and the Linking of Europe and Asia*. Delhi: Oxford University Press, 2000, pp. 116-30.

25. M. L. Dames (Org.), *The Book of Duarte Barbosa*. Londres: The Hakluyt Society, 1918 e 1921, v. 1, p. 29.

26. Pearson, "The East African Coast in 1498", p. 119.

27. N. Tarling (Org.), *The Cambridge History of Southeast Asia*. Cambridge e Nova York: Cambridge University Press, 1992, v. 1, p. 483.

28. *The Lusiads in Sir Richard Fanshawe's Translation*. Org. G. Bullough, Londres: Centaur, 1963, p. 329. L. Vaz de Camões, *Os lusíadas*. São Paulo: Saraiva, 2010, pp. 280-1.

29. R. Winstedt, *The Malays: A Cultural History*. Londres: Routledge, 1958, pp. 33-44.

30. Tarling, *Cambridge History of Southeast Asia*, p. 409.

31. E. J. Jurji, *Illumination in Islamic Mysticism*. Princeton: Princeton University Press, 1938, p. 37.

32. Ibid., p. 30.

33. Ibid., p. 33.

34. Ibid., p. 110.

35. Ibid., p. 63.

36. W. C. Chittick, trad. para o inglês "Gleams". In: S. Murata, *Chinese Gleams of Sufi Light*. Albany: Suny Press, 2000, p. 144.

37. Ibid., p. 192.

38. Ibid., p. 180.

39. Ibid., p. 140.

40. Ibid., p. 148.

41. *Joseph and Zuleika by Jami*. Org. de C. F. Horne. Ames: Lipscombe, 1917, p. 17.

42. Ibid., pp. 18-9.

10. "O QUARTO MUNDO" [pp. 324-67]

1. J. López de Toru, "La conquista de Gran Canaria em la cuarta década del cronista Alonso de Palencia". *Anuario de Estudios Atlánticos*, Madri: Consejo Superior de Investigaciones Científicas/ Instituto Jerónimo Zurita, v. 16, pp. 325-94, 1970.

2. M. R. Alonzo Rodríguez, "Las endechas a la muerte de Guillén Peraza". *Anuario de Estudios Atlánticos*. Madri: Consejo Superior de Investigaciones Científicas/ Instituto Jerónimo Zurita, v. 2, pp. 457-71, 1956.

3. M. Ruiz Benítez de Lugo-Mármot, *Documentos para la historia de Canarias*, Governo de Canárias, Las Palmas, 2000, p. 35.

4. J. Álvarez Delgado, "Primera conquista y colonización de La Gomera", *Anuario de Estudios Atlánticos*, Madri: Consejo Superior de Investigaciones Científicas/ Instituto Jerónimo Zurita, v. 6, pp. 445-92, 1960.

5. J. Viera y Clavijo, *Historia de Canarias*, Madri, s.n., 1771-5, v. 2, pp. 151-5.

6. F. Solis, *Gloria y fama mexica*. Cidade do México: Smurfit, 1991, pp. 98-112.

7. R. A. Covey, *How the Incas Built their Heartland*. Ann Arbor: University of Michigan Press, 2006, p. 52.

8. Ibid., p. 227.

9. Ibid., p. 219.

10. T. N. D'Altroy, *The Incas*. Oxford: Blackwell Publishing, 2002, p. 104.

11. Covey, *How the Incas Built their Heartland*, p. 151.

12. D'Altroy, *The Incas*, pp. 95 e 173.

13. Ibid., p. 97.

EPÍLOGO: O MUNDO EM QUE VIVEMOS [pp. 368-80]

1. Ver um resumo in: D. Nirenberg, "Figures of Thought and Figures of Flesh: 'Jews' and 'Judaism' in Late-Medieval Spanish Poetry and Politics", *Speculum*, Chicago: The University of Chicago Press, v. 81, p. 425, 2006.

2. S. Subrahmanyam, *The Career and the Legend of Vasco da Gama*. Cambridge: Cambridge University Press, 1997, p. 111.

Créditos das imagens

Página 8: Hartmann Schedel, *Weltchronik* (*Crônica de Nuremberg*), (Nuremberg, 1493), gravura de Michael Wohlgemut e Wilhelm Pleydonwurff.

Página 14: Albrecht Dürer, *Apocalipsis cum figuris* (Nuremberg, A. Dürer, 1498).

Página 15: *Crônica de Nuremberg.*

Página 39: Xilogravura de D. de San Pedro, *Cárcel de amor*, Rosembach, Barcelona, 1493.

Página 100: Mapa da Etiópia de frei Mauro de O. G. S. Crawford, *Ethiopian Itineraries, c.* 1400-1524, Cambridge, 1958. Cortesia da The Hakluyt Society, fundada em 1846 com a finalidade de imprimir viagens e expedições curiosas ou inéditas. Mais informações no site: <www.hakluyt.com>.

Página 102: Mapa da África Ocidental de Diogo Homem extraído de J. W. Blake, *Europeans in West Africa*, v. 1, Londres, 1942. Cortesia de The Hakluyt Society.

Página 109: *Crônica de Nuremberg.*

Página 129: *Crônica de Nuremberg.*

Página 132: *Crônica de Nuremberg.*

Página 141: *Crônica de Nuremberg.*

Página 155: Girolamo Savonarola, *Tratacto contra li astrologi*, Bartolommeo di Libri, Florença, *c.* 1497. Cortesia dos fideicomissos da British Library.

Página 157: Girolamo Savonarola, *Dialogo della verità prophetica*, Tubini, Veneziano e Ghirlandi, Florença, 1500.

Página 177: S. von Herberstein, *Notes Upon Russia*, Londres, 1852. Cortesia de The Hakluyt Society.

Página 233: Giuliano Dati, *Lettera delle isole che ha trovato il re di Spagna*, Morigiani e Petri, Florença, 1493.

Página 246: Detalhe de Shen Zhou, *Vigília noturna*, tapeçaria, Museu Nacional, Taipé.

Página 262: Detalhe de Wu Wei, *Dois imortais taoistas*, tapeçaria, Museu de Xangai.

Página 267: Ma Huan, *Ying-yai Sheng-lan. "The Overall Survey of the Ocean's Shores"*. Org. de J. V. G. Mills, The Hakluyt Society, Cambridge, 1970. Cortesia de The Hakluyt Society.

Página 281: Nishikawa Sukenobu, *Ehon Yamato Hiji*, 10 vols., Osaka, 1742.

Página 284: *De Insulis Nuper in Mari Indico Repertis*, Basileia, 1494.

Página 287: *Crônica de Nuremberg.*

Página 305: C. F. Beckingham e G. W. Huntingford, *The Prester John of the Indies*, The Hakluyt Society, Cambridge, 1961. Cortesia de The Hakluyt Society.

Página 325: F. Guamán Poma de Ayala, *Nueva crónica y buen gobierno* (*codex péruvien illustré*), Institut d'Ethnologie, Paris, 1936.

Página 344: J. Cooper Clark (Org.), *Codex Mendoza*, 3 vols., (Londres, 1938), p. iii. Original na Bodleian Library, Oxford.

Página 349: J. Cooper Clark (Org.), *Codex Mendoza*, 3 vols. (Londres, 1938), p. iii. Original na Bodleian Library, Oxford.

Página 355: J. Cooper Clark (Org.), *Codex Mendoza*, 3 vols. (Londres, 1938), p. iii. Original na Bodleian Library, Oxford.

Índice remissivo

Números de páginas em *itálico* referem-se a mapas e ilustrações